Prologue

四版自序

諾貝爾經濟學獎大師群英譜

對於臺灣民眾來說，十月曾經是「光輝燦爛」的，因為節日慶典特別多，充塞著喜氣洋洋的氣氛。對於全球人民而言，十月的共同盼望則是耀眼奪目的「諾貝爾獎」得主揭曉，這是自一九〇一年以來就有的慣例，而諾貝爾獎則是依據阿佛烈．諾貝爾（Alfred Nobel, 1833-1896）的遺囑設定的獎項，由於金額龐大以及評審過程的嚴謹，此桂冠一直是最被世人看重、最崇高的榮譽。

諾貝爾獎的由來

諾貝爾為何要出資設立此獎？據丹尼爾．尤金（Daniel Yergin）在一九九一年出版的鉅著《石油世紀》（*The Prize*）中記載，諾貝爾家族是石油大亨，發明火藥的阿佛烈．諾貝爾在兄弟中排行老三，在化學和財務上都天賦異稟，利用硝化甘油在十九世紀建立了一個從巴黎操控全局的火藥帝國，沒想到卻被野心家用作殺人利器，而且火藥也使戰爭更為殘酷，死傷者更眾，因而發明火藥的諾貝爾備受譴責。

就在一八八八年，阿佛烈的二哥路德威（Ludwig Nobel, 1831-1888）在法國度假時，因心臟病突發逝世，有些歐洲報紙把諾貝爾兄弟搞混，誤將路德威當成阿佛烈，於是阿佛烈讀到自己的訃聞，也發現報紙把他稱作「火藥大王」，蓋棺論定他是憑發現新殺人方法以致富的「死亡販子」（或謂劊子手）。阿佛烈目睹此景頗感悲痛，也因而慚愧、省思，終於改寫遺囑，捐贈一大筆款項成立「諾貝爾獎」。

依諾貝爾遺囑所設立的獎項，原先只有物理、化學、醫學、文學以及和平獎等五種，諾貝爾希望獎勵的是特殊「成就」，並非傑出的個人。因此，在自然科學方面，諾貝爾獎是針對重大「發現」（discovery）、「發明」（invention），以及「改善」（improvement）給獎。

經濟學獎的出現

經由簡單的敘述之後，我們已經知道諾貝爾獎的設立，是諾貝爾為了贖其發明火藥，以致成為可怕的殺人利器之罪而撥款成立，但獲頒諾貝爾獎者無疑被世人極度另眼相待，被尊崇、被羨慕稀鬆平常，而歷年來的得獎者也大都認為得獎是其一生至高榮譽。既然諾貝爾的遺囑裡只設物理、化學、醫學、文學以及和平獎，現今每年頒發的經濟學獎當然是後人新設的。

原來它是瑞典中央銀行為慶祝成立三百週年，在一九六八年出資創設的「瑞典中央銀行紀念諾貝爾經濟學獎」，簡稱「諾貝爾經濟學獎」，於一九六九年開始頒發。此一新設的獎項，基本上給獎標準是比照原先的五種。依瑞典中央銀行的規定，該獎項每年頒發一位在經濟學上有傑出貢獻，且其重要性一如諾貝爾在遺囑中所言的人士。不過，有許多次，當年的得獎者不只一位，而儘管諾貝爾原先希望獎勵特殊的成就，而不是傑出的個人，但不可否認的是，成就是附著在人身上，終究似乎反客為主，世人反而較在乎得獎人。

雖然諾貝爾經濟學獎並非諾貝爾本人所設立，但其被世人重視的程度一如原始的五種獎項，尤其在經濟學界更被視為最高榮譽。可是自該獎誕生以來，「異聲」似乎未曾間斷，最大的反對聲浪是認為，經濟學獎不應與其他獎項一起頒發，因其非諾貝爾本意，意義顯然不同。這種反對意見並無實質內涵，只具「形式」意義而已。比較有力的反對意見，乃認為經濟學並非「科學」，連經濟學界都有人這麼主張。有趣的是，這種主張最具代表的人物卻是一九七四年兩位諾貝爾經濟學獎得主之一、瑞典的左派經濟學家繆爾達（Gunnar Myrdal, 1898-1987）。

繆爾達在接受了諾貝爾獎之後，愈想愈不妥，於是撰寫一系列的文章譴責此一獎項，也對自己曾經受獎表示遺憾（只不知他是否將高額獎金退還給主辦單位）。他表示，經濟學並不是一門和物理學、化學或醫學有著相同意義的科學。關於這一點，相信絕大多數經濟學家是不同意的，其中，一九七六年諾貝爾經濟學獎得主，被一九七〇年諾貝爾經濟學獎得主薩繆爾遜（P. A. Samuelson, 1915-2009）稱為經濟學界鰻魚的弗利曼（Milton Friedman, 1912-2006）的反駁最具代表性。

經濟學是否爲科學

弗利曼在一九八五年三月二十一日應美國德州三一大學（Trinity University）講述其走上經濟學術的心路歷程，在表明其懷疑「諾貝爾獎是否有什麼正面效果」時，特別就繆爾達對諾貝爾經濟學獎的攻擊提出駁斥。弗利曼說經濟學家既是社會的一員，也是科學家，他們並沒有把百分之百的生命投注在純科學工作上，但物理學家或化學家也是一樣。

基本上，經濟學所具有的科學成分，和物理學、化學或其他自然科學的科學成分，在性質上並沒有什麼不同。雖然物理學家可以在受到控制的實驗室操作，而經濟學家則不能，但是光憑這一點，仍不足以否認經濟學的科學性。舉例來說，大氣科學是一門公認的科學，但幾乎是不可能進行控制的實驗，在許多其他的科學領域也都有類似的限制。經濟學家固然不太可能執行控制的實驗（然而仍有些是可能的，也已經在做了），但是未控制的經驗，經常會產生近似控制實驗的資料。

弗利曼舉統一前的東、西德為例，比較不同的經濟制度，指出其係控制實驗的優良例子。這兩個國家以前是同一個國家，人民背景、文化、遺傳基因皆相同，但卻因為意外的戰爭而分裂為兩部分。在柏林圍牆的一邊，是相對自由的經濟體制，而另一邊則是集體主義的社會。類似這樣的控制實驗，也見諸於共產中國與臺灣，或回歸前的香港，以及南、北韓之間的對照。

弗利曼進一步認為，所謂的控制實驗，也並非可以百分之百控制。兩種不同的狀況之間，可能存在著無數的差異，想要將之完全掌握是不可能的。因此，他不相信在所謂的控制實驗與未控制實驗之間，原理上存有任何差異；同樣地，不論是在物理學或經濟學的領域，進行科學工作的可能性，也應該是不分軒輊的。我們有必要清楚區分一個人在科學研究領域所做的事，和他身為一個公民所做的事。這樣的觀念，在物理領域的重要性，並不亞於經濟學。

弗利曼再以星戰計畫這個熱門的爭辯議題為例，指出有些物理學家聲明反對星戰計畫，但卻有另一批物理學家支持這項計畫。很明顯地，這些不同的聲明所反映的，不僅僅是已獲大家認同的科學知識，絕大部分反而是這些物理學家的個人價值觀，以及對政治事件的判斷等等。要評量他們在科學上的能力或貢獻，憑藉的不該是這些聲明，而應該是他們在科學上的工作。弗利曼強調，這種做法也適用於經濟學。

其實，弗利曼認定經濟學是一種「實證科學」，早在一九七四年左右，一篇〈芝加哥學派〉文章已強調，而且將之列為芝加哥經濟學派的第一種特色。弗利曼說，經濟學作為一種實證科學，是經由應用、檢定、改進這三個過程，不斷地循環而成，是典型的實證科學。弗利曼之所以強調這一個特點，尚有兩個重要理由：一是此係芝加哥學派與奧國學派的重大差別所在；第二個理由是因為經濟學能夠成為實證科學，乃使其在社會科學中享有后冠，也才使經濟學在一九六九年開始，被列為諾貝爾獎的頒授對象，因為唯有能夠實證，才可拿出證據來贊同或反對某些政策，也才使經濟學與現實生活有著密切關係。

講到這裡，我的腦海裡自然地浮現芝加哥學派的另一位二十世紀重要人物，他是一九九一年十一月去世的史蒂格勒（G. J. Stigler, 1911-1991）教授，他也是一九八二年諾貝爾經濟學獎得主。

諾貝爾經濟學獎的推手

如果說經濟學家被諾貝爾獎評審委員所青睞，緣於經濟學是門實證科學的話，那麼，史蒂格勒教授在一九六四年第七十七屆美國經濟學會（AEA）年會的會長演說詞——〈經濟學家和國家〉（The Economist and the State）就貢獻非凡了。

該篇演說對於經濟學家未能就政府的公共政策做有用的實證研究，極表不滿和不解。當時，史蒂格勒說：「兩百多年來，國家的經濟角色一直受到學者的注意，但卻未引起他們打破沙鍋問到底的決心。我相信，在歐陸和英美的文獻中，終年不斷的辯論總脫離不了抽象的談論範圍。經濟學家既不想棄問題於不顧，也不想真正加以探究。」接著，他提出數個疑問：「為什麼坊間有關如何評估資產的文獻汗牛充棟，卻沒人就管制團體對價格和費率的影響做出評估？為什麼指責侵犯個人自由的言論聲浪震天，卻沒人積極探討各項福利措施對所得分配之影響？為什麼我們一直甘於讓政策問題留白？」在提出這些疑問之後，他提出了一個重要的要求：「我們需要一套有關政府行動的正式理論，或是一系列關於政府和私人控制經濟活動之比較利益的實證研究。」

史蒂格勒特別重視政府的公共政策，乃因公共政策的影響層面最深、最廣，而想要政府能夠制定完善的公共政策，唯有以證據顯示公共政策的影響效果，在「拿出證據」之後才能大聲說話，也才可以避免受特權、利益團體的左右。因此，實證研究顯得特別重要，而在當時，許多數量分析的新技巧已經出現，史蒂格勒興奮地比喻說：「數量分析的新技巧之威力，就像是用先進的大炮代替了傳統的弓箭。」他更進一步地指稱：「這是一場非常重要的科學革命，事實上，我認為所謂的李嘉圖（David Ricardo, 1772-1823）、傑逢斯（W. S. Jevons, 1833-1882）或凱因斯（J. M. Keynes, 1883-1946）的理論革命，比起勢力愈來愈強大的數量化牽連之廣，只能算是小改革罷了。我認為，經濟學終於要踏進黃金時代的門檻，不！我們已經一腳踏進門內了。」由於有此體認，史蒂格勒在該演說的末了說：「我對於我們這一門學問的光明遠景感到無限欣慰。……過去半個世紀的經濟學，證明我們的數量研究，無論在影響力、在小心翼翼的程度，或在嘗試的勇氣上，都大大地增加了。日漸擴展的理論和實證研究，將無可避免地、無可抗拒地進入公共政策的領域，並且，我們將發展出一套制定明智政策所不可或缺的知識體系。之後，我相當確信，我們將會變成民主社會的中堅人物和經濟政策的意見領袖。」

其實，在史蒂格勒此篇大力呼籲重視實證工作的重要著作之前，他便已經以身作則率先從事有關〈電力管制和證券市場管制〉的先鋒式實證研究，也由於親身體驗到「拿出證據來」的重要性，才有感而發地發表該篇大作。事隔五年之後的一九六九年，諾貝爾獎首次頒給經濟學家，而得獎的就是兩位著名的「經濟計量專家」——弗瑞希（R. Frisch, 1895-1973）和丁伯根（J. Tinbergen, 1903-1994）。由這個事實，也可印證實證經濟學是何等被看重了。即使到晚近，年輕一代的芝加哥學派健將、二〇〇〇年諾貝爾經濟學獎得主之一黑克曼（J. Heckman, 1944-）更是堅信「將經濟學置於可供實證的基礎上……，如此一來，經濟學可能會有所進展」。

實證經濟學是爭論關鍵

因此，儘管芝加哥學派始祖奈特（F. Knight, 1885-1972）不認同將經濟學發展為一門實證科學，弗利曼卻將實證經濟學列為芝加哥學派的第一項特色，並特別強調它，其實是很有道理的。關於經濟學是不是科學的議題，已故的蔣碩傑（1918-1993）院士在《諾貝爾經濟獎論文集》的序文〈經濟學為人類智慧結晶〉中，也持非常肯定的看法，強調「經濟學究竟是一門歷史較短的科學，而且是非常難得實證的科學。」也提到自然科學家譏評經濟學不科學並不公允，他進一步認為，經濟學是人類智慧的高度結晶，值得最聰明的人去研究它。由蔣先生的字裡行間，依稀嗅出其對諾貝爾獎頒予經濟學以拉拔經濟學家的地位，持高度肯定。

由上文所提，中外諸大師的說詞，已可駁倒繆爾達等認為經濟學不是科學的論調，因而以經濟學非科學，並不夠格加入諾貝爾獎行列的說法不能服人，而且也不是關鍵所在。事實上，正因為經濟學在薩繆爾遜等人的帶動下，不斷引入自然科學的分析法，以及在凱因斯的帶領下，經濟學家成為影響國計民生公共政策的重要參與者，本來就已具相當重要性的經濟學家，再以如此崇高的諾貝爾獎桂冠加在頭上，是否會讓仍為凡人的經濟學家過分膨脹，以致提出錯誤的政策而荼害廣大民眾？就這一點應該才是思考諾貝爾經濟學獎價值的關鍵。說也真巧，與繆爾達同時獲得一九七四年諾貝爾經濟學獎的海耶克（F. A. Hayek, 1899-1992），就曾針對此關鍵點發表振聾發聵的演說。

海耶克的傳世評言

如上所言，原本是希望獎勵特殊成就的諾貝爾獎，已反客為主成為褒揚得獎「人」，因此，對於有幸獲獎者，其身價「暴增」，世人也往往認為他們高人一等，甚至是無所不能，這在經濟學這門社會科學的得獎者身上更是明顯。也正因為如此，我們容易理解海耶克在諾貝爾獎受獎宴席上會這樣說：

「諾貝爾經濟學獎既已設立，被選為聯合得獎者之一的人，當然會深深感激；經濟學家當然也對瑞典中央銀行如此重視他們的學科，以致授予這項最高榮譽，同樣感激。但是，我必須承認，如果當初被問到是否要設立諾貝爾經濟學獎，我會斷然反對。第一個理由，我怕這樣的獎會像某些龐大的科學基金活動一樣，勢將助長時髦的學風。這個憂慮，現在由於我這樣一個不合時潮的經濟學者居然被選為得獎人而消失。可是，我的第二個憂慮，仍無法同樣的釋然於懷。

諾貝爾獎給某一個人的這種權威，就經濟學這門學科來講，誰也不應該享有。在自然科學部門，這沒有問題。自然科學家當中某一個人所發生的影響，主要是影響到他的同行專家；如果一個人的業績落伍了，同行的專家馬上就會輕視他。但是，經濟學家的影響之關係重大者，卻是一些外行人：政客、記者、公務員和一般大眾。

在經濟學方面有了一點特殊貢獻的人，沒有理由就成為全能者，而可以處理所有的社會問題。可是新聞界卻如此看待他，而他自己也終於自信是如此。甚至有人被捧昏了頭，居然對一些他素未專研的問題表示意見，而認為這是他的社會責任。

用這樣隆重的儀式以宣揚少數幾位經濟學家的成就，使舉世矚目，因而加強他的影響力，這樣做，我不相信是一件好事。

所以我想建議，凡是獲得諾貝爾獎這項榮譽的人，必得做一謙遜的宣誓，誓不在自己的學力以外對於公共事務表示意見。

或者，授獎人在授獎時至少要受獎者謹記住我們經濟學的大師之一——馬夏爾（A. Marshall, 1842-1924）的一句嚴正忠告：『社會科學者必須戒懼赫赫之名：當眾人大捧特捧之時，災禍亦將隨之。』」

在這段話中，海耶克的兩點憂慮，一是擔心諾貝爾獎將助長時髦學風；二是經濟學者影響層面甚廣，誰都不應有資格獲得「權威」的標籤，否則由於得獎之後所引發的膨脹，勢將有害於社會。海耶克本人因其在不合時潮時獲獎，故免去了第一點憂慮，但由歷年來得獎者的研究領域來看，卻仍然存在，尤其曾有幾年相繼密集地頒給熱門時髦的財務金融學者，更可證實海耶克的憂慮。當然，我們並非否定該學門的價值，只是質疑諾貝爾獎錦上添花，甚至推波助瀾的必要性。

至於第二點憂慮，一直以來都存在，因為絕大多數的得獎者都只是在各自專業領域內學有專精，較偏於「技術」和「工具」層面的專家，的確令人擔心由於諾貝爾經濟學獎的存在，使經濟學脫離「人文」層面愈來愈遠。而且正如上文所提蔣碩傑院士所言，經濟學為人類智慧的結晶，是關係著國計民生極其重要的一門科學，但若誤用而導致實施錯誤經濟政策，則遺害將既深且遠，共產世界的慘痛經驗固不必談，就是自由世界裡也例證斑斑，最明顯的是，著重短期而賦予政府龐大「權力」的凱因斯理論。可是，為何迄今該理論仍然甚為風行？主因之一是，太多人早年身受其教，已在腦中根深柢固，縱使有心去除，當事人也已無力，再加上諾貝爾獎對經濟實證科學的肯定，更使對新一代的教育無法還原經濟學本質，甚至陷於如一九八六年諾貝爾經濟學獎得主布坎南（J. Buchanan, 1919-2013）嚴厲批評的「現代經濟學缺乏一個紮紮實實的哲學基礎，因而無法使經濟理論與我們的人生發生適切關聯。」

眞正的經濟學家

有趣的是，主張經濟學是實證科學者認為唯有抽離主觀因素，將實證知識資源由臆測中分離出來，才能免於流為空談或政治的偏誤，也才能與實際人生聯結。而持反對經濟學實證科學論點，主張回歸人文精神者也同樣強調經濟學應切合實際人生。為何目標相同，但觀點卻南轅北轍？由已故的自由經濟學前輩夏道平（1907-1995）先生對經濟學家的分類，可得知梗概。

夏先生依循海耶克的分法加上第三類，而將通常被稱為經濟學家的一群人，就其思想言論的底蘊分成三類：一是真正的經濟學家；二是經濟工程師；三是特定經濟利益發言人。他說這三種人都同樣在使用經濟學的一些名詞、術語，和某些模型，外行人看到他們發表的文章都討論經濟問題，很自然地把他們統稱為經濟學家，但實則有顯著區別。特定經濟利益發言人，顧名思義大多是受僱於某人或某一集團，而為某人或某一集團的經濟利益辯護，或者只為捍衛他自身的利益。

經濟工程師是怎樣的人？工程師而冠以「經濟」二字，我們可想到：他的專業是把公共經濟事務的處理當作一項工程。他無視於，至少輕視公共經濟事務是千千萬萬的行為人，形形種種的主觀意志表象。個人的主觀意志，畢竟不同於既定的、客觀的存在，而可以規格化的物料。工程師的專業是利用工程學的知識，就這些物料預先做成一個模型（或出於自己的創意或遵照業主的願望），然後按這個模型來建造一座壯觀的廟堂，或一套精密的機器，或一條高速公路。由於所建造的東西不同，而有建築工程師、機械工程師、土木工程師這些不同的稱謂。稱謂儘管不同，他們同樣地都是利用一些無生命、無意志的物料，製作預先設計好的東西，至於被冠以「經濟」二字的經濟工程師，則是搬弄一些經濟學名詞，而以工程師的心態、工程師的技巧，來處理人的行為所形成之公共經濟事務。

至於真正的經濟學家，起碼應有以下的認知：必須了解其所關心的「人」，與生物學或動物學家心目中的「人」不一樣。經濟學家雖也知道「人」具有一般動物的欲望、衝動和本能的反應，但更重要的是，「人」還具有異於禽獸的意志、理念和邏輯思考。這是人之所以為人的一大特徵。人的欲望會自我繁殖不斷增多，而其滿足卻要受到外在種種限制。於是在要求滿足的過程中，他不得不有所選擇。選擇，是出於不得已；選擇什麼，則又力求自由。這就是說：人，並非生而自由的，但具有爭取自由的本能。

分工合作和諧互動

由於人性中有上述的特徵，所以在漫長的演進過程中，漸漸學習了爭取個人自由的適當方法。這個方法是要不妨害別人也能爭取，否則終會妨害到自己的自由。只有「人」才會在個別自覺的互動中，形成分工合作而日益擴大的社會，不同於出自本能的蜂蟻社會，人類社會的形成與擴大，是由於人的自覺行為之互動。「互動」之「互」字，顯示出主詞的「人」是指多數，而且多到說不出他們是誰；並非少許幾個人，更不是像孟軻所稱為「獨夫」那樣的一個人。其互動也是在其獨特的環境，各憑獨特的零碎知識而行為，而互動，絕不是靠一個人或少數人的設計、規劃、指揮，或命令而組織成的所謂「團隊」行為。

那麼，非團隊行為的行為，不正是有些人所說無政府的混亂狀態嗎？事實上完全相反。因為團隊行為受制於這個團隊主宰者個人的知識，即令他有所謂「智囊團」的幫助，也只是有限的少數人。至於分散在社會上無數個人的知識，個別看來是零碎的、瑣屑的，乃至微不足道的，當然不能與任何專家系統智識同日而語，但是，那些分散在社會的知識總和，卻不是任何一個人、或一個集團的知識所能攝取其萬一。即便在將來更高科技時代的電腦，也不能納入那些知識的總和。所以非團隊行為不僅未造成混亂，反而是分工合作的社會所賴以達成、擴大的基礎。如果引用亞當・史密斯（A. Smith, 1723-1790）的話，這是「無形之手」的作用；引用海耶克的話，則是「長成的社會秩序」。

重視「無形之手」，並不意味排斥「有形之手」；尊重「長成的社會秩序」，並不意含排斥「法制的社會秩序」。以「重視」、「尊重」這樣的字眼，是要強調有形之手不應牽制或阻礙「無形之手」的運作，只能為其除去障礙，使其運作順暢無阻；是要強調法制的社會秩序不應干擾或擾亂「長成的社會秩序」，只要提供一個有利於後者，得以保持活力而無僵化之虞的架構。

這些論點應用到經濟領域，便是自由市場與政府之間的關係問題。自由市場是長成社會秩序的一部分，政府就是法制社會秩序之建立者。政府對於市場的運作只可維護或給予便利，不得有所干擾或阻擾。

諾貝爾經濟學獎得主分類

在這三種分類下，夏道平先生曾就迄一九八八年二十六位諾貝爾經濟學獎得主評論說，並非全都是真正的經濟學家，甚至就他們的思路來說，有的只可稱為頂尖級經濟工程師，當然這些得主應不至於是特定經濟利益發言人。

個人認同夏道平先生的說法，也不否認這些諾貝爾經濟學獎得主都是各專業領域的佼佼者，只是覺得諾貝爾獎的性質應該是非常特殊的，在經濟學層面更宜朝「思想」上具原創性貢獻者給獎，也並非每年都非頒發不可，否則會拉低此獎的價值，甚至與其他一般獎項的地位相同，如此就相當可惜了。

話雖如此，獲頒諾貝爾經濟學獎者在其從事的領域上都有突破性的貢獻，至少會有「成一家之言」的成就。這些得獎者為何會有如此高人一等的成就，是否與他們的家庭、天賦資質、成長環境有所關係？是否一般人也可以「有為者亦若是」？

約在一九八〇年代中期，我對此課題就相當感興趣，於是嘗試對諾貝爾經濟學獎得主進行了解並為文介紹。先在報紙上發表，而後在中華經濟研究院的《經濟前瞻》季刊（現為雙月刊）上，每年十月按時介紹，迄二〇一四年退休之前從未間斷。曾有學校老師和上班族朋友建議可以結集出書，二〇〇九年初有機會探詢出版社的意願，出版社催促我加緊腳步，於是上緊發條，將一九六九至八〇年中十二屆的得獎者補上，這才發現並不輕鬆。雖然參考資料不少，但摘要濃縮再加上論評的工程浩大，迄年底才大功告成。

其間我曾自問：市面上已有一些介紹諾貝爾經濟學獎得主的中文書籍，為何還要再出版這類的書？一來有的過於學術、僵硬；二來有的不完整；三來既有的都缺論評。所以，夾敘夾評、通俗化的本書應還有其價值。更重要的是，我希望讀者在認識經濟大師之餘，能正確思考經濟學的本質，而且能夠不盲從、信服權威，並試著領略「經濟即生活」。此外，就這數十位名家中，上文所提夏道平先生的三種經濟學家分類，讀者能否將這些諾貝爾經濟學獎得主歸類、能否指出哪幾位是真正的經濟學家？哪幾位是經濟工程師？而是否有等而下之的特定經濟利益發言人呢？我希望讀者能在讀完本書之後，對這些問題形成個人批判性的看法。

本書最初在二〇〇九年底出版，三年之後，又新增三屆得獎者，再將這三屆得獎者加入本書，於二〇一三年三月出了第二版。二〇一六年底，出版社通知存書不多，建議再將二〇一四～二〇一六年三年的獲獎人列入。由於三年來已沒寫了，乃提起精神蒐集資料趕工補齊，也趁機將以往得獎者的資料增補再重新出一版。在二〇一七年十月出了第三版。迄今（二〇二〇年）又過了近三年，又新增三屆得獎者。再把二〇一七～二〇一九年三年的獲獎者納入成為第四版。

儘管高科技數位化時代，網路資料豐富且唾手可得，然完整的書本還是有其價值在，希望讀者們也能認同。本書文章參酌諸多前輩的文章和著作，在此表達衷心感謝。也感謝林全、謝宗林、張而平、李文昕、羅鈺珊和鄭睿合六篇文章合撰者，而廖皎伶、邱思嘉、黃惠雯、曾瓊儀、盧季薇等研究助理，以及好友李秀卿的幫忙，以及出版社願意出版和編輯同仁的辛勞，在此一併致謝。當然，更期盼海內外方家不吝批評指教。

謹識於中華　吳惠林

二〇〇九年十二月四日初稿

二〇一二年十一月十二日一修

二〇二〇年二月十四日二修

目次

1969

經濟計量學始祖
弗瑞希和丁伯根

弗瑞希

丁伯根

一九六九年無疑是全球經濟學界極為風光的一年，因為該年十月頒發的全球最高榮譽獎項——諾貝爾獎，新納入「經濟學獎」，凸顯出經濟學「社會科學之后」的地位。對於誰會最先獲獎，經濟學界和媒體都極為關切，當傳來挪威經濟計量學家弗瑞希（Ragnar Frisch, 1895-1973）和荷蘭經濟計量學家丁伯根（Jan Tinbergen, 1903-1994）兩人獲得青睞時，我有「原來如此」的感受。

記得一九八二年諾貝爾經濟學獎得主史蒂格勒（George Stigler, 1911-1991），在一九六四年第七十七屆美國經濟學會（AEA）年會的會長演說詞〈經濟學家和國家〉裡，就對「數量分析技巧」的出現極為推崇，他興奮地比喻說：「數量分析的新技巧之威力，就像是用先進的大炮代替了傳統的弓箭。」他更進一步地指稱：「這是一場非常重要的科學革命，事實上，我認為所謂的李嘉圖、傑逢斯或凱因斯的理論革命，比起勢力愈來愈強大的數量化牽連之廣，只能算是小改革罷了。我認為，經濟學終於要踏進黃金時代的門檻，不！我們已經一腳踏進門內了。」由於有此體認，史蒂格勒在該文的末了說：「我對於我們這一門學問的光明遠景感到無限欣慰。……過去半個世紀的經濟學，證明我們的數量研究，無論在影響力、在小心翼翼的程度，或在嘗試的勇氣上，都大大地增加了。日漸擴展的理論和實證研究，將無可避免地、無可抗拒地進入公共政策的領域，並且，我們將發展出一套制定明智政策所不可或缺的知識體系。之後，我相當確信，我們將會變成民主社會的中樞人物和經濟政策的意見領袖。」

五年之後，弗瑞希和丁伯根兩位頂尖經濟計量學家共同獲首屆諾貝爾經濟學獎，似乎呼應史蒂格勒的說法，而經濟學家不但走入人間，並且扮演影響公共政策的重要角色和意見領袖。那麼，弗瑞希和丁伯根如何走入經濟計量學領域，他們的成就又是如何？下文先談弗瑞希，接著再談丁伯根。

弗瑞希

淡泊名利奉獻學術

弗瑞希生於一八九五年，卒於一九七三年，他是挪威人，畢業於挪威的奧斯陸（Oslo）大學，精於應用數學、經濟理論及統計預測，三十六歲即為母校教授，旋任經濟研究所所長。弗瑞希也曾經擔任耶魯大學及沙朋（Sorbonne）大學的客座教授。他終身奉獻於學術研究、淡泊名利，與權勢及富貴絕緣。雖然曾經擔任政府臨時顧問，但絕不任正式官職。他是歐洲著名學者，第二次世界大戰後，曾至美國著名大學任教，然弗瑞希除了曾經短期在耶魯大學任客座教授外，幾乎一生都奉獻給母校奧斯陸大學，造就許多經濟計量及經濟學優秀人才，其人格之高潔及清卓令人敬佩，今日更難有這種高風亮節之士。

當弗瑞希執教於耶魯大學時，曾致力於「經濟計量學會」（Econometric Society）的組成，終於在一九三〇年十二月由其一手在美國克利夫蘭創立。該學會剛成立時，會員不到二十人，故只有不定期的集會，直到一九三一年九月，才在瑞典正式召開第一次會議，又因經費所限，遲至一九三二年獲美國考列斯委員會補助始得發行《經濟計量學報》（*Econometrica*）季刊（創刊第一期於一九三三年一月出版），弗瑞希即出任該季刊的主編，歷二十二年。如今經濟計量學會能成為國際著名的學術團體，而該會的《經濟計量學報》更是遍及世界七十多國的高水準學術刊物，弗瑞希厥功甚偉。

值得一提的是，當今通用的「經濟計量學」（Econometrics）這個名詞，也是由弗瑞希首創，這個名詞所涵蓋「融合數學、統計學及經濟理論，一起來研究經濟行為及現象之理論和實務」的意義，已經廣被世人接受，因而稱弗瑞希為「經濟計量學的先驅者」應不為過。

經濟計量學始祖

弗瑞希研究的範圍相當廣泛，概括地說，他的著作幾乎是經濟理論、實證分析及統計方法綜合而成的經濟計量學。從他的論文中，我們可以窺出理論架構是他解釋資料（data）不可或缺的重要基礎，並強調應從模型來研判由觀察得來的結果。儘管他的著作無可避免地使用了許多數學，但他並不因此而與傳統不運用數學、統計方法的經濟學家有所隔閡；相反地，他強調數學模型中的經濟意義，並且避免使用艱澀繁雜的數學。

弗瑞希的主要貢獻，可歸納為四項：一是經濟學的數量化；二是經濟計量及政策理論；三是動態經濟學；四是其他。由於弗瑞希不斷提出新的理論和方法，而他的創見或成果廣被引用、發展的結果，已使他的著作成為現代經濟學的一個主流。另外，必須強調的是，弗瑞希雖然把目標放在理論及方法的實際試驗與應用，但他同時也認知，不斷提倡經濟學數學化，可能導致經濟學的空洞，並有理論公式化的潛在危險。

在經濟學的數量化方面，又可分為四個部分來介紹。

一、需求理論

弗瑞希早期的論文，致力於衡量效用公理的構思，以可測效用函數的存在性為跳板，據以進一步應用於需求理論，特別是他假設至少存在一種稱為獨立需要的物品（這種物品的特性，是它的邊際效用與其他物品的數量多寡無關）；又假設貨幣的邊際效用取決於貨幣所得及所有物價水準兩種因素，因而將它看成貨幣所得與物價指數的一階齊次性函數。消費者行為理論可說是經濟學中最理論化和概念化的部分；這部分的理論與概念的數量化是相當困難的。然而，弗瑞希卻在這方面奠定了嶄新而穩固的基礎，他用公理方法，來揭開效用的神祕面紗。

一般認為，弗瑞希是利用公理的方法來建立消費經濟學穩固根基的先驅，並且進一步把公理的運用方法，應用於現代理論體系中的福利經濟學、效用函數以及需求理論。弗瑞希進一步將理論及實證分析相互聯結，藉以衡量消費者效用結構的特性。

二、生產理論

弗瑞希在生產理論方面最重要的是，生產理論數量與應用，他於一九三五年發表的"The Principle of Substitution: An Example of its Application in the Chocolate Industry"，可說是這方面的代表作。此外，他的研究也為近代廣為流行的「工程生產函數」奠定良好的基礎；這種生產函數是根據實際研究生產過程的技術而產生，跟以往僅是記錄投入及產出數額的統計分析大大不同。

三、總體經濟學

一九三〇年代的經濟大恐慌，促使弗瑞希的研究不侷限於個體經濟範圍，而開始注意到總體經濟方面的問題；他認為，要建立一個能合乎一致性而且可以數量化的總體經濟模型，應從有系統的國民所得會計帳體系著手。而他在一九三三年的"Propagation Problems and Impulse Problems in Dynamic Economics"一文中，創用了「個體經濟學」及「總體經濟學」這兩個名詞。正如他在早期即定下的目標，弗瑞希並不自限於理論邏輯結構，而努力將理論轉化成可以實際運用的分析模型。

四、經濟計量方法

弗瑞希自始就對統計方法有極大的興趣，並且注意到統計方法與經濟數量化有極密切的關係。這方面最大的困難是，經濟學家所用的資料，並不是計畫實驗的結果；我們觀察到的經濟現象，是來自同一組變數的幾個不同關係，同時運作所產生的結果。他在一九三三及三四年分別發表的兩篇著名論文，就提出解決這基本困難的方法；此一方法構成現代經濟計量學的主要內容，亦即開聯立方程式模型的先河。而聯立方程式體系，就是由弗瑞希的高足，一九八九年諾貝爾經濟學獎得主哈維默（T. Haavelmo, 1911-1999）完成，正式揭開現代經濟計量學的序幕。

經濟計畫上應用迴歸的困難且異於生物統計者有三：

1. 經濟統計資料多為時間數列，且為事後記錄者，例如：商品之供需量，在理論上，供需不同，然事後之資料，卻相等，當其配合供需曲線時之內生變數供需量皆取同一值，此有許多統計上之問題發生。
2. 經濟統計既然多為時間數列及官方之記錄，故為中小樣本，和生物統計之大樣本迴然不同，因此，大樣本之統計理論必須加以適當修飾方能使用。

3. 經濟變量之統計資料多為時間數列，因趨勢值關係皆有高度相關存在之可能，故在多元迴歸分析內，解釋變數間存有直線性重合，此乃經濟計量工作常遇到而又棘手難治的問題，亦形成經濟計量之內在困難。然弗瑞希在當時對此等問題和困難早已洞察，提出警告及可能解決之方法，進而指點經濟統計工作者如何選擇解釋變數，以及避免似是而非、魚目混珠之結論。

在經濟計畫及政策方面：從第一次世界大戰後，弗瑞希的研究重點，就轉移到經濟計畫、經濟發展以及經濟政策的有效工具等方面。他從挪威的經濟體系開始研究，同時也關心印度的經濟體系。他的研究成果在兩國的經濟計畫中，扮演相當重要的角色。

弗瑞希在經濟計畫所要研究的問題是，一個經濟體系處於有效需求不足的蕭條情況中，如何再開始生產？而其循環過程如何？在研究循環過程時指出：在蕭條時有產生循環死結的可能性；因為低水準的需求，會影響到經濟體系中各個單位間的相互反應，沒有一個單位會在無法出售自己產品的情況下，來購買其他產品。這就是有效需求不足與經濟蕭條的問題。

在研究弗瑞希這方面的論文時，可看到其中包含許多卓越的見解，都是當代經濟計畫的理論與政策所不可或缺的觀念。例如：他提出一個和今日所謂的封閉式投入產出模型一致的數學結構；把不等式的條件應用到數理模型而形成所謂的數學規劃的問題，這種規劃的問題包括直線性的與非直線性的，弗瑞希當時已提出近乎今日所有的解答。

在決策模型方面：在一個方程體系的模型中，弗瑞希明確地設定一些經濟政策的參數，作為決定經濟政策的理論基礎，更進一步在這個模型中詳細討論自由度的問題。經由這些研究，他澄清了今日所謂「有幾個政策目標就需要有幾個政策手段來配合」的古典法則。此一古典法則經常和丁伯根的名字連在一起，因為丁伯根在他的*On the theory of Economic Policy*一書中，對政策與目標的配合問題，提出一個明確而有效的解決方法。但在該書的前言中，丁伯根也承認：「這個理論的核心無他，不過是弗瑞希的決策模型的運用罷了。」自此之後，所有的模型都非常注意變數的個數及方程式個數之間的關係，而弗瑞希對此等問題則早已洞察。

在一九五〇年代，弗瑞希開始利用投入—產出的關係來描述經濟體系的運作。他所發展的模型，不僅利用傳統投入—產出的觀念而已，還進一步把所得的形成、消費需求結構等因素，視為模型的內生元素。在弗瑞希的指導下，奧斯陸大學經濟研究所獲得許多在一般的國民所得統計資料中，所未包括之元素估計值。這些模型日後成為奧斯陸中央統計局為挪威政府作年度預算的主要分析工具，甚至也被蘇聯的經濟計畫所引用。在一九五〇年代後期及其後，弗瑞希在經濟計畫模型方面的研究，是要建立範圍更為廣大的規劃模型。在他的許多作品中，包含了形形色色的模型。雖然他所建立的模型相當龐大而且複雜，但在資訊快速成長的今天，卻更具發展的潛力；弗瑞希因而成為經濟計畫模型研究的先驅。

值得注意的是，弗瑞希研究這些模型具有特別的意義與目標；因為有些經濟計畫模型，是他專為開發中國家設計的（他曾擔任許多團隊或國家的經濟專門顧問，尤其是印度及埃及）。例如：專為印度而設計的短期決策及長期發展分析模型，與埃及經濟計畫有關的投資方案及總體經濟模型等。弗瑞希的這些研究，賦予經濟計畫模型一個重要的特質，即對開發中國家有所貢獻。

在弗瑞希晚期的作品中，有兩方面很值得重視：其一是如何利用現代規劃方法，就偏好函數來達成最適計畫的問題；另一則有關運算技巧的問題。我們知道，應用現代方法來建立偏好函數有其必要。許多經濟學家認為，偏好函數是反映有關當局的價值觀，因而經濟計畫者可將偏好函數視為既定的外生變數。從某個角度看來，這樣的看法自然無可厚非；但此一看法在實際運用上則產生困難。因在現實的世界中，政治家或當局者往往無法規劃所要求的形式，來表達其偏好。弗瑞希針對這個困難，提出可能的解決方法；他發展一套有系統的訪問政策家或決策者的方法，藉以輔助偏好函數的建立。當然此等解決方法並非毫無瑕疵，但即使在今日仍不失其重要性。大致說來，抽象的運算問題，原則上都可以解決，然而弗瑞希並不滿意，他又發展一連串解決規劃問題的運算方法。這些方法都是針對日益繁複的運算問題所設計，對於規劃模型發展有卓越的貢獻。

在動態經濟學方面：弗瑞希之所以對動態經濟學有強烈的興趣，乃因其與景氣循環有關，尤其就加速原理和隨機元素這兩個課題來看，動態經濟學與景氣循環幾乎密不可分。因為這兩個課題的關鍵都是對時間序列的解釋，而在解釋的過程中，某些假設是必要的。一般人公認弗瑞希是發展動態經濟理論的先驅，他在這方面所從事的墾荒工作，足以奠定日後動態經濟理論的邏輯、概念及方法的基礎。事實上，弗瑞希在這方面的貢獻，大家公認與他在一九三六年發表的“On the Notion of Equilibrium and Disequilibrium”一文有關。他在這篇論文中所建立的動態經濟學概念，已經成為今日的圭臬。一九七〇年諾貝爾經濟學獎得主薩繆爾遜（Paul A. Samuelson, 1915-2009）就特別推崇弗瑞希對於「對應原則」的解釋有獨到見解，並認為弗瑞希在這方面的貢獻，是使經濟學自靜態進入動態的一大創舉。

至於弗瑞希的其他貢獻，從一般均衡理論開始，經由寡占理論而發展到賽局理論，在各個層面上都有傑出的成果；例如：他一手建立的生活成本指數，即便在今日仍被廣泛引用；又如他從動態理論的觀點來解釋什麼是最適儲蓄水準，也是偉大的成就。他將次佳理論應用於福利經濟學及經濟政策，更是重要的貢獻。

丁伯根

教學、研究並曾當官

丁伯根於一九〇三年四月十二日生於荷蘭萊頓（Leiden）；一九二九年獲萊頓大學物理學博士學位；一九二九至一九三六年及一九三八至一九四五年間，兩度任職荷蘭中央統計局；一九三〇年與弗瑞希等學者共同創辦《經濟計量學報》。自一九三三年起兼任荷蘭鹿特丹經濟學院的經濟計畫學教授；一九三六至三八年間擔任在日內瓦國際聯盟的景氣循環研究員；一九四五年二次大戰末期，出任甫成立的荷蘭中央設計局（Central Planning Bureau）局長，一九五五年辭職。除了教學及研究工作外，他也獲得許多大學頒贈榮譽學位。

丁伯根最主要的著作約有九本：一是《景氣循環理論的統計檢定》（*Statistical Testing of Business Cycles Theories*, 1939）；二是《經濟計量學》（*Econometrics*, 1951）；三是《國際經濟合作》（*International Economic Cooperation*, 1946）；四是《一九一九～一九三二年間的美國景氣循環》（*Business Cycles in the United States, 1919-1932*, 1939）；五是《景氣循環動態學》（*The Dynamics of Business Cycle*, 1950）；六是《經濟政策理論》（*On the Theory of Economic Policy*, 1952）；七是《經濟政策：原理與設計》（*Economic Policy: Principles and Design*, 1956）；八是《經濟政策之集體與分權》（*Centralization and Decentralization in Economic Policy*, 1954）；九是

《開發設計》（*Economic Planning*, 1967）。

始創總體動態計量模型

丁伯根在經濟計量學上最偉大的成就在於，始創總體動態計量模型，使總體動態學能實際地驗證。他在總體動態分析上也有甚大貢獻，他以聯立差分方程來代表總體動態模型，以之作經濟循環變動分析。他早期最著名的經典著作就是《景氣循環理論的統計檢定》：第一卷討論投資活動之理論模型與統計測驗，在方法論上提出新的理論；第二卷具體地陳述一九一九至一九三二年美國景氣循環，屬於應用篇章。此書開經濟計量模型之先河。

丁伯根以統計實證否定了一向被經濟學家重視之加速原理，引領以後的經濟學家對此原理之重大修正。一九三六年，丁伯根為荷蘭建立總體經濟模型，共有二十四條聯立方程式，此可謂第一個真正的總體計量模型之誕生。其設計之原意在於，探知貨幣貶值、輸入限制、政府支出縮小，以及工資下降後所引起就業及國際收支方面的變化。此方面的成就，不但開創現代國家競相建立的總體計量模型範式，更將經濟政策理論帶入了一個理想境界，即政策制定者可以知道具體之政策效果，因為可以用數字來表達。丁伯根也曾替美國作過總體計量模型，往後美國年輕經濟計量學家就用該模型加以發展而擴大。

第二次世界大戰後，丁柏根專心於經濟計量方法，具體地使用在經濟政策及經濟發展計畫上，在這方面的不凡成果更顯示出，經濟計量在實踐政策所擔負的角色分量之重。一九五六年，他出版的《經濟政策：原理與設計》，理論與實際並重，為一劃時代之鉅著，給經濟政策釐訂者開一新路線。該書共八章，分別討論經濟政策之目標、手段與手段之選擇，目標與手段之如何合理統一，以及如何得到最佳之手段。經濟政策包括：工資政策、就業政策、貨幣政策及匯率政策。他以各種不同之模型，來檢討各種不同政策之效果。

一九六七年，丁伯根又發表其劃時代著作《開發設計》，討論開發中國家應該如何訂定經濟發展計畫。丁伯根在該書中，由淺入深，從簡至繁，始於質的分析，終於量的估計，談到經濟發展計畫之如何訂定及實行。他教人們如何先訂立總體計畫，然後分成部門及區域計畫，如何準備相關的統計資料及編算投入產出表，以知道各業間的平衡關係。進一步分別長期、中期及短期計畫之性質不同，以及訂定之方法與目標差異；三者之如何統合成一體。旁及於人口、移民、教育投資等等因素，如何作適當之考慮以進入設計模型。此外，他也討論到評判及個體發展計畫之取捨。

丁伯根能靈活利用數學規劃法中之對偶性定理，而以陰影價格或邊際機會成本為分析之中心概念，與經濟最大效率之標準和要求深深契合。丁伯根在該書中，非但提出發展計畫之如何訂定及做成，也談及開發中國家的經濟政策。他認為，公共投資政策乃落後國家最重要的經濟開發政策。政府不僅投資物質建設，而且可酌量投資教育及促使市場擴大之信息系統。此乃正確之方向，而為一般經濟發展理論家所忽視。他亦鼓勵補貼及消費，但有時要限制消費之政策。另外，他也論及開發中國家的外匯、工資及物價等政策。

丁伯根與弗瑞希兩位經濟計量學始祖之著作，不尚空談及抽象無用賣弄數學之理論，就經濟現象或問題之性質，再找適當之統計及數學分析工具，不繁不簡，但所得之結論皆精確，為當代美英任何名經濟學家所難望其項背，兩人獲頒諾貝爾經濟學獎，乃實至名歸。

弗瑞希生平並未出版過一本完整的經濟計量學書籍，殊為可惜；而丁伯根則在一九五一年出版過一本《經濟計量學》，該書也成為經濟計量學的經典著作。

1970

才華洋溢的通才
薩繆爾遜

薩繆爾遜

當瑞典皇家科學院宣布，一九七〇年諾貝爾經濟學獎由美國麻省理工學院（MIT）教授薩繆爾遜（P. A. Samuelson, 1915-2009）獲得時，相信全球經濟學界沒有一絲絲異議，因為薩繆爾遜對當代經濟學的貢獻，以及將經濟學普及化的輝煌成績，實在令人讚嘆。

早在一九四七年，P. H. Douglas 在美國經濟學會年會晚宴上，以會長身分頒發第一屆克拉克獎章給薩繆爾遜時，在推崇薩繆爾遜以未滿四十歲就有卓越的學術成就之餘，就預言其前途未可限量。二十三年之後，薩繆爾遜榮獲第二屆諾貝爾經濟學獎，首開先例為美國獲此殊榮，也證明 Douglas 的確是慧眼識英雄。

天賦異稟的薩繆爾遜

薩繆爾遜在一九一五年五月十五日出生於美國印第安納州的蓋瑞（Gary）鎮；一九三五年得到芝加哥大學文學士（B. A.）學位；次年二十一歲時取得哈佛大學文學碩士（M. A.）；一九四一年二十六歲時又獲得哈佛大學哲學博士（Ph. D.）。一九六一至七〇年，他總共獲頒八個榮譽博士；一九四一年獲得哈佛大學 David A. Wells 博士論文獎；一九四七年得到首屆克拉克獎章；一九七〇年獲諾貝爾經濟學獎；同年又得 Illinois Evansville 大學榮譽獎章；一九七一年再得愛因斯坦紀念獎。

薩繆爾遜的學術研究生涯非常豐富，一九四〇年任麻省理工學院經濟學系助理教授，一九四四年升任副教授，一九四七年又升為教授；一九六六年之後擔任麻省理工學院研究所教授。除了任教於麻省理工學院之外，薩繆爾遜在一九四一至四三年任美國 National Resource Planning Board 顧問；一九四四至四五年任麻省理工學院輻射實驗室經濟研究員；一九四五年任美國 War Production Board 顧問；一九四五至一九五二年以及一九六一年之後任美國財政部顧問；一九四八至一九四九年擔任 Guggenheim 研究員；一九四九至一九七五年任 Rand 公司顧問；一九六〇至一九六八年任經濟顧問委員會顧問；一九六〇年任 Research Advisory Board Committee for Economic Development 顧問以及 Advisory Board to President Eisenhower's Commission on National Goals 顧問；一九六〇至一九六一年任 National Task Force on Economic Education 顧問；一九六五年之後長期擔任聯邦準備委員會顧問；一九六八年之後長期任職 Special Commission on Social Sciences of National Science Foundation。

薩繆爾遜是 American Academy of Arts and Sciences 以及美國國家科學院院士；《經濟計量學報》編輯委員會委員；美國哲學學會榮譽會員，也是 British Academy 榮譽會員；一九五〇至一九五一年擔任經濟計量學會副會長及會長；一九六一年擔任美國經濟學會會長，同年亦在倫敦擔任 Stamp Memorial 講座；一九六二年同時在斯德哥爾摩和底特律擔任 Wicksell 講座及 Franklin 講座；一九六五至一九六八年榮任國際經濟學會會長，之後為終身榮譽會長。

無人不知、無所不在的薩繆爾遜

薩繆爾遜可說著作等身，其涉獵之廣，不僅使他成為全球經濟學界無人不知的人物，亦讓修習經濟學的後學有薩繆爾遜「無所不在」的感覺。在入門階段，所用的教科書極可能就是薩繆爾遜的作品，或至少引述了許多薩繆爾遜的說法；在研究所階段，薩繆爾遜《經濟分析的基礎》（*Foundation of Economic Analysis*）一書係修習個體經濟理論的必讀參考書。其實，在任何一門重要的經濟理論課程上，也都不難發現薩繆爾遜的作品被列為重要參考文獻，甚至其文章都標注了表示必須精讀的記號。

談到薩繆爾遜對經濟學的貢獻，可用瑞典皇家科學院的頌詞來作概括說明：「以科學方法發展出靜態與動態經濟理論，並對經濟科學的分析水準提升有顯著貢獻。」薩繆爾遜不僅以嚴謹的科學方法「改寫許多重要的經濟理論」，並「在古典經濟學定理的領域有些突破性的貢獻」。在頌詞中，瑞典皇家科學院所列舉薩繆爾遜的主要貢獻，包括：「以對應原理將靜態學與動態學作緊密結合」、「將乘數與加速原理結合而發展出景氣循環模型」、「以顯示性偏好理論將消費理論的基礎作一改革」、「發展並修正國際貿易理論上的一些重要定理，諸如要素價格均等定理」、「開創時際效率（intertemporal efficiency）的理論」、導出決定最大可能成長率的「大道定理」（turnpike theorem），以及「澄清共用財在資源最適配置理論上的地位」。

再據瑞典皇家科學院經濟科學委員會委員林伯克（Assar Lindbeck）的解說，薩繆爾遜雖然不像當代的其他名經濟學者為經濟研究開創嶄新的領域，但是薩繆爾遜發展了嚴謹的分析工具，並將之應用於主要經濟理論的重要問題上。薩繆爾遜不論在生產理論、消費行為、國際貿易、公共財政或是總體分析上，都以一貫的方法論與理論架構，透過求取一些限制式下的極大值或是極小值的方法，推導出一些重要的定理。經由薩繆爾遜的發揚，比較靜態學、動態學、部分均衡與一般均衡理論等，都逐漸成為普遍的分析方法，我們可以說薩繆爾遜對數理經濟學的發展，有極重大的貢獻。雖然薩繆爾遜所從事大都是理論探討，極少進行實證研究，但他對理論的實用性也極為注意，故對所發展出來的概念力求「實用」，也盡量導出可資驗證，或是可實地進行估計的定理。

關於薩繆爾遜對經濟學各種理論的貢獻，林伯克和一九七二年諾貝爾經濟學獎得主之一亞羅（Kenneth Arrow, 1921-）都曾作過綜合性的詳述。不過，薩繆爾遜對經濟理論的最主要貢獻為《經濟分析的基礎》一書，以下就對該名著作個扼要的介紹。

《經濟分析的基礎》簡介

該書被譽為數理經濟學的劃時代經典之作，全書都以古典數學求極值的方法，來推導或創設經濟理論或定理，並為經濟學引進一些物理學的分析技巧。

薩繆爾遜在書中寫道：「在理論物理學中，包括了二階微分方程的假定，此一微分方程足以決定在一定的位置及速度的初期條件之下，所有變數是經過時間上的移動。同樣的道理，在經濟學部門中，包括在不同時點的變數關係（例如：對時間的導數、加權積分、落後的變數、泛函數等等），被提出作為一群經濟變數經時間而起的移動。」這是把經濟的變數關係當作物理的變數關係來看。以「物理」解釋「人理」，以物理的機械現象來解釋經濟的意志現象，以機械的必然來代替意志的自由，這正是現代經濟學物理化的風格，有學者指出，這種做法澈底背叛了古典經濟學道德化的風格。

該書分為兩部分，共有十二章，另有兩個數學附錄。第一部分係根據薩繆爾遜的博士論文改寫而成，以數理方法重述消費理論、生產理論以及福利經濟學；第二部分則取材自發表於《經濟計量學報》以及《經濟統計評論》（*Review of Economic Statistics*）的三篇文章，旨在探討安定問題，並介紹一些動態理論的基礎概念。第十二章則為結論。

第一部分包括八章。第一章是導論，指出經濟學有許多理論或定理，都可用共同的數理方法來推導；並強調經濟定理必須是「有意義的」，意即其正確與否必須是可以驗證的；最後說明使用數理方法的好處。第二章介紹均衡體系與比較靜態的觀念。第三章討論一些數學理論，包括：均衡的極大化條件、均衡與極值的位移、附帶限制式對均衡的影響、有限變化的分析等等。

第四章至第八章，薩繆爾遜應用前面章節介紹的數理分析方法，重述生產、消費與福利經濟學的理論。第四章重述成本與生產理論，以求取極值的方法導出追求成本最低，以及利潤最大所須滿足的一些重要條件。第五章為消費者行為純理論，首先介紹效用函數在概念上由基數（cardinal）效用到序數（ordinal）效用的演進，然後推導出追求效用最大化的數學條件、Slutsky 方程式，以及需求函數的特性等。薩繆爾遜在該章中首度揭示顯示性偏好理論，並據此印證與說明需求函數的一些特性。

第六章論轉換、複合商品及配給。在轉換方面，重點在討論函數、自變數、應變數，以及價格的轉換對極值及消費需求的影響。以一般轉換理論為基礎，薩繆爾遜討論一組商品的需求，以及複合或加總商品的一般問題，推導出「一組商品若其相對價格保持不變，則單一商品的各種需求理論皆可適用於此一組商品，故在需求分析上可將此組商品視同單一商品」的「複合商品定理」。接著，利用顯示性偏好理論，說明如何利用可觀察的價格及消費量所編成的指數，來判斷個人效用的增減，而發展出一套指數理論。該章最後介紹在點券配給制度下的選擇理論，導出最佳消費組合的數學條件，並證明在點券配給制度下，對消費的限制增多，將使商品的需求彈性下跌。

第七章討論消費者行為理論的一些特殊問題，包括：效用的基數衡量、效用獨立之假設、商品間的互補或替代關係、所得邊際效用之定常性，以及消費者剩餘概念的價值與衡量。第八章為福利經濟學，首先評述福利經濟學中的各家學說，然後承襲 Bergson 的社會福利函數，並加以發揚光大。Bergson 的社會福利函數，假設社會福利的序數水準為社會上每個人所達成的序數效用水準之函數，在設定上擺脫個人的效用水準是否可以比較的問題。薩繆爾遜利用此社會福利函數，導出使社會福利水準達到最大所需的生產面及消費面的條件。

該書的第二部分討論安定及動態理論，共三章。第九章介紹比較靜態的分析法與動態理論，討論均衡的安定性條件，並提出將比較靜態的分析與動態安定性之結論緊密結合在一起的「對應原理」。第十章討論直線性與非直線性體系的均衡安定性問題，旨在闡揚上一章所提及的對應原理，說明靜態學與動態學兩者之間的關係。第十一章論動態理論的基礎，首先檢討各家對靜態學與動態學的看法，並提出作者個人的見解，然後以各種不同的模型為例說明。

薩繆爾遜名聞全球的兩大緣由

除了《經濟分析的基礎》這本劃時代經典著作之外，薩繆爾遜發表了數百篇論文，對經濟理論各學門幾乎都有貢獻，舉凡消費理論、資本理論與時際效率、無替代定理、國際貿易理論、共用財與經濟效率、動態理論與安定性分析，以及乘數與加速原理的綜合等，可說包羅萬象。不過，薩繆爾遜之所以名聞全球，應該不是緣於這些學術成就，最可能的觸媒應有兩項：一是他長期在《新聞週刊》（*Newsweek*）上寫專欄，而且和一九七六年諾貝爾經濟學獎得主弗利曼（M. Friedman, 1912-2006），針對經濟政策問題長時間打筆戰，引起廣泛的注意；二是薩繆爾遜將經濟學普及化，這全都歸功於花費三年時間撰寫，在一九四八年面世的《經濟學》（*Economics*）一書。

該書出版後洛陽紙貴，曾有一段不短的時間，在全球的銷售量被認為僅次於《聖經》。此基本經濟學教科書之所以暢銷，天時、地利、人和，三者齊備，可謂時也、運也、命也。一來當時是第二次世界大戰結束，新問題一籮筐，經濟學面臨一種動態階段的挑戰，「馬歇爾計畫」所揭示的政府強力策略抬頭，學生飢渴地盼望能有跟時勢密切聯結的入門書；二來薩繆爾遜在當時已有足夠顯赫的學術地位，可以全力撰寫教科書；三來薩繆爾遜精通數理，有充分能力在教科書中以簡單明瞭的「數理模式」撰文，讓學習者易於研讀。就在此種環境下，轟動全球的基本經濟學教本於焉誕生，它不但讓經濟學普及，成為顯學，也奠定不久之後經濟學列入諾貝爾獎頒授項目的基礎。

由於薩繆爾遜的這本教科書，以及他在一九四七年出版的《經濟分析的基礎》，讓數量分析工具逐漸導入經濟學，而且也將凱因斯理論以此工具傳達給世人。經過半個世紀的演化之後，經濟學數理化竟然喧賓奪主成為主流，同時，「計量方法」也在當時蓬勃開展，使得經濟學可以從事實證，而「數量化」的結果足以「提出證據」大聲說話，尤其重要的是，能對政府公共政策之影響效果得到數字答案。

值得商榷的「公共財」理論

薩繆爾遜聰明絕頂、思慮嚴謹，雖然著作等身卻能免於浮濫，不過，儘管如此，仍有值得商榷，甚至是可能出錯的論點，以極為重要且現實世界時常應用的「公共財」理論來說，就值得一談。

「公共財」是由 Public Goods 直譯過來，是薩繆爾遜在一九五三年以精湛文章所提出的。全球聞名的華裔產權學者張五常教授明指其錯誤，他用薩繆爾遜的原話解釋說：「在燈塔的例子中值得我們注意的是，燈塔的經營者不能向得益的船隻收取費用，這使燈塔宜於被作為一種 Public Goods（張教授指出此名詞誤導讀者，因為此時所指的並非共用財特徵）；但就算是燈塔的經營者以雷達偵察的方法，成功地向每一船隻收費，為社會利益計，要像私人物品（張教授又指此時用 Private Goods 一詞，再加誤導）那樣地以市價收費並不一定是理想的。為什麼呢？因為對社會而言，向多一條船隻服務的額外費用等於零（張教授指出這才是共用財的特徵，跟難收費是兩件事。他又說薩繆爾遜是 Public Goods 的創始人，但在這段文字中把這個詞用得太早了，以致誤導，他也推測中文譯為公共財，很可能是因為這段文字引錯了）……」。

這一段文字明確地顯示，共用財的真正特色應是其使用的「邊際成本為零」，並不是收費困難，但由此推論須由政府供應讓民眾「免費」使用，卻無疑是值得商榷的！

這裡使用「共用財」而不用一般通用的「公共財」，乃因後者顧名思義是「公家財貨或大家公用的財貨」，但其實它指的是，具有「共享」和「不具排他性」兩種特質的財貨，而與「公共或公用」根本風馬牛不相及，因而「公共財」這個詞並不恰當。「共用財」雖然也不太理想，但相較公共財卻來得名符其實，而英文 "Public Goods" 更是很明顯的不合宜，遺憾的是，它已約定俗成，難以導正。

尋回經濟學的本質——反思「數理經濟學」

經過兩百多年的演進，即便有著不同的流派出現，但在學校課堂裡教授的經濟學，卻有著「標準」教材，儘管自薩繆爾遜高度成功的《經濟學》問世以來，汗牛充棟的經濟學教科書充斥坊間，但都有明確的主軸。幾乎每本書都開宗明義標榜「資源有限」，再配合「人的欲望無窮」，於是每個行為人必須面臨「選擇」大課題。為了提升生活福祉，行為人需有效率善用自己擁有的資源，而為讓福祉不斷提升，也得時刻設法增加自己資源的量與質。由於一個人的一生總有數十寒暑，而絕大多數人不是只有自己的一生，人類一代傳一代，代代相傳永生不息，而且未來和下一代更為美好也是人類追求的標的，這就是「永續發展」的圖像。

在永續發展終極目標下，面臨選擇課題的個人，既然「天下沒有白吃的午餐」，也就得求取「代價最低、效益最高」的行為方式。很明顯地，人類是群居性動物且必須與大自然為伍，因而在追求永續發展下，必須尋求如何與大自然共存共榮，如何讓人際間分工合作以發揮團結力量大的功效。

畢竟經濟學的探索對象是「人」，而人是萬物之靈，「人之所以異於禽獸者幾希」這麼一點點差別卻有「差之毫釐，失之千里」的結果。兩百多年的發展，「經濟學進步了」的說法應較被認同，尤其自所謂的「總體經濟學」竄起之後，這種說法更被確認。然而，就只針對「經濟學是在研究人的行為」這一命題，在「行為人」這個關鍵點就非常值得作正本清源之商榷。

人的行為能標準化嗎？在數理經濟、數理模型，以及經濟計量學早已盤踞經濟學領域核心之際，答案是什麼已可思之過半矣！一門學問是「有系統的解釋現象」，那麼，將人的行為尋求系統性、規律性的解釋也理所當然，由而「原理」的出現也是必然。「比較利益原理」、「供需原理」等等都是最基本、最為人熟知的例子，這些原理也都能以圖形、數字，甚至數學式子，利用黑板來演算、說明。然而，這些分析、說明都需要假設和前提條件，可以說是在「既定」的模子下推導。問題是：黑板上的演練結果能否運用到實際人生？

既然對象是「人」，而人是會思考、有靈魂的個體，就某一個人來說，對於自己都難以了解，如何能得知另一個人的想法，何況周遭的環境，以及人、事、物都是變化不居的。原理原則是一般性的，但「具體」是怎樣，可說根本不可能得知，因而每個人都需要去摸索、去嘗試，或以別人的經驗作為自身決策的參考，在不斷的失敗當中改進、學習，而人際間、人與自然間也持續演化出規則、秩序。

雖然生活在地球上的人都在尋求幸福，但幸福的內涵卻並非放諸四海皆準，只有回歸到活生生的「個人」身上，讓行為個人決定才適當。市場、競爭、比較利益的決定主體，應該都是個別行為人。就是在形形色色的行為人互動中，激盪出分工合作、各個市場的規則，以及各式各樣的組織。到了凱因斯經濟學配合著自然科學分析工具的出現，竟然逐漸演變成將整體社會置於一個可以擺弄的模式中，而政府可利用政策工具作「精密調控」，讓活在此模式裡的人都能過著幸福美滿的生活。

儘管稍微思考一下就能知不可思議，但現實世界裡卻一直這樣進行著，縱然不斷發生問題，仍然無法改變。原因可能有許多，最微妙的看似簡單基本觀念之內涵，無法被真正了解應是關鍵，一九九一年諾貝爾經濟學獎得主寇斯（R. Coase, 1910-2013），這位現代隱士的「黑板經濟學」說法，最能傳神且一針見血地點出癥結所在。

所謂的「寇斯定理」膾炙人口，似乎已被充分了解，然而寇斯在一九八八年於〈闡釋社會成本問題〉這篇文章，就近三十年這段時間裡，各家對該定理的褒貶提出總回答時，認為絕大多數的討論都不清楚他的論點，而他最主要的論點，也只不過是呼籲經濟學家走出「黑板經濟學」裡交易成本為零的世界，大家一同回到處處都是交易成本的現實人生，研究解決人生問題之道。他在該文文末以政府最常用的租稅制度為例，引用包莫（W. J. Baumol, 1922-）的話：「總括來說，要一五一十實施庇古氏租稅制度，我們實在沒有理由抱持太大的信心。實施此制度所需要的租稅，或所需給予補貼的額度，我們不知道應該如何去計算，也不知道如何由嘗試錯誤中去算出大概的數字。」包莫所言「庇古派傳統的結論本身，實際上是沒有瑕疵的」，指的應是邏輯上沒瑕疵，而且假定能將該制度付諸實施，資源配置可達最適，但事實上這些稅制方案是無法施行的。寇斯說：「就這一點而言，我從來沒有否認過。我的看法是，這些稅制方案只是些夢想罷了。當我年輕的時候，有人說，說不出口的蠢話，可以用唱的。而在當代經濟學中，說不出口的蠢話，則可以用數學來表達。」

我雖同意寇斯對當代經濟學的針砭，但並不否認黑板經濟學可以訓練學習者清晰的邏輯推理，只是切忌全盤用到真實人生，不要以為人生問題真的能夠精確量化，且政府政策可完滿解決。因此，當前的經濟學有必要回到活生生的「人」身上，將科學迷所從事的「機器人」解放出來，回歸有血有肉的生靈。同時，亞當・史密斯（Adam Smith, 1723-1790）所強調的倫理道德這種「人的基本修養」，也有必要放入自由經濟的分析當中，這樣一來，經濟學就不再脫離現實人生，進而帶領人心的提升，終而促進人類生活的福祉。提到亞當・史密斯的倫理道德觀點，就必須正視他的《原富》（*An Inquiry into the Nature and Causes of the Wealth of Nations*）其實並非其學理之菁華，《道德情操論》（*The Theory of Moral Sentiments*）一書差可說是，而史密斯不只是一位偉大的經濟學家，更是十八世紀英國一位極其重要的倫理學家和法理學家，他在一七五一年於蘇格蘭的格拉斯哥大學講授「道德哲學」，舉凡神學、倫理學、法理學，以及當今所謂的經濟學都含括在內。經由這樣的尋根探源，應可得知源於《原富》的當前經濟學，在史密斯的心中應以「倫理道德」為基點，奈何當今的主流經濟學和經濟學家早將此根本丟棄，而將人「機械化」、「物化」也不足為奇了！其實，即使是以《原富》為基礎，也應了解該書的精髓在「分工」，且以「市場機能」或「價格機能」這隻「無形手」來引導「人」去做行為。要知分工、專業化需以「合作」配合，在「競爭」下每個人都盡量發揮自己專長，公平交易（或交換）之後彼此的幸福都能提升。個人行為的背後隱含著「善心」，後人再將「自利心」誤解為「自私心」，而以鬥爭、權謀、爾虞我詐手段「害人利己」之後，人心快速沉淪；再加上「量化」、重視「有形物質」，人心的腐化更快速。此外，現代科技日新月異，使「欺騙行為」更方便，損人利己更不容易察覺，而政府這隻「有形之手」，在人的「私心」和追求物質利益作祟下，正是貪汙、舞弊、官商勾結等政治腐敗現象的溫床，回過頭來又讓人心更沉淪，形成所謂的「惡性循環」。

總之，現代經濟科學必須放棄總體經濟，讓政府退下經濟舞臺，並將活生生的人從「數理模式」、「機械化」、「物化」中解放出來，而後再將「人的善心」尋回，讓人際間經由「誠心」的分工合作，才能達到真正的永續發展。所以，至少應返回亞當•史密斯時代，以「倫理道德」為基點，讓每個人「真誠的」發揮善心，從事真正的「人的行為」，讓人在「學習」、「改進」中不斷的提升，才是真正的經濟科學，這也就是「返還經濟學的本質」而已！

1971

國民所得之父
顧志耐

顧志耐

一九七一年十月，瑞典皇家科學院宣布該年（第三屆）諾貝爾經濟學獎，由當時任教哈佛大學的顧志耐（Simon Kuznets, 1901-1985）獲得，表彰他對經濟成長的統計研究，以及它們對於經濟研究無止境的影響，顧志耐對國民生產和國民所得之計算和設立帳戶記錄，有其精心獨創的設計和會計統計方法受到高度肯定。此由顧志耐素有「國民所得之父」稱號，亦可得知其貢獻所在。

現代經濟成長的泰山北斗

不過，就在顧志耐獲頒諾貝爾經濟學獎的次日，美國《紐約時報》刊載美國麻省理工學院教授、一九八七年諾貝爾經濟學獎得主梭羅（Robert Solow, 1924-）撰寫的一篇文章，其標題正是〈國民生產毛額之父〉（Father of GNP），不料卻引起兩方人士的不滿。據已故的中央研究院邢慕寰院士回憶說，一方面，一批負責主編美國官方國民所得統計的人，因為多年來受夠了顧志耐的尖刻批評，公開表示這個標題對顧志耐名不副實；另一方面，更多的經濟學家認為，這個標題低估了顧志耐對現代經濟成長研究的貢獻，雖然梭羅教授在文中也提到顧志耐在這一方面的貢獻，但是他所用的標題畢竟容易發生誤導的作用。

儘管有這方面的爭論，正如對顧志耐知之甚稔的邢慕寰院士所言，誰也不能否認顧志耐對現代國民所得統計發展的傑出貢獻，誰也不能不承認顧志耐是研究現代經濟成長的泰山北斗。其實，這兩方面加起來仍不足以概括顧志耐的學術成就，哈佛教授甚至以「巨人」稱譽顧志耐。

邢先生綜合大家的共同看法指出，顧志耐不但擁有淵博的學識，而且秉持驚人的記憶力，犀利的洞察力，和敏銳的判斷力。在他運用統計資料證明其觀點時，又是一個偉大的數字魔術師。

一些看起來不大連貫的呆板數字，到了他的手裡，便成為活潑跳動地顯示現代經濟成長規律的音符，或某些重要經濟法則的基石。但是他從來不玩數字遊戲，而且從來沒有人懷疑他的統計分析的可靠性（雖然可能有些理論家對他堅持應用大的統計證據感到不耐）。正因為顧志耐具備了這麼多的優越條件，才能堅持用自己的獨特分析方法——即不依賴先驗的理論假設，而直接從統計資料裡發掘經濟的規律。從這個角度看，顧志耐確是「前無古人，也可能是後無來者」；也由於這個緣故，邢先生同朋友談起顧志耐的時候，總是說顧志耐只有一個，他不像其他的經濟大師，要學也學不來的。

俄裔美人顧志耐

顧志耐於一九〇一年四月三十日在俄國出生，雙親是猶太人。他於一九二二年動身前往美國，早年於俄國開始唸大學，但卻在美國哥倫比亞大學完成學位（一九二三年學士；一九二四年碩士；一九二六年博士），研究所畢業後，顧志耐曾在社會科學研究委員會（Social Science Research Council）當了一年半研究員（一九二五～一九二六），之後在國家經濟研究局（NBER）待了三十多年（一九二七～一九六一）。在教學方面，一九三一至一九三六年為賓州大學（University of Pennsylvania）的兼任教授，一九三六至一九五四年則轉為專任；一九五四至一九六〇年轉往約翰霍普金斯大學（Johns Hopkins University）任教；而一九六〇年又移至哈佛大學擔任經濟學教席。

顧志耐擁有許多榮銜，計有美國經濟學會（AEA）會長（一九五四）、美國統計學會（ASA）會長（一九四九）、經濟歷史學會（EHA）榮譽會員、經濟計量學會（Econometric

Society）會員、國際統計學會（International Statistical Institute）會員、英國皇家統計學會（Royal Statistical Society of England）榮譽會員、美國哲學會（American Philosophical Society）會員、英國學院（British Academy）準會員（corresponding fellow），以及瑞典皇家學院（Royal Academy of Sweden）會員。

臺灣的親密友人

值得一提的是，顧志耐和臺灣有著密切關係，邢慕寰院士在一九八五年八月六日發表於《中國時報》的追悼文中記述得很清楚。一九六六年顧志耐偕夫人第一次應邀訪臺，遊覽了不少地方，顧志耐對當時的臺灣農村有深刻印象，認為臺灣農業在經濟發展過程中無疑扮演著重要角色，也預見臺灣農業完成它的歷史任務後，經濟轉型可能遭遇的困難，因而更加強調經濟研究的重要。鑑於當時臺灣經濟研究人才的缺乏，以及人才滯留國外不歸，於是想到在國內設置博士班訓練高級經濟專才的可能，之後結合美國學者葛蘭生（Walter Galenson, 1914-1999）、中研院劉大中、蔣碩傑院士和邢先生等人的努力，臺灣第一個經濟學博士班終於在一九六八年秋季，在極端困難情況下設立。次年底，顧志耐抽出一個多月時間來臺，為臺大經濟學博士班和碩士班學生親授「經濟成長」。此後顧志耐夫婦便成為最勤於往返臺灣的訪客，也因此在臺灣結交了很多朋友，包括政府官員和學術界人士。

顧志耐最後一次訪問臺灣是在一九七六年，為的是蒐集由葛蘭生教授主編的《臺灣經濟成長與結構變動》（一九七九年由康乃爾大學出版社發行）一書中，由顧志耐主筆的第一篇資料，記得當時我就讀臺灣大學經研所碩士班，在劉克智教授指示下，就是參與幫忙整理、計算這一篇的資料。因為該書各篇章的撰寫者都是國際知名的經濟學家，所以出版後使臺灣經濟發展的成就在國際上受到正式肯定。顧志耐其實是該書的主要策劃人，就因為顧志耐對臺灣的關切和實際貢獻，一九七六年召開的中央研究院院士會議臨時動議，聘請顧志耐（以及一九七四年諾貝爾經濟學獎得主之一海耶克）為榮譽院士，並於會後以通訊投票方式一致通過，這是中研院一個光榮的特殊先例。

顧志耐晚年罹患老年萎縮症，在老病交加情況下，竟然還不斷地寫出文章。邢先生在顧志耐去世時，以麥克阿瑟將軍當年在韓戰被解除統帥職務後，向美國國會演講的最後一句名言「老兵不死（信念），止於凋謝（身軀）」形容。邢先生說：「顧志耐只有一個，今後不可能再有第二個。這個以獨特的治學方法，研究現代經濟成長的諾貝爾經濟學獎得主，畢生秉持一個近乎頑固的信念——就是不依賴先驗的理論假設，而直接從大量細心鑑定的統計資料中發掘經濟的規律，直到老年萎縮症（連同其他的併發症）使他的身軀凋謝下來。」

唯一直接從資料發掘經濟規律的大師

顧志耐的著作頗豐，最膾炙人口的主要代表作是一九六六年的*Modern Economic Growth: Rate, Structure, and Spread*。如上文所言，諾貝爾獎委員會頒獎給顧志耐的主因在於，肯定他對經濟成長和發展的統計研究，以及它們對於經濟研究的無止境影響。由此亦可得知顧志耐的畢生學術探討，主要在於一貫努力傳達數量的準確度，藉以了解社會發展過程的重要經濟變數。他的確非常強調經濟事實的重要性，也許因而招致誤解，以為顧志耐否定了理論以及理論分析的必要性。其實，他的實證研究總是以明確的已設定模型為基礎，只不過他需要的是那些具備重要函數關係的模型，以便選出值得考慮的因素。顧志耐對於自己所要研究的對象，總有深入的探討，如此才能把握研究主體的內涵，並給予這些主體精確的統計測量；而他也嘗試將其研究結果，廣泛地以經濟和社會關係予以解釋。他否定硬將經濟事實套入不具備說服力的模型裡之做法。

關於顧志耐對經濟學的貢獻，可分為國民所得的研究和經濟發展過程的分析兩大部分。在國民所得的研究方面，一般的經濟學教科書，都以「國民所得之父」稱呼顧志耐，由而可知，他在國民所得方面的貢獻。的確，顧志耐在學術研究上的主要貢獻，是在衡量美國不同時期的國民所得，並且分析其組成分子的大小及其發展。幾乎所有認真研究國民所得的學生，都需要研讀顧志耐在這方面的作品。顧志耐的文獻被引用的次數，在經濟學家或統計學家中，也許無人能出其右；這也可證明他在國民所得方面成就非凡。

顧志耐在國民所得研究領域裡的特殊貢獻，可分為五項說明：一是將散布於上百種不同來源、零碎、長期的統計資料加以蒐集、評估並作有系統的整理，最後作成國民所得及其主要組成因子的表格，俾供他人引用；二是定義計算國民所得所需的各項術語，並且說明各種相關的概念；三是運用想像力和創造力，將不完整資料的欠缺處補足；四是作成巨大的資料，供作檢討、分析與比較，並進一步嚴格檢定結果的可靠性和有效性；五是充分運用國民所得及其不同組成因子的資料，以闡明許多基本問題。

在經濟發展過程的分析方面，顧志耐極不喜歡以簡略的理論模型，來了解成長過程；他認為一個豐碩的模型，應該包含可供檢定的關係，而此種關係不但可找到因素作實證檢定，也不受時空環境變遷而變動。因此，顧志耐不以模型來表現經濟成長的運作，而寧以較實在的方式進行；他由實證的結果，得到進一步研析資料的指針，尤其供作可測理論分析追求的方向。

這是顧志耐在其研究生涯中，所一直奉持的經濟研究態度；我們可引用他對國民生產成長率觀察值的解說作為例子。顧志耐認為國民生產的成長率中，只有少部分歸於勞動和資本投入的直接貢獻；這些因素的生產效率長期變動，才是主要的問題。的確，在他的長期研究中，因素的多樣化及其相互關係的分析，強力印證了他的看法。顧志耐對於人口的多少、人口的年齡結構以及人口的職業分類、結構的變動、技術的進步、勞力的品質和資本的組成及其品質、社會環境的變遷及市場形式的變化、國際貿易和資本移動等等因素特別重視。顧志耐研究分析的特色在於，由長期交互關係的數量研究中得到結果；在其長期探索中，最感興趣的中心課題，係將人口變動、技術改變、產業結構，以及市場型態當作「內生」變數，而不像模型的建立者往往將其視為已知的外生變數。

就有關的成長過程分析中，顧志耐在五個課題中扮演前導角色：一是成長率的長期變動（亦即「顧志耐循環」）以及其與人口變遷和景氣循環的關係；二是儲蓄和資本形成問題；三是結構變動和生產力成長間的關係；四是成長和所得分配；五是國民所得和成長的國際比較。

顧志耐對國家間的比較研究很值得一提。在此種研究中，他成功推動了經濟成長的決定因素和經濟成長的結果，在不同國家中大都持相同的看法；他也致力於各國國民所得的比較分析，藉以發現成長的共同類型。

顧志耐於多種著作中，討論了每人所得和成長率，在國際比較中所產生的許多不同「誤差來源」。譬如，工業國家的產出水準及其成長率有高估現象，因其計入為消除工業化所帶來的不良影響，而支用的物品和勞務；相反地，由於市場機能操作程度的差別，開發中國家反而有低估現象。匯率可能也是所有物品和勞務相對購買力的誤導指標；物價的比較，也產生複雜問題。顧志耐曾以不同的估計法加以試驗，因而約略知道「誤差」的大小。他認為應以批判的眼光，來看此等誤差來源在不同類別比較上的重要性，而不應消極地拒絕從事國民所得估計值的國際比較。

在其國際比較研究中，顧志耐對於經濟結構和支出，以及所得分配的發展趨勢，作了一些謹慎的結論。他將國家按每人國民所得的大小分組，發現開發中國家每位受僱者的產出，在部門間的差異比工業國家來得大。根據粗略的估計值，他又發現資本所得份額在開發中國家，「平均而言」比工業化國家來得高，最高所得者的所得份額在開發中國家也高得多。也就是說，顧志耐比較各國在發展過程中所得分配的變動，發現初期的所得分配愈來愈不平均，後期則愈來愈平均，因而是「倒U型」，而臺灣的情況則是例外，是呈現「U」型。

人類一直活在顧志耐的時代

總之，顧志耐在其長期的研究生涯中，數十年如一日的應用同一種研究方法。一旦開始一項研究後，先盡可能的蒐集有關的統計資料，再將有用者作表分類；接著，建立重要因素的相關假設，再以事實和有組織的資料繼續修正假設，因而持續需要在開始研究時沒想到的新事實和表格。顧志耐自己將此等步驟寫成：由衡量到估計、到分類、到說明，最後再到推測。

顧志耐的特色是，堅持所有發現的關係需有更精確的架構，最好將研究結果看成可能的關係，但卻是未經驗證的描述；不過，此種嘗試性的說明，卻可作為進一步探究的必備基礎。

顧志耐的固定不變研究法，也許被認為是其缺點；但由另一角度來看，此種不變的研究法，卻有其高度價值。他對於中心主題長序列的先驅性研究，已成為經濟歷史不可或缺，而且易於獲得的經濟統計文件。限制極小的模型，加上豐富的實證發現，已為其他學者開拓了一片自由領域。顧志耐在國民所得投資和儲蓄方面的研究成果已廣被應用，其他如觀念的形成、方法和假設的討論、長期關係的設定以及國際比較等，也都各為該領域的指針。

最後，必須提醒的是，顧志耐創造國民所得帳，也對經濟成長的研究作先驅性貢獻，但並未一味強調追求經濟成長率。對於近代各國競相追逐高成長率，甚至演變成「經濟戰爭」，顧志耐地下有知，恐怕會不勝唏噓吧！

1972

一般均衡理論的佼佼者
希克斯和亞羅

希克斯

亞羅

瑞典皇家科學院宣布，一九七二年諾貝爾經濟學獎由英國的希克斯（John R. Hicks, 1904-1985）和美國的亞羅（Kenneth Arrow, 1921-）兩位教授合得，最主要的是，表彰他倆在一般均衡理論的重大貢獻。

希克斯

受英國女王封爲男爵

英國經濟學者希克斯，一九〇四年生於英格蘭的 Warwickshire，畢業於 Bristol 的 Clifton 學院及牛津（Oxford）大學的 Balliol 學院；一九二五年，在 Balliol 學院通過 Modern Greats 資格考試；一九二六至三五年擔任倫敦經濟學院（London School of Economics）的經濟學講師。一九三八年繼 G. W. Daniels，任曼徹斯特（Manchester）大學傑逢斯紀念教授。一九四六至五二年，任牛津大學 Nuffield 學院院士；一九五二年起，任牛津大學經濟學教授；一九六一至六二年，擔任皇家經濟學會會長；一九六四年，受到英國女王冊封男爵。

一般均衡理論可說是華爾拉斯（Léon Walras, 1834-1910）對競爭市場經濟的創見，他對於經濟體系中，各種財貨的價格及生產量、需要量等如何互相依賴決定的問題，建立一種經濟理論，這是不朽的成就。其理論在描寫各種生產資源如何用於各種財貨的生產，以及所生產的財貨如何分配到生產要素所有人。

華爾拉斯這種觀點雖然可以被接受，但其理論本身有著許多簡化的前提，而且缺乏嚴密的論證。希克斯與亞羅兩位教授對一般均衡理論的貢獻，就是彌補華爾拉斯理論的不足，並且加以發揚。

華爾拉斯的「效用」概念，是由其後繼者巴萊圖（Vilfredo Pareto, 1848-1923）所創立的無異曲線群取代，而完成消費者行為理論。希克斯依無異曲線群說明消費者行為理論，這並非完全由其創設。其先驅者有 Eugen Slutsky（1880-1948），以及與希克斯同在倫敦大學任教的 R. G. D. Allen（1906-1983）教授等。但希克斯的名著《價值與資本》（*Value and Capital*），並非僅就先驅者的業績加以解釋，而是加上幾項獨創的貢獻，這是應當特別注意的。

對價值理論貢獻最大

希克斯在價值理論上的貢獻，是經濟思想史上的一件大事；他承襲 Edgeworth-Pareto 等人的序列效用（ordinary utility）概念，取代劍橋學派傳統的計數效用（cardinal utility）概念，以從事需求理論分析，奠定了現代需求理論的基礎。

希克斯以無異曲線的高低，來表明序列效用的意涵。透過無異曲線的分析工具，不但導出消費者的均衡條件，而且指出價格下跌對需求量影響方向的決定因素，使得 Slusky 的分析更為明晰，從而需求法則（law of demand）更能為學者所認識與接受；進一步又對馬夏爾（Alfred Marshall, 1842-1924）的所謂消費者剩餘（consumer's surplus），給予更妥善的探討，並結合指數（index number）分析與消費者的偏好理論，以測度消費者實質福利水準的高低。

華爾拉斯的生產理論雖然非常單純，但希克斯在《價值與資本》中導入一般的生產函數，並在利潤極大化的前提下，導出財貨的供給函數，以及對生產要素的需要函數。此外，希克斯還對安定性的問題，提出一項獨特的概念，並觸發薩繆爾遜另外提出安定性概念，此概念日後成為經濟學的主流，而亞羅的安定性也是秉承薩繆爾遜的學說。希克斯的安定性概念，現在已不多見，但它卻是薩繆爾遜安定性概念的先驅者，因此希克斯在這方面的貢獻也不能忽視。

在總體一般均衡的貢獻上，凱因斯於一九三六年出版《一般理論》（*General Theory of Employment, Interest and Money*），對古典的經濟理論予以嚴正的評判，建立其總體經濟的架構，造成經濟思想史上的重大衝擊。當時凱因斯學派與古典學派的爭論壁壘分明，各衷其是，然而希克斯在一九二七年發表的"Mr. Keynes and the Classics: A Suggested Interpretation"這篇短文中，融合兩家的論點，與稍後 A. V. Hansen 的大著《貨幣理論和財政政策》（*Monetary Theory and Fiscal Policy*），共同奠定現代總體經濟的一般均衡架構。

奠定現代總體經濟一般均衡架構

一國的總體經濟均衡，應由貨幣市場的ＬＭ曲線與產品市場的ＩＳ曲線共同決定，此即希克斯奠基，更成為一般總體經濟學的基本架構。一旦總體經濟因而達成均衡，則所得與利率水準將同時決定，而不像古典學派認為勞動市場決定所得，產品市場決定利率，貨幣市場決定物價；也不像凱因斯所說的，產品市場決定所得，貨幣市場決定利率。這種融合性的貢獻，已被當代學者奉為總體經濟學的經典理論。

希克斯在動態經濟學方面也有不凡的成就，不只在成長理論的綜合探討，在經濟循環理論方面，也提出一套有用的分析工具。正如一般經濟學系學生所知，經濟循環由景氣而衰退、而蕭條、而復甦，再進入景氣，周而復始，長者數百年，短則幾年一循環，眾說紛紜，並無定論。然而，希克斯在研判各家之後，提出循環過程中上限（ceiling）與下限（floor）的概念，說明物極必反，景氣到了顛峰，受到上限的壓抑而迫使衰退；蕭條至極，跌至下限的邊緣，則由低谷復甦，說明經濟體系內的有機性能，也為經濟循環何以轉折的原因，提出有力的解答。

工資理論見解獨特

工資理論也一直是希克斯關心的重點，他的早期作品也都以此為主題；因此，工資與物價的關聯，也有其獨特的見解。此外，希克斯在經濟史、通貨膨脹、國民所得會計、財政學、資本理論、獨占理論方面的論文與專書，也都曾引起世人的關注。

希克斯最早的著作是一九三二年出版的《工資理論》（*The Theory of Wages*），對於當時盛行的邊際生產力學說，曾有精闢的討論；而且提出一個目前已被普遍利用的經濟分析工具——替代彈性（elasticity of substitution）。一九四二年出版的《社會架構》（*The Social Framework*），這原是一本經濟學入門書，但是，他本其所謂「社會會計」的方法，開闢一新的研究途徑；他由此途徑研究如何以國民所得來把握經濟社會的架構。

希克斯最重要的著作應是《價值與資本》（*Value and Capital*, 1st ed., 1939; 2nd. ed., 1946），該書奠定其學術聲譽，一九七〇年諾貝爾經濟學獎得主薩繆爾遜就曾稱讚此書可與 A. A. Cournot（1801-1877）、Leon Walras、V. Pareto、Alfred Marshall 諸前輩的作品媲美。另一本名著《景氣循環論》（*A Contribution to the Theory of the Trade Cycle*）出版於一九五〇年，此書就乘數理論與加速原理，構成一套動態理論。此外，還有《需要理論的修正》（*A Revision of Demand Theory*, 1956）、《世界經濟學論文集》（*Essays in World Economics*, 1959）、《資本和成長》

（*Capital and Growth*, 1965），以及與其夫人（Ursula K. Hicks）合著，關於財政問題的小冊子。

亞羅

研究領域廣泛多元

亞羅是美國經濟計量學者，一九二一年八月二十三日生於紐約市；一九四〇年畢業於紐約市立學院，旋入哥倫比亞大學深造；一九四一年獲得碩士學位，隨即應徵入伍服役，一九四六年退伍後，進入考列斯經濟研究會（Cowles Commission for Research in Economics），擔任研究員；一九四九年受史丹佛（Stanford）大學聘為經濟學及統計學助理教授，並同時在哥倫比亞大學進修，攻讀博士學位；一九五〇年擢升為史丹佛大學副教授；次年獲得哥倫比亞大學哲學博士學位，仍在史丹佛大學任教；一九五三年升任經濟學教授；一九六八年改任哈佛大學教授。

亞羅的研究志趣有三方面：一為社會選擇理論；二為資源適當配置的靜態與動態面；另一為競爭經濟中均衡的存在問題。由於其學術上的成就，曾於一九五六年當選為經濟計量學會會長，並於一九五七年榮獲美國經濟學會克拉克（John Bates Clark）獎章。他是許多著名學術團體的榮譽會友（fellow），如統計學會、經濟計量學會，以及American Academy of Arts and Sciences。主要著作有：《社會選擇與個人價值》（*Social Choice and Individual Values*, 1951）；《存貨和生產的數學研究》（*Mathematical Studies in Inventory and Production*, 1958）；《直線和非直線規劃研究》（*Studies in Linear and Non-Linear Programming*, 1958）；以及《生產需求的時間序列分析》

（*Time Series Analysis of Industry Demands*, 1959）等。

亞羅係經由他的研究、教導和其個人的影響，促使經濟理論向前推進，他對經濟學的許多科目都有決定性的影響力。許多人相信，經濟學界應感謝亞羅之處，遠超過他所正式發表的專業論文。亞羅的學友滿天下，而與他共同工作的經濟學者，有許多日後也成為學界的名人；一個明顯的例子是，在他所寫過的論文中，有一大部分是與他人合著的。

邊做邊學的經濟涵義

亞羅的論文大多與經濟理論的一些基礎問題有關，例如：競爭下一般均衡和福利經濟學。晚近歷史的發展，已經摧毀了一些浮面的現實主義；被這種現實主義影響的學者，原先以為基礎的理論不重要，但事實上，理論往往能對真實社會問題提供有價值的參考。為什麼亞羅對經濟理論有特別的貢獻？最主要是由於他在許多問題上，都能以清晰的觀念和嚴謹的數學，作出確切的答案。先前，這些問題沒有被清晰地定義，或者學者根本不知道問題的存在，試舉兩個比較突出的例子：一是他的《社會選擇與個人價值》中，對於一個社會要藉由滿意的制度，來解決整體選擇問題的困難度，提出讓福利經濟學者了解的觀點；二是他在柏克萊的數理統計和機率討論會上，對福利經濟學的意見，他在不確定（uncertainty）的經濟分析上所作的努力，或是「邊做邊學的經濟涵義」上，都在模型的基本架構方面作了鋪路工作，後來的學者因而得以循序漸進，發展出有力的定理。

我們可將亞羅百餘篇的專業著作分成七類：(1)一般均衡理論與效率理論；(2)不確定性經濟學；(3)生產理論與技術進步；(4)實際決策理論與最適成長；(5)統計決策理論與數學規劃；(6)社會

選擇與個人價值；(7)文獻評論。

茲介紹一下第七類。亞羅自從在學術界活躍以來，就經常為經濟學界在許多科目方面作完美的文獻評論，使他人得以一窺文獻的堂奧。例如：〈社會科學的數學模型〉（一九五一）、〈風險下選擇理論的另一種研究方法〉（一九五一）、〈直線性和非直線性規劃〉（一九五八）、〈存貨和生產的數學理論〉（一九五八）、〈價格變化之衡量〉（一九五八）、在芬蘭的演講〈不確定性經濟學〉（一九六四）、《社會科學百科全書》中的〈一般均衡〉（一九六八）、〈控制理論在經濟成長方法的運用〉（一九六八），以及〈經濟活動之組織：關於市場和非市場資源配置的一些問題〉（一九六九）等等。這些論文的包容性和清晰度均屬上乘之作。亞羅也成為經濟學界最有影響力的老師之一。

百分之一的法西斯就是百分之百的法西斯

最後，再就亞羅的「不可能定理」（impossibility theorem）及其應用談一談。借用中央研究院朱敬一院士在一九九一年六月十八日，於《民眾日報》發表的〈百分之一的法西斯就是百分之百的法西斯〉一文說明。朱院士是對當時臺灣的行政院長郝柏村所堅持，「只有」國家認同有預設立場，其他問題都沒有立場，都可以談，亦即「只」在統獨議題上有法西斯傾向，相對於其他眾多議題，對統獨法西斯只是「百分之一的法西斯」而已，亦即臺灣人民的自由度非常大，只受到很小的限制，以往的戒嚴也只限於某部分不自由，因而只是「百分之一的戒嚴」。不過，朱院士以亞羅的不可能定理，推論得出「百分之一的戒嚴就是百分之百的戒嚴」、「百分之一的法西斯，就是百分之百的法西斯」。

朱院士先對該不易懂的定理作深入淺出說明。首先，亞羅定義何謂「獨裁集團」（decisive group）：如果社會上有一群人（稱做K集團），只要成員對甲、乙兩個政策選擇有一致的意見（例如：甲優於乙），則不論社會上所有其他人如何看待甲、乙，社會上最後所採取的政策，非得與K集團的意見相同不可。若有這種不顧他人見解，惟K集團意見是瞻的情形，則我們說K集團對甲、乙兩個政策的決定是一個獨裁集團。

亞羅接著證明，任何一個獨裁集團裡，必定有一位真正的獨裁者。亞羅的故事是這樣的：假如對甲、乙兩個政策有一個N人的獨裁集團，則表示不論社會上其他人如何看待甲、乙，只要此N人集團對甲、乙之間的優先次序有一致的意見，社會就非得有相同的決定。然而，儘管這N個人對甲、乙意見一致，他們總會對某些其他議題（丙）意見不一致，例如：某些人認為甲比丙好，另一些人認為丙比甲好。亞羅證明，對這種獨裁集團之內有意見摩擦議題，我們總是可以「分化」獨裁集團，將其中與社會大眾意見一致的歸為一類，其他人歸為另一類。而後者對甲、丙兩個議題，即形成一個獨裁集團。因此，只要獨裁集團的人數大於一，我們就可以找到適當的議題，將這個N人集團分化為更小的獨裁集團，如此一直進行下去，直到無法再分化為止。無法再分化就表示獨裁集團中僅餘一人，謂之獨裁者（dictator）。

最後，亞羅證明，如果一個人對甲、乙兩個政策選擇是獨裁者，則他對「所有」的政策選擇都是獨裁者。以臺灣現實社會的例子來說，如果一個人對統、獨政策是獨裁，是法西斯，則他必然對所有政策都是獨裁，都是法西斯。亞羅的說理為：如果H先生對甲、乙兩個政策是獨裁者，認為甲優於乙，則社會對甲、乙政策的優先次序終究要看H的臉色，最後一定也是甲優於乙。然而H先生雖能主宰甲、乙之間的順序，卻無法主宰「議程」。假使社會大眾提出一項中間議案丙，如果社會公議的結果是乙優於丙且丙優於甲，則只要社會（公議）符合遞移性（transitivity），結果必然是乙優於甲，這便違反了獨裁者H的意識。因此，H先生若要確保其在甲、乙之間的獨裁地位，他就必須要維持其對甲／丙、丙／乙的獨裁地位。倘若我們在乙、丙之間再引進中間政策，則H先生又必須對乙／丁、丁／丙獨裁，方能維持其乙、丙之間排列的獨裁。如此不斷加入中間議案，終於使H非得對所有政策獨裁，才能確保他唯一想要獨裁的甲、乙選擇。因此，「只」想有效的主宰甲、乙之間的排列是不可能的，這表示百分之一的獨裁是不可能的：百分之一的獨裁必然就是百分之百的獨裁，這是亞羅證明的定理！

朱院士認為亞羅的定理看似玄妙，其實卻相當合乎實際。他分析道：「如果我不准許臺灣獨立，我就絕不能准許公民投票，因為那有可能間接造成獨立的後果。我要阻止公民投票法在立法院通過，就必須使立法院裡『我的人馬』占多數，以免投票表決輸掉。要使立法院內我的人馬占多數，就在選立委時主宰選區劃分、控制傳播媒體，務必使選舉『順利成功』。另一方面，為了避免臺獨的聲浪過大，必須要打壓臺獨論者，因此，必須主宰刑法一百條的修正，主宰司法判決之『妥適性』。萬一臺獨主張真能得到民眾的認同，最後也只好靠子彈來『抵抗』選票；因此，必須主宰軍隊裡的思想控制，教育官兵『臺獨是我公敵』……凡此種種，我都必須要主宰控制，才能『有效的』獨裁國家認同。這是亞羅證明的定理。」

朱院士下結論說，亞羅的學說有相當嚴謹的數學證明，在理論邏輯上絕無破綻。其學說背後有些假設，但是這些假設也不會動搖我們的推論——百分之一的獨裁就是百分之百的獨裁。他認為國家認同是臺灣人民最大的問題，很多人以為，此種認同的歧異可以靠刑法一百條這種法西斯條文解決。其實孫文在《三民主義》裡講得很清楚：民族情感應是自然產生的。有人對大中國有情感，有人沒有情感，都是自然的，都是應該予以尊重的，而不應被打壓、也打壓不了的。用法西斯的手段打壓臺獨，其結果必然是全面的法西斯。要統要獨人人都可以有自己的主張。但是法西斯卻是絕對要不得。即使是「百分之一」的法西斯，也是百分之百的要不得。

看了朱院士的應用分析，我們是否不應再懷疑理論的實用性呢？是否也可將亞羅的這個定理應用到「百分之一的干預，就是百分之百的干預」、「百分之一的管制就是百分之百的管制」呢？不過，運用之妙畢竟不是那麼簡單！

1973

I-O 分析法的先驅者
梁鐵夫

梁鐵夫

第五屆（一九七三年）諾貝爾經濟學獎由梁鐵夫（Wassily Leontief, 1906-1999）獲得，得獎的理由正如瑞典皇家科學院的頌詞所言：「為紀念阿佛烈・諾貝爾，瑞典皇家科學院已決定在一九七三年授予美國哈佛大學經濟學教授梁鐵夫經濟學諾貝爾獎，因為他發展投入產出的分析方法，以及將此方法應用到重要的經濟問題。」所以，顯然第七位獲頒諾貝爾經濟學獎的梁鐵夫，是因為發展出投入產出（Input-Output，簡稱I-O）分析法而得獎。

I-O分析法究竟是什麼？真有那麼重要嗎？梁鐵夫對此方法的貢獻何在？我們先由其生平談起。

出生蘇俄，落腳美國

梁鐵夫一九〇六年八月五日出生於蘇俄的列寧格勒聖彼得堡；一九二五年獲列寧格勒大學文學碩士，主修社會科學，此時俄共正在實施「新經濟政策」，之後在德國柏林大學繼續他的求學生涯；一九二八年，他正值二十二歲，獲得柏林大學哲學博士學位，主修經濟學。在他攻讀博士學位的期間，除了擔任宋巴特（W. Sombart, 1863-1941）的助理，也跟隨波茲維茲（L. von Bortkiewicz, 1868-1931）修讀數理統計。

取得博士學位後，梁鐵夫先留在柏林大學從事經濟研究，而後應中國政府之邀，在一九二八至二九年任南京中國政府的經濟顧問；到了一九三一年，他遷移到美國，在美國國家經濟研究局工作一段時間，而後轉任哈佛大學的講師；一九三三年升為助理教授；一九三九年又升為副教授；七年之後，也就是一九四六年，晉升為哈佛大學的教授。

一九四八年，梁鐵夫創辦了哈佛經濟研究計畫所，並擔任所長；他從一九五三年起，並擔任哈佛大學亨利‧李（Henry Lee）政治經濟學講座。除了從事研究工作外，梁鐵夫還在一九四一至一九四七年和一九六一至一九六五年兩段時期擔任美國勞工部顧問；一九四三至一九四五年第二次世界大戰期間，他主持美國戰略辦公室俄國經濟部門；一九六一至六二年，任聯合國祕書長顧問；一九六六年又擔任美國商業部顧問。此外，梁鐵夫也獲得布魯塞爾大學的榮譽學位，並曾當過美國經濟學會會長。

投入產出表的編製

投入產出分析的概念是經濟學中具有原創性的概念，這種概念早在梁鐵夫之前就有先進提出，像法國重農學派的揆內（Francois Quesnay, 1694-1774），用以描述經濟體系內國民總生產物的生產、流通、分配、消費等過程，以及這些過程持續反覆進行之結構的「經濟表」。洛桑學派華爾拉斯的一般均衡分析，都是關於封閉體系內各經濟部門之間的關聯。梁鐵夫並不是最先構成投入產出分析數學模式的學者。在經濟學界所稱的「梁鐵夫矩陣」，實際上就是數學界所熟悉的「佛洛貝尼爾斯矩陣」（Frobenius Matrices）。雷馬克（R. Remark）所提出關於一個經濟體系投入產出的理論公式，以及數學家貝瑞（H. E. Bray）有關這方面的著作，都對梁鐵夫的投入產出理論或產業關聯理論的建立，有相當重要的啟示。

梁鐵夫的重要成就，就是將上述許多數學界及經濟學界先進學者的概念，融合而成所謂的投入產出表；此投入產出表的重要特質是，可以利用實際的經濟資料計算投入產出係數，也可以進行必要的數學演算，並將演算的結果對於各種實際的經濟問題提出回答。值得一提的是，梁鐵夫完成這種繁瑣的演算是在第一部電腦問世前十年。

眾所周知，經濟學上投入產出概念的發現，是要有獨特的心智和良好的數學基礎；梁鐵夫正好具備這兩種條件。他在學生時代，就受過良好的、嚴謹的數學訓練；但是在從事經濟研究的過程中，他一直懷疑數學應用到經濟學的可能性。儘管如此，他仍持續思考著如何將數學應用在經濟學上，或將經濟學加以數量化；因此，他所寫作的經濟論文都是使用一些數學公式來解釋經濟現象，梁鐵夫的投入產出分析，正是典型的代表作。他大部分的著作，都是將數學概念轉換成生動且富有創意的圖形或文字說明；如此，不但可以免除使用一些學術專有名詞，而且又可使其論點明白化。

梁鐵夫的著作並不多，只有一部足本的專論，即《一九一九至一九三九年美國經濟之結構：均衡分析的實證應用》（*The Structure of American Economy, 1919-1939: An Empirical Application of Equilibrium Analysis*. Cambridge, Mass: Harvard University Press, 1941）。此外，他與錢納瑞（H. B. Chenery, 1918-1994）等人合編《美國經濟結構之研究：投入產出分析之理論與實證探討》（*Studies in the Structure of the American Economy: Theoretical and Empirical Explorations in Input-Output Analysis*. New York: Oxford University Press, 1953），梁鐵夫也將自己的著作蒐編成《投入產出經濟學》（*Input-Output Economics*. New York: Oxford University Press, 1966）和《經濟學論文集》（*Essays in Economics, Theories and Theorizing*. New York: Oxford University Press, 1966）兩部論文集。此外，他也發表不少文章在《科學的美國人》（*Scientific American*）及其他各大雜誌上。

梁鐵夫的學術生涯，開始於一九三〇年代早期，當時他的興趣雖未固定成形，但有一系列關於需要與供給曲線的統計估計，對此問題的探討，也正顯示他注意將理論應用於現實。此外，有些文章是對「無異曲線」、「指數」的解釋，以及「生產理論」等主題的探討。

梁鐵夫學術生涯的中期始於一九三六年，此時其第一篇有關投入產出的文章是〈美國經濟體系投入產出關係的數量化〉，顧名思義，是將美國經濟結構作數學化描述。至於這方面的專論，則是一九四一年出版的《一九一九至一九三九年美國經濟之結構》。該書包含理論與實證分析，其理論分析源自華爾拉斯的一般均衡體系。華爾拉斯的一般均衡體系是分析市場經濟行為的理論工具，體系內包含數個變數以及與變數數目相同的聯立方程式。梁鐵夫將一般均衡體系簡單化，把經濟社會的消費者、廠商歸類成幾個經濟部門，以分析各部門間如何相互影響，並將美國實際的經濟統計資料納入體系中，對美國的經濟結構加以分析探討。此聯立方程式體系，稱之為梁鐵夫體系，而其分析方法稱為產業關聯分析或投入產出分析。梁鐵夫的這項工作，是一項重要的創作，原來在華爾拉斯一般均衡體系內處於次要地位的中間產品，成為梁鐵夫體系內的重要方程式。也就是說，梁鐵夫的這項工作，開始於簡化華爾拉斯一般均衡體系，而最終卻轉移了整個體系所強調的重心。

最初梁鐵夫體系保留華爾拉斯的概念，即體系是一個「封閉體系」。體系內的各種經濟變數都在均衡中同時被決定；這個封閉體系不但把家庭看成一個產業，而且把投入係數（各產業的每一單位產品所需其他產業產品的投入量）看成常數，並假定每一物品係由一個產業提供，且每一產業僅生產一項產品，而以各產業產量為未知數的一次聯立方程式體系。解這個聯立方程式，就可得到整體經濟均衡時各產業的產量。但是，這樣一個封閉的體系，無法研究外在因素變化對經濟活動水準的影響。基於上述缺點，梁鐵夫在一九五一年所發表的〈產量、就業、消費與投資〉一文中，把體系的重點稍作轉移，且將投資、政府及家庭的總量看成一個「開放」的部門；這個部門外在地決定對每一產業產品的最終需要，而且對每一產業提供原始投入（即勞力）。這樣的體系，稱之為「開放體系」。梁鐵夫開放體系的解答，一般都是先計算牽涉到投入係數之矩陣的反矩陣，而後用這個反矩陣乘以最終需要，以決定與這最終需要相對應的各產業產量。

梁鐵夫根據美國製造業普查的資料，分別就一九一九及一九二九年各建立一個包含十個部門的投入產出表。就一九二〇年代所能提供的計算設備而言，要構成那麼龐大的投入產出表，實在強人所難；不過，梁鐵夫卻能將所有基本概念上及統計上的困難加以克服。這些投入產出表就實際分析的目的而言，有其限制；但就方法而言，頗符合經驗上的有效性，而且在技術上也是一種突破。

從投入產出表的問世，到它對經濟社會造成影響，其間有一段時間上的落後；這是因為在第二次世界大戰期間，幾乎所有的經濟研究全都停頓。

戰爭甫一結束，美國主要統計機構（勞工統計局）利用其資料，構成大量且詳細的投入產出表（其中甚至超過四百個生產部門），以投入產出分析方法預測人力需求及就業機會。這些工作的進行與完成，梁鐵夫都扮演最重要的角色。值此之際，投入產出分析已成為經濟研究的主要領域。一九四八年，梁鐵夫所創辦的哈佛經濟研究計畫所，就是主持這種分析方法的研究機構。有關這個主題的第一次國際性會議，是在一九五〇年舉行；隨後，不但有投入產出文章的編輯、國際性及地方性學術會議的舉行、教科書的出現，而且至少有五十個國家及好幾個區域經濟單位，都編製了投入產出表。

梁鐵夫在這個領域的發展過程中，一直都是站在最前線。從一九四〇年代末期以來，他持續不斷地應用投入產出分析方法，探討當時最切實際的經濟問題。

雖然梁鐵夫主要的興趣在於，把投入產出理論應用到實際問題，但他也進一步延伸該理論並擴大其實用能力。他在這方面的成就之一就是，從投入產出的觀點，研究各生產部門的投資水準，並進一步把投資行為引進模型，而成為動態化的投入產出模型。梁鐵夫除了編製美國的資本係數細表外，也發表很多有關投入產出理論動態模型的文章。他在原來的投入產出模型中，並未包括投資行為，這樣的模型即為靜態化的投入產出模型。靜態模型中的一些基本假定，例如：固定的投入係數、每一物品僅由一個產業生產、且每一產業只生產一項產品等，在動態模型中都不適用。在動態模型中，有廣泛的範圍可供選擇，正因如此，我們必須提供作為選擇的準則，所以梁鐵夫的動態模型，在實際應用上（例如：有關經濟發展的研究）仍有一些限制。

梁鐵夫不只是一個理論家，同時也是一個實證學家。他修正理論模型與概念，使它們具有實際的意義，並且可以進行實證研究。這一切都顯示梁鐵夫總是注意到經濟學的重要性，而且也把經濟學應用到一些有關的重要問題上。投入產出模型的發現及其應用，就是梁鐵夫運用科學的頭腦，配合其技術天才最恰當的一個驗證。

1974

鮮明左派與強硬右派
繆爾達和海耶克

繆爾達

海耶克

一九七四年十月，瑞典皇家科學院宣布該年的諾貝爾經濟學獎由兩位學者合得：一為海耶克（F. A. Hayek, 1899-1992）；一為繆爾達（Gunnar Myrdal, 1898-1987）。消息傳出時，相信不少人感到納悶，因為前者被歸為強硬右派，後者則是鮮明的左派，兩人的經濟思維是南轅北轍、水火不容，怎會一起得獎呢？科學院所給的得獎理由是：「因對於貨幣理論和經濟波動理論的研究，以及對於經濟社會及制度現象相互依賴性的敏銳分析。」

理由固然可信，但事後的這種說法似乎更被傳頌：原本只頒給繆爾達，但因為他是瑞典人又是左派學者，深恐觸犯眾怒下，趕緊再找一個極右派來中和，而海耶克就是最佳人選。這對詭異有趣的組合雖難有交集，但對諾貝爾經濟學獎卻有共通看法，也就是反對頒發此獎項。那麼，既然反對這個獎，兩人為何又沒有拒絕領獎？我們先從他倆的生平談起。

繆爾達

地主家庭出生接受良好教育

繆爾達在一八九八年出生於瑞典的一個地主之家，得以接受良好教育。起初懷著想了解社會是怎麼運轉的好奇心，大學選擇法學為專業，一九二三年畢業於斯德哥爾摩（Stockholm）大學法學院，旋即執業律師，但不久就厭倦法學，在妻子阿爾娃（Alva Myrdal, 1902-1986，一九八二年諾貝爾和平獎得主）建議下改唸經濟學，並攻讀經濟學博士。一九二七年三十四歲取得學位後，就在其母校斯德哥爾摩大學任教。在其一生中經常離開學術崗位，參加各種實際的政治活動。例如：他時常充任瑞典各種皇家委員會委員，對於各種問題從事研究，提出建議。一九三四至一九三六年和一九四二至一九四六年，繆爾達兩度擔任參議員。他也曾擔任過瑞典銀行的董事。一九三八年受美國卡內基公司委託研究美國黑人問題。第二次世界大戰結束後，他曾成為瑞典戰後經濟設計委員會的主席，也曾擔任瑞典政府中的工商部長職務。

一九四七至一九五七年間，繆爾達擔任聯合國歐洲經濟委員會（The United Nations Economic Commission for Europe）的執行祕書。在這段職務期間，他仍不斷撰寫許多論文與書籍，討論瑞典、美國與南亞的各種社會問題。同時，一有餘暇就旅遊各地。除了歐洲外，還在中東、亞洲旅居三年之久，並不時赴美國訪問，例如：在一九二九年就曾偕其夫人受美國洛克菲勒基金會之邀，赴美從事研究一年。

在歐洲經濟委員會服務期間，繆爾達曾經建議人們，對前蘇聯控制整個歐洲要採取無所謂的態度。這個言論被某些人看成是繆爾達最臭名昭彰的言論，但也有人認為這只是繆爾達憤世嫉俗的氣話。

繆爾達曾接受二十世紀基金會的委託，負責南亞國家經濟發展趨勢及政策的研究。自一九六一年起，繆爾達又被斯德哥爾摩大學聘為國際經濟學教授，並創建了斯德哥爾摩大學國際經濟研究所，一九六七年退休。同年的一月二十四日，繆爾達被指定為斯德哥爾摩國際和平研究所（Stockholm International Peace Research Institute）董事會第二任主席，該研究所是由他的夫人阿爾娃提議，並在一九六六年建立的，而阿爾娃就是第一任主席。

一九七三至七四年，繆爾達在美國加州的民主制度研究中心（Center for the Study of Democratic Institutions）擔任訪問學者，一九七四至七五年擔任紐約城市大學（New York City

University）的傑出客座教授。繆爾達還曾擔任斯德哥爾摩拉丁美洲研究所（Latin American Institute）董事會主席。

繆爾達曾榮膺英國社會科學院院士、美國人文及科學院院士、瑞典皇家科學院院士、經濟計量學會會員，以及美國經濟學會榮譽會員等。

經濟學主流派的反叛者

繆爾達常以經濟學主流派的反叛者自居，他在一九七三年出版的《反潮流：經濟學批評論文集》（*Against the Stream: Critical Essays on Economics*, Random House Inc., New York, 1973）書中一開始就這樣陳述。當時經濟學的主流派有二：一為新古典學派；一為凱因斯學派。繆爾達早年曾自認是一位理論的凱因斯經濟學家，對於新古典學派不以為然，主要是對新古典學派封閉體系的一般均衡理論不認同。

繆爾達要討論的是一個開放的經濟，不是封閉的經濟。繆爾達認為均衡分析不能說明事實演變的真相，均衡分析是一種無時間的分析。不但如此，均衡分析還使用穩定均衡（stable equilibrium）的概念。這個概念是假設經濟社會處於穩定的均衡。一個經濟社會若是處於穩定的均衡，就是一種靜止的狀態，不會再有變化；如果不處於穩定的均衡，那麼，其中必會發生變動，最後則會變動達到穩定均衡才罷休。如果一個處於穩定均衡的市場，因受到外界干擾或內部發生變化，就會引起一些反應，到最後會重新獲致一個新的穩定均衡。因此，穩定均衡是一個理想的境界，是要追求達成的目的。繆爾達認為這不是事實演變的真相，是不可取的。他承繼威克塞（Kunt Wicksell, 1851-1926）提出了一種「循環累積因果」（circular and cumulative causation）

的理論，以為替代。

循環累積因果理論

所謂循環累積因果是指，在一個系統內，各個因素之間是相互影響的。一個被影響的因素，又可以反過來影響原先影響它的那個因素；如此反覆下去，無窮無盡。如果各因素之間是正回饋關係，即被影響後一起增加或變大，則稱作良性循環；如果各因素之間是負回饋關係，即被影響後一起降低或變小，則稱作惡性循環。

對於凱因斯學派的見解，儘管繆爾達早年自認是一位理論的凱因斯學派，習以「簡單的總體模型從事推理」，並於一九二九年訪美時，看到主導美國經濟學界的制度學派而不為所動，但其成為凱因斯學派是要對當時瑞典所面對的經濟恐慌有所拯救。而其不為美國制度學派所動，也是由於他們對於美國所面對的經濟恐慌問題不能提出對策。到了一九三二年，瑞典的經濟蕭條，由於他與其同輩的經濟學家所提的改革奏效而得以抑制，繆爾達的研究興趣也因此轉移。事實上，就經濟學體認來說，繆爾達對新古典學派的批評亦同樣可應用到凱因斯學派，因為後者也是著重於封閉經濟的研討，以及穩定均衡的分析。由此可看出繆爾達與凱因斯學派的差異。這種差異顯現於他已體察社會平等問題的解決，應是當時經濟學家所須肩負的任務。要肩負這種任務，非得擴大自己的視野，擺脫傳統經濟學家的束縛不可。

轉向成爲制度經濟學者

繆爾達在一九七八年十二月發表的〈制度經濟學〉一文中寫道：「從此以後，我更看到實際上沒有所謂經濟的、社會的、心理的問題，而都只是問題。它們都是複雜的，各種層面都混合在一起的。在研究時，唯一可以劃分的界線是，哪些情況是相關的，哪些情況是無關的。所有問題經常都關乎政治，而且還須從歷史的觀點加以透視。」於是繆爾達從一位最狂熱的「理論」經濟學家，轉變為一位制度經濟學者。他再度與當時美國以及其他經濟發達國家，所發展而成的經濟學脫節。他自覺在無意中又成為一個與大家走不同道路的叛徒。

繆爾達不僅在象牙塔裡做純學術性研究，還針對實際問題做大量的研究，同時提出政策建議。他對種族、失業、貧窮等一系列實際問題都作過深入的研究。例如：繆爾達用「累積因果」概念解釋美國黑人的生活水準為何不高。他認為，種族歧視使黑人得不到跟白人相同的教育；黑人能得到的其他機會，如就業等，也比白人少。因此，這些因素導致黑人的生活品質比白人差。當黑人生活品質變差時，他們就更被瞧不起，因此更加深種族歧視，反過來又使黑人的生活水準更加低落，因而進入惡性循環。

繆爾達對平等與發展之關係也與很多主流經濟學家不同，一般認為在平等與發展之間存在著一個此消彼長的抵換關係。也就是說，如果想要使財富在大眾之間公平分配，則不得不減緩發展速度；如果要促進發展，則不得不犧牲平等。但繆爾達卻認為，在平等與發展兩者之間不存在抵換關係，平等只會促進，而非延緩發展，愈平等則成長愈快。因為平等使財富在大眾之間能更平均地分配，並因此促進消費，從而刺激經濟發展。本著這種思想，繆爾達為瑞典這個北歐福利國的建設立了大功。

海耶克

道地的書香門第出身

海耶克於一八九九年五月八日出生於奧地利維也納的一個書香家庭。祖父是維也納大學動物學教授，外祖父是英士布魯克（Innsbruck）大學法學教授，也是奧國經濟學派宗師龐巴衛克的莫逆之交，之後曾任奧地利國家統計局局長。海耶克的父親是位醫學博士，卻醉心研究工作且於維也納大學教授植物學。海耶克的兩位弟弟也都在學界有名望，一位是維也納大學的解剖學教授；一位是英士布魯克大學的化學教授。另外，值得一提的是，海耶克的表兄是當代赫赫有名的偉大哲學家維根斯坦（Ludwig Wittgenstein, 1889-1951）。

海耶克分別於一九二一和二三年得到維也納大學的法學博士和政治學博士，在維也納大學的時光，他接受了奧國經濟學派大師的影響，這些大師分別是孟格、威塞（Friedrich von Wieser, 1851-1926，他是海耶克的經濟學老師）、龐巴衛克，以及米塞斯。

當一九二一年取得法學博士後，海耶克曾任奧地利公職（一九二一～二六年），從事解決戰前債務的工作，機構的主任是米塞斯。也就在那時，海耶克參與米塞斯的研討小組，成員包括日後都享有盛名的哈伯勒（B. Haberler）、瑪哈祿普，以及摩根斯坦（O. Morgenstern, 1902-1977）。海耶克是經由參與研討會而受到米塞斯的影響，並未正式上過米塞斯的課。在這段公職期間，海耶克曾自費前往美國研讀貨幣政策（一九二三年三月至一九二四年五月），曾分別受教於米契爾（W. C. Mitchell, 1874-1948）和克拉克（J. B. Clark, 1847-1938）兩位著名的經濟學家。返回維也納之後，海耶克與米塞斯於一九二七年共同開創了奧地利景氣循環研究所，就在那裡，海耶克成為第一位預測到美國經濟崩潰的學者。

首位預測到美國經濟崩潰者

一九三一年，海耶克應羅賓斯之聘，至英國倫敦經濟學院任教，他是該學院的第一位外國教授；一九三八年海耶克取得英國籍；一九四九年秋季班結束後，辭掉倫敦經濟學院教職赴美。其間，在一九四七年由他發起組成極為特殊的「蒙貝勒蘭學會」。這是一個將全球崇尚自由哲理，且在當時環境下，都有孤軍奮戰落寞感的學人齊聚一堂的團體，對於會員的篩選極為嚴格，第一次會議在瑞士的蒙貝勒蘭舉行，也就以此山名作為學會的名稱。赴美之後，他先在阿肯色大學當一學期訪問教授，於一九五〇年赴芝加哥大學擔任社會和道德學科教授，成為「社會思想委員會」的委員，迄一九六二年屆齡六十二歲退休為止。隨即西德的佛萊堡大學（University of Freiburg）聘海耶克為政治經濟講座；一九六六年，奧地利政府曾徵詢他是否願意回國任中央銀行總裁，被海耶克婉拒；直至一九六九年他自佛萊堡大學退休（七十歲），接受奧地利的沙斯堡大學（University of Salzburg）當訪問教授，才重新踏入離開近四十年之久的故國；到了一九七七年再返回德國佛萊堡大學當駐校榮譽退休教授，直到病逝為止。

海耶克的學術和知識生涯不曾有冷卻期，而且一直受到激烈爭論。但他的私人生活卻不算如意。一九二六年第一次結婚，一九四九年離婚，次年再婚，據說他會在一九五〇年離開倫敦到芝加哥，部分原因就是離婚的精神壓力，以及為了維持兩個分裂家庭的財務支出。而為了紓解財務上的壓力，海耶克在一九七七年將個人的七千冊珍藏書籍賣給沙斯堡大學。海耶克在第一次婚姻時，生了兩個孩子，女兒是位生物學家，服務於英國博物館，兒子則是位病理學家。

膾炙人口的《到奴役之路》

海耶克在三〇年代埋首研究經濟學，成就極高，於一九四三年獲選為英國學院院士（Fellow of British Academy），但其光芒卻被凱因斯掩蓋。又因其於一九四四年寫作《到奴役之路》（*The Road to Serfdom*）這本得罪人的書，使得他的學術生涯更為孤寂。直至一九七〇年代停滯性膨脹（stagflation）出現，海耶克的理論才受到重視，而一九七四年諾貝爾經濟學獎頒給他之後，才真正逐漸恢復名望，一九八〇年後，共產世界紛紛解體，更印證了他的先知。一九八四年六月，在海耶克剛過完八十五歲生日時，英國女皇頒給他 Companion of Honour（簡稱ＣＨ）勳銜，這項榮譽在等級上較爵士（Sir）還高一層，得此殊榮者准與皇室坐而論道。ＣＨ勳銜於一九一七年六月四日首創，至一九八四年止，也只有六十五人獲此殊榮，海耶克是因對自由經濟學有特殊的服務與貢獻而得到。值得一提的是，像海耶克這種崇尚自由且成名五、六十年的大師級人物，應不在乎此種類似「皇上的賞賜」頭銜。也因如此，才以ＣＨ勳銜給予，因其是加於名字之後，不像爵士須加在姓氏前，海耶克可以保持純學術形象，因而無法拒絕，否則即嫌矯情。一九九一年十一月十八日，當時的美國總統布希頒贈「總統自由獎章」給九十二歲高齡的海耶克，雖然他已不需要此種名譽襯托，也因生病而由其兒子代表接受，但他卻將這項榮譽看做是一生的定評而高興不已。海耶克於一九九二年三月二十三日病逝於德國佛萊堡，享年九十三歲。在他有生之年，親眼看到東歐變天、蘇聯解體，以及中國改走自由經濟之路，正是他的一貫道理終獲印證的實例，可說是含笑而去了！

難以歸類的學術成就及貢獻

海耶克自認為最主要的興趣領域是，一般經濟理論和經濟思想史兩個層面；而由其頗為豐富的著作觀之，海耶克的學術成就超出一般認定的經濟學領域，在非經濟學領域方面也大放異采。籠統地說，早期以經濟方面的研究為主，這方面的重要著作是在倫敦經濟學院所完成，轉赴芝加哥後則致力於非經濟學的重要著作。

既然海耶克的經濟學方面重要作品，是在旅居倫敦經濟學院之時完成，我們就得回到一九三〇年代，那是歷史上最有名的經濟大恐慌時代，是凱因斯革命出現的時候。當時海耶克與凱因斯針鋒相對，他堅決反對政府干預，並對通貨膨脹政策大力抨擊，對於膨脹政策將帶來災禍的分析，在一九三一年出版的《價格與生產》（*Prices and Production*）中已有明確解說。他確信經由信貸政策和銀行決策所產生的貨幣支出，對於價格和產出會有極大的衝擊。在一九二七和一九二九年間，鑑於一九二七年之前繁榮期，恐因美國一般物價自然地下跌致景氣趨緩，為了延長繁榮期間，美國政府使用擴張貨幣（easy-money）政策，由而點燃過度投資，且將繁榮再延長兩年。之後，當不景氣開始出現時，政府不再使用人造的經濟政策來維持消費，因而無法支持生產，也因此出現一次原本應該相對自然而平穩的不景氣，終於演變成歷史上永難忘懷的「大蕭條」。必須強調的是，如果美國聯邦準備局持續動用擴張借貸的政策來維持繁榮假象，也只是延緩大蕭條的出現時日，而且程度還會更嚴重，因為以往的擴張貨幣政策必定要付出代價，早些時日付出，代價較小，愈拖則代價愈大。

在一九三一至一九四一年間，海耶克致力於經濟課題，發展出一套一般性的理論，此即不合理的擴張性貨幣政策會誤導投資者，誘使他們被人造的需求所迷惑，結果造成經濟體系的嚴重扭曲，使資本和資源集中於低生產力之處。也就在這段期間的醞釀，展開海耶克與凱因斯長達十五年的論戰。先是海耶克在一九三一年八月和三二年二月於《經濟學刊》（*Economica*）上批評凱因斯在一九三〇年出版的《論貨幣》（*Treatise on Money*）。而凱因斯先是以攻擊海耶克的《價格與生產》回應，接著明確表示已修改其《論貨幣》的體系。當一九三六年凱因斯出版其曠世鉅著《一般理論》時，海耶克並未立即有所反應，起因是他發現該書內容模糊、華麗而庸俗，而在第一次論戰的經驗下，他覺得凱因斯將會如前再次修改自己的看法。沒想到由於此種錯誤的預期，竟使凱因斯的「把操縱經濟大權由上帝手中奪回」，而認為政府利用財政和貨幣政策工具可將經濟體系精密調節，從此經濟衰退將永遠消失的說法風行全球。風光的局面一直持續到一九七〇年代早期「停滯性膨脹」（stagflation）出現才受到質疑。

海耶克學說被輕忽四十年

可是，在近四十年裡，與凱因斯完全不同的海耶克學說竟受到極度輕忽，而且海耶克在一九四一年寫作《資本的純正理論》（*The Pure Theory of Capital*）之後，就未專心致力於經濟理論的事務，也因如此，才會使凱因斯理論更有擴展的空間。對此，海耶克深深後悔沒有及時給予《一般理論》嚴厲的批判。海耶克在經濟領域裡的重要英文著作，除了已提及的兩本書外，還包括一九三三年的《貨幣理論與景氣循環》及一九三九年的《利潤、利息與投資》（*Profits, Interest and Investment*）。第一本書批評主張貨幣與信貸不會影響生產結構的理論，指出信用貸款突然注入經濟體系，會改變商品的相對價格，由而產生無法維持的過度投資；第二本書和先前提過的《價格與生產》一書，也都循著相同思路說明貨幣與信貸變動時，資源將被誤引至原本不會被引進的領域，而信貸的增加刺激投資，但此種投資是投資者受「假信號」誤導，而非呼應真正的需求改變而作，因而投資無法持續維持，以致發生經濟波動。至於《資本的純正理論》則探討生產結構中資本、利息，以及時間因素，說明資本的複雜結構及資本在經濟興衰中的重要性，是資本理論的經典之作。但當時正值凱因斯理論如日中天，該書不幸被忽視了。

一九四〇年代中期，海耶克的研究焦點跳出純經濟理論，轉而探討政治秩序和經濟組織之間的關係。此時期的代表作，就是一九四四年出版且膾炙人口的《到奴役之路》，以及一九四八年出版的論文集《個人主義與經濟秩序》（*Individualism and Economic Order*）。《到奴役之路》是被譯成十多國文字的暢銷書，也是一本政治性的書籍，旨在剖示任何形式的政治經濟計畫，都會危害到社會中個人的經濟自由，而沒有經濟自由便無政治自由，計畫經濟無可避免會帶來貧困和專制政府。在當時，社會主義得到眾多西方知識分子的喝采，且蘇聯打敗納粹德國而經濟欣欣向榮（由公布的數字所顯示）的時代，這本書成為「毒草」，也使海耶克成為眾矢之的。此外，第二次世界大戰期間，有不少知識分子在政府計畫部門工作，《到奴役之路》無情的打擊這群既得利益者，於是連經濟學界也興起一股排斥海耶克之風，特別是英國的知識分子竟然視其為「異端」。海耶克對此有先見之明，該書序言出現：「本書肯定會得罪一些我極希望與他們保持友好關係的朋友……。不過，寫這本書是我的責任，在責任面前，我不應退縮。」而當時的英國，工黨即將執政，強烈的社會主義傾向，當然也難容海耶克的看法。在四面八方都是敵人，以及前述私人感情因素不如意下，海耶克出走至芝加哥，但因其具「爭議性」，連芝大經濟學系也不敢任用，而是「社會思想委員會」（Committee on Social Thought）聘僱。

值得一提的是，《到奴役之路》雖使海耶克在俗世的學術地位跌落至谷底，但也足以彰顯該書的成功。這可由捷克的私有化部長傑日克（**T. Jezek**）所言：「假如搞社會主義意識型態的理論家，要挑出一本不惜任何代價都要沒收、嚴厲禁止閱讀的書，而任何散播和講述這書內容的人，將受到最嚴厲的處分，那麼他們一定會挑《到奴役之路》。」得到印證。這本書比歐威爾（**G. Orwell, 1903-1950**）同類型的名著《動物農莊》（*Animal Farm*）和《一九八四》分別早二年、五年問世，可見其先知性。至於《個人主義與經濟秩序》這本文集，是重申社會主義計畫經濟的問題和謬誤，並闡明個人主義哲學和社會科學的方法。

到芝加哥大學之後，海耶克潛心研究哲學義理，所謂非經濟學重要著作就是在此時完成的。一九五二年的《感官世界的秩序》（*The Sensory Order*），討論知識論和理論心理學中的一些問題，如心靈的概念、心理世界和感官經驗世界的分類與秩序，海耶克明白表示是受馬赫（**Ernst Mach, 1838-1916**）經驗分析哲學的影響。同年出版的《科學的反革命》（*The Counter-Revolution of Science*），闡述社會計畫在思想上的錯誤根源，並指出將自然科學方法用於社會科學的謬誤。而海耶克的嘔心瀝血之作應是一九六〇年出版的《自由的經緯（憲章）》（*The Constitution of Liberty*），該書係法學、政治哲學、道德哲學，以及經濟學的綜合鉅著，分為三部分：第一部分論述自由的意義，以及個人自由在人類文明演進中的重要性；第二部分建立保障個人自由的法律架構，展示法治的確切意義；第三部分則批判福利國家的經濟制度，並探討自由社會所應具備的經濟制度，而以教育問題作為壓軸。該書旨在說明自由社會的先決條件是「法治」（**the rule of law**），沒有法治就沒有自由。在這本鉅作之後，一九六七年海耶克再出版《哲學、政治及經濟學研究》（*Studies in Philosophy, Politics and Economics*）文集，討論解釋社會現象的方法論、行為規劃系統的演進、自由社會秩序的原則、經濟自由、充分就業、通貨膨脹，以及民主社會中自由企業的權力使用等問題。一九七四年海耶克接受諾貝爾獎時，演講詞為〈強不知以為知〉（The Pretence of Knowledge），再次尖銳批評經濟學家模仿自然科學方法而得出種種錯誤政策，重申我們對複雜社會現象並無完全知識，因而不能隨意把社會納入一個特定的規劃內，來阻礙社會的自發力量。一九七三至七九年，海耶克出版了分成三大冊的《法、立法與自由》（*Law, Legislation and Liberty*）：第一冊《規則與秩序》（*Rules and Order*）闡明「自發秩序」這個觀念對了解社會演進的重要性，並釐清法的意義，追溯法律概念的改變；第二冊《社會正義的虛妄》（*The Mirage of Social Justice*），批判社會正義及分配正義，彰顯正義在延遠的（extended）社會意義，並說明市場秩序的自發性與個人自由的關係；第三冊《自由人群的政治秩序》（*The Political Order of a Free People*），指出現代民主代議政治兼具立法與指導行政的雙重職能，將會危害自由社會的自發秩序，並就此提出確保自由的憲政安排、界定政府的功能。

海耶克晚年仍勤於寫作，甚至比早年還有過之，也許鑑於年輕時未能及時狠批凱因斯的《一般理論》而鑄成大錯，晚年對於影響層面更廣、更深的社會主義擬作攤牌式的論辯。他在一九七八年時曾透露正籌備以「社會主義是不是個錯誤」為題的公開辯論會，準備向十二位有名望的社會主義思想家挑戰，後因故未開戰，海耶克乃將所準備的資料整理集結成冊，就是一九八八年出版的《不要命的自負》（*The Fatal Conceit*）。該書雖只有一八〇頁，但卻是海耶克對社會主義蓋棺論定的「宣言」，旨在指出社會主義是建立在「唯理主義」、「可控制」的社會秩序這種虛妄信念上，並重申市場秩序與文明演進的密切關係。一九九一年倫敦經濟事務學社（ＩＥＡ）將海耶克在一九三一至八九年替ＩＥＡ所寫的小冊子及在該社出版的雙月刊所發表的經濟、政治，以及哲學論文結集成《經濟自由》（*Economic Freedom*）出版，其中有多篇批評凱因斯學說的論文，亦彰顯海耶克在經濟學中堅定不移的立場。

甘願受獎的理由

繆爾達和海耶克都不算是主流經濟學家，兩個人在一系列的觀點上是死對頭。不過，諾貝爾基金委員會卻讓他們倆在同一年分享諾貝爾獎，顯示學術上百花齊放、百家爭鳴的良好氛圍。海耶克擁護自由經濟，反對政府干預經濟；繆爾達則堅決擁護凱因斯的政府應積極干預經濟的主張。繆爾達在瑞典政府任職期間，曾積極主張政府增加公共支出，甚至不惜以產生赤字來刺激經濟、增加就業。他對於消除貧窮、解決失業問題的一系列政策主張，也是跟傳統的政府不干預經濟的自由放任主義（laissez-faire）不同。

最後，為何繆爾達和海耶克不贊同諾貝爾經濟學獎，卻又接受頒獎？繆爾達說：當諾貝爾獎委員會打電話通知他獲獎時，當時是凌晨，他還未睡醒，就在神智不清下答應了。海耶克則在受獎宴席上明白表示，他基於兩個理由反對設立諾貝爾經濟學獎，一是將助長時髦的學風；二是經濟學家影響層面廣，得獎後難免自我膨脹發表有害社會的言論。第一項憂慮因他在不合時潮時獲獎而免除，但第二項憂慮卻仍存在，海耶克建議，凡獲諾貝爾獎者須宣誓不在自己學力以外對公共事務表示意見，並要謹記古典經濟大師馬夏爾（A. Marshall）的忠言：「社會科學者必須戒懼赫赫之名：當眾人大捧之時，災禍將隨之。」

1975

規範經濟學理論的豪士
康脫羅維奇和庫普曼

康脫羅維奇

庫普曼

當瑞典皇家科學院宣布一九七五年諾貝爾經濟學獎得主時，相信全球經濟學界都錯愕不已，因為得獎者是美國經濟計量學家庫普曼（T. C. Koopmans, 1910-1985）和蘇俄名數學家康脫羅維奇（L. V. Kantorovich, 1912-1986），對於前者應算是熟悉，但後者卻極為陌生。多數的經濟學家對康脫羅維奇在經濟學術上究竟有何貢獻，不是所知甚稀，就是完全不知。事實上，若查遍所有著名的西洋經濟學術雜誌，也不會發現一篇他的文章，所以，經濟學家對康脫羅維奇陌生乃自然之事，而沒有一篇經濟學術論文的人卻可獲得至高無上的榮冠，便更不可解了。實際情形究竟如何呢？我們先來看看這位陌生的人物，之後再介紹較為人熟悉的庫普曼。

康脫羅維奇

蘇俄數學家走入數理經濟

康脫羅維奇是蘇俄人，生於一九一二年；一九三〇年畢業於列寧格勒大學數學系，之後在列寧格勒一所技術大學教數學。自一九三二至一九三四年，在母校列寧格勒大學教書，並於一九三四年升任教授，且於一九三五年獲得數學博士。一九五八和一九六四年間，他是蘇俄科學院的準會員，自一九六四年起才擔任科學院數學所的專任會員。康脫羅維奇是數學家，有很多數學方面的著作，一九四九年獲得史達林獎。不過，一九六五年，他和南奇諾夫（V. S. Nemchinov）及諾布希洛夫（V. V. Novozhilov）共同獲得列寧獎，卻是因為經濟科學的創作，特別是將數學方法應用到經濟研究和計畫方面。

其實，早在一九三九年，康脫羅維奇就發表數理經濟的文章，而在一九四〇年代就將數學應用到經濟問題上，在一九五〇年代發表一系列涉及經濟計算和計畫方法等有關的作品；他對蘇俄經濟的價格體系和經濟計畫方法也積極地參與討論。

康脫羅維奇曾經長期主管蘇俄科學院西伯利亞部門的數理經濟方法研究所，該部門和蘇俄最現代化的諾布斯畢斯克（Novosiirsk）電腦中心，有相當密切的聯繫。

康脫羅維奇的經濟學術成就及貢獻

如上文所言，康脫羅維奇是一位傑出的數學家，在數學領域上應更有貢獻，我們只介紹他在經濟學領域裡的成就。

迄一九七五年為止，諾貝爾經濟學獎幾乎都頒給對數理分析和計量分析有獨創之成就者，庫普曼和康脫羅維奇兩人也在此行列中。畢竟經濟學原理本身就是求極大值或最小值，或者最佳值的原理，而從數量學派看經濟學，不外乎如何求出經濟體系中內生變數的最佳值。例如：生產理論中求取成本極小或利潤極大，而需求或價值論中則求效用最大，在總體經濟理論內，最關心的則為最適之儲蓄率或成長率。一九五〇年以前，經濟學家慣用微分學作為極值或最佳值問題求解的工具。

微分法的經濟分析雖有用處，但也有不足和弱點。其主要之不足乃是經濟學上許多變量構成之函數並不可能微分；而當其處理非連續變化之經濟變量及許多生產過程或聯合生產時，更難用微分法。再從實踐觀點看，微分法在理論經濟學上可作犀利工具，但應用在具體經濟計畫或現實經濟問題之解決上，卻並不實用。幸運的是，第二次世界大戰尾聲時，一批美國統計學家和數學家已發展出另一套分析最適值問題之工具，而用在軍事後勤補給及運輸問題上，頗有成效，節省許多人力、財力和物力。此新的極值分析及計算法就是「直線性規劃」（Linear Programming）。

直線性規劃出爐

二次大戰後，數學家、統計學家、經濟學家和工程學家相互合作，努力把直線性規劃理論本身發展得很完美，而在一九三九年，康脫羅維奇就以數學方法研究直線性規劃問題，在該年他以《組織和規劃生產的數學方法》這本小冊子，具體地創造出直線性規劃模型，來處理不同生產工具分配在相異的各種零件之生產上，而得出最大生產量，以改善企業組織。該小冊子至少有四大貢獻：其一，他是首位創立出完整直線性規劃模型者；其二，他是首位把直線性規劃用來解決真正實際問題者；其三，他是真正提出有系統的直線性規劃數學理論者；其四，他非但提出理論，並正式推出數值計算解法，雖然其解法並不完全。因此，稱康脫羅維奇是直線性規劃創始人亦不為過。

一九四九年，康脫羅維奇和高凌（M. K. Gavurin）合寫一篇更有分量的論文：〈以數學方法處理運輸流量分析〉。該文特色乃完整而體系優美，內容豐富，且包括各方面之應用；當然數學證明及推演巧妙和嚴密，更可顯示康脫羅維奇的數學造詣之深。

不過，最值得經濟學家驚嘆的，還是康脫羅維奇在一九三九年所發表的那本小冊中之論點，都和經濟學上之價格理論和邊際機會成本概念相通，且使新古典學派及奧國學派之學理更擴大而推廣。更重要的是，他的論點否定了共產國家奉之為經典的馬克思的價值學說。原來康脫羅維奇提出「分解乘數」的觀念和參變數間接地解出直線性規劃之最適值，而此「分解乘數」即現代經濟分析和經濟計畫中重要無比的「陰影價格」或「會計價格」。直線性規劃中最重要的定理是「對偶性定理」（Duality Theorem），而康脫羅維奇以分解乘數概念推出對偶直線性規劃模型，進一步得出陰影價格結構和物質上極大值間之對應規則。其特色乃在若要求物質生產量極大，必須指定各生產工具之價格（即分解乘數）或陰影價格，使得較稀少之生產要素價格高，而較豐富者價格低，當其生產要素之價格達一妥適點，則可求出物質生產量之極大。此即經濟學上之「歸屬理論」，是西方經濟學家的金科玉律，卻是共產主義國家的經濟學家所全面否定的。然而康脫羅維奇所提「歸屬理論」，實較當時西方經濟學家所言者更為廣大而深刻。

康脫羅維奇的直線性規劃理論及應用，在二次大戰前後幾乎完全被人忽視；不要說西方學者未知，即使蘇俄學者亦未多加注意。一直到一九五〇年代後期，才被西方學者發現，才知康脫羅維奇早在一九三九年就有完整而獨立之直線性規劃理論。最難能可貴的是，康脫羅維奇對直線性規劃之研究成果係一人所為，而西方國家乃由集體創作才發展出此方面理論。這對以社會主義標榜之蘇俄來說，乃一極大諷刺，因為它最愛稱「集體創作」之成果。西方學者認為，若康脫羅維奇直線性規劃專論早被注意及看重，則直線性規劃將更為進步。一九五九年五月二十九日《紐約時報》專欄評論「康脫羅維奇教授與人辯稱，蘇俄經濟學者因恐懼應用數學來研究經濟問題，故使得在此方面蘇俄較之美國遠為落伍」。事實上，康脫羅維奇日後參加了蘇俄的經濟計畫設計，而主要也用到上述之分解乘數。由此可見，以教條式的馬克思經濟學說想要解決經濟問題是行不通的。

庫普曼

童年多病、大恐慌促成經濟學之路

庫普曼出生在荷蘭，孩提時經常生病，自小就受到學校和家庭的宗教洗禮。智商高的庫普曼在大學裡，開始學習的是數學，他對幾何有一種天生的直覺，在他往後發表的論文中，一些複雜的分析經常被直觀的幾何圖所簡化。

一九三〇年代發生的經濟大恐慌促使庫普曼開始關心經濟問題，也因此閱讀了許多經濟學方面的書籍。當庫普曼聽說丁伯根在從事數理經濟學的研究時，就到荷蘭萊頓大學當丁伯根的學生，開始研究數理經濟學。

一九三六到一九三八年，由於丁伯根到日內瓦的國際聯盟工作，庫普曼乃接替丁伯根教授的數理經濟學。在這段期間，就運費與油船的建造之間的關係做了研究，這也培養了他往後在最適運輸路徑方面的研究興趣。

一九三八到一九四〇年，庫普曼到國際聯盟再接丁伯根的工作，同時負責構建一個用於英國的經濟循環模型。一九四〇年，庫普曼全家移居美國，而他則擔任普林斯頓大學的研究助理，並在紐約大學教授統計學。一九四一年在美國費城的一家人壽保險公司，找到了一份與經濟學有關的工作。

次年，庫普曼離開這家公司，在華盛頓找到一份戰時商船運輸行業裡的統計工作，並對運輸路徑問題進行研究，同時找到了一個對直線性規劃模型的解法，而這也成了他畢生研究工作的重點。

弗利曼在一九六〇年代提出「負所得稅」替代社會救濟，而二〇〇六年諾貝爾和平獎得主尤努斯的「微額貸款」給窮人自力更生。兩者異曲同工，基本觀念就是「給最劣勢的人一種尊嚴感，而不是接受拖捨的卑賤感。」如此，劣勢者在責任心的驅使下，創造出輝煌成績，這不就是「人道」嗎？

臺北時間二〇〇六年十一月十七日中午，傳來弗利曼這位碩果僅存的自由經濟大師於當天早上過世的消息，這並不太叫人哀矜，因為他已享年九十四，「佚我以老、安我以死」的自然規律，人人必得接受。但是當我得知此訊息時，心中仍不免一陣悵然，因為中國仍未民主化，自由經濟未能真正落實，大師的重大使命仍未了也！

1977

國際貿易理論與國際經濟政策的創始人
歐林和米德

歐林

米德

瑞典皇家科學院宣布一九七七年諾貝爾經濟學獎得主有兩位，分別是瑞典的歐林（Bertil Ohlin, 1899-1979）和英國劍橋大學教授米德（James Edward Meade, 1907-1995），以表彰他們對於國際貿易理論和國際經濟政策的貢獻。

歐林

曾任瑞典國會議員、自由黨總裁、商務部長

歐林在一八九九年出生於瑞典的克里邦（Klippan）；一九二四年獲得斯德哥爾摩大學（University of Stockholm）博士學位，曾留學英國劍橋大學和美國哈佛大學；一九二四至一九二九年擔任哥本哈根大學（University of Copenhagen）經濟學教授；一九二九至一九六五年則轉任斯德哥爾摩大學商學院教授。歐林在一九三八年當選國會議員；在一九四四至一九六七年擔任瑞典自由黨總裁；一九四四至一九四五年擔任瑞典商務部長；第一次世界大戰後，曾在《經濟期刊》上與凱因斯展開論戰，為學界所稱道。因其對國際貿易理論與國際資本移動有重要貢獻，所以與英國劍橋大學的米德教授共同獲得一九七七年諾貝爾經濟學獎。

屬於國際貿易理論的學術成就及貢獻

由瑞典皇家科學院的頌詞：「歐林的古典研究《區際貿易與國際貿易》，使他被認為是現代

國際貿易理論的創始人。他所提出的理論顯示，生產因素將決定國際貿易與國際分工型態，並且說明國際貿易對資源配置、相對價格與所得分配的影響。同時，歐林也指出，區域（或國內）貿易與國際貿易相似與差異之處，並且說明國際貿易與產業區位之間的關係。」可得知，歐林是在國際貿易理論上的卓越成就而獲獎。

的確，歐林於一九三三年發表其開創性著作《區際貿易與國際貿易》以後，立即受到舉世注目。他同時也被認為是對國際貿易、國際間的資本移動與開放經濟的穩定問題，做廣泛實證研究的創始人。

不過，一直到一九六〇及一九七〇年代，由於經濟制度國際化的成長，才凸顯出歐林研究成果的重要；因為自那時起，一切與資源配置、景氣循環與所得分配等有關的問題，都漸漸地變成國際問題。也就是說，國外貿易、國際價格波動，國際經濟活動的配置與資源的移轉，以及國際支付制度等，都變成經濟分析與經濟政策的主要構成因素。

歐林最主要的貢獻，是他認為國際貿易是兩個或兩個以上的經濟體系間的商業交易現象。每一個經濟體系各擁有r種生產因素，並且能同時生產n種不同的商品；然後便可簡單說明國際貿易的型態，亦即一個國家將輸出其在貿易前相對便宜的物品，而輸入相對昂貴的物品。這一說明，又被稱為赫克夏—歐林模型（Heckscher-Ohlin Model）的弱觀點（weak version）；另外，如果我們假定國與國之間的需要型態沒有差異，那麼就變成對該理論的強觀點（strong version），亦即一個國家將輸出需要大量使用其所擁有的豐富生產因素所生產出來的物品，而輸入需要大量使用其相對稀少之生產因素所生產出來的物品。在國際交換理論上，歐林的概念可以使國際經濟學與華爾拉斯的一般均衡理論相結合，而使自李嘉圖以來，在經濟分析上所遭遇的困難獲得解決。

歐林的研究架構，可以延伸到一般貿易理論；它融合國際貿易理論與區際貿易及區位理論在傳統上的分歧。況且，它又可以解決將國際貿易理論，建立在國際間生產因素不能移動的假定上所引起的不便，它並且提供貨物與生產因素之國際移動的代替關係定理。後來的研究鞏固此一分析在因素移轉上的地位，以建立商品單獨貿易的嚴格條件，而不必考慮生產因素邊際生產的國際差異。在實證應用上，歐林的貢獻並不是替換較早的李嘉圖模型，而是在其不同的假定上，提出一個更完整的模型。

歐林較為精密的假設，雖然不一定比李嘉圖的簡單模型為佳，而且許多實證研究結果，也並未顯示歐林的一切都比李嘉圖好；但是，一般而言，歐林的分析法，可以表示出貿易理論之實證與預測的內容，而且對以前貿易理論、貿易政策與貿易利益的規範問題，能有所修正。

簡言之，歐林的貢獻及其後的研究成果，對國際貿易的純理論有著革命性的影響，並且為貿易與生產結構的實證研究，提供一個運用基礎，使簡單的一般均衡模型在許多分析上變得更加有用。

米德

關心世界和平及經濟秩序、參與政事的學者

米德在一九〇七年六月二十三日出生於英格蘭南部 Dorest 郡的 Swanage 鎮；一九二六至一九三〇年就讀於牛津大學的 Malvern 學院及 Oriel 學院研習古典文學，在學士學位第一次考試

中獲得優等；並於一九三〇至一九三一年間在劍橋的 Trinity 學院當一年的研究生，獲哲學、政治學及經濟學優等；一九三〇至一九三七年，在牛津的 Hertford 學院擔任研究員及經濟學講師；一九三七至一九四〇年，擔任日內瓦國際聯盟經濟小組委員，並擔任 *The World Survey* 的編輯；一九四〇至一九四五年，米德出任內閣經濟小組委員；一九四五至一九四七年成為該小組主管；一九四五至一九五七年，在倫敦經濟學院擔任商學教授，講授有關國際貿易課程。

從一九五七年起，米德在劍橋大學擔任政治經濟學教授，而於一九六九年退休。之後，米德在劍橋的 Christ's 學院擔任高級研究員。在其任教學校期間，曾於一九五六年擔任國立澳洲大學的客座教授；一九五七年任英國科學促進會小組主席；一九六〇年任模里西斯經濟考察團團長。米德曾經先後獲得牛津大學碩士學位、劍橋大學碩士學位、Basel 大學榮譽博士學位、Hull 大學榮譽博士學位、牛津大學 Oriel 學院榮譽院士、倫敦經濟學院榮譽院士；並於一九四七年獲頒第三級巴斯勳位（Companion of the Bath）；一九五一年被選為英國學術院院士。

國際經濟政策理論的學術成就及貢獻

米德在牛津大學時，開始接觸凱因斯和凱因斯學派經濟學。在參與內閣經濟小組初期，與史東（一九八四年諾貝爾經濟學獎得主）等人一起參與英國國民所得會計帳的初步發展工作。他訪問澳洲以後，開始對日本及其與關稅暨貿易總協定（GATT）的關係產生興趣。在模里西斯的考察工作，給予他一個有關古典馬爾薩斯人口問題的最好明證，這也影響他對有關經濟成長方面著作的修正。

在任職國際聯盟及長期參與北大西洋公約組織（NATO）和歐洲經濟共同體（EEC）

時，米德一直很關心世界和平及經濟秩序。此外，他也關心關稅與自由貿易區域的經濟理論，在他任職內閣經濟小組時，曾參加「哈瓦那憲章」事務，並負責將自由貿易區與關稅聯盟自非歧視性商業政策的一般性原則中刪除。另外值得一提的是，米德曾為優生學會的會員，在寫作上相當重視和關心人口問題。

據知，米德的經濟學方法是典型英國式的，他畢生努力不懈地鑽研、追求研究計畫的成功，並詳讀其他學者的相關論述，將之融入自己的研究中，提出具有一致性的觀念，而非單純討論彼此間不同的見解，同時也感謝這些作品對他的論述之貢獻。

米德研究的問題並不合乎時代潮流，而且他也不願參加時興問題的會議。這種風格使人難以評估他在經濟學發展上的貢獻。而且，他的論文經常立基於一般化的數學模型，然後以簡單的圖形或計算實例說明各種情況，更加深評估上的困難。因此，有時讀者在閱讀他的著作時，或有冗長、乏味乃至事倍功半之感。

主張價格機能的社會主義者

米德是一個一九三〇年代「主張價格機能的社會主義者」，他自始即關心經濟理論在政策上的應用，同時將費邊社會主義有關政策決定過程，以及經濟學家所扮演角色的觀念予以理想化。就廣義的觀點而言，米德係直接承襲自馬夏爾（A. Marshall）和庇古（A. C. Pigou），而馬夏爾與庇古對經濟影響社會福祉的關鍵，卻持不同的看法。

事實上，米德的著作繼承了部分馬夏爾與庇古的嚴重缺點。他的缺點，包括庇古那種分類式的分析法與對較膚淺的個人數學的依賴；米德和馬夏爾一樣，深信經濟學應為一般知識分子而

1981

經濟學家中的經濟學家
托丙

托丙

當托丙（James Tobin, 1918-2002）教授在一九八一年被宣布獲頒當年諾貝爾經濟學獎時，國內學者以「山愛夕陽時，老兵不死」形容，而加拿大皇后大學教授蒲唯思（Douglas D. Purvis）則稱「托丙是一個經濟學家的經濟學家（an economist's economist）」，前者指托丙得獎時年事已高（六十三歲），後者則稱頌托丙是「經濟學界的人上人」。

托丙是道地的凱因斯學派大老，但獲頒諾貝爾獎時，卻是凱因斯理論遭逢低潮時刻，而且前一年（一九八〇）另一位凱因斯學派大將克萊恩才得獎，竟然連續兩年都頒給不太合時宜的同一學派學者，著實出乎意料之外。不過，也正凸顯出托丙的獨特貢獻，或者反應評審委員對凱因斯理論具偌大影響力的看法。無論如何，托丙可說是一位按部就班，由學院出身，以細膩敏銳思想，完成承先啟後任務的傑出經濟學家。

出身新聞記者家庭、對政治著迷的「新政」信徒

托丙在一九一八年生於美國伊利諾（Illinois）州；一九三九年二十一歲時畢業於哈佛（Harvard）大學經濟學系，並進入該校研究所繼續攻讀，次年獲碩士學位。由於第二次世界大戰期間加入海軍服役，學業曾短暫中斷，但戰後隨即復學，而於一九四七年得到哈佛博士學位；一九四六至一九五〇年擔任該校初級研究員，其間曾到英國劍橋（Cambridge）大學客座一年。

自一九五〇年開始，托丙轉到耶魯（Yale）大學擔任副教授，從此成為耶魯經濟學系的臺柱，不但雄踞史德靈（Sterling）講座三十一載，在一九六八至一九六九年及一九七四至一九七八年並曾兩度出任該系的系主任，也曾在一九五五至一九五六年及一九六四至一九六五年兩度主持該校的考列斯經濟研究基金會（The Cowles Foundation for Research in Economics），對

領導與推動經濟研究的貢獻卓著。難能可貴的是，托丙以身作則，勤奮不懈，三十餘年的學者生涯中，正式發表的論文與學術演說超過兩百篇，而其中足稱經典之作達十分之一以上，不斷且廣泛地為學者傳頌與引用。這種成果無論就質或量而言，都不愧諾貝爾獎的頒予；因此，當一九八一年得獎的喜訊傳出，一般雖以其時凱因斯思想正逢低潮，而在時機上感到幾分意外，但無人不對托丙本人的成就給予絕對的肯定。

托丙生長於一個大學城，就讀伊利諾大學的附設中學，父親是新聞記者。耳濡目染下，托丙也喜歡新聞記者的工作，從六歲開始就自行編製報紙。托丙也曾想過唸法律，因為他喜歡爭辯討論，十多歲時就對政治著迷。會走入經濟學之路，是因為一筆意外的哈佛大學獎學金，於是托丙捨伊利諾大學而赴哈佛。當時的哈佛已是北美首屈一指的經濟學研究中心，教授不論資歷深淺，都是一時之選。到大一結束時，托丙已偏向主修經濟學，於是十八歲大二那年開始經濟學原理課程，在導師波拉德（Spener Pollard）的帶引下，研讀一九三六年出版，凱因斯撰寫的《就業、利息與貨幣的一般理論》（*The General Theory of Employment, Interest, and Money*, London: Macmillan, 1936），自此即被經濟學迷住。

總括而言，托丙之會被經濟學這門學科吸引，主因有二：(1)經濟理論是一項迷人的知性挑戰，與數學或奕棋相似；(2)透過經濟學的研究，顯然可以對經濟大恐慌及其為全球政治走勢，所造成的可怕影響有所了解，甚至可能提出解決之道。托丙本人並未身受經濟大恐慌之害，但透過其雙親，卻能深刻感受當時政治與經濟面的各項問題。

就托丙個人的觀察，對他們那一代經濟學者而言，第二項因素在引發學習興趣與獻身決心上影響更為重大，這是和後來的經濟學者不同之處。後者之所以被這門學科所吸引，絕大部分是因為經濟問題的解答，能讓他們發揮處理數量化問題的專長。

由於有了凱因斯，經濟學讓托丙充分領略兩個世界的極致。他著迷於凱因斯理論和正統古典經濟學家的抗衡，他認為凱因斯對普遍籠罩的錯誤作全面顛覆，進行鼓舞年輕人的經濟學聖戰。真理得彰之後，我們得以獲得自由，也同時可以達成充分就業。托丙早已是新政（New Deal）的熱誠信徒，對蕭條、失業與貧窮極為關注。而按照凱因斯理論，羅斯福總統採取的美元貶值以及政府赤字支出政策，在經濟學上都是正確的做法。

走入凱因斯的世界

懷著滿腔熱誠，再加上沒有過去理論的包袱，托丙比哈佛的許多前輩，更早也更深入地接觸凱因斯的新著。凱因斯是後來所謂「總體經濟學」的肇建者。與這種理論恰好形成對比、針對特定市場或部門的產出與價格理論，也就是通稱的「個體經濟學」，當時專攻經濟學的學生，所研讀的經濟學原理，即以此為最主要的理論課程內容。托丙喜歡這門新學問採行的方法，亦即把整體經濟情況以一套聯立方程式的系統加以模型化；當時除了代數外，托丙還修過微積分。事實上，希克斯和其他一些學者，曾清楚地列示如何用這樣的模型，來表達與分析凱因斯的理論，以及它與古典理論的不同處，他們說明得甚至比凱因斯本人還清楚。

當時的哈佛已是凱因斯學派進軍新世界的灘頭堡，但資深的教授大多懷有敵意，而年輕一輩的教授以及兼任教職的研究生，都對凱因斯的著作反應熱烈。最重要的事情，則屬韓森（A. Hansen）到哈佛擔任經濟學的立陶爾講座（Litauer Chair）一職。韓森從明尼蘇達大學轉到哈佛任教的那一年，剛好五十歲；同年，托丙也開始經濟學的課程。一開始，韓森對凱因斯理論採取批判的態度，也曾出版對《一般理論》冷淡的評論。後來，他整個想法產生一百八十度的轉變。韓森成為美國鼓吹凱因斯理論與政策的領導者，他所主持的財政政策研討課程，可說是凱因斯經濟學理論與應用的研究中心。在華盛頓位居要職的官員，與學校的師生齊聚一堂研討；托丙當時就覺得，重大的歷史似乎就是在那間講堂中寫下的。對大學部的學生來說，立即的受益就是由韓森親自教授總體經濟學，不過，當時仍歸屬在貨幣銀行學的科目底下。對托丙而言，韓森是一位真正的英雄人物，而數年後，他倆成為至交。

托丙獲獎的學士論文，係探討凱因斯及其攻擊的古典經濟學者雙方的中心理論。傳統的經濟學主張，價格的變動可以發揮結清市場的效果，價格上揚可以消弭超額需求；價格下跌則可以消弭超額供給。應用到勞動市場，則意味著工資降低可以消除失業。勞動有超額供給，並非長期均衡的現象。除非法律或是工會限制工資下跌，否則由於追逐工作有超額供給，不可能呈現長期均衡的現象，從而為失業者恢復或創造工作機會。這是傳統經濟學核心理論的應用，也就是亞當・史斯密所謂「看不見的手」的觀念。每一個個別經濟體都自私而短視，他們對自己能接觸到的市場訊息，會考量個人利益而作出反應。在每個人追求最大私利的情況下，卻奇妙地使整個社會蒙受最大福祉。競爭給社會帶來了這項奇蹟。

凱因斯理論卻不認為此種機制可用來消弭非自願性失業（involuntary unemployment）。他並非只認為機制時效遲緩，需要政府政策的輔助，而是根本認為這項機制行不通。他認為整個經濟會處在一個失業均衡的狀態。傳統理論上，自由競爭市場可以對資源做有效的配置。凱因斯卻指出：假如有工作意願也有工作能力的勞工找不到事做，就顯示整個市場制度存在極嚴重的失靈。再怎麼說，最無效的事，莫過於讓有生產力的資源閒置。

托丙獲獎的論文就在找尋凱因斯理論的缺失，因為他並不認為凱因斯有必要在反對者的大本營中，堅決爭取理論上的全面勝利。不論失業是長期失衡還是均衡的現象，凱因斯務實的論點都不失其重要性。托丙發表的第一項專業著作，即根據這篇論文改寫而成，發表在哈佛編輯出版的《經濟學季刊》（*Quarterly Journal of Economics*）上。這項議題一直相當熱門，托丙也對它相當關切，並發表過一些相關論文，包括一九七一年擔任美國經濟學會會長所發表的就任演說稿。

發揚凱因斯理論的學術成就及貢獻

托丙是公認的「新凱因斯學派」巨擘，不但發揚凱因斯理論，還作引申修正。他在經濟學上的貢獻極其廣泛，如果以其發表過的論文內容為依據，則除了總體經濟理論的主流課題外，舉凡資本主義與集權經濟、貧窮問題與所得分配、美元問題與國際貨幣制度、國防經費與預算問題、企業與政府間的關係、管制與配給政策的後果、高等教育問題、種族問題、能源危機問題、技術進步與失業問題等等，無不為其研究對象；而最為人稱道者，則是他在計量分析上的爐火純青，使其在研究各種問題時，能以理論指導實證，而又以實證支持理論，在方法論上達到理論與實際平衡並進的境界。

不過，托丙學術興趣的博大，實難與其在總體經濟理論上的專精相提並論；事實上，後者也正是其獲得諾貝爾獎的主因。當然，總體經濟理論本身的涵蓋亦極廣泛，若依托丙的實際研究歷程予以分類，則犖犖大者有五：一是家庭的消費需求；二是資產替代行為；三是貨幣需求的決定；四是經濟政策——尤其是貨幣政策——的傳遞過程與對總體經濟的效果；五是資產平衡與經濟成長的關聯。前四者由消費始，經貨幣與資產，而以政策效果為終，與凱因斯的《一般理論》

的脈絡恰相吻合。至於托丙對成長的探討，則自一九五〇年代綿延至一九七〇年代，興趣一直未減，超越只重短期經濟波動的凱因斯，而相當於對總體經濟的範疇做了更完整的界定。

在家庭消費需求決策方面

早期的托丙認為在凱因斯錯綜迷離的理論中，家庭的消費決策是最佳進入點；原因是家庭消費乃凱因斯所謂「有效需求」裡穩定可靠的一部分。一來消費在有效需求決定均衡所得的過程中，具舉足輕重地位；二來家庭消費的規律性較易做實證檢驗。但托丙卻發現凱因斯消費理論的重大疑點，在其一九四一年首篇正式發表的論文中，批評凱因斯設勞動供給為名目工資的函數，又設消費需求為實質所得的函數，但兩者既同為家庭所做的決策，不該前者有「貨幣幻覺」，後者卻無。托丙認為，凱因斯對消費需求函數的設定，缺乏一個「個體基礎」。

由於對個體基礎與經濟邏輯的執著，托丙體認到各種行為決策息息相關，金融面與實質面的變數往往互為因果，於是他在一九五二年發表的〈資產持有與支出決定〉文章中，一方面假設財富影響消費，另一方面假設未來的消費意願，也可經由儲蓄於不同資產而影響所得與財富。該篇論文有三個重要的啟發：一是古典學派所強調的庇古財富效果（Pigou Effect），應該納入凱因斯消費模型，以補充絕對所得而共同解釋消費行為；二是應注意某些內生化的資產持有，不能列為庇古效果的一部分；三是一個完整的總體模型，應兼容資本帳與所得帳，這也就是存量與流量共存共榮的思想。

緊接著，托丙轉向家庭消費行為的實證分析。藉由一九五四至一九五八年在密西根調查研究中心客座研究的機會，托丙掌握了一些珍貴且數量驚人的家計調查資料，再利用傳統以及新穎的「托丙」（Tobit）計量方法，一連發表五、六篇論文，旨在證實一般家庭對耐久財的消費支出，深受金融性資產與負債以及現金的影響。此即，實質資產、流動資產與其他金融資產，大致依某一比例累積或保有，顯示存在著一個偏好的資產組合或財富分配。這也使托丙的注意力，由消費行為移轉到資產持有行為。

在資產替代理論方面

分析的對象係各種資產擁有者，分析的層次由私部門的決策行為，提升到政府貨幣金融政策的傳遞途徑。基本上，托丙回應了希克斯《價值與資本》一書中的遠見，認為資產分配只不過是最適決策的後果；而在最適化的過程中，各種資產的相對報酬率，就如同一般需求理論中的相對價格機能，扮演平衡各種資產持有的角色。假若某一資產的供給增多，則與其有替代關係的資產就將相對減低報酬率，以釋出足夠的資金吸收新增的資源。如此，各類資產間的替代性就對各類財經政策有相當的重要性。

就在此種模型塑造之際，托丙應邀加入甘迺迪（J. F. Kennedy, 1917-1963）總統的經濟顧問委員會，其時凱因斯學派所倡導的需求面干預政策，也正勢如破竹的痛擊古典學者平衡預算等保守觀點。所謂的「新經濟學」主張以貨幣與財政政策導引總體經濟，邁向充分就業的至善之境。而此模型就成為政府政策釐訂的有力援引，無論貨幣當局的公開市場操作，或財政當局的赤字預算融通問題，都不過是資產供給面的變動，其效果自然屈指可測。

不過，當資產的式樣愈多，彼此間互異的特性也愈複雜，若仍堅持資產間的歧異將由報酬率的差距完全反映，且各資產市場的重要性一律平等，則一些在現實經濟中，明明存在卻難以量化的資產特點，頗有被抹煞的趨勢。最明顯的是，貨幣與金融資產在交易媒介上的差別功能，是否可由銀行支付定期存款與支票存款的利率差距充分顯示，頗待商榷。

在貨幣需求的決定方面

有兩篇相關的重要文章，一是一九五六年發表的〈對交易性貨幣需求的探討〉，證明交易成本將造成貨幣持有量呈同向的變動，而票券利率則有相反的影響力。該文的「平方根公式」不僅突破傳統交易方程式，勉強以全等式改扮為需求式的謬誤，而且也賦予原本籠統的劍橋貨幣需求函數一個明晰的內涵與外貌，使貨幣需求的實證有了具體範本，成為可以測試檢定的假設。

第二篇文章是發表於一九五八年的〈對資產性貨幣需求的分析〉。當時一位數理金融學家馬可維茲（H. Markowitz，一九九〇年諾貝爾經濟學獎得主之一），正在托丙主持的考列斯基金會客座，擴大撰述其數年前首創的「平均值與變異數」（Mean-Variance，或簡寫成E-V）資產選擇模型。托丙將其應用於貨幣需求的決定。讓原先一方面受債券平均報酬率的吸引，一方面卻又顧忌債券未來價格不確定，所招致的資本利得或損失之風險的投資者，由於貨幣的提供而產生柳暗花明之妙；只要適度的調配風險債券與貨幣之比例，投資者的選擇將由原先兩個極端，擴展為極端間的無數直線型組合，而最適貨幣持有量將視投資者風險趨避的程度而定；一般而言，將不會為零。至此持有無利息收益的貨幣不再必須借助交易性動機，也不必仰賴凱因斯「流動性偏好說」中，人人預期利率上升所造成的流動性陷阱；貨幣的功用在分化債券風險，故其存在十分有理。

在經濟政策、特別是貨幣政策方面

托丙自加入甘迺迪經濟顧問委員會，與決策當局有幾年直接或間接的接觸，即使在其後幾位總統任內，亦不時就政府財經政策的釐訂與檢討，應邀到國會作證；這對其研究方面亦有潛移默化之效，使其由對單獨市場或個別部門經濟行為之分析，轉向總體經濟實際問題的解決及政策效果之評估。他在一九七四年出版的《十年來的新經濟學》書中提及，甘迺迪總統尊重學術、禮遇學者，使經濟顧問能發揮新經濟學的觀點，實現新經濟學的理想，以財政與貨幣政策的完美配合，為一九六〇年代初期的美國創造一個空前蓬勃經濟氣象。

在這段權衡性政策大行其道的期間，發展出其後膾炙人口的托丙 q 比率（Tobin's q）投資理論，而這個投資理論在解析貨幣政策的傳遞過程時，不但成了必經之途，甚至被托丙稱為「獨一無二的環節」。

q 理論的正式出爐，始於一九六八年，次年又出現於托丙的〈貨幣理論的一般均衡分析方式〉一文中。所謂 q 比率就是一資產的市場價格對其生產成本的比率，將此比率用於廠商的資本財資產，則 q 理論的大意：廠商是否對此資本財有投資需求，端視該資產之邊際單位的市場價值是否超過其重置成本而定。要了解此中原理，首先必須說明市場價值如何衡量。托丙認為在一個自有資金比率高的經濟社會，股票市場的股價正是代表投資大眾對公司資本財的價值所做的客觀評估。假設某公司的股票價格高過其欲獲得的機器設備之購置成本，則該公司以增資手段進行投資，不但資金來源可期，且可穩享實利；而另一方面，股東由於付出較高股價，成為公司所有人，必然會利用其所獲身分督促該投資計畫完成，以實現當初對該公司增購資產獲利性之樂觀預期。當 q 比率大於一時，投資現象將蓬勃進行；反之，若 q 小於一，則廠商既無投資意願，亦無籌措足夠資金之把握。

托丙認為當貨幣當局從事公開市場買進而放出貨幣後，固然會因貨幣與債券間的替代關係，造成長期債券及貸款利率的下跌，產生以往凱因斯學者所強調的邊際投資效益相對於資金使用成本增高的效果，達成刺激景氣的目標，但貨幣更重要的替代對象不是債券而是股票。當社會上銀根鬆動時，資金剩餘者看中股票價格的活絡，可以防禦通貨膨脹而維持實質收益率，遂紛紛以股票為購買對象，以替代手中現金。股市向榮將使股價超過資本財重置成本，因而抬高 q 值而誘發投資，使貨幣政策由金融面跨入實質面，完成所得擴張的功效。

值得一提的是，在這段期間關於政府的經濟政策，引發托丙和弗利曼的龍爭虎鬥。這兩位大師的比較饒富趣味。他們的教職幾乎自始至終都在一個學校中度過，托丙孜孜於耶魯，弗利曼埋首於芝加哥。他倆在相隔四年的期間內，曾分別獲選為美國經濟學會會長，而後又相隔五年，分別獲得諾貝爾經濟學獎。就口才而言，托丙難敵弗利曼的滔滔雄辯，但不愧為傑出教師，各有不少高足成為學術界的風雲人物，也都分別出版過多本傳頌不已的師生論文集。

最令人嘖嘖稱奇的是，他們對研究課題的選擇經常不謀而合，但在研究的結論上卻似由合而分，終至水火不容。由早期對消費行為的研究來看，兩人不約而同認為凱因斯的絕對所得理論有其缺失，進而在考慮家庭跨時最適化行為後，主張財富或其孿生的「恆常所得」主宰了消費行為。繼而兩人俱對貨幣需求發生興趣；在這方面，托丙三番兩次把利率彈性成功引入凱因斯的流動性偏好函數，而弗利曼則勉力把利率彈性驅出古典傳統的交易方程式。他倆在這些方面的幾篇文章，都是公認的經典之作。但兩人真正兵戎相見是在總體理論與經濟政策的戰場上。不過，公說公有理、婆說婆有理，誰是誰非，難有定論，有待讀者自行判斷。

資產平衡與經濟成長關聯方面

托丙是道地的凱因斯信徒，他絕大部分的工作，可視為對凱因斯一般理論所做的去蕪存菁或扎根發展；唯一例外就是在成長理論上。托丙之所以會接觸成長理論，是因為凱因斯靜態總體體系中設資本財存量為固定，但同時又有淨投資的進行，其中的矛盾需要一個動態環境才能消除。

托丙繼承凱因斯觀點，認為儲蓄率受所得或其他因素影響，十分穩定而不能操縱，關鍵在於影響投資意願的資本報酬率的決定。而資本家在決定此一對資本財的要求報酬率時，必然會透過機會成本的概念，以其他資產的報酬率為參考。若在成長模型中只有實質資本財一種資產，則要求報酬率無客觀比較，自然會使實際投資率與儲蓄率發生偏差，以致造成資本無限累積或任憑毀損的不穩定狀態；若引進他種資產，則可藉資產替代作用造成制衡調整，有達到穩定成長的可能。因此，托丙在一九五五年發表文獻史上第一個包含貨幣的成長模型，不到十年，又連續對資產替代與經濟成長的結合發表多篇論文，其要旨皆在強調貨幣在成長模型有穩定之功能。簡言之，若當前資本的要求報酬率太高，而使累積的資本無法被生產利用時，則政府可藉預算赤字增加貨幣發行。此舉在生產不振時將造成通貨膨脹，而降低貨幣的實質報酬率，實質資本財既與貨幣有替代關係，其要求報酬率亦只有隨著下跌，於是閒置的資本財有進入生產的機會。這種以貨幣政策促成資本累積與實質經濟成長的構想，否定「貨幣在長期中立」的古典結論，以後被稱為「托丙效果」。

正如陳師孟教授評論的，只有少數的經濟學者能像托丙一樣，對實務與學術兼具廣泛的興趣與貢獻；前者代表他對各種經濟現象與問題不稍偏廢，後者代表他有一貫獨到的思想體系，故能繁中求簡、事事奏功。他對凱因斯理論的情有獨鍾、至死不渝，對其他學派學者的攻訐，始終據理力爭把持信念，確實為學術良心做了極佳的注腳。

1982

幽默的經濟學布道家
史蒂格勒

史蒂格勒

一九九二年初，臺灣的消費者文教基金會致函立法院，表示〈消費者保護法〉與〈公平交易法〉兩者應相輔相成，而〈公平交易法〉已於一九九二年二月四日正式實施，希望延宕多年的〈消保法〉趕緊排入議程，早日通過。另外，行政院經建會當時亦表示，綜合服務業發展趨勢與市場情況，金融業的外匯操作人員、證券業中的市場分析人員、管理服務業中的企管顧問人員與房地產業中的估價人員等四類職業，應列為未來優先實施服務業專業執業證照制度的實施對象。這意味著職業證照將開始全面推廣。

顯而易見，臺灣社會已步入「管制」的時代，表面看是「公平」、「道德」社會將藉由各種法規的強迫而形成，有人自詡為「步入先進國家」的必備要件；但進一步觀察所謂先進國家走過的軌跡，就會發現理想與現實不僅有差距，或許是事與願違而嘗受反向的苦果。想到這裡，我們不禁特別懷念一九九一年十一月三十日去世的一九八二年諾貝爾經濟學獎得主史蒂格勒（George Stigler, 1911-1991）教授，在他的著作中，對於美國實施類似〈公交法〉、〈消保法〉，以及證照制度的得失，有兼具學理和實證之雙重深刻探討，正可作為臺灣社會借鏡，而其著作更是臺灣人民應加以研讀的。

全球經濟學界的「高人」

史蒂格勒在一九一一年一月十七日出生於美國華盛頓州的西雅圖市郊，是東歐移民的後裔，父親移民自巴伐利亞，母親則來自匈牙利，他是家中的獨子。史蒂格勒於一九三一年由華盛頓大學得到學士學位；一九三二年獲得西北大學的企管碩士，旋即進入芝加哥大學攻讀經濟學博士，於一九三八年畢業。他也獲得卡內基美隆大學（一九七三年）、羅徹斯特大學（一九七四年）、赫爾辛基大學（一九七六年），以及西北大學（一九七九年）的榮譽博士。

史蒂格勒教授尚在攻讀博士時（一九三六～一九三八年），應舒爾茲教授之邀至愛阿華州立大學當助理教授；畢業後先轉赴明里蘇達大學擔任助理教授、副教授（一九三八～一九四六年），而後再到布朗大學當教授（一九四六～一九四七年）；一九四七年又轉至哥倫比亞大學任教；終在一九五八年重回母校芝加哥大學榮任年薪高達兩萬五千美元的 Walgreen講座教授，直到一九九一年十一月三十日去世時，仍在芝大商學院任教。另外，他從一九七四年開始，擔任最負學術盛名的期刊《政治經濟期刊》（*JPE*）的主編。

終其一生，史蒂格勒得到許多的榮譽，擇其較重要的有：美國經濟學會會長（一九六四年）、經濟歷史學會會長（一九七七年）、蒙貝勒蘭學會會長（一九七七～一九七八年）。最為人熟知的是，一九八二年榮獲諾貝爾經濟學獎。

產業和管制經濟學最富學術成就及貢獻

史蒂格勒的研究興趣重要者有三：一般經濟理論、思想史，以及產業經濟學，其著作也集中在這三方面。他在《經濟學名人錄》中列舉十本書及七篇論文當其代表作，十本書分別是《生產和分配理論》（*Production and Distribution Theories*, 1941）；《價格理論》（*The Theory of Price*, 1942）；《五大經濟問題講詞》（*Five Lectures on Economic Problems*, 1949）；《科技人員的供給與需求》（*Supply and Demand for Scientific Personnel*, 1957，與 D. Blank 合著）；《經濟學布道家》（*The Economist as Preacher and Other Essays*, 1962）；《製造業的資本和報酬率》（*Capital and Rates of Return in Manufacturing Industries*, 1963）；《經濟史文集》（*Essays in the*

History of Economics, 1965）；《產業組織》（*The Organization of Industry*, 1968）；《產業的價格行為》（*The Behavior of Industrial Prices*, 1970，與J. K. Kindahl合著）；《人民與國家》（*The Citizen and the State: Essays on Regulation*, 1975）。

七篇論文分別是：〈短期的生產和分配〉（Production and Distribution in the Short Run，發表於一九三九年六月分的《政治經濟期刊》）；〈生存的成本〉（The Cost of Subsistence，發表於一九四五年五月分的《政治經濟期刊》）；〈拗折寡占需求曲線和僵固價格〉（The Kinky Oligopoly Demand Curve and Rigid Prices，刊於一九四七年十月分的《政治經濟期刊》）；〈分工受限於市場的擴張〉（The Division of Labor is Limited by the Extent of the Market，刊於一九五一年六月分的《政治經濟期刊》）；〈資訊經濟學〉（The Economics of Information，刊於一九六一年六月分的《政治經濟期刊》）；〈寡占理論〉（A Theory of Oligopoly，刊於一九六四年六月分的《政治經濟期刊》）；〈法律的實施、執法者的不法行為和補償〉〔Law Enforcement, Malfeasance and Compensation of Enforcers，刊於一九七四年一月分的《法律和經濟學期刊》（*J. Law E.*）〕。

史蒂格勒在學術上的主要貢獻幾乎都表現在上述論文和書本裡，依史蒂格勒的說法，分為下列七大貢獻領域扼要介紹：

1. 資訊經濟學。該篇一九六一年的文章是開創性的著作，文中指出，資訊的搜尋是有成本的，而且當搜尋的邊際成本等於邊際效益時，才會停止搜尋；此時所獲的資訊就是最佳資訊數量，而資訊價格也同時決定。此種資訊經濟學的發展，不論在學術研究或實際問題的應用都有極為深遠的影響。

2. 管制經濟理論。這部分的精彩論文大都蒐羅在《人民與國家》這本書中。他將管制當成一種「特殊商品」，由供需雙方互動來決定管制數量，同時亦可經由供需來推論管制的「獲益」對象。這個領域的影響既深且遠，如後繼者佩爾斯曼更有許多「實證研究」，將管制的起源和性質都作充分研究，膾炙人口的作品為對「醫藥」和「安全帽」的實證，統計實證的結果，發現管制的弊大於利。對於臺灣而言，經濟管制正逐漸開始並快速地擴散，為了興利防弊，史蒂格勒的經濟管制著作特別值得各界閱讀和省思。

3. 食物問題的直線規劃。即上提〈生存的成本〉之內容。

4. 寡占勾結理論及其限制。上提第六篇文章就是探討此課題。這是繼二百多年前亞當•史密斯的一番說詞：「同業者即使為了消遣，也很少聚在一起，而他們的交談，往往以一項不利於公民的陰謀，或某項漲價的計策為目的。」史蒂格勒針對這種現象，研究得出在企業組織中，一個壟斷的卡特爾（cartel），受到參加企業互相監視，同時懲罰違背協議者，而此種成本通常很高。在聯合勾結時，每一家廠商都希望其他人遵守協定，自己則可以偷偷減價以擴大銷售。若每家廠商都如此想法並實行，那麼聯合勾結行為就會自行瓦解。在臺灣，最顯著的例子就是百貨聯合小組，當換季拍賣時，各家公司往往爭先恐後地破壞協議。

5. 生產力的衡量。這是史蒂格勒在一九四七年從事的研究，如今頗受重視的「總因素生產力的衡量」及「技術進步」的課題就屬於這個範疇，可見史蒂格勒的先驅性。

6. 經濟規模的衡量課題。也就是所謂的「存活」（survivor）法，在《產業組織》書中有完整的闡述。規模經濟是研究廠商的最適規模問題，如果生產過程中有明顯的規模經濟現象，則廠商的規模必定朝此集中，而離此規模愈遠者，愈容易喪失競爭力而丟失市場。因此，在一段長時間內，能生存下來的或成長較快的廠商，必是生產效率高者，如果觀察這些廠商所處的規模，便可間接推知該產業的生產是否有規模經濟現象。他的研究並不排除生產規模小時也是有效率的經濟，於是規模經濟的討論，乃從最適規模的問題轉向「最小有效規模」的問題。這種存活法則的研究法，引發了一連串的研究。

7. 產業組織理論的實證研究。史蒂格勒在這方面最有名的作品，係對寡占市場拗折需求曲線的反證，一方面指出該理論與事實不符，另方面又指出尚有許多其他因素使價格具僵硬性。在推翻該理論的同時，史蒂格勒還發現有價格領導的現象，這在往後的寡占理論中有其重要地位。

除了以上所概述的學術貢獻外，史蒂格勒在經濟思想史的研究也有極高成就，這也是他自博士論文就開始研究的領域。他對房租管制、最低工資率方案的批判也常被引述。此外，更值得一提的是，他對政府公共政策方面的研究非常著重實證，因為他深深體認「拿出證據」之後才能大聲說話，也才可以避免特權、利益團體的左右。因此，對於一九六〇年代許多數量分析新技巧的出現，史蒂格勒在〈經濟學家和國家〉這篇講詞裡，興奮地比喻說：「數量分析的新技巧之威力，就像用先進的大砲代替傳統的弓箭。」他更進一步地指稱：「這是一場非常重要的科學革命，事實上，我認為所謂的李嘉圖、傑逢斯或凱因斯的理論革命，比起勢力愈來愈強大的數量化牽連之廣，只能算是小改革罷了。我認為，經濟學終於要踏進它黃金時代的門檻，不！我們已經一腳踏進門內了。」由於有此體認，史蒂格勒在該文末說：「我對於這一門學問的光明遠景感到無限地欣慰。……過去半個世紀的經濟學，證明了我們的數量研究，無論在影響力、在小心翼翼的程度、或在嘗試的勇氣上，都大幅增加。日漸擴展的理論和實證研究，將無可避免地、無可抗拒地進入公共政策的領域，並且，我們將發展出一套制定明智政策所不可或缺的知識體系。爾後，真誠地希望，我們將會變成民主社會的中堅人物和經濟政策的意見領袖。」

永遠的史蒂格勒

史蒂格勒無疑是二十世紀全球傑出經濟學家之一，不但長於理論，更擅長以實證得出證據作為論證的有力基礎。他開創經濟學的新領域，對學術界作了重大貢獻；也因為具有幽默、機智，以及優美的文筆，而能將枯燥的學理通俗化地傳達給大眾，對社會各階層也產生深遠的影響。胡佛研究所主任坎貝爾開玩笑地說，如果每位經濟學家都能具有史蒂格勒的表達方式，經濟學也就不至於被冠上「憂鬱科學」的稱號。據說史蒂格勒將其小船命名為「論文」（treatise），如此一來，有人問他空閒所為何事時，他即答曰：「從事論文的工作。」由此更可見其幽默。

在當代的芝加哥學派學者中，弗利曼、史蒂格勒和瓦列斯三人，曾被學者稱為「三劍客」；但這三人中，以弗利曼的名氣最響亮。其實，不論文采、演說口才，以及學術理論、或通俗作品等方面，史蒂格勒都不遜於弗利曼，而在公共政策的重要課題的影響力上，史蒂格勒的貢獻也許更有過之！他留下的著作對人類社會產生深遠影響，而後人也將永遠懷念他。我在感念之餘，對照臺灣的現狀，有如下兩點感想：

1. 進入一九九二年以來，〈公平交易法〉在社會裡引發巨大波浪。對於該法所揭櫫的精神和欲達成的境界，大家應都會認同；一旦嚴格執行，是否未能見其利而先見其害呢？類似的經驗早在美國發生，他們的〈反托拉斯法〉及諸多管制政策的實證效果，已有許多評估出現，史蒂格勒就是先驅者，其《人民與國家》文集內多篇經典之作可供借鏡。〈公交法〉也令人想起一九八四年臺灣實施的〈勞基法〉，也是紛爭不斷，其中的「基本工資」早被史蒂格勒質疑，例如：他在一九四六年發表的〈最低工資率〉，如果政府決策者能及早參考該文，或許〈勞基法〉的事件會改觀。同樣地，在〈公平交易法〉方面，如果能早些參考史蒂格勒的說法，或可免蹈〈勞基法〉的覆轍。此外，一九九四年一月由總統公布實施的〈消費者保護法〉，如何避免弊害，也可向史蒂格勒的有關著作取經！

2. 職業證照在有關單位的推動下，已經逐步開展，許多服務業已開始實施，這種戕害「經濟自由」以及創造和維護「獨占」地位的措施，其弊害已明載於史蒂格勒的著作中，擁有「後進發展者優勢」的臺灣，決策制定者實在應仔細參考他的分析，以免重犯先進國家的錯誤。

1983

用詞精準的分析家
迪布魯

迪布魯

瑞典皇家科學院宣布一九八三年第十五屆諾貝爾經濟學獎得主為美國加州大學柏克萊分校教授吉拉德・迪布魯（Gerard Debreu, 1921-2004）。瑞典皇家科學院的頌詞內容是：「迪布魯的研究改寫了現代數理經濟學，影響涵蓋各個領域。他不僅引入許多重要的新概念，而且對國內外同事和學生都產生許多強有力的影響。迪布魯最傑出貢獻是間接性的，他用詞準確，分析具有說服力，始終強調把一種理論與其解釋截然分開，這一切對經濟學中分析方法和分析工具的選擇，產生深刻而卓絕的影響。」

由此可知，迪布魯是因在現代數理經濟學理論有突破性貢獻而獲獎，到底迪布魯的貢獻何在？為何他主攻數理經濟學？又如何達成輝煌成就？下文就由迪布魯的生平、學術貢獻，以及最重要理論循序介紹。

傳統產業家庭出身

迪布魯在一九二一年七月四日出生於法國的加萊（Calais），父親從事鞋帶製造的傳統產業。一九三九年的夏天，第二次世界大戰爆發。迪布魯在一九三九至一九四〇年間，在 Ambert 接受臨時的數學預備課程，到了一九四〇年夏天，法國被德國以武力分成好幾個區域占領，他從 Ambert 來到所謂自由區的 Grenoble，直到一九四一年，都在 Grenoble 公立中學接受數學特別課程。

一九四一年夏季至一九四四年春季，就讀於頗富聲望的巴黎高等師範學校。由於盟軍的諾曼地登陸軍事行動，迪布魯應徵入伍加入法國陸軍，被派到阿爾及利亞的 Cherchell 軍官學校，隨後在法國占領下的德國服役直到一九四五年。一九四五至一九四六年，迪布魯在巴黎獲得數學助教資格，並攻讀研究所。

迪布魯在一九四三年讀了一九八八年諾貝爾經濟學獎得主毛里斯・阿雷（Maurice Allais, 1911-2010）當年剛出版的《經濟學理之研究——第一部，純經濟之探討》，對一般均衡理論產生濃厚興趣，因為該書精彩陳述了華爾拉斯在一八七四至一八七七年首創一般均衡的數學理論。而在第二次世界大戰結束後，當時的歐洲面臨艱苦的重建，迪布魯意識到經濟學家可以扮演重要角色，進一步引發他對經濟學的熱情，於是由原本的純興趣轉而選擇經濟領域作為終身志業。在得到數學助教資格的兩年半之後，迪布魯在國家科學研究中心當研究助理，在這一段期間，迪布魯由數學領域逐漸轉到經濟學領域。

一九四八年夏天，迪布魯參加沙茲堡（Salzburg）舉行的美國研究班課程，而一九七三年諾貝爾經濟學獎得主梁鐵夫也在該班講授經濟學。該年底，迪布魯由阿雷教授提名，獲得洛克斐勒基金會的獎學金，得以在一九四九年參訪哈佛大學、加州大學柏克萊分校、芝加哥大學、哥倫比亞大學，以及在一九五〇年的前四個月期間參訪 Uppsala 大學和 Oslo 大學。迪布魯留在沙茲堡的時候，由於洛克斐勒獎學金，使他原本被法國所終止的經濟學方面的科學發展得以繼續。

最重要的是，迪布魯在一九四九年秋天訪問美國芝加哥大學，擔任考列斯經濟研究委員會的副研究員，考列斯委員會有最理想的研究環境，而迪布魯接受了這個職位，從一九五〇年六月一日開始了一個十一年的研究工作。一九四五年六月，迪布魯結婚，兩個女兒分別在一九四六年和一九五〇年出生。

在一九五〇年代的初期，考列斯委員會的研究人員，透過每週的會議、每兩週的研討會，以及無數次的對話相互交流。在此環境下，迪布魯所有的時間幾乎都投注在研究上，於是對柏拉圖最適、一般經濟均衡的存在，以及效用理論方面的研究有了很大的進展。在芝加哥的最後幾年，迪布魯在一九五三年的夏和秋，花了六個月的時間待在位於巴黎的法國電力集團。

此時迪布魯開始和一九七二年諾貝爾經濟學獎得主之一亞羅合作，在一九五四年聯名發表劃時代之作〈競爭性經濟中均衡的存在〉，該文運用拓樸學方法證明一般均衡的存在。由於考列斯委員會在一九五五年遷至耶魯大學，迪布魯也在該年到耶魯大學擔任副教授，直到一九六〇年為止。在新環境裡，迪布魯完成市場均衡和一般經濟均衡的原則分析論文，也研究關於基本效用理論的許多問題，特別是以笛卡兒乘積所定義的累加性效用函數。

迪布魯在一九五六年獲得巴黎大學經濟學博士。一九六〇至一九六一年，迪布魯待在史丹佛的行為科學進階研究中心，投注大部分的心力在一九六二年出現的一般理論經濟均衡存在的複雜證明上。迪布魯並接受要在一九六二年一月一日前往加州大學柏克萊分校的約定，在一九六一年的秋天，迪布魯卻回到在耶魯大學的考列斯基金會當訪問學者，在該學期，他接續 **Herbert Scarf** 的研究，開始經濟結構核心的研究，他們在一九六三年聯合發表論文。在柏克萊的一九六〇年代中期，源自 **Rober J. Aumann** 在一九六四年發表的衡量經濟行為者空間的理論，變成迪布魯主要的興趣。一九六二年一月初到美國加州大學柏克萊分校當經濟學教授；一九七五年七月擔任數學教授並歸化為美國籍，直到二〇〇四年去世。其間，迪布魯也曾到國外著名大學和研究中心擔任客座教授、研究員和顧問。

一九六八年夏天，迪布魯對正規經濟的問題產生興趣，直到一九六九年的六至七月，在他訪問 **Canterbury** 大學之前，這些問題仍沒有答案。在一九七〇年代和一九八〇年代初期，迪布魯在柏克萊的研究興趣在無異效用函數、經濟學超額需求函數的特徵、經濟上競爭均衡核心的收斂速率、最小凹性效用函數，以及累加性高斯凸性函數的問題上。

迪布魯分別在一九七七、一九八〇、一九八一和一九八三年獲得波昂（Bonn）大學、洛桑大學、西北大學和圖盧茲社會科學大學的榮譽科學學位。迪布魯也曾擔任著名學術期刊的主編或顧問：一九七二年開始擔任《經濟理論期刊》的主編；一九七六至一九七九年擔任工業應用數學學會的《應用數學期刊》主編；一九七四年擔任《數理經濟學期刊》編委會的委員。

一般均衡理論是迪布魯最主要的學術成就及貢獻

迪布魯在經濟理論的貢獻表現在資源未被充分利用的度量、福利經濟學、一般均衡理論、用效用函數表示偏好次序關係、效用的需求理論，以及經濟核算的收斂定理等。二十世紀一九五〇年代初，他與合作者通過建立個體經濟學基本概念的拓樸學集合論基礎，引起西方經濟理論研究的一場革命。此外，迪布魯首倡的一般均衡分析領域，已成為大部分西方個體經濟理論的統一架構。他使用的公理化分析方法，已成為西方經濟分析的標準形式。二十世紀一九七〇年代以來的資本理論、區位理論、金融理論、國際貿易和總體經濟理論等，均從他的一般均衡理論概念、思想和新加入的工具中獲益。

一般均衡理論是迪布魯最主要的學術成就和貢獻，這些幾乎都集中在他一九五九年出版、僅一百零二頁的代表作《價值理論：對經濟均衡的公理分析》（*Theory of Value*）。也就是這本篇幅極小的著作，使他榮獲諾貝爾經濟學獎桂冠。他的學術貢獻不在於理論本身，而在於分析方法上的改進。

一般均衡理論是經濟學理論的核心，該理論的思想淵源可追溯到亞當・史密斯。史密斯以深邃的目光揭示了私有制經濟運行中的基本規律，也就是世人通曉的「一隻看不見的手」原理。到十九世紀末，華爾拉斯運用直線性代數工具，為一般均衡理論構造一個整體架構，從而讓一般均衡理論從思想跨越到實體。可是，華爾拉斯用代數方法建立起來的這個一般均衡理論並不穩定。對這個理論架構來說，一般均衡的存在性沒有得到滿意的解決。因此，理論上，如果該理論不能證明均衡的存在性，則這個理論體系並無意義，不能確定均衡的存在性的一般均衡理論，無異於空中樓閣。不過，一般均衡理論並未引起廣泛的注意和研究。直到一九五四年亞羅和迪布魯發表的論文《競爭性經濟中均衡的存在性》，才使存在性問題可獲得解決。

亞羅和迪布魯運用集合論作為基本工具，對經濟體制進行抽象的整體數學描述，通過對基本概念引入一些假設條件，證明私有制經濟存在一個競爭均衡。從華爾拉斯以來，八十年一直懸而未決的根本問題獲得解決，經濟理論大廈的根基得以穩固。

亞羅和迪布魯的證明方法是，引入一個虛構的市場主體來選擇價格體系，從而將給定的經濟體系問題，轉化為一個一般化賽局的內許均衡存在性問題。而這種參與人戰略空間，依賴其他參與人行動的一般化賽局的內許均衡存在性，已由迪布魯在〈一個社會均衡的存在性定理〉論文中解決。因此，亞羅和迪布魯關於一般均衡理論的證明根植於賽局理論。內許的證明是基於「卡庫塔尼固定點定理」（Kakutani Fixed Point Theorem），而這個定理是根據馮紐曼（一九三七）的一個拓樸定理解決。

迪布魯在均衡存在性問題上還有一些其他的貢獻，使他在該領域中處於領導地位。迪布魯的主要著作除了《價值理論：對經濟均衡的公理分析》（一九五九）外，尚有《競爭性經濟的均衡存在》（一九五四）；《有限均衡的經濟》（一九七〇）；《迪布魯教授的「市場均衡」定理》（一九七三）；《總合需求函數》（一九七四）；《數理經濟學——迪布魯論文二十篇》（一九八三）。

《價值理論》簡介

由於迪布魯獲頒諾貝爾獎，主要緣於《價值理論》中的研究發現。該書是考列斯委員會在耶魯大學經濟研究基金會的研究報告之一，列為專論第十七種，初版為一九五九年由 John Wiley and Sons 公司出版。

該書討論價值理論的兩個中心問題：

1. 商品價格。該書闡述此種價格乃為私有經濟制度下，各單位的相互作用，透過市場所形成。
2. 該書闡述價格體系，以數理經濟學的術語，即商品空間（commodity space）的價值函數（value function）。

該書所用的分析方法，以嚴格的數學為主，包括集合（sets）與向量（vectors）等，全書共分七章：

1. 第一章介紹所用的各種數學方法。
2. 第二章討論商品與價格係基本觀念的探討。所謂商品（commodity），具有實質（physical）、時間（temporal）及空間（spatial）等三個特點，必須三者同時相同，始屬同一商品。由此可知：該書對於各種常見的名詞，都有較嚴格的定義。
3. 第三章討論生產者。先從理論的觀點說明生產者、生產計畫，以及可能生產計畫的集合等觀念，再研究這些集合的性質，進而談利潤最大化的條件，最後討論集合對於最適生產計畫的影響等。

4. 第四章討論消費者。消費者的任務是，選擇一完全的消費計畫。此項選擇有其限制與條件。迪布魯將選擇的限制分為兩類：其一，消費計畫必須滿足一先驗的限制（例如：生理上的需要）；其二，在已知價格與財富下，消費者的消費計畫價值必須超過其財富。在這些限制條件下，選出最佳的消費計畫。迪布魯先從理論的觀點，說明消費者、消費計畫、先驗可能消費計畫集合等觀念，探討這些集合的性質。接著說明偏好（preferences）的正確觀及性質，再進而談財富限制，討論在上述兩種選擇限制下的滿足。最後則剖析最適消費計畫與價格及財富的依存。

5. 第五章分析經濟均衡。一個經濟體系由m個消費者、n個生產者以及全部資源所構成。消費者有其消費集合及偏好，生產者則有其生產集合。此處討論私有制度的經濟，消費者擁有資源而影響生產者。在一特定的價格體系下，每一生產者均追求最大的利潤，而此利潤最後分配給股東兼消費者，因此，決定消費者財富，在此財富的限制下，消費者滿足其偏好。在此過程中，每個機構或單位都採取一個行動，所以全部（m＋n個）行動不一定會與所有資源相符。是否可以求得一價格體系，使全部行動與資源相符的解答，此一問題為該章之重點所在。其答案係以定理的方式寫出，此一價值理論的基本定理，說明在私有制度經濟下，各種商品價格與各單位行動的關係。

6. 第六章討論何謂最適以及價格在一經濟體系中的功能。所謂「最適」係指在一個經濟體系的消費集合、生產集合，以及資源供應量的限制下，不能使任何消費者的偏好有更大的滿足，而犧牲其他消費者。在一已知的價格體系P下，如果沒有一個消費者可以獲得更大的滿足，而不必增加其支出，以及沒有一個生產者可以再增加其利潤時，此種狀態即稱為在價格體系P下的均衡狀態。此外，在不同假設下，可以證明一最適狀態的經濟，必有一個價格使此一經濟達到均衡。此兩個價值理論中的主定理，可以闡明價格在一經濟體系中的功能。以上自第二至第六章所討論的，均為在確定性狀態之下，即生產者知其未來的生產可能性，而消費者亦知其未來的消費可能性。

7. 第七章則討論不確定性。說明不確定事項如何決定一經濟體系消費集合、生產集合及資源數量。在不確定性下，商品的定義，除仍可留實質與空間的特質外，將時間特質用「可能發生的事項」代替。在此新定義下，可求得一與機率無關的不確定性理論，而此一理論與前面各章所述確定性理論的形式完全相同。

1984

國民會計之父
李察・史東

李察・史東

瑞典皇家科學院在一九八四年十月將諾貝爾經濟學獎頒給英國學者李察・史東（Richard Stone, 1913-1991），以表彰他對「國民會計體系的發展，以及因而大大地促進實證經濟分析基礎的基本性貢獻」。不過，相對於一九七一年諾貝爾經濟學獎得主顧志耐，史東在「國民所得」的貢獻卻相對地鮮為人知。史東對國民所得也有特出貢獻，為何沒有在一九七一年和顧志耐共同得獎？十三年後再單獨頒獎給史東，是否另有用意？不論如何，史東在經濟學界的名氣並不大，被宣布得獎後，不免引起對他了解的興趣。

違逆父意由法律轉唸經濟

史東在一九一三年八月三十日出生於英國倫敦，是家裡的獨子，他於一九三五、一九四八和一九五七年，先後得到劍橋大學的文學學士、碩士和理學博士學位，而美國、法國、瑞士、比利時、挪威等國有關的高等學府，也先後多次授予他各種榮譽學位。

一九三一至一九三五年，史東就讀於劍橋古老的 Gonville and Caius 學院，該校的強項是醫學和法律。為了繼承父業，史東最初選讀法律，但兩年後改唸經濟，他的父親非常失望。史東轉攻經濟，一來由於興趣；二來當時全球正陷入嚴重蕭條，而經濟學被認為可以改善環境，也成為史東轉唸經濟的觸媒。

不過，那所古老學院並沒有經濟學老師，史東乃每週赴國王學院（King's College）接受李察・卡恩（Richard Kahn, 1905-1989）的指導，幸運的是，Kahn 不只是傑出的理論家，也是一位活力充沛、能激勵他人的好老師。另一位對史東影響深遠的老師是克拉克（Colin Clark），他講授統計學，並成為史東的密友。最後一位影響史東的老師是鼎鼎大名的凱因斯，他有將正在撰寫撰述，而犧牲與專業同僚間更通暢、迅速，且正確的溝通方式。和庇古及馬夏爾一樣，他也和現實社會文化有若干脫節，而傾向於由神奇和抽象面來剖析社會。在他的較近期作品中，對於自動化、貧窮、不公正等問題的看法，充分流露出這種傾向。這些作品雖然展現其卓越的技巧和才華，但卻是相當的機械化。

米德最主要的貢獻在於國際經濟政策理論，也在他的主要著作《國際經濟政策》中呈現，該書係說明經濟政策對國際貿易的影響，並深入分析「開放」經濟的穩定政策問題；其中，「開放」經濟定義為對國際貿易依賴度很高的經濟。他的分析，集中於探討達成內部及外部均衡所需的條件；內部及外部均衡，即本國經濟及對外貿易同時達成均衡。他還指出，為何一個成功的穩定政策，必須同時考慮商品與勞務的總需要水準，以及價格與成本的關係。這些成就，使米德成為研究國際總體經濟理論及國際經濟政策的先鋒。

總而言之，米德終身從事高水準的經濟理論研究，並以客觀超然的科學精神，運用經濟理論澄清與解決政策問題，以及由政策關係所引起的理論問題。他的著作中，對理論發展有決定性影響的是兩冊「國際經濟政策的理論」：《國際收支》和《貿易與福利》；另外還有一本相關著作《關稅聯盟理論》。在前兩冊書中，《國際收支》對於日後的理論發展具有較直接和明確的影響力。至於《貿易與福利》一書，除了在政治上成為熱門話題的關稅聯盟與自由貿易區域兩項外，其影響力較為間接，也不夠明確。也許是因戰後時期，大家較關心國際收支問題，而非商業政策問題；但是，貿易政策對國際貿易純理論與應用的發展，有帶頭和激勵作用，而此點亦漸為後人所認同。

大家推崇薩繆爾遜對現代國際貿易純理論發展的貢獻，包括福利經濟學方面及赫克夏—歐林

（薩繆爾遜）模型的比較成本理論，還有商品價格與因素價格的史托波—薩繆爾遜關係及國際移轉理論。其實，米德在貿易政策理論與最適貿易干預理論上的貢獻，也同樣值得推崇。在廣義的政治經濟學上，其著作促進關心國際經濟決策問題的實用、經濟學家彼此間的了解，因而建立並維持一個有效率且公平的世界經濟秩序。

1978

富有創新精神的通才
賽門

賽門

一九七八年十月十六日，瑞典皇家科學院宣布，該年度的諾貝爾經濟學獎得主為美國卡內基美隆大學（Carnegie Mellon University）的賀柏特・賽門（Herbert Alexander Simon, 1916-2001）。賽門係「因在經濟組織內決策過程方面先驅性的研究，提供了卓越的貢獻」而得獎。

當賽門獲獎消息傳出後，曾引起不少的爭議。因為賽門並非純經濟學家，他的專長是企業管理，其研究領域也非經濟學領域主流，很多經濟學專家不但未讀過他的文章，甚至連賽門的名字都很陌生。究竟賽門是何許人也？他的貢獻又何在？我們就從賽門的生平談起。

由政治領域踏入企業管理

賽門在一九一六年六月十五日出生於美國威斯康辛州的密爾瓦基市（Milwaukee）；一九三六年畢業於芝加哥大學政治學系，係美國當時行政學大師懷特（Leonard D. White）的入門弟子；一九四三年獲芝加哥大學政治學博士；一九三六至一九三八年，擔任芝加哥大學的助理研究員；一九三八至一九三九年，在國際城市經理人協會（International City Managers Association）工作；一九三九至一九四二年，賽門在加州大學擔任該校行政學研究所研究員，並兼任該所行政測度研究室主任（Director of Administrative Measurement Studies），他的名著《行政管理行為》，就是在那時著手寫作的。

邊學邊作的賽門，在學業即將告一段落時，便獻身於教育工作。一九四二至一九四五年，先擔任伊利諾理工學院助理教授；一九四五年升任副教授；一九四六年被任命為該院政治及社會科學系主任；一九四八年任經濟合作總署參議兼代組長（Consultant and Acting Director, Economic Cooperation Administration）；一九四九年賽門轉赴匹茲堡的卡內基美隆大學，擔任企業管理研究所及企業管理系主任，講授行政管理學、管理學，以及心理學等課程；一九六五年以後，賽門便辭卸所有的行政業務，潛心埋首於講學與研究；並在研究上，逐漸傾向於電子計算機的應用。

科際整合的學術成就及貢獻

從賽門近五十年的整體學術研究評估，他得獎應屬實至名歸。他不但在政治學、行政管理學、心理學與電子計算機等方面有輝煌的成就，而且在科學理論、應用數學、統計學、作業研究、經濟學與企業管理等方面，也都有重大的貢獻。他具有豐富的想像力與創造能力，能將若干重要而不同的學說，經過整理而將理念前後貫串，可說是科際整合的主要推手。

賽門是社會學家，希望能在社會學的領域內，追求一個明確的方向。他認為自然科學能有今天的成就，主要是因為它具有一套確切的概念工具，以及有一套全世界通用的數學語言。由於有了這一套概念和語言，自然科學家才能有效地溝通，人類的成就才能順利地累積，建立在一個共同的基礎上，形成一套有系統的學說；相反地，每個社會科學家都在建立自己的基礎，以符合自己所需，同時也在抹煞別人的基礎，因此呈現了斷代與斷層的現象。

社會科學研究的重心既然是人，也就無法脫離人的語言。人的語言有的屬於客觀，也有涉及價值和感情的主觀語言。賽門認為社會學的最大缺點在於，他們嘗試使用不客觀的語言，以建立一套客觀的事實。所以，他認為以往的社會學不能算作一種科學，只能當作一些人的「諺語」（proverb）；而就整體而言，這些諺語是膚淺、簡陋而又缺乏真實性的。

自然科學與社會科學最大的差異在於，研究的主體不同：社會科學研究的主體是人，自然科學則是物，而對人的研究不同於對物的研究；對人的行為沒有辦法加以控制，只有加以了解，對物則不同。賽門認為，過去社會學家對人的了解方法不切實際，最明顯莫過於經濟學對於人的行為假設。一種學說如果建立在錯誤的假設上，又怎能要求它必須有正確的結論？

賽門最大的貢獻和最為人稱道者，應該是他的「有限理性論」。他認為社會科學家在討論理性（rationality）時，患了一種嚴重的分裂症，在經濟行為方面，他駁斥傳統經濟學者所說的「經濟人」（economic man）具有全知理性（omniscient rationality）的荒謬假設，以及具有完全與前後一貫的偏好系統，能在若干不同的方案中，自由的選擇，以達到獲致最大利潤的說法。

在組織行為方面，賽門認為社會心理學家設法將社會學研究的重點，從認知（cognition）逐漸簡化到感情。根據歷史資料，過去的決策並非如想像中理性，未來一代的決策可能比較理性，但絕非如「經濟人」般的理性。他認為在一個組織中，人的行為並非完全理性。有的是工作導向，講究效率；有的是員工導向，重視人際關係。所以，他認為如用組織行為解釋，社會心理學理論同樣有理性行為。

傳統所說的經濟人追求最大利潤的觀念，和人的行為衝突；因此，賽門提出「行政人」（administrative man）、有限理性（limited rationality），以解釋接近真實世界的行為──「滿意的利潤」（satisfied profits）。賽門並非首位提出此一理論的學者；在他未提出有限理性以前，雖然知道人的行為並非如傳統的經濟人那麼理性，但是對於經濟學並無太多助益。由於賽門提出有限理性理論，懸疑已久的問題終於獲得「可以接受」的解釋。

經濟學不是賽門的本行，他卻能榮獲諾貝爾經濟學獎，必有其獨到之處。根據瑞典皇家科學院的公報，賽門所研究與發表的，在學術界都具價值；在學術研究方面，已經發展到可以將他的學說作為實證研究的根據。

賽門對人的理性之探討，開創了一個新的領域，尤其在有關經濟性組織結構與決策過程的研究是一位先驅者。自一九四〇年代以後，在經濟學界頗具影響力的卡內基學派，就是以賽門為中心。

該一學派的學者多數任教卡內基大學，也有的在普林斯頓大學與耶魯大學等任教。他們從行為面研究企業與其他組織，一方面重視數學方法在經濟學的應用，同時也注意行為科學，他們為學的方法是先蒐集實證資料，或觀察真實的現象，然後再利用電腦模擬。在資料蒐集的過程中，他們重視有系統地記錄各決策單位所作的決策與所採取的行動。

在傳統經濟學的研究上，企業與企業家並無明顯的分別，通常均假定企業家只有一個目標，那就是追求最大的利潤。這種正統經濟的基本目標，是作為研究整體市場行為的基礎，並不是作為研究廠商行為之用；因為對於營運中的小廠商，研究人員並無太大興趣。但當企業規模因成長而擴大；當經理人與所有人逐漸分離時，當工人不得不參加工會時，尤其當擴大的速度增加，當企業的價格競爭為少數企業產品品質與服務競爭取代時，個別的企業決策變得非常值得研究。卡內基學派就在此種情況下應運而生。

美國的經濟學家在一九三〇年代，受社會學家在研究組織方面發現的影響，此後即開始以一種新的方法研究廠商結構與決策過程；在這種新的發展上，賽門的著作最具代表性。在他的得獎代表作《行政管理行為》和此後一連串的著作中，均將廠商視為一個實際的、個人與社會因素的適應體系。賽門是利用科技溝通、研究人員合作的意願，以及朝著共同目標努力等方法，才將不同的因素結合在一起。這也就是卡內基學派的成就與貢獻。由於此派學者的群策群力，不但使賽門的學說得以發揚光大，獲得諾貝爾獎的殊榮，而且該學派的影響力將會持續下去。

1979

一代學儒、黑人表率
舒爾茲和路易斯

舒爾茲

路易斯

一九七九年十月，瑞典皇家科學院宣布，該年的諾貝爾經濟學獎由美國芝加哥大學講座教授舒爾茲（Theodore W. Schultz, 1902-1998）和普林斯頓大學講座教授路易斯（Sir Arthur Lewis, 1915-1991）共同獲得。兩位學者獲獎的原因是，他們在經濟發展研究上的開創性貢獻，尤其他們的研究重點都擺在與開發中國家有關的經濟問題上。

舒爾茲

出生農家的學者

舒爾茲在一九〇二年四月三十日出生於美國南達科塔州阿靈頓（Arlington, South Dakota）的一個農家；一九二八年在南達科塔州立學院畢業後，同年獲得威斯康辛大學碩士，於一九三〇年完成博士學位；旋即在愛阿華州立學院（Iowa State College）教授經濟學，並自一九三四年起一直到他離開（一九四三年）之前，擔任該校經濟和社會學系的系主任。此後即轉赴芝加哥大學擔任經濟學教授；一九四六至一九六一年出任經濟學系系主任；並於一九五二年起獲選為赫金松講座教授（Charles L. Hutchison Distinguished Service Professor）。

舒爾茲曾獲得多項榮譽和榮譽博士學位，並曾領導學術團體，擔任非營利基金會、美國政府、聯合國等的顧問，也曾率團赴中歐與蘇俄（一九二九年）、斯堪地那維亞諸國與蘇格蘭（一九三六年）、拉丁美洲（一九四一、一九五三～一九五七年），以及印度（一九四六年）從事考察研究。一九六〇年擔任美國經濟學會會長；一九六五年被選為傑出會員；一九七二年並獲得沃克獎章（Francis A. Walker Medal）；一九八〇年，舒爾茲曾來臺灣參加該年十二月十七至二十日在臺北舉行的「中、日、韓農業發展會議」（Conference on Agricultural Development in China, Japan and Korea）。

農經和人力資本的學術成就及貢獻

瑞典皇家科學院在宣布舒爾茲榮獲諾貝爾獎時，特別提出他在幫助世人了解經濟發展上，以及他在關切改善貧困世界變革上所作的貢獻。起初舒爾茲研究農業經濟問題，爾後成為研究「發展問題」的先驅；再因基於解決經濟成長中「困惑難題」的興趣，促使他研究人力投資，而且成就輝煌。舒爾茲將多年來的研究心得，併入對經濟發展問題與政策的分析中。他在農業經濟學的成就，以及對人力資源經濟學的貢獻，可說非凡；這些學科的發展，都可追溯到他早年在變動經濟中所遭遇的經驗與挑戰。隨著他在思想上的融會貫通，舒爾茲愈來愈強調人類對生產活動變革的學習適應及其成因的經濟原理。他一生獻身人類福祉，領導策劃人類根本問題的研究，無怪乎包曼（Mary Jean Bowman）會以「一代學儒」稱之，因為舒爾茲具有悲天憫人的「政治家風範」。

舒爾茲對經濟重大轉變與人類主動的經濟行為之看法，都表現在他研究經濟成長的原則中。他未曾建立方程式型的成長模型，認為那與政府政策及其認知所遭遇的實際層面八竿子打不著；舒爾茲較依賴不拘形式地運用經濟理論，去探索政策的效果，包括這些結果是否與預期一致，或是否與擁護者所要的或主張的有所分歧。他用心以理論反映日常經濟生活的情形。舒爾茲一生的事業，可說是以政策為依歸。舒爾茲在農業經濟和人力資本兩個層面的貢獻最值得一提。

在農業經濟方面，舒爾茲在農業經濟學上居於領導地位。他一開始就堅持農業經濟學的訓練與研究，必須建立在一般經濟學基礎上。他以此促成農業經濟學的一次大革新，並在一九三〇年代為愛阿華州立學院建立一個堅強的經濟學陣容，成為世界各國農學院仿效的對象。他誘使系內與系外的同事，研究都市經濟的不穩定性對農業的影響，並且深入探討當代農業政策對農民動機及其行為的影響，以及對農民所得及財富分配的效果。此方面的成果，在舒爾茲一九四五年出版的《不穩定經濟下的農業》中呈現。舒爾茲也鼓勵同事探討如何在經濟波動及反覆無常的氣候中，制定使農業平穩調整的政策。在他的領導下，產生了在政策選擇方面的許多著作，例如：在農作物保險與農產品期貨市場，以及在不確定情況下有關農業決策的無數研究。

打從開始對美國以至對國際性有關農業的論著中，舒爾茲一直極力強調價格在各經濟部門及部門間引導資源調配的功能。他立論證明，在已開發國家中被認定為意圖有利於分配更均平化的「平準」計畫，對農業內部的分配，經常有不良作用；甚至在某些情況下，會造成更多部門的不良分配效果。同樣不幸的是，開發中國家壓制價格與差別稅率，均會扭曲農業生產，並阻礙經濟發展。舒爾茲更是少數表態反對「糧食援助」貧苦國家者之一；他認為，若沒有事先防患，則援助將使農業更為惡化。他認同的是，幫助第三世界提高農業生產力的援助方案。

舒爾茲早期對美國農家貧富地域分布的研究基礎，使他在事隔多年後，回頭研究在不斷向都市遷徙之下，貧農的高生育率仍然造成持久性的不均衡。就遷徙者而言，代價亦頗可觀；他們大多數對都市的工作尚無準備，就貿然移居。這些研究促成他日後對人力投資（包括遷徙與教育投資）進行更廣泛研究，對人口問題產生興趣，以及關心開發中國家農業改革與經濟發展的關係。

人力資本概念之父

在人力資本方面，由經濟思想史大師布勞格（Mark Blaug, 1927-2011）稱舒爾茲為「人力資本概念之父」，就可得知舒爾茲在人力資本的重要性。他在一九六一年擔任美國經濟學會會長的演說詞〈人力資本投資〉，就有「人力資本獨立宣言」之稱。由他帶領的人力投資觀念，經過許多學者數十年來的不斷努力，已發展到各學科（包括經濟發展、農業經濟、勞動經濟、經濟史、國際經濟、商業經濟、都市經濟，以及新家計經濟學等），並創造出許多傑出的著作。

舒爾茲的第一篇主要人力資本論文是一九五八年發表的"The Emerging Economic Scene and Its Relation to High School Education"，該文探討兩項主題：一是經濟成長提高人類的時間價值，造成學校教育的成本計算問題，而此一成本上漲速度超過生活費用指數；二是針對學者對技術變動的實證研究（例如：一九八七年諾貝爾經濟學獎得主梭羅的"Technical Change and the Aggregate Production Function"，發表於一九五七年的 *Review of Economics and Statistics*），舒爾茲問說：「倘若他們估計的數字正確，亦即國民生產淨額的增加，只有一半是來自人／工時的投入與傳統資本的增加，而且每人／工時毛所得的增加，只有八分之一源自資本的增加，那麼剩下來的部分來自何處？」他不認為這是生產規模報酬遞增（梭羅的假設）的結果，而認為是來自人力、非人力資源品質的改良。這篇論文只是一個開頭，也鮮少被引用，但已為他與其學生隨後進一步研究，與大部分引起激烈爭辯的論點奠定基礎。

舒爾茲在一九六〇年發表的有關「人力資本形成」（Capital Formation by Education）論文引起廣泛爭議。該文試圖估計一九二九至一九五〇年間，受僱者蘊涵的人力資本價值。舒爾茲不但想估計學校教育的人力資本對經濟發展的貢獻，也希望檢討人們的投資決策，並比較長期間人力

（在學校教育上）、非人力資本的相對重要性。其估計方法雖粗略，但具有獨創性；其證實放棄的收入（即機會成本），在估計人力資本形成中的重要性；而舒爾茲在人力投資決策分析上，加入放棄所得方式，引導新的理論與實證分析，其應用範圍擴及市場與非市場經濟。

該篇論文引發許多繼起的研究，最主要的是，個體的決策理論和總體的人力資本形成評定兩方面。前者在一九九二年諾貝爾經濟學獎得主貝克（G. S. Becker, 1930-2014）等學者的努力下，讓人力資本理論與時間經濟學的發展，為婦女勞動參與率以及家庭大小（生育率等）的研究，開闢一條嶄新的康莊大道；後者則讓人力資本形成在經濟成長的貢獻之研究，有重大突破和發展。

路易斯

意外走入經濟領域的首位黑人諾貝爾經濟學獎得主

路易斯教授於一九一五年一月二十三日出生於英屬西印度群島的聖．露西亞島。一九三〇年代，他就讀倫敦經濟學院（London School of Economics）；一九三七年大學畢業，繼續深造；一九四〇年獲得博士學位。從一九三八年開始，他就在母校擔任講師，一直到一九四八年轉赴曼徹斯特大學擔任傑逢斯政治經濟學教授為止。

在曼徹斯特待了十年之後，路易斯於一九五九年返鄉擔任西印度群島大學副校長，直到一九六三年移居美國，終其一生擔任普林斯頓大學政治經濟學麥迪遜講座教授。

在一九五七至一九七三年之間，路易斯曾有九年的時間離開研究工作，任職於行政體系，包括：紐約聯合國總部、迦納總理恩克魯馬（Nkrumah）博士的經濟顧問、西印度群島大學副校長、加勒比海開發銀行（Caribbean Development Bank）總裁。

一九五〇年代路易斯得空出訪全球，訪問第三世界許多地方，有時是擔任諮詢顧問，有時是參加會議，有時則是前往任教。這些國家包括：埃及、印度、迦納、牙買加等等。

由於路易斯是黑人，其成長過程特別值得多加敘述。他說自己從來不曾想過當經濟學家，他的父親原本希望他當個律師，但路易斯七歲時，其父已過世。在一九三二年，路易斯得到聖露西亞政府獎學金，可選擇進入任何一所英國大學就讀。

路易斯不想行醫，也不想當老師，所以感到十分徬徨，因為在那個年代裡，只有律師、醫生、傳教士與教師，是黑人青年能從事的工作。而路易斯一心想成為工程師，但是當時的殖民地政府，以及製糖業卻不可能僱用黑人工程師。

在翻閱倫敦大學（University of London）的簡介時，路易斯深深地被所謂「商學士學位」所吸引，課程內容包括：會計學、統計學、商事法、企業管理、經濟學、一門外國語言，以及經濟史。而經濟學到底是什麼名堂？當時的他從未聽過這個名詞。由於這項學位的其他課程都非常實用，有助於日後在民間企業或政府行政部門就職，所以，在一九三三年，也就是十八歲那年，路易斯動身前往倫敦，修習商學士的課程。

在倫敦經濟學院修業期間，經濟學成為路易斯最拿手的科目，因此，一九三七年他以第一名畢業時，獲得該校的獎學金，繼續攻讀經濟學博士。路易斯覺得在冥冥之中注定要成為經濟學者，連要當哪種經濟學者也好像早有定數，就是要當應用經濟學者。應用經濟學是在從事經濟分析時，由制度面的背景來處理問題，那是他的指導教授研究的主題，而路易斯到大學任教，是因為沒有其他工作可供選擇。

路易斯在一場演講中，曾回顧其一生說像一種奇妙的混合物，他曾經歷過所謂轉型期，因此了解轉型前後兩端的狀況（儘管整個轉型可能還沒有完成）。也曾遭遇各種常見的歧視——投宿遭拒、受到推薦卻工作不成、種種失禮的對待等等。然而，有時預期會吃閉門羹，他卻發現大門敞開。他也早就習於作打破慣例的第一位黑人，但隨著過渡期種種新機會的出現，這種情形愈來愈少。身為種族表率的路易斯，多少會有壓力，但是他總是提醒自己，其他人正在後面一路追隨其腳步，他們是否會吃閉門羹，有一小部分應該和他個人的表現有關。於是路易斯秉承其母親教導的要全力以赴，一生努力去實踐，實際上也做得很不錯。

無限勞動供給的經濟發展膾炙人口

根據路易斯自己的回顧，將研究生涯分成三部分：起先是研究產業結構；接著探討十九世紀中葉以後的世界經濟史；第三部分則是對經濟發展問題的鑽研。路易斯著作等身，有十本書和八十多篇論文，最重要的代表書籍有五本：(1)一九四九年出版的《營運成本》（*Overhead Cost*）；(2)一九四九年出版、一九六九年改版的《經濟計畫原理》（*Principles of Economic Planning*）；(3)一九五五年面世的《經濟成長理論》（*The Theory of Economic Growth*）；(4)一九六九年著作的《經濟發展數面觀》（*Some Aspects of Economic Development*）；(5)一九七八年出版的《國際經濟秩序之演化》（*The Ecolution of the International Economic Order*）。

路易斯的諸多貢獻中，最為世人稱道和熟知的應屬〈無限勞動供給的經濟發展〉，是他在一九五四年發表於《曼徹斯特學院經濟及社會研究》期刊上的經典之作，這模型日後雖經他本人及其他經濟學家加以補充及修正，不過，研究勞力供給過剩國家經濟發展理論時，必須要從這篇論文開始，才能了解來龍去脈，因此，該模型有「路易斯模型」之美稱。

路易斯模型假設一個開發中國家其勞力在現行工資之下的供給無限，而且在傳統農業之勞動邊際生產值等於零或接近於零，表示存在著大量的隱藏性失業。另外，假設有一個規模小但擴張快的工業部門，工資由傳統農業部門維持最低生存水準決定，工業部門僱用勞力人數由勞動邊際生產力（即勞動需求線）等於工資決定，勞動邊際生產力超過工資部分即企業家的利潤。假設這些利潤全部儲蓄下來，而且從事再投資，結果由於資本設備增加，工業勞動邊際生產力提高，僱用人數也增加，表示工業部門的繼續擴張；這種工業擴張的過程，就是路易斯模型所要表示的勞力供給無限經濟發展模型。只要在這固定工資下有人願意工作，就表示勞力供給無限條件繼續存在。這模型後來由我國旅美經濟學家、已故的中研院院士、耶魯大學費景漢教授，及另一美籍教授阮尼斯共同於一九六一年加以修正。亦即，當工業部門繼續擴充而吸收勞力人數增加時，無限勞力供給不再是一條水平線，而是向上正斜率曲線，換言之，經過這「轉捩點」之後，勞力需求的繼續增加就需要支付更高的工資。

路易斯模型對於勞力過剩開發中國家經濟發展理論分析提供重要的貢獻。由於醫藥發達致人口增加率高，因而解決人口快速增加而帶來的就業問題，一直是研究落後國家經濟發展的核心問題。後來，許多落後國家雖能推行工業化，而使工業生產快速增加，但是對於就業問題仍無法解決。事實顯示，由於鄉村與都市工資水準之差異，使農村勞力大量湧入都市，而帶來嚴重的都市失業問題，仍然沒有脫離路易斯所關心的勞力過剩國家如何同時解決就業與生產問題的範圍。

到二十一新世紀，落後國家的貧窮問題仍極為嚴重，而經濟發展過程中，貧富懸殊拉大，以及失業問題依然存在，也許仍需由舒爾茲和路易斯的研究中找答案。

1980

經濟預測的泰斗
克萊恩

克萊恩

當一九八〇年十月，瑞典皇家科學院宣布諾貝爾經濟學獎得主是，美國賓夕法尼亞大學的勞倫斯・克萊恩（Lawrence R. Klein, 1920-2013）教授時，經濟學界普遍有終於得獎的感覺，因為克萊恩已接連好幾屆被提名，可說眾望所歸。

有趣的是，一九八〇年正值世界經濟景氣低迷，各界對經濟計量學以及經濟預測研究工作的有效性，疑心四起之時，諾貝爾獎委員會卻毅然頒獎給以經濟計量模型研究和經濟預測出名的克萊恩，無異是肯定經濟計量模型分析法和計量預測工作，也凸顯諾貝爾經濟學獎的頒予不和時尚結合。

克萊恩教授究竟在經濟計量模型研究法和經濟計量預測有何特殊貢獻？他為何專攻此領域？又如何獲得傑出成就？我們先由其生平介紹。

首位麻省理工學院經濟學博士——經濟計量學先生

克萊恩於一九二〇年九月十四日出生在美國內布拉斯加州（Nebraska）歐瑪哈城（Omaha）；一九四二年以最優異的成績畢業於加州大學（柏克萊校區），旋即進入麻省理工學院進修，受業於一九七〇年諾貝爾經濟學獎得主薩繆爾遜（他其實僅年長克萊恩五歲）。兩年後，克萊恩便成為麻省理工學院開院以來首位經濟學博士。其在麻省理工學院的「速成」求學紀錄，實屬罕見，而薩繆爾遜這位恃才傲物的天才，也承認從與克萊恩教學相長的切磋中，獲益匪淺！可見克萊恩在學生時期就已顯露出其過人之處。

克萊恩會進入經濟學的世界，是因為身為經濟大恐慌時代的年輕人，渴望了解周遭究竟發生什麼事。他回憶成長在那個年代，心裡充滿苦悶，人們很容易因經濟生活的問題而喪失鬥志，就算是十八或二十歲的年輕人，也感覺不到有無窮的機會等待著他們。

克萊恩在求學時期，腦海裡就一直浮現一個想法，即數學可以應用到經濟問題的分析。他在大學所修的課程，大部分不是數學就是經濟學。不過，大學時代的指導教授並不贊同他在攻讀經濟學時兼修數學，但他仍依自己的想法而行，充分利用了一九四〇年代初期柏克萊的最佳資源：一流的經濟學系、數學系，以及數理統計系。有些人的成就可以追溯到高中時期，克萊恩的學術專業則源自二次大戰前的柏克萊，以及其後獲得的麻省理工學院獎學金。在麻省理工學院，他遇到了耀眼的經濟學天才薩繆爾遜。

一開始克萊恩在薩繆爾遜手下擔任研究生助理，透過數學與政策應用，薩繆爾遜成為闡釋凱因斯理論的先鋒，而和他共事的克萊恩，也馬上面對兩項挑戰：一是要讓這種總體經濟學的思考方式廣為人所接受；二是要讓數理方法成為經濟學研究方法的一種。後來，這兩項挑戰都成功完成，但也經過一、二十年遭受激烈反對的過程。

當薩繆爾遜的《經濟學》（*Economics*）成為經濟學普遍使用的入門教科書時，凱因斯經濟學可以說自此根深柢固，形成無法扭轉的趨勢。在接下來的一批學生世代中，經濟研究所的課程逐漸轉向數理的研究方法，因此，學生學成後的教學或研究也都循此脈絡。數理方法終告確立，首先是在美國，繼之則是歐洲、日本、印度以及世界各地，不過其中多數基礎仍在歐洲建立，而且許多數理經濟學大師都是外來移民。

麻省理工學院的歲月，是克萊恩進入經濟學專業的起步，而離開研究所後的第一份工作，是在芝加哥大學的考列斯委員會任職。對當年二十四歲的克萊恩來說，那份工作好似又進入另外一個研究所。

克萊恩在考列斯委員會從事研究工作時，與當時的經濟計量學先驅與名家，如Anderson、Rubin、Gischick、哈維默、庫普曼等人（後兩位也獲得諾貝爾經濟學獎）密切往還，切磋學問。在這段期間，他不但奠下對經濟計量學的興趣與信心，同時更堅定「學以致用」的研究路線，決心將經濟學帶出學術的象牙塔。他的中心構想，係凱因斯經濟學為主幹，輔以當時新發展出來的經濟計量學方法，來研究總體經濟活動的進行、演變與波動，並進而預測未來。由於此構想不但新穎，而且又能夠切合戰後工商與官方各界對經濟學的期望與要求，於是很快便受到各界矚目。該序列工作的第一號作品《美國的經濟波動——一九二一～四二年》（*Economic Fluctuations in the Untied States, 1921-1942*），在一九五〇年一出版，便成暢銷名著。其後，克萊恩或單獨，或參與，又先後為世界各國建立無數的經濟計量模型。

離開考列斯委員會後，克萊恩進入國家經濟研究局（NBER）繼續作研究（一九四八～五一年），然後才正式開始其教學生涯。他首先執教於密西根大學，主持經濟學系「數量經濟學研討會」，並積極參與該校「抽樣研究中心」的研究工作。一九五三年，克萊恩出版戰後第一本劃時代的經濟計量學教科書。同時，建立了日後聞名世界的「克萊恩—高柏格模型」（Klein-Goldberger Model），並發表第一次的經濟計畫預測；此外，撰寫多篇有關消費者儲蓄行為以及統計抽樣研究的論文。

一九五一年以後，克萊恩遠渡重洋到英國的牛津大學，在該校的「統計研究所」繼續從事消費與儲蓄的研究工作，直至一九五八年才重返美國，此後就一直擔任賓夕法尼亞大學的教職；一九六八年，克萊恩升任為該校地位崇高的「富蘭克林講座教授」。

在賓州大學安頓後，克萊恩的創作力再度得到充分發揮，不但勤於撰寫學術論文，而且積極推廣經濟計畫模型以及經濟預測的工作。重要的成就有三：一是推動並參與Brookings 模型的研究工作；二是建立 Wharton 模型以及 Wharton 經濟計量預測協會；三是策劃並主持世界性的研究計畫 Project Link 的工作。Project Link 旨在把世界各國的經濟計量模型結合為一體，以從事全球性經濟問題的研究。該計畫成績輝煌，極受世界各國的推崇。

克萊恩的四項學術成就及貢獻

克萊恩的學術成就可概括為經濟理論、經濟計量方法、總體經濟計量模型的建立與應用，以及聯結計畫四項的貢獻。

對經濟理論的貢獻

克萊恩是一位凱因斯經濟學的堅定信仰者，雖然一再強調凱因斯理論的優越處，但也同時指明凱因斯理論的若干不足；尤其是當考慮到「學以致用」時，他認為凱因斯理論，必須加以修正、擴展，然後方能為用。

他在這方面的第一篇作品是〈有效需求與就業理論〉（Theories of Effective Demand and Employment, 1947）。該文指出，要了解凱因斯體系有關工資、物價與利率方面的特性，必須從「流動性偏好理論」與「邊際生產力學說」來加以追溯。到後來，我們不難發現，貨幣數量的作用在於決定利率而非物價，因而與古典或新古典的理論大異其趣。

克萊恩的這種觀點，不但持續見之於其日後的研究作品中，也影響許多同時代的經濟學名家。事實上，該篇文章的內容領先日後喧騰不已的所謂「菲利浦曲線」的經濟關係——此即工資變動率與失業率的反向變動關係——足足有十年之久。

克萊恩對凱因斯經濟學中的其他兩大支柱：投資理論與消費理論的研究，也有重大的貢獻。他發表的第一篇文章（一九四三年）便是有關投資理論的作品，但該篇文章的重心，卻是經濟計量學中的認定問題，與純理論無關。他的第二篇有關投資函數的作品（一九四八年），則是純理論性的。他對當時許多處理投資問題的理論都不滿意，於是另行提出一套更完整的看法，以廠商理論為依據，推出一套動態的投資函數式，開了日後新古典學派投資理論的先河。

在消費理論方面，克萊恩指出弗利曼（M. Friedman）的「恆常所得消費理論」透過「分配落後」（distributed lags）的計量方法處理後，事實上仍可視為凱因斯消費理論的一種化身，而未必是一般人想像中那樣石破天驚的理論。

此外，克萊恩另有三方面獨特的貢獻：一是對「加總」（aggregation）問題的研究。克萊恩早在一九四六年，便注意到從個體經濟學的個人行為，到總體經濟學的市場兩者間的聯結問題，因而寫了好幾篇探討加總問題的文章，至今仍為該方面的經典之作；二是致力於對生產設備利用率問題的研究，後來更為美國以及其他工業國家各建立了一套衡量設備利用率的指數，用來研究經濟景氣與經濟預測的工作；三是有關利率理論，以及流量分析法與存量分析法異同論的文章。克萊恩早在一九五〇年就曾大力疾呼，說明存量分析法與流量分析法在動態理論上的差異，從而解釋為何不能把「流動性偏好利率理論」與「可貸資金利率理論」混為一談的原因。到了一九六五年，克萊恩更直接了當地以「利率理論之存量分析與流量分析異同論」為題，說明他寧取「流動性偏好理論」，而不取「可貸資金理論」的見解與立場。

對經濟計量學的貢獻

克萊恩在經濟計量學方面所撰寫的論文，數量多且範圍廣，幾乎涵蓋每一類相關的研究；其中最重要者，除上文所提加總問題、設備利用率問題，以及流量與存量問題外，尚有十二大類：

1. 投資函數的估計與經濟計量學上的認定問題。
2. 儲蓄行為的研究以及對統計抽樣資料的分析。
3. 「分配落後」問題的研究。
4. 經濟計量估計的效率性問題。
5. 「直線性相關」的經濟計量問題。
6. 單一方程估計法與聯立方程估計法的比較。
7. 經濟計量預測與預測誤差的分析。
8. 非直線性函數的估計。
9. 商業循環理論的經濟計量分析。
10. 經濟計量模型估計法與自由度不足的問題。
11. 生產函數的設定與估計。
12. 估計工作與預測工作在經濟計量模型中的不可分割論。

在總體經濟計量模型的建立與應用之貢獻

克萊恩是總體經濟計量模型方面的權威，經他獨力或參與建立的計量模型無數，遍及各國。他在這方面所造就的弟子更是無數，門生遍及世界各地。在他的領導和影響下，美國賓夕法尼亞大學的經濟學研究所，也因而成為國際上研究計量模型中數一數二的重鎮，他也贏得「經濟計量學先生」（Mr. Econometrics）的美譽。

他所建立的經濟計量模型，對企業分析與政府決策都有很大的貢獻。美國現行最重要的總體經濟計量模型，幾乎全都受到他的影響。瑞典皇家科學院決定把諾貝爾經濟學獎頒給克萊恩的理由之一是，他在「創立經濟計量模型、並將之運用在分析經濟波動與經濟政策」方面的輝煌成就。自一九五〇年起，克萊恩成為經濟波動學門的先鋒領導人物。由於他數十年來的努力和貢獻，目前經濟計量模型在國際上不僅廣為學術機構使用，政府機構與大企業亦然，影響力極大。

克萊恩並非研究總體經濟計量模型的第一人，荷蘭的丁伯根才是（首屆諾貝爾經濟學獎得主之一）。但丁伯根對總體經濟計量模型淺嚐即止，並未產生廣泛的影響力。克萊恩卻不同，他數十年如一日，孜孜不倦地研究計量模型。他努力的目標就是運用經濟計量學的理論，來對凱因斯經濟學加以經濟計量的說明；「以統計數字來說明和把握經濟活動的運轉」是克萊恩的工作方針，也成為他研究經濟學的風格。

克萊恩除了建立短期模型外，還有不少「中期的」和「長期的」模型。短期模型的重點在於研究景氣循環或經濟波動；中長期模型的重點則在於成長與穩定。雖然「凱因斯型」的確是他所建各類模型中的重要特色，但很多「非凱因斯型」的因素，也出現在他的模型內，譬如「華頓的長期模型」就包含極為詳盡的「投入—產出」生產結構關係（共分六十三個部門）。可見他除了重視需求面的問題外，也未忽視供給面的問題。

克萊恩為若干開發中國家建立的計量模型非常重視供給面的問題；因為開發中國家的供給面問題，往往較工業化國家更為嚴重。他對開發中國家獨有的經濟特色，如國際貿易的高度化、生產部門的雙元化等問題，都一一加以慎重考慮和適當處理。因此，克萊恩是凱因斯經濟學的專家，同時亦堅信凱因斯經濟學是研究西方國家經濟問題的利器，但他絕不強把凱因斯經濟學全盤地、一成不變地「推銷」到開發中國家；因為他深知開發中國家的經濟，除了具有像凱因斯經濟學所揭示的關係外，另有其本身的特色，與工業化國家並不相同。

在「國家別經濟模型聯結法研究計畫」的創立與推廣上之貢獻

這個簡稱為「聯結計畫」（Project Link）的研究計畫，是克萊恩對推廣經濟計量模型研究法的另一重大貢獻。整個世界就是一個大家庭，個別國家或地區就像是家庭中的一分子；個別經濟合起來就構成全球的經濟。生活在唇齒相依而又競爭劇烈的現代世界裡，每一個國家都希望對全球經濟的動向有所了解，對世界經濟環境的變化有所預測，以便知己知彼，在國際市場上決勝千里，但卻苦於分析工具的缺乏，不知該如何把握全球經濟的問題。

在「聯結計畫」出現之前，充其量只能就個別國家來分析，但對於把所有國家共同考慮之後的最後結果為何，卻茫然無知，「聯結計畫」就是建立在全面均衡分析的構想上。它的中心策略是，讓每一個國家別的經濟計量模型代表該國的經濟，再利用進出口貿易函數以及資金移動函數，把不同國家間的經濟活動「聯結」起來，因而成為一整體，此一整體便是全球經濟的化身。當其中任何一國的經濟發生波動時，或經濟政策發生改變時，透過貿易與資金的連鎖關係，將會影響到別的國家或地區。

這些「波及效果」的方向及大小如何？有了「聯結計畫」便可計算。譬如，通常每一個國家的計量模型，都把國外的經濟活動與國外的價格視為已知（換言之，出口數量與進口價格都是

「外生」變動），假定不受本國所左右。但國際間的經濟往來事實上並非單行道。外國既可影響本國，本國亦可影響外國。「聯結計畫」既把所有國家別模型集合起來，就可以把原來對個別國家而言屬於外生性的變數，轉化為對全球體系而言屬於「內生性」的變數。於是，任何國家地區所發生的變化，就不再侷限於以單行道的方式影響別人，而會回過頭來身受其惠（或身受其害）。這些結果，正是每一個國家所渴望獲知的。因此，「聯結計畫」可以幫助我們分析國際間的經濟波動及其擴散，並可以預測國際貿易與國際資金的動向。

這個計畫的腹稿，產生於一九六七至六八年間，當時美國社會科學研究院的「經濟穩定委員會」舉行一連串的討論會，商量經濟穩定方案。克萊恩和很多與會的經濟學家，都體驗到研究國內經濟穩定的問題，不可不同時探討經濟波動在國際間的擴散。他們有鑑於全球經濟分析工具之不足，考量何不把各國的現行經濟計量模型集合在一起，構成一大模型，再據而分析經濟波動的問題呢？這構想旋即獲得各國的支持，於是構想成為事實，「聯結計畫」從此產生。克萊恩成為計畫的首席主持人，而該計畫的研究中心，也順理成章地設立在賓夕法尼亞大學的校區內。

「聯結計畫」一開始，參加的國家就非常踴躍，幾乎囊括世界上全部的重要國家和地區。這些個別模型可歸為四大類：

1. 第一類是工業化國家的國別模型，計有奧地利、澳洲、比利時、加拿大、法國、芬蘭、西德、義大利、日本、荷蘭、瑞典、英國和美國等十三國。
2. 第二類是東歐集團國家的國別模型，包括保加利亞、捷克、東德、匈牙利、波蘭、羅馬尼亞和蘇俄等七國。
3. 第三類是開發中國家的地區模型，由聯合國的「貿易發展會議」負責提出，對象包括中南美洲、亞洲和非洲的開發中國家。

4. 第四類是其他地區模型，不在上述三類模型內者便歸在此項目內。

其後，若干開發中國家的國家別模型，也陸續加入「聯結計畫」，像委內瑞拉、南韓等。其實，分析和預測世界貿易和全球經濟的模型，並非只有「聯結模型」一種，其他如「國際貨幣基金」（IMF）的世界貿易模型，以及「經濟合作開發組織」（OECD）的區域性模型，都能扮演同類的功能，但「聯結計畫」有其特色。

總括來說，共有三項特色：

1. 「聯結計畫」內的模型是一個國家、一個國家分別建立的，並非籠統的全球性模型。
2. 「聯結模型」認為國家別的模型應由當事國本身提供，因為當事國最能了解本國的情況，因此最有把握建立好的模型；當事國可隨意設定他們的模型，「聯結計畫」只要求他們把進口貿易按劃一的標準區分為五類：食品飲料和菸草類、基本原料、礦物性燃料類、製造業產品類和服務類等。此外，不加任何規定。「聯結計畫」的研究中心，只負責把各個國家別或地區別的模型整合起來運作，並不負責建立或修改各國的模型。
3. 「聯結計畫」透過「貿易矩陣」的建立，可以保證滿足「全世界的出口量等於全世界的進口量」的會計條件。

其他類型的世界模型缺少這些特色，難怪瑞典皇家科學院會說：「聯結計畫」的誕生，為總體經濟學的實證研究，開闢一條嶄新的路線，在理論與實用兩方面都深具價值。

與亞洲國家的交流及其他

克萊恩的聯結模型遍及全球，亞洲國家也不例外。克萊恩除了幫忙剛成立的研究單位著手經濟計量模型的建構外，也在賓州大學或華頓計畫經濟中心接納許多前來受訓的學員，不過，對於中國則有點不同。一九七八年中國與美國正常化之後，克萊恩在一九七九年秋接受國家科學院的贊助，率領一組經濟學者造訪中國，希望建立學術交流。他又在一九八〇年和中國社會科學院合辦一次經濟計量的暑期研習會。此後，來自中國的學者也到費城。儘管進展極為有限，但為LINK建構中國模型，並由中國維持運作，卻有好的開始。中國原先已有自己的中國模型，那是由史丹佛大學教授、中研院院士劉遵義（Laurence Lau）所建立的。

一九八二至一九八三年間，克萊恩在臺灣也就建構和LINK相容模型進行類似的工作，他多次訪問臺灣，並主持「經濟計畫學研習會」。國內不少莘莘學子，因此得以有機會親聆教誨。後來，克萊恩陸續在馬尼拉（與亞洲開發銀行及菲律賓發展研究所合作）、曼谷（與聯合國亞太經濟與社會委員會合作）、新德里（與德里大學合作）等地，和當地的經濟學家開會討論，努力使整個遠東地區都有良好的LINK模型。

除了在經濟學及經濟計量學上努力並卓有成就外，克萊恩也參與政治面工作。一九七六年，克萊恩曾擔任卡特總統經濟任務小組的召集人。在卡特任內，他對白宮的各項經濟事務給予襄助。對賓州州長夏普（Milton Shapp）及費城市長古德（W. Wilson Good）也提供類似的幫忙。這些經驗讓克萊恩稍稍了解該如何和媒體打交道、維持公共形象，以及如何在經濟與政治之間取捨。

至於通俗性的寫作方面，克萊恩曾為《洛杉磯時報》（*Los Angeles Times*）定期撰寫專欄，而在《新聞週刊》（*Newsweek*）、《商業週刊》（*Business Week*），以及法國的《新觀察者》（*Le Nouvel Obsevateur*）等，也都定期撰稿。英國《曼徹斯特衛報》曾在一九五四年原文連圖表刊登克萊恩的文章。克萊恩對在媒體撰寫通俗文章，和對政治事務有相同感受：相信優秀的經濟學著作，其價值是任何其他事務都無從取代的。因而克萊恩仍以學術領域的寫作最為自在。

的書的內容作為短期課程教材的習慣，而當時凱因斯正在寫的就是開啟總體經濟學的鉅著《一般理論》。史東獲邀成為凱因斯的「政治經濟俱樂部」一員，聚會地點就在凱因斯的研究室，凱因斯像對待所有年輕成員一樣的善待史東。

史東的大學生涯頗為如意，當他在一九三五年拿到學士學位時，學校給他研究獎學金，但顧及才僅僅讀了兩年經濟學，並不十分確定能勝任研究工作，加上史東的父親急切要他接下一項工作，於是史東放棄獎學金，而到一家公司當保險經紀人，這次唯一的短暫職業生涯給予史東很好的生活歷練。

一九三六年史東結第一次婚，夫妻倆將空閒時間花在撰寫經濟事務，特別是一九三七年負責《產學圖說》月刊副刊《趨勢》（*Trends*）的編輯工作，那是遠赴澳洲的克拉克留下的工作，每個月刊載並分析英國經濟指標，諸如就業、產出、消費、零售交易、投資、國際貿易、物價等等。逐漸的加入區域經濟特別報導，如德國經濟復甦、美國股票市場等等受矚目的即時話題。

《趨勢》篇幅小而精，產生不了吸引力，才使史東在一九三九年九月二日被徵詢加入因戰事而成立的「經濟作戰部」，立刻同意。九個月工作期間內，負責航運和石油統計工作。一九四〇年夏天，史東轉職到戰時內閣辦公室的中央經濟資訊處，協助一九七七年諾貝爾經濟學獎得主之一米德，從事全國經濟和財政情況調查，兩人在一九四〇年十二月完成一套統計，並呈現給時任財政部顧問委員會成員的凱因斯，在凱因斯的鼓勵下將之出版，成為《戰費來源以及一九三八和一九四〇年國民所得和支出估計值的分析》這本「白皮書」的第二部分。

他倆的估計值包括三個表，內容含括國民所得和支出、個人所得、支出和儲蓄，以及政府資金中來自民間的數額。雖然無法等同於一組國民會計，但總是一個開端。他們利用「剩餘」的估計來建構會計，因此，會計恆等式讓記錄的正確性提升。前兩個表的資料大都與第三個表無關，事實是，一九四〇年前兩個表剩餘的加總與第三個表沒有太大差異，史東和米德乃確認其結果大致可信。在凱因斯的鼓勵下，史東繼續負責這方面的工作，直到戰爭結束離開政府部門為止。

美國和加拿大也幾乎同時從事國民所得和國民支出的估計，比史東的估計更細，也使用會計恆等式的概念。不過，三個國家所用的觀念和定義類似，因而只要某些必要的調整就可作比較。因此，史東在一九四四年被指派了解彼此間的異同差距，他到加拿大渥太華和美國華盛頓分別接觸 Luxton 和 Gilbert，會見氣氛融洽，成果豐碩，這是史東的首次國際性合作且極受鼓舞。

一九四四年，史東和米德合寫《國民收入和支出》一書。一九五二年，英國中央統計局根據該書提出的原理和方法，開始發表年度國民收支「藍皮書」，如今它已成為英國總體經濟學的「經典之作」。該著作後來由他與第三任夫人G. 史東在一九六一年印行第五版時進行修訂，至一九七七年已到第十版，在西方經濟學界廣為流傳，影響極大。

一九四五年戰爭結束，史東被選為劍橋新設的應用經濟學系主任。在接受新職前的三個月空檔，史東赴普林斯頓，寫出他對社會會計系統的觀點，該系統是為測量經濟流量而建立。他在那裡遇到 Alexander Loveday，正需要有人撰寫關於國民所得的定義和測量文章，史東接受該任務寫出備忘錄並在委員會中討論，一九四七年在日內瓦的聯合國出版《國民所得的測量和社會會計的建立》，該備忘錄則列為附錄。

幾乎同時，歐洲也對社會會計感興趣且進展快速，史東與歐洲專家充分交換意見。一九四〇年代末，EEC組織在巴黎成立，最初管理馬夏爾計畫的教授，發覺國民會計提供評判受援國成效的有用架構。在史東主導下，國民會計研究機構在劍橋成立，起初創造一個標準會計系統，其次從事個別國家的國民會計研究，接著訓練會員國的統計學家。那是一個充滿活力的團隊，團員來自澳洲、丹麥、希臘、荷蘭、挪威、瑞士和瑞典，他們完成多個報告，其中的《國民會計的簡化系統》和《國民會計的標準系統》分別在一九五〇和一九五二年由ＥＥＣ出版。一九五〇年代初，史東與顧志耐等人被邀請擔任印度國民收入委員會的顧問。

一九五二年七月，史東被聯合國召往紐約，希望他建立一個標準的國民會計體系，為此，聯合國還特別成立一個專家委員會，由史東擔任主席。由於天氣炎熱，他們以白天睡覺、晚上工作的方式加緊趕工，結果在一個月內完成報告，由聯合國在一九五三年出版《國民會計體系及輔助表》（ＳＮＡ）。在一九五二年，沒有多少統計學家熟悉國民會計，因而史東不需要與委員會外的專家討論。十二年後，ＳＮＡ作了重要修訂，與原先的迥異。

一九五五至一九八〇年，史東擔任劍橋大學的財務與會計教授。其間，他一方面從事英國經濟計量模型的建立工作，開始進行劍橋成長計畫；一九六二年，史東和 Alan 合撰《經濟成長的設算模式》。另一方面，史東以各國國民經濟核算的實踐為基礎，進一步修訂聯合國的《國民會計體系及輔助表》（ＳＮＡ），一九六八年成功地推出聯合國的《國民會計體系》（*A System of National Accounts*，通常簡稱為新ＳＮＡ）。此後，他致力研究改進社會和人口的統計分析方法，為聯合國制定《社會和人口統計體系》（*System of Social and Demographic Statistics*，通常被稱作ＳＳＤＳ），並試圖把國民會計與社會和人口統計體系結合起來。此時，史東的研究興趣擴及消費者行為分析。

在最後十年的研究生涯中，史東對三個研究主題感興趣：

1. 繼續社會人口的工作。

2. 尋找英國國民會計的修訂方法。
3. 思考經濟成長和波動的數學模擬模型。

一九七八年，史東由英皇授予爵士稱號，並被選為皇家經濟學會主席，直到一九八〇年退休。史東於一九九一年十二月六日在英國劍橋去世，享年七十八歲。

主要學術成就及貢獻——建立國民會計體系

經由史東的生平經歷概述，可知其主要學術成就在建立國民會計體系，這也是他對經濟學的主要貢獻，更是獲頒諾貝爾獎的主因。此外，他在其他應用經濟學領域也有重大貢獻，最主要的是消費者行為分析和劍橋成長計畫。

國民會計的編製

克拉克提出國民會計的起源與國民會計體系，他是史東在劍橋的老師，其思想更是啟發史東此後工作的主要源泉。第二次世界大戰時期，克拉克的研究成果供凱因斯使用，主要體現在〈如何支付戰費〉一文中。一九四〇年，史東開始對國民會計問題進行研究，他在克拉克的研究基礎上，與米德著手蒐集、整理，進而編製成巨大的數據系統，凱因斯藉此數據系統指導英國戰爭。這些思想和研究確立國民會計的基礎。

他們的目標是，創造一個完整的國家資金帳戶，以協助英國戰爭順利進行。首先要獲得英國各經濟部門（包括家庭經濟部門、國家儲蓄與投資和貿易部門）的綜合資料。最基本的途徑是，利用和修改複式記帳法。這種記帳法的具體表現是，當作為收入的每一明細款項出現在帳戶一方時，支出的明細款項也要相應地在另一方反映出來。一旦這個設計完成，它就展現了一個相互作用、相互依賴的整體經濟概況，同時也創造一個反映國家資金狀況的完整帳戶。

史東在戰爭期間主要從事制定後來發展成國民會計的基礎工作，並為英國、美國編製初步的國民帳戶。戰後，他的研究範圍還擴展到其他國家。戰爭甫一結束，史東就率領一個專家工作組，先在國際聯盟，後在聯合國的贊助下，開始製定適用世界各國國民會計標準形式的工作。史東及同事的工作得到廣泛的承認，並且奠定許多國家國民會計和進行國際比較的基礎。這些方法在一九四五年還處於初級階段，日後它不斷得到修正和改進，一些問題也隨著時間的推移逐漸獲得解決。一九六八年以一個合理成熟的形式出現在聯合國手冊《國民會計體系》中，此後，隨著更多有效數據的出現和更多的問題被歸類整理，對此方法的定期修改仍持續進行，但最初產生的基本方法論一直被保留下來。它與這種觀念保持一致，即聯合國關於生產、消費和積累的定義，以及相關的許多附加條例，在大多數實際經濟狀況中的靈活性是有益的。正如瑞典皇家科學院所指出：「國民會計……創立了一個基於大量經濟分析水平上的系統數據，這些經濟分析包括：不同經濟活動類型的分析、通貨膨脹分析、經濟結構分析、成長分析，特別是各國之間的國際比較」。

消費者行為分析

史東在提出國民會計的同時，還對消費行為分析做了大量研究工作。除了少數文章發表於一九三〇年代後期外，他對消費行為的研究始於第二次世界大戰期間。當時，他和同事將被匯集用於研究英國消費者支出、價格、收入的最全面性、最詳細的數據，以及其他用於經驗分析的數據，綜合在一起。這個數據含括一九二〇至一九三八年，並廣泛地應用於史東後期的研究中。

史東在最初階段就清醒地意識到，不同商品的需求函數應構成一個連貫的體系，並應被優先處理，但這種處理在當時被排斥，因此，應用於每個商品和每一商品類別的方程式被分別進行估算。一個典型的方程式要求所討論的商品或商品組，依賴全部消費支出、商品價格或商品組的價格指數、其他相關價格、時間和一些隨機變化的因素，彈性被認為是持續的（係數為常數）。經濟理論往往以一個相對靈活的方式，來說明價格或各式各樣的變量，可以被連繫在某種特殊的方程式中。史東花了很大的心力保證其數據可靠性，並且在實際研究中運用這些數據糾正誤差。

史東的另一研究領域是，儲蓄行為的經濟分析。早在二十世紀一九六〇年代初期，史東就提出一些模型，這些模型把財富和收入結合在一起作為解釋變數，並透過區分這些變數的臨時值和長期值，對凱因斯學派關於儲蓄行為的簡要說明進行改進。該模型還反映了消費者儲蓄與公司儲蓄的區別。

劍橋成長計畫

在二十世紀六〇年代，史東也將精力投入到一個研究項目上，此研究試圖為英國經濟更迅速地成長提供建議。這就是在史東的領導下，由劍橋大學應用經濟系執行的「成長計畫」。該計畫的動機出於對英國戰後相對緩慢的成長率，以及這種成長率所引起經濟失敗意識的關切。且在具有競爭的私人部門的混合經濟基礎上進行。所以，必須遵循一個行動的普遍程序：分析、判斷、確定、處理。如果在前兩階段措施不力，便會在任何地方都一無所獲。

成長計畫的目標並非提供特殊的政策指導或不同政策後果的詳細方案，而是廣泛著眼於能夠影響英國經濟政策的途徑。它希望能夠確定有成長潛力的部門，並提供一個不同政策所致力的初步概念。成長計畫驗證明確的「政策手段」（例如：稅收制度的變化、匯率的變化）和政策能夠不直接影響私人部門的方式。

成長計畫包括兩個共存於困難途徑中的模型：一個是處於穩定狀態的經濟模型；另一個是試圖說明經濟如何達到它穩定狀態途徑的暫時性模型，它考慮資本調整如何控制有效勞動與資本能力的問題。史東為發展實現廣泛的有關計算法之規則系統做了大量工作，他的許多早期成果被作為「建築材料」。例如：儲蓄行為模型就從史東在此領域的早期成果中，吸收了大量精華。計畫還觀察到國家核算範疇的擴展，以及由此產生的一些新方案，並把現行國民會計體系擴大為一個更為複雜的金融交易處理體系，和一個更為複雜的（包括健康、教育和人口的勞動力問題處理）體系。

史東還創建一個允許投入產出係數有限變動的方法論，擴展自己將國民會計與投入產出表連繫起來的早期成果。這個方法有助於克服投入產出工作停頓不前的嚴重局面，並在此一領域標誌著引人注目的進步。成長計畫還為經濟部門的模型化開闢了一個新天地，它依據各個實際的經濟部門，而不是根據廣泛的產出範疇，如消費投資和儲蓄模型化和程度。

史東獲獎實至名歸

在瑞典皇家科學院宣布史東得獎時，的確讓人備感困惑，但由上述史東的研究成果，以及對於現實世界的影響，應能恍然大悟為何顧志耐得獎十多年後，再頒獎給主要從事國民會計帳鑽研的史東，而顧志耐被尊稱為「國民所得之父」，史東或許也可被稱為「國民會計之父」！

1985

王冠上的寶石
莫迪葛良尼

莫迪葛良尼

瑞典皇家科學院宣布一九八五年諾貝爾經濟學獎得主為，美國麻省理工學院講座教授莫迪葛良尼（Franco Modigliani, 1918-2003），表彰他在家計單位的儲蓄和金融市場功能研究的貢獻。

出生於義大利醫生家庭

莫迪葛良尼於一九一八年六月十八日在義大利的羅馬出生。由於父親是著名的小兒科醫生，莫迪葛良尼的家人原期望他克紹箕裘繼承父志行醫，但其父親在他十三歲時去世，因此無法在莫迪葛良尼選擇科系的關鍵時刻影響他。再加上莫迪葛良尼怕見血，所以並未選擇醫學系，而是選擇進入法學院攻讀法律。

莫迪葛良尼發現法律方面的功課對他說來非常簡單，使他可充分地作一些課外的事情。當時，義大利有一個大學生論文競賽，莫迪葛良尼因為翻譯過很多經濟學價格管制方面的文章，而熟悉了經濟學，遂寫了一篇討論價格管制效果的文章，並奪得經濟學分組的首獎。競賽評審委員會委員告訴他，他在經濟學方面有特殊的才能，那時是一九三六年，莫迪葛良尼開始思考未來要成為經濟學者，並開始研讀經濟學文獻。

就在莫迪葛良尼開始攻讀經濟學的一年後，因為政治情勢急遽惡化，便離開義大利。義大利的法西斯政權，在盟友納粹的壓力下，通過了一連串歧視猶太人的法律，讓他無法繼續學術研究生涯。當時，莫迪葛良尼的未來岳父卡拉比，在法西斯政權下備嘗苦頭，因此決定即刻離開義大利，前往法國。莫迪葛良尼接受邀約，與他們一家人同赴法國。莫迪葛良尼試著在法國繼續經濟學方面的研修，過程並不順利，因為法國大學的水準甚至比不上義大利。於是，莫迪葛良尼到圖書館苦讀，在學習上有所進展。後來歐洲戰雲密布，卡拉比一家決定遠赴美國。當初也只作暫留的打算，並沒有長期定居的想法。莫迪葛良尼在一九三九年五月結婚，婚後回到義大利參加論文口試，獲得羅馬大學法學博士學位——剛好及時在一九三九年八月前往美國。

他們在一九三九年九月抵達美國時，二次大戰正好爆發，登岸之後，莫迪葛良尼知道要待上一段相當長的時間，因此，到處找工作以維持生計。起初銷售義大利文與其他外文書籍，但仍未忘情經濟學，希望能繼續這方面的進修。結果幸運地獲得新社會研究學院（New School for Social Research）的獎學金。那是一個聚集歐洲學者的學術研究中心，在各個不同的學科都網羅了一批知名學者，其中對他意義特別重大的是馬卻克（Jacob Marschack, 1898-1977）。莫迪葛良尼認為，馬卻克不只是一位偉大的經濟學家與優秀的老師，私底下也是一位獨特而熱情的人。他將莫迪葛良尼收為入門弟子，建議莫迪葛良尼一定要鑽研數學，才能成為占有一席之地的經濟學者，於是莫迪葛良尼克服排斥感，選修一些數學及統計學方面的課程，日後這些知識在他撰寫論文時扮演非常重要的角色。

一九四九至一九五〇年，莫迪葛良尼在考列斯委員會擔任研究顧問。由於接受對「預期與經濟波動」專題研究的邀請，而加入伊利諾大學，並在一九四九至一九五〇年擔任該校的經濟學副教授；一九五〇至一九五二年升任伊利諾大學經濟學教授。

在伊利諾大學期間，莫迪葛良尼構思並開始進行一個後來讓他獲得諾貝爾獎的新課題，也就是「儲蓄的生命週期理論」（Life Cycle Theory of Saving）。一九五二年，莫迪葛良尼轉到卡內基理工學院，並擔任經濟學與產業管理教授；一九六〇年任麻省理工學院客座教授；一九六〇至一九六二年任西北大學經濟學教授；一九六二至一九七〇年擔任麻省理工學院經濟學與金融學教授；一九七〇至一九八八年升任麻省理工學院講座教授；一九八八年轉為講座名譽教授。

莫迪葛良尼於一九四九年當選為經濟計量學會會員；一九六〇年入選為美國人文及科學院院士；一九六二年擔任經濟計量學會會長；一九七三年被選為美國國家科學院院士；一九七六年擔任美國經濟學會會長；一九八一年擔任美國金融協會會長；一九八五年獲得麻省理工學院頒發的基里安教員成就（James R. Killian Faculty Achievement）獎，同年獲得諾貝爾獎。在得知自己獲得諾貝爾獎的消息後，莫迪葛良尼與他的同事、好友——一九七〇年的諾貝爾經濟學獎得主薩繆爾遜打了一場網球慶祝。

二〇〇三年九月二十四日凌晨，莫迪葛良尼在睡夢中去世。薩繆爾遜對他的評價是：麻省理工學院這頂王冠上的一顆寶石。

家計單位的儲蓄、金融市場的功能之學術成就及貢獻

在新凱因斯學派學者中，莫迪葛良尼是少數承認新興古典經濟學（New Classical Economics）有貢獻的人。他在就任美國經濟學會會長的演說中，曾以「總體理性預期革命」來稱譽新興古典學派，不過，讚美歸讚美，莫迪葛良尼仍無法苟同新興古典學派「政策無效」的說法。

概括而言，莫迪葛良尼的研究，主要集中於家計單位的儲蓄和金融市場的功能，正由於他在這方面的先驅性傑出貢獻，才獲頒諾貝爾獎。在他的研究成果中，「終身循環或生命週期假說」（The Life-Cycle Hypothesis）的建立與發展，以及評價廠商和資本成本的莫迪葛良尼——米勒定理（The Modigliani-Miller Theorems，簡稱莫米或米莫定理）最為突出。這兩種有關家計單位財產的研究，前者論及總價值，後者則論及財產的組合。

關於終身循環或生命週期假說，是在和布藍伯格（Richard Brunberg）攜手努力下，完成儲蓄生命週期假說的兩項研究：一是個人行為部分；二是總體行為部分。這個假說對儲蓄型態的解釋是，消費是受終身所得（life-time earnings）的影響，兩者之間存有相對穩定的比例關係。因此，在所得最高的時候，會作大量的儲蓄；當所得較低的時候，例如：年輕或退休階段，則會有「負儲蓄」。這個觀點和弗利曼的恆常所得假設有相似之處，但弗利曼的消費與儲蓄決策，是假設無限延伸的時間；而莫迪葛良尼的假說則認為生命是有限的，可以區分為依賴、成熟、退休三個階段。一個人一生的財富累積狀況，就像駝峰的形狀。財富在年輕時很少，賺錢之後開始成長累積；到退休之前的中年歲月，財富累積到最高峰；退休之後，則開始降低。財富的累積中，可能會有遺產或贈與，因此他們的模型中也納入這項因素。根據其估計，可能有五分之一的財富來自遺產與贈與，但剩下的五分之四——介於百分之七十五至八〇之間——都屬於駝峰的形狀。

莫迪葛良尼和布藍伯格的駝峰式財富分配模型有一項重要發現，就是把個別的儲蓄加總時，即不再著眼於個別家庭，而是整個經濟體系時，雖然不同國家裡的每個人，在生命週期都有相同的行為，但各國的總合財富（總合儲蓄）卻大相逕庭。換言之，有的國家沒有任何儲蓄，有的國家卻數量可觀。為什麼？試想一下駝峰式財富的涵義，你會發現國家總體儲蓄的主要決定因素並不是所得——所得不致影響財富與所得的相對比例——而是經濟成長。一個國家的成長愈快速，用以儲蓄的所得也會愈高；成長愈慢，那麼儲蓄也將愈少。假如沒有成長，總合的儲蓄率將為零。這種儲蓄的總體經濟涵義，以及由此衍生的一些推論非常重要，因為它對儲蓄過程提供一個截然不同的觀點。

生命週期假設並不意味著個人的節儉完全不重要；而是認為個人儲蓄率的降低，係受到兩個因素的影響：一是財富在一生中累積的軌跡型態；二是經濟成長的速度。如果財富累積的軌跡是固定的，那麼儲蓄將只取決於成長。然而，軌跡的型態仍有其重要的影響。以日本為例，可能因為日本人傾向於延後消費，因此他們的「駝峰」比較大。巧合的是，有些證據正可以用來佐證。日本的房價可以說是出奇的貴，而日本房貸的融資管道非常少——抵押貸款並不多見，利率也相當高。所以，大部分日本人在年輕時勢必要作高額的儲蓄，以便累積財富，供日後購屋之用。這意味著，日本人必須在購買房屋以後，才能有較高的消費支出。

關於莫米理論，基本命題是：在完全的資本市場中，一家廠商的財務結構（負債與股東權益比率）對其市場評價並無任何影響。傳統公司理財的核心問題是，找尋最適資本結構，事實上，這根本不構成問題。資本結構並不會造成任何差異。但假如存在有課稅的事實，則可能會有一些差異。若是如此，應就事論事，研究租稅產生的效果為何，以及為什麼會造成不同的效果。

財務結構選擇與投資政策的研究重點應該是，如何將廠商的負債加股東權益的市場價值予以最大化，而不是傳統上強調、卻難以執行的利潤最大化。

莫迪葛良尼是一個凱因斯主義者，但不是一個凱因斯的迷信者。他繼承並發展凱因斯的理論。除了他的儲蓄理論與凱因斯不同外，他還把貨幣融合進凱因斯理論。一九六〇年代，莫迪葛良尼與其他學者一起為美國設計一個用於預測及政策分析的經濟模型，其基本思路是遵循凱因斯的理論，他在模型裡特別強調貨幣的重要性。他認為貨幣政策不僅可以影響所得水準，而且其效果比透過投資管道影響所得水準還快速。

在現實生活中，人們儲蓄的願望是與利率高低緊密相關的。利率愈低，人們儲蓄的願望就愈低。當利率低到一定程度時，人們選擇寧願持有流動性較好的現金，而不是存款。此時，若再進一步降低利率，以之調整人們的儲蓄與所得比例已行不通。當利率下降時，債券的價格也必然下降，同時導致投資債券的利率隨之降低，而必然會傷害人們投資的積極性。當投資者看不到光明的前景，而不願投資時，擴大貨幣供給量或者進一步降低利率，試圖刺激經濟的貨幣政策就會變得無效。這種情況的出現，也就是凱因斯所說的「流動性陷阱」（Liquidity Trap）。日本經濟曾長期出現的景氣蕭條，就被很多經濟學家認為是一種流動性陷阱。

凱因斯學派學者大都認為，當流動性陷阱出現時，貨幣政策將不再有作用，因此應該用財政政策，而不是貨幣政策來刺激經濟發展。但莫迪葛良尼卻認為這過於簡化凱因斯的理論，他表示，流動性陷阱的出現只是一種特殊情況，並非常態，所以主要穩定經濟的手段仍是貨幣政策，而不是財政政策。他針對此一問題所做的研究結果就是一九四四年發表在《經濟計量期刊》（*Econometrica*）上的〈流動性偏好及利率和貨幣的理論〉（Liquidity Preference and the Theory of Interest and Money）這篇重要論文。

入世的莫迪葛良尼

除了教學研究工作外，莫迪葛良尼也對現實經濟問題提供意見，並參與對經濟政策議題的探討。他曾為義大利最負盛名的報紙 *Il Corriere della Sera* 定期撰寫頭版的專欄，從一九七二年底開始，約進行五年之久。這段新聞工作中，發生在一九七五年的一段插曲最令他難忘。當時製造業協會答應工會所提出一項前所未有的薪資自動調升條款，亦即生活費用每增加一個百分點，所有工人（包括白領階級的工人）其薪資均調升相同的金額，而不是相同的百分比。這項協議意味著高所得的勞工將跟不上物價上漲的腳步，而低所得的勞工卻獲得更高的實質工資。他警告其義大利同胞：這樣的合約將會給國家帶來諸如通貨膨脹、扼殺工作誘因等不利的後果。但初期幾乎沒有獲得任何支持，甚至連經濟學者也安靜無聲。一直到幾年後，整個國家，包括勞工在內，才了解這種形式的指數調整所造成的弊病，但這項做法遭全面揚棄則歷經近十年之久。

莫迪葛良尼在一九七六年擔任美國經濟學會會長的就任演說，講題是〈貨幣論者的論爭，抑或我們該放棄穩定政策？〉（The Monetarist Controversy, or Should We Forsake Stabilization Policies?）表明衝著以弗利曼為首的貨幣論者而來。該篇演說敘及，所謂貨幣論者與非貨幣論者的差別，並不在於對經濟體系的運作，或是貨幣政策與財政政策的相對強勢有不同主張；相反地，基本上兩者之間有哲學及政治觀點的差異。

貨幣論者並不相信政府有足夠能力作好「權衡」（discretion）的工作，因此不願賦予政府太大的權力來運用「權衡」工具。由於貨幣主管當局愚蠢又不誠實，所以在決定貨幣供給的適當擴張數量時，不能給予他們任何的權衡力量。相反地，應該代之以一套機械性的法則。他們信任電腦算出來的三個百分點，卻不肯讓聯邦準備理事會在情勢需要時，更動上述的數字。莫迪葛良尼該篇演說的主要論點，就是指出這正是貨幣論者和非貨幣論者之間，唯一的重大差別。此外，他也指出，一個固定的法則並不足以達到穩定經濟的目標，應該還有一些做法可以達成穩定。最後，並表示，穩定政策事實上應該可以發生作用。

正如莫迪葛良尼在自我回顧個人的貢獻時所說，有著一條一貫的脈絡：喜歡與時代主流背道而馳，挑戰當時所謂的正統。這些主流或正統認為古典學派已經過時，他們也說富人的所得中，用來儲蓄的比例較窮人來得高，或是說績優的債券利率比股權報酬率低，因此負債融通的成本比較低。

莫迪葛良尼雖然扮演挑戰正統的角色，他卻不願對未來的方向作過多的思考，他只願順其自然，一遇到有趣的事情，能隨時準備妥當而投入其中。這種率性自然的行事風格，世人或可效法！

1986

公共選擇學說開創者
布坎南

布坎南

當布坎南（James M. Buchanan, 1919-2013）獲得一九八六年諾貝爾經濟學獎的消息傳到臺灣，相信多數國內經濟學界的人，都會覺得訝異。因為，布坎南並非當時經濟學界的頂尖人物，即使在美國，布坎南也不是赫赫有名的。不過，如果你曾經看過一九八二年諾貝爾經濟學獎得主史蒂格勒的著作〈無遠弗屆的經濟科學？〉（Economics-The Imperial Science? 刊登於一九八四年 *The Scandinavian Journal of Economics* 第八十六卷第三期），就不至於對布坎南博得此榮譽而感到意外了。

史蒂格勒在該文中洋洋得意地說：「經濟學是一門無遠弗屆的科學，其魅力已滲透到幾個鄰近社會學科的中心問題。」並特別就已發表的專家論著，列舉被滲透的四個領域：

1. 法律的經濟學，亦即應用經濟理論分析法律規則和法律制度，先驅者是達瑞克特（Aaron Director），主要代表人物為寇斯（Ronald Coase，一九九一年諾貝爾經濟學獎得主）和波士能（Richard Posner）。
2. 「新」的經濟歷史，最重要的人物是傅戈（Robert Fogel，一九九三年諾貝爾經濟學獎得主之一）。
3. 社會結構和行為的經濟分析，主要的課題是：犯罪、種族歧視、婚姻和離婚、生育力，以及家庭，這個領域的拓疆者是貝克（一九九二年諾貝爾經濟學獎得主）。
4. 政治學的經濟分析，包括經濟生活的管制，並可再分成兩大主題：一為政黨方面的研究，先驅者為黨斯（Anthony Downs）；二為制度的設計，其先鋒人物就是布坎南，他也是「公共選擇」（Public Choice）學派的創始者。

四個領域中，以政治學這一門吸引的經濟學家最多，使政治科學從此改頭換面，由此可見布坎南的貢獻之一斑。

另外，一九七八年在法國出版，隨即流傳於歐洲，並激起熱烈回響，且於一九八二年譯成英文版的通俗經濟學著作《自由經濟的魅力——明日資本主義》（*Tomorrow, Capitalism – The Economics of Economic Freedom*），也將公共選擇學說列為四大新興且重要的經濟理論之一。值得一提的是，該書雖由一位法國的經濟記者所撰寫，但誠如布坎南在英譯本序言中所言，他有別於美國的經濟記者，不但對經濟理論有深切的了解，而且還能將之與現代政治哲學聯結起來，更難得的是，他具有表達這些知識以分享讀者的能力。該書整合過去二十多年來，出現於美國的相關研究發展，寫出有聲有色的精彩報導。作者將研究發展統名為「新經濟學」，扼要的歸納為：人力資本理論、財產權的經濟理論、公共選擇理論，以及重貨幣理論等四派。雖然他沒有像史蒂格勒把新的經濟史納入，而換以重貨幣理論，但書中仍以顯著的篇幅作介紹。

受教於芝加哥學派泰斗

布坎南於一九一九年出生於美國田納西州；先後於一九四〇年和一九四一年得到田納西大學的學士和碩士；一九四八年獲得芝加哥大學的博士學位，受教於芝加哥學派的領導人物奈特（Frank Knight）教授。隨後曾在田納西大學、弗羅里達州立大學、加州大學洛杉磯分校等處任教，其間曾赴英國劍橋大學當客座教授，也曾遊學義大利。一九六九年應聘至維吉尼亞工技學院任教，負責建立「公共選擇研究中心」，公共選擇理論漸漸發展起來。關於該研究中心的描述，在《自由經濟的魅力——明日資本主義》第五章的開頭寫著：「維吉尼亞州的布萊斯堡鎮（Blacksburg），位於首府華盛頓西南二五三英里處，是座落在蒼翠阿帕拉契山側的大學城。距離校本部最現代化的大樓不遠處，有一幢古老的建築，類似小說《飄》中所描述的舊屋一般。十五年前，它是大學校長的官邸。但在越戰後期，學生狂熱運動如火如荼時，由於安全顧慮不再作為校長官邸，如今這棟建築物已成為維吉尼亞工技學院的公共選擇研究中心。」雖然自一九八二年起，該中心已隨布坎南遷移到維吉尼亞州費法克的喬治梅遜大學，但該棟古老建築，將隨布坎南教授及使其得獎的公共選擇理論而一舉成名。

公共選擇理論產生背景

談到公共選擇理論的興起，難免要追溯整個經濟思潮的演變過程。大體而言，經濟科學自亞當・史密斯開始，以迄馬夏爾的新古典經濟學，都認為經由市場機能的運作，社會資源即能達到最適分派的境界，而政府在經濟體系中是毫無地位的。因此，當時的賽伊（J. B. Say）就曾說：「最好的財政計畫，是支出最少的計畫；最好的租稅，是人民負擔最小的租稅。」日後這種說法受到兩方面的挑戰：

1. 第一種挑戰是一九三〇年代世界經濟的大恐慌，出現大量失業人口，政府方面採取趁機興起的凱因斯學派學說，以政策提高總合需求，促進經濟成長，以解決失業問題，於是政府在經濟成長與解決失業的能力上，受到經濟學界大多數人的肯定。

2. 第二種挑戰來自「混合經濟」觀念的先驅者庇古（A. C. Pigou）。在其一九二〇年出版的《福利經濟學》中，庇古提出「外部性」（externality）和「社會成本」（social cost）兩種概念，認為市場機能並不像古典理論所假設般完美。庇古指出，經濟行為人的行為，在「無意」之間難免對別人造成「傷害」或「有利」，這種外部效果的「利」、「害」，無法被個別決策者考慮到（例如：汙染），其結果將會產生一種社會負擔的成本；換句話說，市場的自動調節機能，未必會帶來新古典經濟學所期望的最適結果。只要市場運行的結果不能達到可能的最適狀況，政府就必須干預市場。而完全競爭模型所假設的情況，與實際情況的差距，造成經濟資源的使用不當、壟斷市場、個人行為在抉擇上的彼此影響，以及「共用財」不能由個人分割購買等即為其例。庇古認為，這些缺陷必須由政府出面糾正。糾正的方法是：擴充政府角色的法理依據，使企業運作所產生的外部效果可以「內化」。在政府的干預下，「市場失靈」（market failure）將可補救，而再度確保社會資源最有效率的使用。

就在這兩種挑戰的衝擊下，政府踏進經濟事務的領域，而且在加速效果的發揮下，很快的爬上寶座。但是，凱因斯理論在一九六〇年代末期，由於停滯膨脹產生，並受到重貨幣學派、供給面經濟學者，以及理性預期學派的猛烈攻擊，已經逐漸褪色。

另一方面，二次大戰後，福利經濟學的文獻如雨後春筍般地出現，它們分析市場的不完全性，說明政府干預的合理，甚至視集體干預為新而有效的經濟工具（例如：關於「環境經濟學」的許多新研究即屬之）。但由於不能確保政府干預之後，是否必然會比不干預對整個社會更好，因此，至少在二十五年前，即有一批新生代的經濟學家，已開始致力於研究這個問題，他們分從理論和實證兩方面來進行探索。

在實證上，大致可歸為「管制經濟學」（Regulation Economics）的貢獻。管制經濟學者旨在分析政府干預的成本和效益，主要探索的是：政府管制的結果，究竟是改進或扭曲資源的分配？根據二十多年來的實證顯示，無論是「經濟」、「社會」或「特定立法」的管制，其結果都與管制的目的相反。例如：原來想保護的對象反而受害，而想要管制的價格也無法抑制。

理論上，新生代經濟學者雖不否認福利經濟學者的貢獻、政府干預經濟體系的若干長處，但是他們已確認，「政府失靈」（Government Failure）的現象，遠比「市場失靈」更為嚴重。於是，他們覺得在市場機能不能有利運作的情形下，如何針對政府經濟活動，另外建立一套行為規範，使政府的干預得以達到最適水準，便是一項需要解答的重要新課題，也是福利經濟學者向來面臨的尷尬問題，而「公共選擇理論」則適時填補此一理論上的空隙。

公共選擇理論到底是什麼？

公共選擇理論主張以民主政治代替價格機能，使政府對公共事務的決策，能確實增進人民的福祉。此一理論的基本假設，與一般經濟理論完全一致，即認為人的行為，都是基於自利的動機。雖然如此，在透過補償、妥協、談判、勾結後，以選舉（投票）制度為特色的民主政治，卻可以使參與者在政治市場（political markets）中，提升其福利水準。其間，參與以及運作的過程，係與市場經濟在價格制度的運作下，透過交換提升彼此的福利水準相同。

公共選擇理論的發展，主要集中在「選舉制度」的研究上。布坎南與杜洛克（G. Tullock）的名著《同意的計算方法》（*Calculus of Consent*）曾指出：對法定贊同人數百分比要求愈高的選舉制度，其所通過的決議，愈有可能增進全民的福祉。因此，全體一致通過才能作成決議的投票制度，一定可以保證每一個人都不會因該決議而受到傷害，也因而最能確保社會福利的改善。但是，由於公共政策經常涉及利益重分配，所以在有人得利的同時，難免會使他人受到損害。因此，除非能夠經由妥協，使得到利益者必會補償受害者，而且在補償之後仍有餘利，否則無法使全體投票人一致同意而通過。可是，妥協和補償往往曠日費時，造成談判成本的增加，於是，只有在兩者之間加以權衡，即產生其所稱「最適政體」（optimal constitution）的多數票決制度。

亞羅的「不可能定理」

多數票決制度所形成的公共決策，是否真能改善社會福利，曾經廣受懷疑。因為多數票決制度的基本概念，是冀圖結合個別選民的偏好，以期找出社會集體的偏好，亦即找出經濟學家所習稱的「社會福利函數」。可是，另外一位諾貝爾獎得主亞羅，曾經在《社會選擇與個人價值》（*Social Choice and Individual Values*）中，提出有名的「不可能定理」（Impossibility Theorem），說明「票決矛盾」（voting paradox）的可能性。他利用嚴謹的邏輯，證明此一社會福利函數，不可能透過多數票決制度得出。於是，民主制度是否真能謀求社會最大福利，或是否真較集權制度為優，又受到相當的懷疑。用一個典型的例子，可以說明多數票決下所產生的票決矛盾現象。

如果有甲、乙、丙三人，對於某項公共政策進行表決，而該政策的可能提案計有A、B、C三個。三人對於三種提案各有不同偏好，其偏好情形列如下表。

假設表決方式是選取三案中任何兩案先行表決，其未獲多數贊成者淘汰，再以未淘汰者與其餘一案再行表決，獲得多數贊成者即為定案。如果先取A、B兩案表決，則由下表得知，A案將獲甲、丙二人多數支持而通過。接著，再就通過之A案與C案表決，則由表中得出，C案將獲乙、丙二人支持成為定案。因此，多數票決制度下，C案成為被選擇之法案。

但如果將表決次序掉換，先選B、C兩案表決，則B案將獲得甲、乙二人支持而通過。接著，再由B案與A案表決，則A案將成為最後定案。同理，若先選A、C兩案表決，則最後定案

人　稱	最優先案	次優先案	末優先案
甲	A	B	C
乙	B	C	A
丙	C	A	B

者即為B案。這個例子說明多數票決非但不能代表公意，而且選舉的結果極不穩定，任何方案均有可能成為最後定案，充分暴露出民主政治的缺陷。

如果民主政治下的多數票決投票制度，不能保證比集權制度更能代表公意；則以民主政治為特色的資本主義，便無法在理論上勝過馬克思主義。正因如此，亞羅的「不可能定理」對資本主義與民主政治造成嚴重的打擊，也使得以集權為特色的馬克思主義者，產生更多的盲目自信。

所幸，在布坎南所領導的公共選擇學派的不斷努力下，一些新的偏好顯示理論及方法，終於逐漸產生。其中較為著名者，如「需要顯示過程」（demand-revealing process）、「以否決方式投票」（voting by veto），以及「購買保險方式的偏好顯示」（preference revelation through the purchase of insurance）等。這些理論肯定了民主政治的價值，並為改進選舉制度，避免發生「票決矛盾」現象，提供可行的方法。

出現這些改進現行民主制度缺陷的方法，主因在於多數票決制度，未能充分將投票者對各個提案的偏好程度顯示出來。也就是說，多數票決只計算贊成與反對的人數，沒有顧及投票者贊成與反對的程度。於是，按照多數人贊成而決定的提案，有時對少數人傷害太大，以致就整體而言，未必優於少數人所堅持的提案；另一方面，要想測知每人對各提案的偏好程度，往往十分困難。如果直接詢問每位投票者的贊成或反對程度，則為了使自己贊成的提案通過，必然會誇大其偏好程度，隱瞞真實的偏好，結果仍無法正確選出對社會最好的提案。於是，如何設計出一套新的投票方法，能充分顯出每個人的「真實偏好」，從而選出真正符合社會最大利益的公共決策，便是公共選擇學派的努力目標。

克拉克的「需要顯示過程」

在前述對票決制度提出的改進方法中，所謂「需要顯示過程」法，主要是由克拉克（Edward Clark）等人所提出。此一方法的主要精神，是要讓每位投票者不誇張偏好的動機，並能正確顯示其對每一提案的偏好態度。它的做法是讓每一位投票者，在選擇其贊成方案時，同時申明願為此方案的通過而額外付出多少金錢（此一金錢額度應等於該提案通過後，能為他帶來的好處）。但為使誠實地說出真正願付的金額，必須再憑下述兩個因素，來決定他實際應繳的金額（此一金額稱為「克拉克租稅」）。這兩個因素包括：(1)別人對不同提案所願付的金額總和；(2)他本人所贊成的提案是否通過。至於何種提案會通過，則視全體投票人所願付金額的總和何者為最高來決定。在某一提案通過之後，再以下述方法來計算克拉克租稅：

1. 如果他所贊成的提案沒有通過，則無論事先申明願付多少金額，他都不必支付任何克拉克租稅。
2. 只有在自己所贊成的提案（本案）通過時，才有可能需要付稅。而他應該付多少稅？首先，分別算出其他提案個別的願付金額總和；其次，對於通過的提案，算出自己除外的其他人之願付金額總和，再與其他提案的總和相比，其差額即應繳的稅額。
3. 如果自己除外的其他人（對本案）願付金額總和，已大於別的提案願付金額總和，則也不必繳納任何租稅。

舉例來說，如果有甲、乙、丙三人，同時面對某一問題的A、B兩個解決方案。甲、丙贊成A案，並按其所得到的利益，分別願為A案之通過支付三十元與二十元。乙則贊成B案，並願為該案通過所獲利益支付四十元。其關係如下表。

對甲而言，由於乙、丙對B、A兩案的願付金額分別為四十元與二十元，故沒有甲加入時，對B案有利。如果甲加入，而且贊成A案，並願為A案通過而支付三十元。則選舉將改觀而變成對A案有利（A案的願付金額五十元大於B案之四十元），此時，甲的應付稅額是B案的願付金額總和（即乙的四十元）減去A案除去甲以外的願付金額總和（亦即丙的二十元）。於是，甲因A案通過所獲得的淨利益是十元（三十元利益減去二十元的稅款）。此外，對丙而言，他的加入，亦使甲、乙所作的選擇結果改觀，其應付稅額計算法如前，在本例中也就是甲、乙的願付金額之差，亦即十元，他所獲得的淨利益也因而是十元。

值得注意的是，在上述克拉克租稅下，沒有人會對其偏好作不誠實的申明。例如：甲如果誇張其對A案之偏好為五十元，甲依然得繳二十元的稅，所以不會因此增加任何其他的好處。此時若丙不幸對A案的偏好僅為五元時，甲卻要繳三十五元的稅，而甲因該案獲得通過所得到的利益仍只有三十元。相形之下，投機虛報願付金額，雖然使自己滿意的提案獲得通過，但其代價卻可能高於通過之利益，故誇張願付金額完全有害而無利。

金額單位：元

克拉克租稅	20	0	10
B 案	—	40	—
A 案	30	—	20
投票人	甲	乙	丙

反之，若甲低報其願付金額十五元，以圖降低二十元的稅負，他會因為該案未能通過而損失三十元。若只低報其願付金額為二十五元時，則與誠實申報三十元同樣的需付二十元的稅，故低報也沒有什麼好處，而且可能會因自己的低報，而使所支持的提案不獲通過而受損。於是，「需要顯示過程法」成功地讓每人都認識到，誠實地顯露其偏好程度是最好的策略。因此，此一制度將可避免多數票決制度所面臨的困擾。

繆勒的「以否決方式投票」

「以否決方式投票」則是由繆勒（Dennis Mueller）首先提出的。其投票規則極其簡單，即每一投票者都必須提出一項提案，並限制每人對其他人的提案，有一次否決權，可用來否決全部提案中的任何一個提案。例如：有甲、乙、丙三人，要決定某一塊公共用地如何使用，甲提出A案為合資建網球場，乙提出B案為合資建游泳池，丙則提出C案為合資建籃球場。每個人的提案自然都代表其本身最大利益，而由其他提案所能得到的利益則較小。如果以金錢表示，可假設每人在各提案的利益如下表所示。

金額單位：元

不建		0	0	0
C		20	20	25
B		15	25	15
A		50	10	10
方案	人稱	甲	乙	丙

表中，甲在A案下的利益為五十元，在B、C案下則分別為十五及二十元。乙、丙的情況亦可類推。現在若採用「以否決方式投票」，則可自三人中任意由某人先行使否決權。若投票次序依次為甲、乙、丙輪

流，則甲會考慮否決對自己最不利的B案。B案被淘汰後，乙在A、C兩案中擇一否決，自是否決對其較不利之A案。於是丙所提之C案成為定案。若投票次序改變為乙、丙、甲，則乙先否決A案、丙再否決B案，而甲在自己所提的A案被否決後，不會否決C案，以免無案通過而不建任何設施，以致利益為零。所以，C案乃成為定案。

C案有一個極重要的角色，即它給非提案人（甲、乙）的利益較其他兩案為多。此外，總計甲、乙、丙三人共有六種不同的投票次序，其中，除投票次序為丙、乙、甲，會使B案成為定案外，其餘五種投票次序，都將使C案成為定案。故C案得勝的機率高達六分之五。

然而，上述「以否決方式投票」，似乎也像多數票決制度一樣，不能避免發生「票決矛盾」現象。並且不能保證所決定的議案，將會符合社會的最大利益。但繆勒曾證明，當投票人數增多時，給予非提案人利益最多的提案，其不被否決而成定案的機率將接近百分之百。同時，此一政策也能使投票者充分顯示其偏好。在許多政策都同時採行此一方式表決時，由於每一決議均使非提案人能獲得較高利益，故亦不失為理想的票決方法。

購買保險方式的偏好顯示

第三種改進多數票決制度的方式，是「購買保險方式的偏好顯示」。例如：針對某一政策（如是否興建核能電廠），政府可決定A、B兩案（如興建與不興建兩案），假設政府先進行可信的民意調查統計。知道A案獲得通過的機率為P，故B案獲得通過的機率便為一減去P。於是政府便公布此一機率，並辦理保險，凡有人因喜好A案者，可買保險，俾在B案通過時可獲得賠償金，其每元保險之費率為一減P（若P為百分之四十，則每投保一百元，繳費六十元）。同理，若投保因A案通過而獲賠償者，其費率為P。

假設每人均為風險逃避者（risk averser），則每人均按各方案之偏好程度而投保。例如：甲感受A案通過可使他較A案不通過（維持B案）時，有額外利益一萬元，則因為A案通過的機率為P（百分之四十），所以他在表決前的預期利益便有P萬元（四千元），投票後，他只有P（即百分之四十）的機會因A案通過而得到一萬元的利益，但卻有一減去P（百分之六十）的機會什麼都得不到。於是在避免風險的心態下，他寧願花（1–P）萬元（即六千元）購買保險，使得在A案不能通過時，他仍可獲得相當於A案之賠償金一萬元。換句話說，他寧願買保險（六千元），來保障無論A案是否通過，他都有一萬元的利益。

因此，如果每人都逃避風險，則都會根據自己對各提案的偏好程度，購買不同的保險。此時，每人的偏好也自然會在所購買保險的對象及金額中顯露無遺。對於政府而言，只要加總各提案的投保額，投保最少的提案，便是社會最偏愛的提案，也是政府所應選擇的提案。

除了上述三種改進現行多數票決制度的主要方法外，公共選擇學派也提出其他方案。大致而言，這些方案在執行上，仍有技術不夠成熟的困難，在現階段仍然無法取代多數票決制度。但是，隨著電腦及其他科技的進步，這些困難均可能被克服。事實上，美國已有若干地區，正以上述方法進行投票實驗。因此，在可預見的未來，當討論民主政治時，多數票決制度或許已不再是它的代名詞，而這也就是公共選擇學派所努力的主要目標之一。

官僚政治的公共選擇理論

除了投票制度外，公共選擇學派更發展出一套「官僚政治的公共選擇理論」。正如經濟學建立一套「獨占理論」一樣。此一理論旨在指出，以多數票決制度為特色的民主政治，不可避免地會形成官僚政治。官僚政治的特色是，政府預算不斷地膨脹，而許多浪費性的支出無法適當控制。公共選擇理論認為，形成官僚政治的主因在於，政府本身就是一個獨占者，雖然政府能建立許多獎懲法規約束官員，但由於人的自私天性，使得他們有充分的機會為自己打算，在缺乏競爭及淘汰的環境下，政府官員絕不像民營公司的經理，會有節省公帑的壓力。

此外，一些公營事業的主管及從業人員，為了自私的目的，更企圖盡量擴大自己的營業範圍。於是公營事業的預算不斷地擴大，而其獨占利潤，也不會分給社會大眾享受，而不斷地用於擴充投資，於是，這些生產及服務便發生過度和浪費的現象。這也是現今社會中，公營事業的最佳寫照。

政府部門的浪費並非完全沒有控制的管道，在民主政治下，議會及輿論便是監督政府的主要力量。問題是，這股力量經常被行政部門玩弄於股掌之中，因為監督的先決條件，必須對所監督的事情有充分的認識；也就是說，一定要有充分的消息來源，才能進行有效的監督。不幸的是，由於政府本身是一個獨占者，因此，對其進行監督所必須掌握的資料及消息，完全得依賴政府提供。於是，政府官員可以隨心所欲的控制有關消息，使其所喜歡的政策得以遂心。

多數票決制度更形成許多利益團體及遊說團體，也更進一步擴大官僚政治的浪費行為。這是因為，通常政府的某種措施，其受益人數比起為該政策支付成本的人數還少。例如：對稿費所得或國民中、小學教職員的所得免稅，其受益人數不過幾十萬人，但卻使為數好幾百萬的一般納稅人間接地增加負擔。

問題的癥結在於，對這些少數受益人而言，該法案是否通過的得失十分明顯，即如果未能通過，無異是一項明顯的損失。於是，他們有強烈的動機想干預或影響表決結果，往往準備動員個人的力量，投入此一影響過程，其願意投入的代價，至少等於法案通過所能得到的好處。

反之，一般納稅人雖然並不欣賞上述法案，但拒絕該法案也不過僅節省個人區區幾塊錢的稅負而已。何況，身為數百萬的選民之一，要想聯合其他人來共同反對此一法案，顯然比少數受益人彼此聯合更為困難。由於政治行動是耗費代價的行動——不僅要花錢，還要支付時間和精力，因此，在每人報酬（所省稅金）不及利益團體，但平均的組織成本卻大於利益團體下，要想反對該項法案實在是自不量力。更重要的是，在別的政策措施下，這些納稅人也可能分別變成別的少數受益團體分子（例如：勞工可以要求提高勞保的補助及福利，農、漁民可以要求開辦更好的農、漁民保險），此時，他們又可以花費較少的組織成本，來爭取明顯的個人利益。於是，理智的判斷，會使他們寧願組成其他利益團體，要求政府通過對其本身有利的法案，並繼續奮鬥謀求未來更多的利益。畢竟，利害權衡下，自組利益團體相較於組織反對其他利益團體來得更為重要，也更省力氣。

由於民主政治有此特性，而且一般公共支出的利益確由少數人享受，而成本卻是分散給社會多數人負擔，所以，不可避免地，民主政治會讓政府的預算一再地膨脹，形成社會大眾的重大負擔。

公共選擇理論，對於民主政治所形成的官僚政治特性，尚有許多極為生動而深入的描述與見解，吸引許多政治及經濟學者的注意。而公共選擇學派的目標，不僅是要為民主政治進行診斷，他們還有更大的雄心，試圖解決目前多數票決制度的民主政治所不能解決的難題：建立適當的投票制度，使民主政治下的政府活動趨於最適水準。

因此，經濟學家試圖跨越政治學與經濟學之間的鴻溝，把對人的經濟行為分析，應用到政治行為上。這項壯舉，在布坎南及其所領導的公共選擇學派的不斷努力下，終於得到具體的成功。

布坎南的其他貢獻和啓示

布坎南同時也影響到人類思想與文明的發展。

公共選擇理論，是由近代財政理論所衍生，而布坎南與另外兩位諾貝爾獎得主，薩繆爾遜和亞羅一樣，都在近代財政理論上有特殊的貢獻。布坎南尤其是近代財政理論的大師級人物。他在財政理論方面的成就，尚包括對共用財性質的認定、外部效果的更正，以及俱樂部財（club goods）理論的建立等。因此，布坎南教授的得獎，可稱得上是實至名歸。

此外，布坎南也曾對當代的美國經濟學界提出嚴厲批評，他在《自由經濟的魅力——明日資本主義》的英譯本序言中寫道：

「現在，從美國最好的經濟研究所和工商管理研究所畢業的男女青年，受過高級訓練而又靈巧能幹，他們大都把自己看作技術專家。儘管他們聰明，但不了解他們自己的社會、經濟和政治制度的一些組織原理。作為一門學科的現代經濟學，幾乎完全失掉其最重要的教導任務，這是一件可悲的事情。在現代經濟學家的著作中，或在經濟學研究所的討論中，除少數例外，竟沒有表現出一點意理上的振奮精神。我們是在培育下一代，但是我們所培育出來的，卻是麻木的下一代。」

他又說：

「古典的政治經濟學時代與我們這個時代，是個強烈的對比。古典經濟學家都是社會改革家；他們敏銳地感覺到其觀念對於個人的幸福，以及對於國家財富所能作的貢獻。而且，他們也把這些觀念邏輯所引發的內在興奮，傳達給社會大眾和其代表。」

「在美國，凱因斯學派的總體經濟學所引發的振奮精神，已隨其政策的一貫失敗而消散。更廣泛地說，社會主義的神，即使沒有完全死亡，也已喪失振奮人心的力量。現代經濟學，大都沒有焦點、沒有目標。」

這些看法，說穿了就是想將經濟學扭轉回到古典的政治經濟學，而布坎南的得獎，也似乎正象徵著對此種努力的肯定，國內的經濟學家也許能夠由此得到重大的啟示。

（本文與林全合撰）

1987

葡萄園裡的智者
梭羅

梭羅

托丙在一九八一年獲得諾貝爾經濟學獎時，臺灣的一位知名學者曾以「山愛夕陽時……」來形容，同樣的說法也可以妥切地用於一九八七年的得主梭羅（Robert Solow），原因有二：一為梭羅係典型的「老一輩」新凱因斯學派大將，而在該學派遭受猛烈攻擊的一九八〇年代，他仍信守不渝，因而被學界視為過氣人物；二為梭羅最大貢獻乃在「新古典長期成長理論」模型，以及如何測量技術進步上。但因該成長理論在應用時，常與實際現象不合，已被列為「古典式」的理論；而其技術進步的衡量，則因需涉及資本存量資料，而該項資料又因難以估計或正確性值得懷疑，故也漸為新的測量公式所取代。

因此，若以在當前的學術地位言，梭羅已不是紅人；但若論一生的學術地位，則梭羅無疑是頂尖者之一，這恐怕也是諾貝爾獎的獎賞本意。

「梭羅」非「佘羅」

首先，必須注意的是，這位得獎的梭羅，並不是一九八〇年代後期當紅的佘羅（L. Thurow, 1938-2016）。雖然兩人都是麻省理工學院的教授，而且名字發音相近，卻是截然不同的兩個人。

梭羅於一九二四年出生於美國紐約，迄一九八七年已六十三歲，巧的是，同為新凱因斯學派大將的托丙也六十三歲時得獎。梭羅分別在一九四七、一九四九、一九五一年得到哈佛大學的學士、碩士、博士學位，也曾分別獲得芝加哥、布朗等六個大學的榮譽學位。哈佛畢業之後，梭羅一直擔任麻省理工學院的老師，也就是說，他的學術事業是在那裡開展的。他與一九七〇年諾貝爾經濟學獎得主薩繆爾遜有幾乎長達四十年的同事和合作關係。一九九六年轉赴紐約大學任教。

在梭羅的學術生涯中，曾獲無數的榮譽，除博士論文獲威爾斯獎外，一九五六年以三十二歲之齡當選為美國人文及科學院院士；一九六四年任經濟計量學會會長；一九七五年當選為英國社會科學院通訊院士；一九七五年擔任美國經濟學會的會長。最值得一提的是，他早在一九六一年即獲得最富學術聲譽的「克拉克獎章」，是一九四七年該獎章設立以來的第七位得獎者，據學術圈傳聞，該獎章的得主都具備獲頒諾貝爾獎的希望。若由這七位中，除了第二位得主鮑丁（K. E. Boulding, 1910-1993）外，全都得到諾貝爾獎的事實來看，就知傳聞不假。一九八七年諾貝爾經濟學獎得主揭曉前，我就曾以該項資料推知，梭羅應是該屆首位候選者。

幽默風趣口若懸河

梭羅幽默風趣，給人印象深刻的是其智慧和出名的機敏。當克雷瑪（A. Kramer）在一九八三年為了廓清當代的理性預期學派（或新興古典學派）、重貨幣學派、新凱因斯學派，以及非正統學派（或制度學派）之間的糾纏情結，而以尋找各學派關鍵人物作面對面的對談方式進行時，人們一次又一次的問他：「為何不跟梭羅談談？」由此可見梭羅的魅力。

梭羅的幽默可由他在一九八五年底，美國經濟學會年會期間，發表於《紐約時報》的一篇文章中看出。該篇文章的題目是〈為什麼人們總愛取笑經濟學家？〉，文中梭羅舉出數則關於經濟學家所受的揶揄，其中一則是：

> 同船的一群人因船失事而漂流到一荒島，他們找到一箱罐頭食品，但卻遍尋不著開罐器，正當大家一籌莫展時，經濟學家開口說：「我能取得罐中食物！」眾人驚喜的齊聲問：「怎麼做？」經濟學家不疾不徐地回答說：「假設我們有一個開罐器……。」

當然，梭羅在文中也為經濟學家辯解。對於梭羅的愛開玩笑，理性預期大師盧卡斯（R. E. Lucas, Jr.，一九九五年諾貝爾經濟學獎得主）就有所抱怨。梭羅本人也知道別人的感受，他自承那是個性裡的一個毛病，需要好好對付；不過，他也表示，用玩笑來嘲諷，才不至於掉進辯論對手的陷阱裡。

經濟恐慌帶來志趣

克雷瑪問梭羅：「為何學經濟學？」時，梭羅表示，由於大恐慌使他對社會科學發生興趣，因為難忘那段不愉快的童年時光。在哈佛唸書時，先是研讀社會學、人類學，而只唸一點經濟學，最後之所以選擇經濟學，主因有二：一為愛情的力量，他在戰爭爆發時去從軍，而於一九四五年再返哈佛，正在徬徨無所適從時，新婚的太太卻已完成芮克里芙學院（Radcliffe College）經濟學學位，告訴他經濟學是一門很有意思的學問，於是他便意外的開始經濟學之旅；二為不滿社會學，因其缺乏系統。他舉帕森思（T. Parsons）為例，說帕森思談到某些具體事物時，就像醫生處理病人的情形一樣，充滿引人入勝的洞視，但每當要加以推演到一般情況時，就連一個見識淺薄者也覺其含混。不過，他也認為，認識社會學有所助益，使他比大多數經濟學理論家更關注社會學方面的問題。

有此一說，梭羅和也是經濟學家的妻子，每年夏天都會住在一個葡萄園裡，梭羅所創立的「資本年分法」（Vintage Approach）就與葡萄園有些關係，因為 vintage 的意義可以是一個葡萄園裡的葡萄產量或葡萄收穫季節，也可以指用葡萄釀造的葡萄酒製造年分，或許梭羅的靈感就是出自於他們的葡萄園！

大師啓蒙根柢深厚

在經濟學的啟蒙方面，對梭羅有重要的影響者有三位：分別是史威濟（P. Sweezy）、古德溫（R. Goodwin），以及梁鐵夫。尤其梁鐵夫亦曾是諾貝爾獎得主最為重要，也由於這位家庭教師的指引，梭羅接觸了數學，奠定往後學術生涯的基礎。

梭羅的著述極豐，重要的書至少有四：一九五八年的《直線性規劃和經濟分析》；一九六三年的《資本理論和報酬率》；一九六四年的《美國失業的本質和根源》，以及一九六九年《成長理論：一個解說》。重要的學術論文也有許多，最值得一提的有：一九五六年發表於《經濟季刊》的〈經濟成長理論導論〉；一九五七年發表在《經濟統計評論》的〈技術進步和總合生產函數〉，以及一九七三年和布蘭德（A. Blinder）共同聯名發表於《公共經濟叢刊》的〈財政政策有用嗎？〉等三篇。最後這一篇已成為一份標準的參考文獻，而前兩篇則是他獲得諾貝爾獎的基礎，以下簡述他在成長理論和技術進步兩方面的貢獻。

模型理論青出於藍

自從哈羅德—多瑪（Harrod-Domar）以「投資雙重性」為基礎，得出著名的「哈羅德—多瑪成長模型」後，許多國家的經濟計畫即以該模型為藍本作推估，但因其具「剃刀邊緣」的不穩定特性，一旦離開均衡，即難回到充分就業的成長均衡。為了改進此種不穩定性，學者乃分頭進行研究，其中，最成功者首推梭羅。他將生產函數型態由梁鐵夫式的固定因素比例，改為資本、勞動之間可任意替代的生產函數，以獲致充分就業的穩定均衡成長，從而「新古典生產函數」廣為學界所引用。

梭羅的「新古典成長模型」有三個基本假定：一為人口成長係外在因素決定，經濟與人口變動之間沒有交互影響；二為生產函數呈現固定規模報酬；三為投資等於儲蓄，前者為資本存量的增加額，後者則為總產出的某一固定比例。基於這三個假定下，梭羅推導出：某一經濟社會能夠達到，在某一資本勞動比例下，長期靜止不動的每人所得，此時，社會呈現充分就業，所得增加率等於人口增加率，也等於資本增長率。

精緻的新古典成長模型，在實際應用時，常與實際現象不合。在每人所得有一個靜止不動的長期穩定均衡方面，與我們所熟知，許多國家有連續成長一百年以上的每人所得之事實不合；另一方面，新古典成長模型推論出：技術與偏好相同的國家，每人所得會逐漸接近。這與世界銀行一九八四年的研究，及顧志耐（一九七一年諾貝爾經濟學獎得主）之研究有違，事實上，貧富國家之間的成長差距是在拉大而非接近。

關於第一點缺失，梭羅加進外生的技術變動來解釋，他將技術進步視為「餘數」，因而得到有名的「技術進步梭羅會計估計法」。迄今，這種測量法仍廣為國內學者所用。但因此法需引用難以得到公認的資本存量資料，而有其他測量法的出現。其中，已故的邢慕寰院士也曾自創一種不用資本的估計方法，但仍有爭論，有待進一步研究。

由於新古典成長理論存有重大缺陷，一九七〇至一九八〇年代初期，就不獲經濟學家青睞。但在一九八〇年代末期，情況卻有變化，數位當代頂尖的學者，不約而同的將它重提，並再改造成長理論。最值得注意者當推盧卡斯和貝克（一九九二年諾貝爾經濟學獎得主）兩位教授。兩者都針對上述梭羅成長模型所無法解釋的「富國、窮國之間，無論在個人所得的絕對值或成長率上均有所差異」，試圖提出新的解釋方式。前者希望藉由人力資本的加入找出一個模型——一個可以放在電腦裡「跑」的明顯動態體系——以機械化的運作架構反映此等事實。後者則再引進馬爾薩斯（T. Malthus, 1766-1834）的經濟動態模型，將人口成長再視為內生變數，結合梭羅的模型，重新再出發。迄一九八〇年代末，兩人皆各有可觀的進展。他們的初步研究成果，分別在一九八六年四月和一九八七年三月來臺訪問時，對國人作過公開演講。

成長理論雄風再現？

經濟成長理論在沉寂十多年之後，再現曙光，而一九八七年梭羅這位現代成長理論先驅者又獲頒諾貝爾經濟學獎，是否更加意味著：成長理論又將重領學術風騷了呢？的確如此，不但學術上再抬頭，而且在政府政策的實際運用上更熱門，不過主角不是梭羅，不是盧卡斯，也不是貝克，而是保羅・羅默（Paul Romer）。他石破天驚的論文〈內生的科技變革〉（Endogenous Technological Change），刊登在一九九〇年十月著名的主流經濟學術期刊《政治經濟期刊》（*Journal of Political Economy*）。這篇文章是「經濟成長理論」的一個分水嶺，產生一種革命性的變革。

羅默可說出身在芝加哥大學經濟研究所，也受過盧卡斯的薰陶，但他的理論與芝加哥學派卻有扞格，特別在「政府干預」這個關鍵點，也是所謂的「淡水學派」（主張政府不應干預）和「鹹水學派」（主張干預）最主要的差異。自一九三〇年代凱因斯理論興起，從此以後「政府精密調節經濟」就廣受歡迎並被認同，財政政策、貨幣政策、所得政策、產業政策等紛紛出籠。

「市場失靈」理論是政府能堂而皇之的進行干預的基礎，尤其所謂的 “Public Goods”（一般書本稱為「公共財」，其實是錯誤的譯法，而英文名字也非常不妥，因為這種財貨具有「共享」

和「不能排他」兩種特性，但「公共」或 **"Public"** 之意卻是大家共有的物品，與「私有」相對應，這是「產權」的課題。而且不論是私有或公有財，都可能有共享和不能排他兩種特性。不過，不妨想一想，現實社會裡果真有同時擁有這兩種特色的物品嗎？即便是「國防」，也可能利用驅逐出境予以排除！嚴格來說只能找到「近似」具此兩種特質的財貨而已），更被認為應由政府免費提供，因其一旦製造出來，廣大的其他使用者就不必支付成本而享用，且不會減損他人的好處。

羅默「內生技術」的理論基礎就是「知識具共享性」。對於人力和科技資源所發揮出的創意、創新，必須有政府在教育、訓練和科技政策上擔任「一定程度的積極管理」角色。於是，原本似乎永遠也無法與央行總裁、財政部長，甚至貿易談判代表平起平坐的科學部門主管與教育部長，由於科技、訓練，以及教育政策將被全世界所有國家視為政府必要與合法的責任，其重要性與貨幣政策或財政政策不相上下，而要善加執行這些政策的難度甚至更高，所以這兩個部會首長的地位乃水漲船高，特別在知識經濟興起，電腦科技日新月異，網際網路無遠弗屆的二十一世紀，將更為明顯。

在經濟理論上，「內生技術變革」所表達的是「報酬遞增」或「生產力向上」的情況，而壟斷性競爭市場也取代完全競爭市場，於是「稀少性」這種經濟學一直以來的假設將被「富足性」取代，而過去二百多年來，經濟分析的土地、資本、勞力三大基本投入要素也被「人、概念、東西」取而代之。為了明確表明此種變革，必須以高深數理模式來呈現，經濟學數理化的境界乃更見提升。

1988

胸羅萬機
阿雷教授

阿雷教授

當瑞典皇家科學院宣布一九八八年諾貝爾經濟學獎由法國教授阿雷（Maurice Allais, 1911-2010）獨得時，不但國內留學美國的經濟學者摸不著頭緒，連留歐的學者也弄不清楚此君是何方神聖，而且絕大多數連該名字都沒聽過，事前預測的幾位大師都落榜，這種爆冷門的情況真可謂「跌破專家眼鏡」。

當時曾翻開幾本標準的「基本經濟學」教科書，以及查閱幾本中級「個體經濟學」教本，在索引中都未見阿雷的名字，猜測有兩種可能：一為表示阿雷的理論不夠普及；二為撰寫一般教科書的美國經濟學者或許並不熟識其人。至此，不免對諾貝爾獎評審委員為何選中阿雷戴上諾貝爾獎的桂冠感到興趣，既然一般書籍找不到阿雷的資料，只好求助於《經濟學界名人錄》（*Who's Who in Economics*）。

在名人錄中，阿雷占了幾乎兩頁的版面，這並不尋常，至少已顯示阿雷的確頗夠分量。不過，為何他未被學界所熟識呢？原來，就以介紹的內容言，約有一半是「法文」，尤其所列出的重要著作中，十本書都沒有英文書名，更遑論有英文譯本了（其中有一本曾摘譯為英文）。雖然如此，在看了阿雷的簡介之後，覺得應將其推介給國人，遂依名人錄之內容，描述阿雷的大致輪廓，加上一些個人的感想，供作讀者參考。

目睹大恐慌轉讀經濟

阿雷於一九一一年出生於巴黎，一九八八年得諾貝爾獎時已屆七十七歲高齡。阿雷的父母經營一家小乳酪店，四歲時其父參與第一次世界大戰死於牢中。阿雷曾分別就讀於巴黎綜合工科學院、巴黎國立最高礦物學院，最後在一九四九年得到巴黎大學工程博士；一九六四年在荷蘭的葛羅稜根（Groningen）大學獲頒榮譽博士學位。跟許多美國偉大的經濟學家一樣，阿雷研讀經濟學，乃因在一九三〇年代曾訪問美國，目睹許多工廠因為經濟大恐慌而停頓後，才由工程轉讀的。

阿雷自一九四四年起，擔任國立巴黎高等學院經濟分析中心主任及經濟學教授，也擔任國家科學研究中心（CNRS）主任，而據報載，阿雷早在一九七九年就已退休。觀其五十多年來的經歷，可用琳瑯滿目形容，除了當過上述職位外，還曾擔任過許多公營機構的顧問，並曾為歐洲經濟共同體（EEC）稅制用於捷運系統研究委員會主任，而在一九五八至一九五九年還曾是維吉尼亞大學（Univ. Virginia）傑佛遜（Thomas Jefferson）中心的傑出訪問教授，由此可知，阿雷與美國仍有一些淵源。

阿雷所獲得的榮譽極多，在國內外所獲獎項共有十二種之多，最近期的是分別於一九八三和一九八四年，在人倫和政治科學研究院得到的羅伯布朗契（Robert Blanche）獎和Zerilli Marimo獎。值得一提的是，他在一九五七年曾於約翰霍布金斯大學（John Hopkins Univ.）得到蘭契斯特（Lanchester）獎；早在一九五八年就是美國作業研究（OR）學會的會員，而且當年曾在會中發表一篇精湛的論文；一九七六年成為美國經濟學會的外國榮譽會員，次年獲法國榮譽勳章。此外，他也曾因推展社會進步和經濟自由組織、國家產業績效組織有功，分別獲獎和得到金牌紀念章。在學術職務上，也曾擔任過三種學術刊物的編輯委員。

一九四七年，阿雷曾出席由海耶克發起的蒙貝勒蘭學會第一屆會議，但他拒絕簽署該次會議有關保護私有財產及自由經濟的聲明，此正反映其認同國營事業的立場。

阿雷的學術成就及貢獻

阿雷係因在市場理論和資源有效利用方面有開創性貢獻而獲獎。他的研究專業領域，可說範圍極廣，舉凡一般經濟學、理論、歷史、經濟制度；經濟成長、發展、計畫；景氣波動，以及國內貨幣、財政理論和制度等等都涵蓋在內。在學術著作方面，迄一九八八年大約共有十本代表作，最早是一九四三年出版的《經濟學理之研究——第一部，純經濟之探討》；一九四六年又出版《富裕或赤貧》；次年再有《經濟與利益》鉅著問世。據瑞典皇家科學院稱，阿雷的重要貢獻是「一九四〇年代提出的市場均衡和效率條件的一般規劃」，也就是這三本（尤其是第一和第三兩本）書中所揭示的理念，而該等理念也成為法國國營專賣事業價格運用及公共部門企劃的指導方針。我們或可這樣推斷，法國公營事業曾經有令全球矚目的優良經濟績效，也許就是拜阿雷之賜。

在出版這三本書之後，阿雷在一九五四年著作《總體經濟中的會計理論》；一九五九年寫《統一歐洲道路邁向繁榮》；一九六二年出版《徘徊十字路口的第三世界，獨裁的中央集權或競爭的計畫經濟論》；一九七〇年再撰寫《國際經濟關係的自由化——貿易協定和經濟整合》（此書於一九七四年曾摘譯成英文）；一九七四年寫《法國的通貨膨脹與經濟成長》；一九七六年再發表《資金與貨幣改革》；至一九八一年又出版《剩餘的一般理論》。

綜觀這十本代表作，所涵蓋範圍恰如上文所言之研究領域，無所不包。從純理論（包括數理及統計分析）到實證研究，由個體經濟到總體經濟，自國內到國際，以及貨幣、稅制和經濟制度等統統一網打盡。再由其所列舉之十篇代表論文，更可印證阿雷是一位胸羅萬機的經濟學家。第一篇為阿爾及利亞沙哈拉煤礦開採的個案研究；第二篇討論資本產出率對實質國民所得的影響；

第三篇從事經濟發展中資本所扮演角色之研究；第四篇則是發表在《美國經濟評論》（*AER*）的貨幣數量說重述；第五篇討論成長和通貨膨脹；第六篇則探討一般經濟均衡理論和極大效率；第七篇研究主觀利率；第八篇和第九篇則從事風險選擇理論基礎和實證之探討，所謂的「阿雷的矛盾」（Allais' paradox）即在這裡出現；最後一篇是在一九八三年發表的〈次數、機率和機會〉一文。

綜合上述十本鉅著和十篇論文可知，阿雷的主要貢獻可說多而雜，有對舊理論的重新詮釋，也有自己提出的新觀念。關於前者，例如：重述一般均衡極大以及資本和利率理論。後者則極多，如整體經濟的可分配剩餘和經濟損失，最先提出並且加以分析效用可能線，最先證明「資本累積的黃金法則」，「阿雷的矛盾」之提出——即對新 Bernoullian 預期效用理論的質疑，以及對計數（cardinal）效用實證的決定、一般經濟均衡理論和極大效率理論的一般化、貨幣動態學、有限循環的產生、主觀（或心理的）利率、希望現金餘額和主觀利率的不變函數、自我相關時間序列的 Schuster 檢定、機率和隨機概念評論等等。此外，阿雷也對法國一九四五至一九八三年的(1)經濟政策；(2)國際貿易純理論和應用（特別對歐洲經濟共同體）；(3)能源、運輸、礦產之研究，以及(4)財政和貨幣政策等方面，皆有不勝枚舉的貢獻。

阿雷教授得獎的啓示

經由上述阿雷的生平、著作，以及主要貢獻，可知阿雷實屬法國經濟學界的教父級人物，而其榮獲諾貝爾經濟學獎，也是實至名歸，但為何遲至望八高齡才受到肯定？究其原因可能是，其偉大著作絕大多數以法文發表，而缺乏伯樂將之譯成英文，乃使這匹千里馬的影響範圍受限，終究無法提早發揮其應有的影響力。一九七〇年的第二屆諾貝爾經濟學獎得主薩繆爾遜說得好：

「如果阿雷教授的著作能以英文發表，一整代的經濟理論都會走向另一個不同的方向。如今諾貝爾獎委員會終於將這項經濟學的至高榮譽，頒給了這位法國籍的經濟大師。」

由阿雷的事例，難免令人生出無限感慨，設若諾貝爾獎不在北歐的瑞典頒發，而且美國經濟未在當時逐漸走下坡的話，以法文寫作的阿雷能否得獎值得存疑。一項偉大的發明或研究，如果無法普及，其價值難以得到肯定，經濟學的知識當然也不例外，這也就難怪歷屆諾貝爾經濟學獎得主泰半是美國人或是以英文寫作者，因為畢竟英文是世界通用語文！由阿雷教授的學生迪布魯，早在一九八三年就已獲諾貝爾經濟學獎可見一斑。迪布魯任教於柏克萊大學，原籍法國，其啟蒙老師就是阿雷。在阿雷的慧眼鼓勵下，不但負笈美國深造，而且於一九七五年歸化為美籍，終能發揮才智而得獎。

不能否認迪布魯或許是「青出於藍，更勝於藍」，或是到美國之後才脫胎換骨，但由迪布魯重要大作《價值理論》（*Theory of Value*）的重要參考書目中，列出兩篇阿雷在一九五三年的作品（全是法文），而且其得獎的重要貢獻是在一般均衡理論，似可得知迪布魯還是深受阿雷早期思想的影響，而阿雷一九八八年獲獎，主要也是其在一九四〇和一九五〇年代的著作受到肯定。由此可知，要使自己「有創見」的作品受到重視（包括贏取諾貝爾獎），以英文發表或譯成英文，是一條必要的途徑。必須提到的是，據說法國一直禁止人民將作品譯為英文，而到一九八〇年代才解禁，由法國人對其語文之驕傲態度推想，這種說法可信度頗高（我在一九八五年遊學美國一年時，曾抽空與友人赴加拿大一遊，至蒙特婁法語區，一行人吃了不諳法語的苦頭，而由其不用英文這種國際語言，似可印證法人之自傲）。果真如此，也可印證「管制行為」對學術散播的扼殺極其嚴重，值得各國當政者引以為戒。

最後，我們對於阿雷研究「市場理論和有效運用資源」有貢獻而得獎，卻身處於擁有許多公認「不具經營效率」國營事業的法國深感興趣。是否如上文所言，過去法國的公營事業受到舉世稱譽，即因採取阿雷的理論之故？如果此種說法正確，那麼，一九八〇年以來，法國也不落人後而快速的趕搭民營化列車，是否顯示阿雷的理論還是有問題？如此一來，一九八八年頒獎給阿雷，不是一大矛盾嗎？也許這代表諾貝爾經濟學獎是表揚得獎者一生的貢獻，而印證非趕時髦的錦上添花之舉！若真如此，阿雷之得獎也就無所謂「太遲」的說法了。另一方面，阿雷也是一個崇信自由主義的學者，明白民營事業的效率優於公營事業之原理。是否因其存身於實行管制體系的法國，使其在無奈下，就「事業必須國營」此種條件的限制，才發展出一套「次佳」的效率經營原理？此外，阿雷在其得獎感言中警告：「我們現在活在火山口上，……目前全世界成了一個大賭場，都在競相做金錢與股票的投機，而這又是極端危險的不平衡現象！」在阿雷得獎當時，我曾期望大師的話能產生警世作用，則阿雷榮獲諾貝爾經濟學獎之意義和貢獻就更加不尋常。但由二〇〇八年全球金融海嘯的出現，印證人類貪婪、投機成性、欺詐、不誠信，愈見沉淪，看來阿雷大師的警語也只是世人耳邊風而已。

1989

排拒諾貝爾獎的隱士
哈維默

哈維默

當由外電得知一九八九年諾貝爾經濟學獎由挪威籍的哈維默（Trygve Haavelmo, 1911-1997）教授獨得時，心中頓覺一片茫然，因為大家所談論的熱門人物都落選了。不過，與一九八八年阿雷得獎時，對之猶如一張白紙毫無所知不同的是，我們當時已確知哈維默是位經濟計量學家，於是理應在有關的經濟計量教本中，可輕易發現其貢獻，至少也應有偉大定理的非凡成就。但是，當時一連翻開數本計量書仍無所獲，最後終於在一本頗為流行的計量教科書中找到有限的資料，共有四個地方出現哈維默的名字，而被提及的作品僅有兩篇，各為一九四三和一九四四年的著作。

如此一來，難免懷疑這兩篇是否為劃時代之作，或是尚有其他的重要「非英文」作品。由於一九八八年的阿雷教授，在找到相關資料後，才發現他的學術成就不凡，只是以英文寫作的著作極少，乃不為人熟知。也許哈維默也有相同情況，為了打破謎底，乃求證於《經濟學名人錄》和《保羅格瑞夫經濟學辭典》。

奇怪的是，《經濟學名人錄》中缺漏了哈維默教授，《保羅格瑞夫經濟學辭典》裡則有山德默（A. Sandmo）所作之簡介，這篇不到一頁的介紹文中，扼要地將哈維默的生平和學術貢獻清楚呈現給讀者。本文根據該簡介，先作哈維默的生平及學術貢獻之摘要，再陳述個人對其得獎之感想。

出生挪威遊學美國

哈維默於一九一一年在挪威的斯克德斯默（Skedsmo）出生；一九三三年由奧斯陸大學畢業後，即加入由第一屆諾貝爾經濟學獎得主弗瑞希新創的經濟研究所（後改為奧斯陸大學經濟學系），當研究助理，協助弗瑞希從事動態總體經濟學方面的研究。一九三八至一九三九年擔任丹麥阿胡斯大學統計學講師。在一九三九年得到洛克斐勒獎學金赴美深造，於哈佛大學攻讀博士學位；一九四一年提出畢業論文，題目是〈經濟計量學中的機率方法〉，該文修正稿出版於一九四四年的《經濟計量學期刊》增刊中，成為經濟計量學重要文獻之一。

畢業後曾任教於芝加哥大學，並於二次大戰期間（一九四二～一九四四年）曾任在美的挪威政府海運及貿易代表處統計師；一九四四至一九四六年擔任挪威駐美大使館商業專員。戰後（一九四六～一九四七年）待在芝加哥大學的考列斯委員會，於一九四七年返回挪威，任挪威商業與工業部及財政部官員；次年擔任母校奧斯陸大學的經濟學教授，而在一九七九年退休；一九九七年去世。

另外，哈維默在一九四四年當選經濟計量學會會員、一九五〇年當選挪威科學院院士、一九五七年擔任經濟計量學會會長、一九六六至一九七〇年擔任經濟計量學會理事、一九七五年當選為美國經濟學會榮譽會員、一九七九年當選為丹麥科學院院士，同年由於研究成就突出，獲得挪威弗里德喬夫・南森獎（Fridtj of Nansen, 1861-1930）；一九八九年獲得諾貝爾經濟學獎。

哈維默的學術成就及貢獻

哈維默的學術生涯可劃分為兩個時期，而其在學術上的貢獻也可分成兩方面，各在這兩個時期分別展現。前個時期是在美國的歲月，專攻經濟計量學，這也是他成名和榮獲諾貝爾獎的領域。當他回到挪威後，就將主要的興趣轉至經濟理論方面，同樣也得到很高的成就。哈維默的主要著作並不多，山德默只選出七篇文章、兩本書，而其在學術上的貢獻也都見於這九種著作中。

以下即分兩方面，簡介其學術貢獻。

在經濟計量學方面：一九四三年在《經濟計量學期刊》上的〈聯立方程式體系之統計含義〉，是將單向因果關係帶向加入「反饋」效果的聯立方程式之劃時代大作，使原先需控制住某些重要變數，且將其他關係分離的「不切實際」之單一方程式及複方程式模型，進步為「事事都相互關係」的聯立方程式模型，對於往後十年在這方面的發展，作開路先鋒式的工作。一九四四年出現於《經濟計量學期刊》增刊中，改寫自其博士論文的〈經濟計量學中的機率分析法〉，將經濟計量學奠基於機率理論上。這兩篇一九四〇年代的經濟計量學大作，以及一九四七年的兩篇應用計量方法，有關邊際消費傾向和糧食需求的實證研究，就奠定哈維默在經濟計量學上的先驅地位，也使瑞典皇家科學院諾貝爾獎主席林貝克讚其為「現代經濟計量學之父」。

在經濟計量學上大放異采後，一九四七年哈維默回到挪威，深深體認到作為一個經濟計量學家，不但要精於計量技巧而以實證檢定經濟理論，尚需具有紮實的基本經濟理論，於是乃潛心於經濟理論的研究。哈維默的此種心路歷程見於一九五七年「經濟計量學會」會長演說詞（一九五八年刊於《經濟計量學期刊》上）。

綜觀哈維默在經濟理論上的貢獻可歸為三項：

1. 成長理論：表現在一九五四年《經濟演進的理論研究》鉅著中，他將經濟學應用於了解經濟不平等的分析上。當時，哈維默已廣泛考慮到人口成長、教育、遷徙，以及國際間重分配的努力等等因素。此種開放胸襟、廣博的研究法足為後輩之表率，而現今經濟成長理論在盧卡斯、貝克、巴羅，以及羅默等人的努力耕耘下，正重新顯露曙光，觀察這些大師的做法，與哈維默的研究方式類似，可見哈維默的確具有先知之地位。

2. 投資理論：由一九六〇年哈維默自芝加哥大學出版社出版的《投資理論研究》中得知，主要為投資需求的總體經濟理論，提供一種個體經濟學的堅實基礎。為了達到該目標，哈維默詳細研究資本理論，強調最適資本使用理論本身並未提供一個投資理論，這對當時盛行的新古典資本累積理論作了重要的批判，已對這方面的往後研究，在理論和應用上都產生深遠的影響。

3. 平衡預算乘數：在一九五四年，哈維默於《經濟計量學期刊》發表〈平衡預算的乘數效果〉一文，對於凱因斯學派的平衡預算乘數效果，提供了第一篇嚴謹的理論性分析。

除了在這三方面的貢獻外，哈維默在財政政策分析、價格理論、經濟思想，以及環境經濟學方面也都有成就。

哈維默不但在學術上有卓越貢獻，也是位活躍的老師，他的經濟理論講義，對於日後數代的挪威經濟學家影響極大。

走向實證經濟之路

諾貝爾獎頒給屬於經濟計量學家的哈維默，除了表彰其對經濟計量學的貢獻外，也肯定經濟計量學的重要性。經濟計量學的功能在於，利用資料以模型來檢定經濟理論，亦即是作「實證」工作之用，為的是將理論與現實世界相結合。經濟學得以作實證，乃有使用科學方法的說法，但也因為經濟學走入「驗證」之路，有些經濟學大師擔心經濟學將脫離「將人當人看待」的層次，最後終會將人「物化」。海耶克就是典型的代表，他曾反對諾貝爾獎頒給經濟學家，因其擔心此種「科學萬能主義」的時髦學風會被助長。但不久之後，諾貝爾獎也頒給他這個不合時潮的經濟學者，而減低他的憂慮。

儘管有不少經濟大師不贊同走向實證研究之路，但考諸現實，經濟學能夠戴上社會科學的「后冠」、受到諾貝爾頒獎委員會的青睞、有不斷的改進，主因還是在於它成為一門實證科學。這個特點的重要性，被弗利曼強調成芝加哥學派的第一種特色，而現今該特色也成為其他學派所認同，並成為一般經濟學的特點。關於實證經濟學的重要，一九八二年諾貝爾經濟學獎得主史蒂格勒宣揚最力，他在一九六四年七十七屆美國經濟學會年會的會長演說詞，極力鼓吹此一論點，且對於當時經濟學家未能就政府的公共政策作有用的實證研究，深表不滿和不解。

史蒂格勒特別重視政府的公共政策，乃有感於公共政策的影響層面既深且廣，而要政府能夠制定對全民有利的完善公共政策，唯有以「證據」顯示政策效果，而在「拿出證據」之後，才能大聲說話，得以免除受到特權、利益團體的左右，因此，實證研究顯得特別重要。而在當時，許多數量分析的新技巧已經出現，史蒂格勒甚至將「數量化」革命的力量，看做比李嘉圖、傑逢斯或凱因斯革命還強大，他更興奮的說：「經濟學終於要踏進它黃金時代的門檻，不！我們已經一腳踏進門內了。」

這篇重要的講詞發表後，經濟實證研究也大量出現，事隔五年後的一九六九年，諾貝爾獎首次頒給經濟學家，而得獎者就是兩位著名的「經濟計量學家」——弗瑞希和丁伯根。由此一事實印證經濟學是何等被看重了。晚近以來，年輕一代的芝加哥學派健將黑克曼（**J. Heckman**，二〇〇〇年諾貝爾經濟學獎得主之一）更堅信「將經濟學置於可供實證的基礎上……如此一來，經濟學就可能會有所進展，而不會像目前一樣，由於缺少實證，又不注意去推展，而廣受懷疑。」

一九八九年諾貝爾經濟學獎再頒給「經濟計量學家」，無疑是再度肯定實證經濟學的重要，但是否會將經濟學的方向導至如海耶克在上文所擔心的「科學萬能主義之路」，或像一九八六年諾貝爾經濟學獎得主布坎南所說的「……現代經濟學，大都沒有焦點、目標。」意即，沒有表現出一點「意識型態」上會令人興奮的精神，而只在「技術」層面下功夫。

檢視迄一九八九年獲頒諾貝爾獎的二十七位經濟學家中，只有海耶克是屬於純種的「思想家」，固然因為偉大的思想屬於「亙古彌新的」知識，早被古典經濟學家發現，剩下來的只有「工具」和「技術」層面，這些「可變的」知識得以日新月異。正因為實證經濟學有這種特色，才能在社會科學中脫穎而出，獲頒諾貝爾獎。不過，也因為該種獎項的頒予，難免鼓勵此種特色的擴展，對於「人」而言，是禍、是福，頗值得大家靜心深思。

由當時媒體報導似可推知，哈維默對諾貝爾經濟學獎持負面的看法，似較海耶克有過之，此由他平素對該獎項以「並無多大意義」的批評，以及得知獲獎後立即離家外出拒絕受訪可以窺知。那麼，這位深具經濟理論素養的經濟計量學家，是否亦體會到海耶克的那種憂心呢？而由上述哈維默的學術歷程觀之，他早就由經濟計量的領域裡跳脫出來，回到更基本的經濟理論之鑽研，如此，他或許也有海耶克那樣的領悟呢！

1990

財務經濟學的翹楚
馬可維茲、夏普和米勒

馬可維茲

夏普

米勒

一九九〇年的諾貝爾經濟學獎，在當年十月十六日由瑞典皇家科學院宣布，由三位鑽研財務經濟學先驅的美國教授共享，分別是紐約市立大學的講座教授馬可維茲（Harry Markowitz）、史丹佛大學講座教授夏普（William Sharpe），以及芝加哥大學商學研究所講座教授米勒（Merton Miller, 1923-2000）。下文除簡介三位得獎者在財務經濟學的偉大貢獻外，也簡略介紹他們的生平，最後則對諾貝爾經濟學獎頒授意義的爭論稍作評述。

現代投資組合理論之父——馬可維茲

馬可維茲於一九二七年在美國出生，與同期出生的經濟學家不同在於，馬可維茲對一九三〇年代全球經濟大恐慌並沒有太多的感受，這可能與他出生在一個食品雜貨店老闆之家，每天都有充足的食物有關。

在中學時的馬可維茲，興趣和才能是多方面的，從運動到小提琴，從喜劇、探險到物理學、天文學、哲學、生物學等等，並未想成為一名經濟學家，直至在芝加哥大學獲得學士學位後，才選擇經濟學。最吸引馬可維茲的是不確定經濟學，尤其是紐曼、摩根斯坦，以及馬卻克關於預期效用的理論。

在選擇博士論文題目時，馬可維茲認為股票的價格，取決於股票的未來預期報酬率，而不是未來報酬率。在股票投資活動中，人們往往會同時選擇投資在多種、而不是單一種股票上，因為他們在關心投資預期報酬率的同時也關心風險。而投資者認為，同時投資於幾支股票上可以降低風險。所以，馬可維茲受到實際觀察的啟發後，開始研究投資報酬率與投資風險之間的關係，促使他在資產選擇理論獲得成就，從而獲得諾貝爾獎。

較特別的是，多數獲得諾貝爾獎的經濟學家，主要的職業生涯是在大學裡度過，而馬可維茲則是大部分時間待在公司裡。馬可維茲在一九五〇年代及一九六〇年代初期，在蘭德公司作研究工作；一九六三至一九六八年，在綜合分析中心有限公司任董事長；一九六八至一九六九年短暫在加州大學洛杉磯分校任教；一九六九至一九七二年在套利交易管理公司擔任總裁；一九七二至一九七四年再回賓夕法尼亞大學華頓學院任教；一九七四至一九七八年又到IBM的沃森研究中心工作；一九八〇至一九八二年轉赴羅格斯大學任教；一九八二至一九九三年擔任紐約市立大學金融學與經濟學教授；一九八四年起，擔任馬可維茲公司總裁；一九九〇至二〇〇〇年任戴瓦證券信託公司研究主任。

馬可維茲在一九五九年獲選為經濟計量學會會員；一九八七年當選為美國人文及科學院院士；一九八九年獲得馮・紐曼獎；一九九〇年獲得諾貝爾經濟學獎。

馬可維茲的學術成就及貢獻

根據專家介紹，馬可維茲一向被稱為「現代投資組合理論之父」，有名的平均數——變異數（mean-variance）分析架構即由他奠基。並由此發展出一套嚴謹的個人資產選擇方式，原則是以數學方法計算出各個投資的平均報酬率和報酬率之變異數，若變異數相同，則個人當然取報酬率較高的投資對象。譬如，股票的平均報酬率雖高於債券，但其變異係數亦較高，因而前者並不見得優於後者。

這個原則既涉及投資「風險」，也明示投資者選擇投資組合，不但取決於投資者的嗜好，也受到所應承擔風險的影響。記得托丙在一九八一年獲得諾貝爾經濟學獎時，以「不要把所有的雞蛋放在同一個籃子裡」來概括其資產選擇理論，而這句名言也是馬可維茲理論的最佳詮釋。有人認為風險承擔的研究應是馬可維茲的原創，托丙是受到他的啟發，再以之分析貨幣需求。

CAPM之父——夏普

夏普於一九三四年在美國出生，當時其父在哈佛大學工作，母親後來成為小學校長。夏普就讀加州一家優秀的公立高中，畢業後進入加州大學柏克萊分校，選了母親希望他唸的醫科。但是，夏普後來發現自己不適合醫學，於是轉到加州大學洛杉磯分校，主修工商管理。在學習個體經濟學時，夏普感受到不可抗拒的魅力，隨即轉而主修經濟學，從此踏上了經濟學之路。獲得碩士學位後，夏普曾在軍隊服役半年，然後於一九五六至一九六一年在蘭德公司擔任初級經濟研究員。此時的蘭德公司在電腦科學、賽局理論、直線性規劃、動態規劃及應用經濟學等方面都有開創性成就。在蘭德期間，夏普成為「電腦迷」，且熱情並未隨著時間而沖淡，後來甚至發表有關電腦方面的著作。

雖然蘭德的工作很好，但夏普對教育情有獨鍾，於是在蘭德工作期間，同時選修加州大學洛杉磯分校經濟學博士班的課程。當時，馬可維茲也在蘭德公司工作，在馬可維茲的指導及博士班的學習，夏普接觸到馬可維茲的一些最新研究成果，並在馬可維茲的建議下，選擇資產選擇分析作為博士論文的題目。

夏普拿到博士後，於一九六一至一九六三年在華盛頓大學擔任金融學助教；一九六三至一九六七年在華盛頓大學擔任副教授；一九六七至一九六八年在華盛頓大學擔任教授。在華盛頓大學任教期間，夏普開始創立後來著名的資本資產定價模型（Capital Asset Pricing Model，簡稱

CAPM）。一九六八年，夏普從華盛頓大學轉到加州大學Irvine分校，兩年後轉赴史丹佛大學任教，直到一九九九年退休。

在史丹佛大學任教期間，夏普還多次留職停薪去擔任其他職務，其中包括：一九七六至一九七七年在國家經濟研究局作了一年研究工作；一九八〇年，被選為美國金融協會會長，發表了一篇題為〈分散的投資管理〉就職演說；一九八六至一九八八年，擔任夏普－拉賽爾研究公司總裁；一九八八至一九九〇年，擔任夏普－廷特公司董事長；一九九〇至一九九二年擔任威廉－夏普合夥人公司董事長；一九九六至二〇〇三年，夏普與他人合夥創立了財務引擎公司並任董事長。

夏普的學術成就及貢獻

雖然馬可維茲奠定現代投資理論的基礎，但卻未能解決個別資產的均衡定價問題，這個在理論上或實際用途上均十分重要的課題，是由夏普所解決的，此即其在一九六四年所提出的「資產定價模型」。這個理論主張，個別資產的報酬率是由市場組合（market portfolio）報酬率所決定的。比如，某股票的價格上下變動幅度大，並不表示該股票的風險很高，因為部分風險可經由分散投資的方式迴避，投資者所在意的是整個投資組合的風險，不是個別股票的波動。

夏普提出「貝塔係數」（Beta Coefficient）來衡量個別資產報酬率對市場報酬率變動的反應，也就是該項資產投資風險的測度。由於CAPM簡單，頗受財務經濟學界及理財人士的歡迎，夏普甚至被稱為CAPM之父。不過，根據香港財務學者指出，夏普理論並未得到香港股市和美國股市的實證支持。話雖如此，日後的學者將CAPM作不同程度的修正和改良，大大加深我們對資產定價規律的認識。

公司理財的先驅者——米勒

米勒於一九二三年在美國出生，中學畢業後，追隨父親的腳步進入哈佛大學。但他並未攻讀法律，而是選擇經濟學；一九四三年，米勒大學畢業正值第二次世界大戰，他沒有繼續唸研究所，而是到美國財政部擔任經濟師；一九四七年轉到美國聯邦準備體系董事會擔任經濟師；一九四九年重回學校攻讀博士學位。

在獲得博士學位後，米勒遠赴倫敦經濟學院擔任助理講師；一九五三年返美擔任卡內基理工學院助教；一九五八年升為副教授；一九六一年轉往芝加哥大學商學研究所任教；一九九三年退休；二〇〇〇年因癌症去世。

米勒曾得到諸多榮譽，主要有：一九七五年的經濟計量學會會員、一九七六年擔任美國金融協會會長、一九八九年當選美國人文及科學院院士、一九九〇年當選美國經濟學會傑出會員，同年擔任芝加哥商品交易所董事。一九九〇年獲得諾貝爾經濟學獎、一九九二年成為瑞典皇家工程科學院外籍院士，同年成為美國金融工程師協會高級會員；一九九六至一九九八年擔任芝加哥商品交易所聯合戰略提案委員會執行董事。米勒曾在一九九八年十一月訪問中國北京、香港等地，並獲得香港理工大學授予的榮譽博士學位。

米勒的學術成就及貢獻

米勒是位自由市場經濟的捍衛者。一九九八年八月十四日，香港金融當局破天荒動用外匯基金約三十億港元大量購入股票，將恆生指數推高五百六十四點，與投機客對作。米勒當時正在香港訪問，曾發表不同的意見，他認為政府的干預違反了自由經濟原則。針對香港金融市場上出現問題，米勒建議用「賣出期貨選擇權」的辦法，而不是政府干預的辦法來解決。

馬可維茲和夏普的主要貢獻是在財務學三大領域中的投資學上，米勒的重要成就則在公司財務結構（corporate finance）領域。一九八五年當莫迪葛良尼榮獲諾貝爾經濟學獎時，即有人為米勒未能共同得獎而抱不平。因為有名的「莫迪葛良尼—米勒定理」（簡稱MM定理）也是莫迪葛良尼得獎的主因之一，該定理奠定了公司財務理論的基礎，且由他們兩人共創。

這個定理主張，在沒有公司稅下，公司的價值不受其資本結構影響，一家公司無論靠發行股份或向外借債來集資，公司的價值都是決定於投資的實質回報，而非集資的方式，也就是「公司的價值與資本結構無關」的理論；而若有公司稅，則MM定理就有著負債愈高愈好的涵義。

這也引來一個問題：如果資本結構對公司價值沒影響，那究竟是何因素決定企業的資本結構呢？這個問題指引對公司財務管理的有系統分析，如米勒將所得稅和公司稅納入考慮。其他如債務市場受到破產法及資訊不完全的限制，也會增加舉債成本；股東會利用資產結構來控制管理階層的行為。就在這些衍生出來的理論指引下，一九八〇年代上市公司私有化、垃圾債券出現的現象都能作有意義的了解。

諾貝爾經濟學獎助長時髦學風？

經由以上的簡單描述，可得知馬可維茲、夏普，以及米勒三位教授，在財務經濟學上確有先驅性的偉大貢獻。以財務學的觀點，他們得獎當然是「實至名歸」，即使以當前投資理財行為的風行來看，他們的獲獎也有重要涵義。一方面肯定投資理財理論的重要，二方面也對從事投資理財者有所助益。問題是：

1. 這個重要的獎項頒予財務學者，是否會助長投資理財的風氣，以致對工業發展、尤其是對製造業的發展有不良影響，終而對總體經濟造成不利？
2. 諾貝爾經濟學獎頒給財務學者，是否會助長時髦學風，終而墜入海耶克所憂慮的境況，或甚至更嚴重將對人類的福祉造成不利？

就第一個疑點而言，香港的財務學者孫永泉先生認為：「人們不願承擔風險，財經服務正滿足了消費者的這種需要，這和製衣業滿足人們對華衣美服的愛好無異。而且，金融業對經濟訊息的傳播、企業的管理、資源的有效運用都很重要。」此種說法教人難以否定，不過，若在理財金融服務是由工業衍生出來的前提下，才比較有意義。

一個人所追求的無非是欲望的極大滿足，雖然消費有形物品是得到滿足的最重要行為，但也不能否認無形勞務的消費也能提供滿足，錢滾錢的生利行為也算在內，而幫人理財的服務也自是一種提供滿足的行為。但是，即使是儲蓄生利行為，不管是為了將來，或是為了後代，留到最後仍要消費有形物品，從而仍與「實質生產」行為相聯結。

也就是說，金融性財經服務實為輔助工業發展而存在，主要的目的在扮演資金融通的橋梁。不過，由理財業務的發展觀之，似乎有著走向偏差的現象。為什麼會有偏差？因為「理財」有極大的財富重分配效果，這種效果吸引了個人投入資源，但社會大眾沒有得到好處，因為實質生產力將下降。多年前，就有人將美國經濟競爭力的衰退歸因於，MBA畢業生過分熱中於理財的遊戲；而臺灣一九八〇年代中期開始的金錢遊戲風波，也可視為理財行為在財經政策失誤下推波助瀾的結果。因此，除非有著健全的投資理財環境，能夠充分反映出各種資產投資方式的應有風險，否則財務學的蓬勃發展，以致理財人才的增多，對於社會是禍是福，恐怕需要加以嚴謹評估。如今在諾貝爾獎給予財務學的肯定下，是否更會促成一窩蜂的熱烈參與，則是值得觀察的。

至於諾貝爾獎應否頒給時髦的領域也有待商榷。若以經濟學是研究人的行為定義，其所涵蓋的範圍甚廣；若只專對某些專門領域予以肯定，是否過於偏狹，似乎是諾貝爾獎這種具崇高聲望意義的獎項所應加以考量的。以財務學者言，他們已是社會中的高所得族群，諾貝爾獎的獎金，金額相對較少，名聲的意義大於一切，實有「錦上添花」之嫌；更何況這次的得獎者，有的已是私人公司的負責人，難免有幫其業務促銷之嫌。寫到這裡，不禁又想起海耶克對於諾貝爾經濟學獎的兩層憂慮。

海耶克的疑慮

海耶克的疑慮，見之於他在受獎晚宴席上的簡短講詞：

「諾貝爾經濟學獎既已設立，被選為聯合得獎者之一的人，當然會深深感激；而經濟學家當然也對瑞典 Riks Bank 如此重視他們的學科，以致授予這項最高榮譽，同樣感激。

但是，我必須承認，如果當初我被問到是否要設立諾貝爾經濟學獎，我會斷然反對。第一個理由，我怕這樣的獎會像某些龐大的科學基金的那些活動一樣，勢將助長時髦的學風。

這個憂慮，現在由於我這樣一個不合時潮的經濟學者居然被選為得獎人而消失。

可是，我的第二個憂慮，仍覺得無法同樣的釋然於懷。這就是說，諾貝爾獎給某一個人的這種權威，就經濟學這門學科來講，誰也不應該享有。

在自然科學部門，這沒有問題。自然科學家當中某一個人所發生的影響，主要的是影響到他的同行專家；如果這一個人的業績落伍了，同行的專家馬上就會輕視他。但是，經濟學家的影響之關係重大者，卻是一些外行人：政客、記者、公務員和一般大眾。

在經濟學方面有了一點特殊貢獻的人，沒有理由就成為全能者，而可以處理所有的社會問題。可是新聞界卻會如此看待他，而他自己也終於自信是如此。甚至於有人被捧昏了頭，居然對一些他素未專研的問題表示意見，而認為這是他的社會責任。

用這樣隆重的儀式以宣揚少數幾位經濟學家的成就，使舉世矚目，因而加強他的影響力，這樣做，我不相信是一件好事。

所以我想建議，凡是獲得諾貝爾獎這項榮譽的人，必得作一謙遜的宣誓，誓不在自己的學力以外對於公共事務表示意見。

或者，授獎人在授獎時至少要求受獎者謹記住我們經濟學的大師之一馬夏爾（A. Marshall）的一句嚴正忠告：『社會科學者必須戒懼赫赫之名：當眾人大捧特捧之時，災禍亦將隨之。』」[1]

【1】譯文錄自夏道平教授《自由經濟的思路》（頁二百五十～二百五十二）。

經濟學逐漸脫離人文層面

在這段話中，海耶克的兩點憂慮是：一為擔心諾貝爾獎將助長時髦學風；二為經濟學者影響層面甚廣，誰都不應有資格獲得「權威」的標籤，否則由於得獎之後所引發的膨脹，勢將有害於社會。海耶克本人因其在不合時潮時獲獎，故免去了第一點憂慮，但由這次的頒獎對象來看，如上文所言，恐怕這點憂慮仍無法去除。至於第二點憂慮，的確一直存在，由迄一九九〇年三十位得獎者的背景觀之，除了海耶克、弗利曼、布坎南屬於高層次的人文「思想家」外，其餘都只在各自專業領域內學有專精，較偏於「技術」和「工具」層面的專家，令人擔心由於諾貝爾經濟學獎的存在，使經濟學脫離「人文」層面愈來愈遠，而由一九九〇年的選取結果，似乎有使此種趨勢加快腳步的感覺。這種發展對於經濟學本身，以及它所關心的對象——「人」而言，到底是福，抑或是禍呢？

一九九〇年十月我將此觀點披露之後，曾引來財金學者的反駁，但隨後衍生性金融的愈見蓬勃發展，投機風氣的愈來愈興盛，金融風暴三不五時來到人間，而且一次比一次嚴重，二〇〇八年竟出現「金融海嘯」，凸顯出我在一九九〇年底就提出的憂慮並非杞人憂天呢！

1991

排斥「黑板經濟學」的學者
寇斯

寇斯

一九九一年十月十五日，瑞典皇家科學院宣布，一九九一年諾貝爾經濟學獎得主是美國芝加哥大學名譽教授寇斯（R. H. Coase, 1910-2013）。這個消息對經濟學界而言，除了有「實至名歸」的稱許外，恐怕也有「稍遲」的感覺。瑞典皇家科學院頒獎給寇斯是表彰其「發現並闡明交易成本和財產權在經濟體制結構及運作上之重要性」。這麼簡短的話語雖已點出寇斯教授的主要貢獻，但卻無法讓讀者明白其內涵。本文扼要整理各方資料，分別就寇斯的生平、學術及其他貢獻加以介紹，最後並陳述個人的一些雜感。

出生英格蘭移民美國

寇斯在一九一〇年出生於英格蘭的米德塞克斯（Middlesex）郡；一九三二年由倫敦經濟學院畢業，隨即展開教學生涯；一九三二至一九三四年，寇斯任教於 Dundee 經濟學院，而後轉至利物浦大學（一九三四～一九三五年），於一九三五年回到母校倫敦經濟學院當教席。寇斯在一九五一年就移民美國；一九五一至一九五八年在水牛城大學謀得教職；一九五八年移到維吉尼亞大學；一九六四年即轉赴芝加哥大學，擔任法學院和商學院合聘教授，得獎時則是芝大的名譽退休教授。寇斯在一九六四至一九八二年這段不算短的時日，還曾擔任著名的《法律和經濟學期刊》（*Journal of Law and Economics*）主編，奠定了該期刊迄今的崇高學術地位，也使法律經濟學發出炫目的光芒。

據張五常教授指出，在求學生涯中，由羅賓斯爵士所引介兩個有名學者的鉅著對寇斯產生重大影響：一為奈特教授的鉅著《風險、不確定性，以及利潤》，寇斯由之產生對經濟組織和經濟制度的興趣；二為威克斯提（Philip Wicksteed）的《政治經濟體系的常識》（*Commonsense of*

Political Economy)，開啟寇斯不需求助於高深數學，即能分析受限制的選擇之神奇能力。

寇斯的研究領域就是一般經濟學，在長達六十多年的學術生涯中，雖然發表的著作不少，共有五本書（四本合著）、近六十篇論文、六篇評論，但較為人熟知的只有一本書和十二篇文章：書籍是一九五〇年由哈佛大學出版社印行的《英國的廣播——獨占的研究》；文章按發表的先後次序為：一九三七年發表於《經濟期刊》的〈廠商的本質〉；一九三八年刊於《會計》的〈企業組織和會計〉；一九四六年登在《經濟期刊》的〈邊際成本論爭〉；一九五九年發表於《法律和經濟學期刊》的〈聯邦電信委員會〉；一九六〇年刊在《法律和經濟學期刊》的〈社會成本的問題〉；一九六一年再於《法律和經濟學期刊》發表的〈英國郵局和信差公司〉；一九七〇年發表在《貝爾經濟學期刊》的〈公用事業定價理論及其應用〉；一九七四年又在《法律和經濟學期刊》上發表的〈經濟學上的燈塔〉；同年又在《美國經濟評論》發表〈商品市場和思想市場〉；一九七五年刊於《法律和經濟學期刊》的〈馬夏爾論研究方法〉；一九七七年發表在《法律研究期刊》的〈廣告與自由言論〉；以及一九七九年刊載於《法律和經濟學期刊》之〈廣播和電視中的賄賂〉。

量少質優高瞻遠矚的著作

以量而言，由於寇斯的每篇文章都不超過四十頁，縱使計入所有的著作，也算「少」；但就質來說，卻是價值高得難以衡量，幾乎每篇文章都具有原創性。若就個別文章的重要性排列，以〈廠商的本質〉和〈社會成本的問題〉兩篇最特出，也分別是寇斯成名及奠定不朽地位的大作。前者發表於一九三七年，僅二十頁，且是寇斯在二十一歲以旅遊獎學金赴美國時就有腹案的，當時的寇斯還未大學畢業呢！這篇巨作在發表四十年之後才被學術界重視，可見寇斯具有高瞻遠矚的超時代能耐。

寇斯認為，在市場中的交易有頗高的成本，在某些情況下，市價難定。因此，即使在私產制度下，資源的運用往往無法靠市場指引。定價的成本是交易成本中的大項，舉凡量度、訊息、討價還價，以及保障承諾等等都要成本。由於交易成本高而市價難定，於是出現廠商來替代市場，廠商組織裡，經理或監督者指導資源的運用，免掉多種市價的決定。因此，廠商的出現，目的就是要節省交易成本。值得注意的是，在寇斯的理論裡，廠商和政府是同性質的，有些廠商的結構往往與政府的結構相同，因而可將政府看成一家大公司；不過，只有政府才能擁有軍事武力，這是一項最重要的差別。經濟結構愈複雜，市場的價格機能就愈昂貴，廠商就應運而生，這種推論法得到一個對於「集中」的新看法，由於集中而形成規模經濟和降低交易成本。但此與反托拉斯（anti-trust）政策所依據的一些原理相衝突，而且集中度也有某種程度的限制，否則也會產生「規模不經濟」。這篇在一九三七年發表的論文重要性與日俱增，此由一九六六至一九七〇年只被引用十七次，一九七一至一九七五年增多至四十七次，到一九七六至一九八〇年跳升為一〇五次，可見一斑。

〈廠商的本質〉解釋了廠商的起源，而一九六〇年的〈社會成本的問題〉則解釋了財產權的起源。市場機能固然是資源配置最有效率的方法，但為了有效運作，市場上必須有確定的、獨有的，並且可以自由轉移的財產權；否則，為了支付磋商資源配置所花的成本，就會大到不堪負荷。在此種推理下，法律經濟學就應運而生。因為從研究財產權的經濟學家來看，法律是一種社會活動，它定出規則，以降低交易成本，增加經濟剩餘。這些規則能夠促進交換的順利進行，因規則能在原本所有權不清楚的地方，賦予新的財產權，此舉不但降低決定資源的成本，結果亦使資源更可有效使用，交換也更有利。而且，規則訂立了共同的規範，譬如度量衡的標準化，可以減少交易中的不確定情況，因而降低交易成本。這裡所涉及的法律特別是指「商業法」和「結社法」，有了它們之後，創辦工商業的成本和經營成本便可減少。

就在這般的演進下，法律可作為一個制度來分析，有了法律，在處理稀少資源的分配時，所用的資源將會比沒有法律時來得節省，而法律經濟學也從而產生，並有波瀾壯闊的發展。此學理並不只於理論上的探討，更有實際用途。譬如，環境汙染和交通擁擠這些現代化社會所頭痛的問題，並不是資本主義制度的必然結果，而是未將財產權的觀念充分應用之故。解決之道不是要遏阻工業化，而是創設新的財產權，經由技術和法制的進步，使目前難以配置的財產權可以私有化。有一個重要問題是，由誰擔當制定法律、執行法律的功能？很自然的，「政府」這個特殊組織就被搬上檯面，與此課題關係重大的是，政府干預、管制的必要性和適度性，而更根本的，則涉及市場機能的功效，以及經濟學派的興衰大課題。在進行談論這些課題之前，還是應由〈社會成本的問題〉這篇不朽之作談起。

大致說來，一九二〇年以前，當庇古的《福利經濟學》未問世時，市場機能使資源達到最有效率柏拉圖（Pareto）境界的看法毋庸置疑，但庇古提出的「外部性」（externality）和「社會成本」（social cost）概念瓦解了這個城堡。因為個人行為在有意或無意間都有外部效果出現，好的效果（如香水味）並不會對他人造成傷害；但譬如抽菸者所造成的「二手煙」，就會傷害到其他人。這種「將自己的快樂建築在別人的痛苦上」，就會有外部成本存在。由於行為者個人不會把這些代價算入自己的成本中，由而出現「無效率」生產，若任由市場機能運作也就達不到柏拉圖最適境界，也就是所謂的「市場失靈」（market failure）現象。為了彌補此種失靈，讓資源回到有效率使用，庇古認為由「為全民謀福祉」的政府出面，對汙染者課稅並訂定課稅標準就可做到。從此以後，政府干預有堅強的理論靠山，而干預層面則日益擴大。這在一九八〇年代末就受到「公共選擇」學者的強烈質疑，而且提出「政府失靈」（government failure）比市場失靈更嚴重的結論。

就在福利經濟學挾著校正市場失靈的神聖任務，將政府搬上經濟舞臺充任校正主角時，寇斯卻已對該角色質疑。在〈社會成本的問題〉文章中，他就經由推理和舉例說明方式反覆推敲，認為社會成本不只是由生產者移向社會這種單向關係而已，事實上生產者也有損傷。一方面社會固然由「非意願」的產出所傷，另一方面，生產者也難免由租稅調節市場失靈的過程中受傷。以庇古所舉的例子，到底應該是廠商可以付費得到汙染環境的權利，抑或附近居民有權要求或出價要求業者降低，甚至停止汙染或搬離該地？寇斯的答案是：汙染者和受汙染者互相協商，才是最有效率的解決之道。不過，仍需出現「創造市場供作協商之地」的機構，按理，政府就是扮演這種中立者角色。此外，還須有判定「環境財產權誰屬」的機構，並涉及政府是否就是這個機構的問題。

因此，寇斯雖然使市場機能復活，但也並未否定政府有其積極角色。問題是：如何扮演才恰當？對於這個問題，寇斯非常慎重處理，而且傾向於壓抑政府膨脹的古典觀點，由他對郵局、電信等公用事業的嚴厲批判也可見其端倪。不過，由於財產權的判定致法律能減低交易成本的說法得到伸張，演變到現今先進國家多如牛毛的各式各樣法令，以及各種管制機構的氾濫，不但不能達到降低交易成本的原始目的，反而平白限制了個人的交易自由，造成對效率的打擊致交易成本大增的不良後果，恐怕不是寇斯提出該篇劃時代巨作時所能預料的。由寇斯在一九七〇年代發表文章反對管制、呼籲「解除管制」來看，也許正是晚近「無政府自由主義者」的靈感依據吧！

無論如何，寇斯的這篇一九六〇年大作，的確是威力無邊而影響深遠，較一九三七年的原創性文章更有過之，一九六六至一九七〇年被引述九十九次，一九七一至一九七五年一八六次，一九七六至一九八〇年激增為三三一次。由該文所奠立的「寇斯定理」（Coase Theorem），據說與「賽伊法則」（Say's Law）齊名。這篇文章所延伸出來的影響，在一九八〇年代，共產集權在中共和蘇聯的牽引下，紛紛倒向民主自由經濟體制之轉變的解釋上，更有其時代意義。這方面的貢獻首推張五常教授，他將交易成本分為「制度運作」、「制度轉變」兩種成本，推出中國大陸經改只能像「過河卒子」，唯有「勇往向前」的不歸路可走之結果，也正可用來解釋蘇聯和東歐諸國的改革。不過，對於轉變過程所產生的痛苦代價，如何將其減輕，或如何告知當事人了解這種必經的痛苦，以期待美好的明天，也許正是這些先知須再接再厲的課題。

由於〈社會成本的問題〉這篇鉅著關係重大，引起學者熱烈討論，質疑和贊揚者皆有，但寇斯直到一九八八年才作了綜合性回答，那是收錄在《廠商、市場與法律》的〈闡釋社會成本問題〉一文，再扼要將「寇斯定理」解析，內容之精彩自不在話下。

在政府力量的膨脹方面，「共用財」（public goods）的提供及「自然壟斷（或獨占）」的存在，一直是重要的護身符。寇斯在這兩個課題也有突出見解，他根本不承認有自然壟斷這回事，似乎隱含有「所有的獨占或壟斷」都是政府一手導演之意。對於共用財的課題，他更以英國的實際資料研究私營燈塔的實地經驗，證明「私營」不但可行，還遠優於公營，而打破共用財應由政府提供的神話。全球如火如荼的民營化運動，也正是寇斯理論的另一印證。

寇斯的其他文章也都富於「原創性」。一九三五年和佛勒（R. F. Fowler）合作的〈英國的豬肉生產和豬的循環週期〉一文，對通用的「蛛網理論」提出質疑。因該理論等於承認生產者無知，認為他們對於市場價格不斷作出錯誤的預測而不知改正。寇斯和佛勒還認為，投機者的平價和套利活動可以改變這種錯誤，他們的文章裡，運用了「理性預期」和「資產市場效率」這兩個現代的經濟概念。前者觸動二十年後穆斯（J. Muth）提出理性預期的概念，也間接可說是二十世紀末大放異采的「理性預期學派」先驅。

寇斯還對電信事業作過深入研究，極力反對政府控制廣播事業，也提議用價格分配廣播波段。寇斯發現，十九世紀英國曾有某些公司為顧客提供信差服務，而英國郵局為了保障本身的專利，不惜壓抑這些服務；上述的燈塔這種「共用財」，亦由寇斯舉證認為私人經營更有效率。因此，寇斯對於政府用其「有形之手」經營公用事業，以及提供共用財，大表不敢苟同。寇斯也進一步反對政府以稅收來彌補公用事業，在一九四六年於《經濟期刊》上發表的〈邊際成本論〉文章裡，指出公用事業的效率，不應只由邊際成本和邊際收益的關係決定，也應由總收益和總成本之比較來決定。如果公共投資項目的虧損有稅收填補，怎知投資是值得進行呢？除了上述的諸種入世論作外，寇斯也對經濟思想史作過研究，對於亞當·史密斯和馬夏爾這兩位古典經濟學大師的思想有獨到分析，其中也顯示寇斯本人的人性觀和方法論，是研究經濟思想史不可錯過的文獻。

對寇斯獲獎的感觸

綜括以上寇斯的學術成就，結論是，並非以「實至名歸」就可形容寇斯的得獎，而由其獲獎，一方面表彰和肯定其個人的偉大貢獻；二方面也可印證其學理正被世界潮流肯定。一九八〇年代以來，自由經濟的思潮被重新拾回，政府干預的必要性也受到質疑，民營化的舉動也如火如荼地展開，這些都印證寇斯的先知性看法。不過，寇斯的得獎也給我幾許感觸。

首先，寇斯提出交易成本的降低有賴於法律的制定，而法律的制定往往由政府主導，也就形成當前各國社會裡的兩大困境：一為司法如果不能獨立，很容易成為當政者的「工具」，許多獨裁政權的迫害暴行都是斑斑明證；二為法律的擴大反使交易成本增加，因為法條規範、限制人的行為，是「權力」的表徵，於是「多多益善」是執法者及司法者所希望的，甚至以法為職業的人士也有此種期待。因此，原是提供某些「準則」讓個人皆可遵循，以減低「不確定」度，並減少交易成本，到頭來卻反會使個人處處不便，動輒得咎。例如：美國這個最進步的社會，其訴訟之繁已引起警惕和恐慌，早有學者研究其利弊，竟然得到：美國的力量衰退，法律繁多及律師過剩是一大原因。此結論值得我們借鏡。

其次，寇斯的各篇原創性論著均以一般人都能明瞭的文體寫就，完全不以數學唬人，充其量只有很簡單的圖表。因此，經濟學理的偉大與否，跟數學無甚關聯，寇斯的獲獎，也許可以化解一般人對經濟學的不當誤解，而使經濟學從此不再被視為高不可攀和與世隔絕。

第三，寇斯獲獎時已八十一高齡，不會因獲頒諾貝爾獎而「驟增」多少光榮，倒可說該獎頒予寇斯而顯現珍貴。我會有這樣的說法，是有感於對歷屆諾貝爾經濟學獎得主的粗淺觀察。迄一九九一年三十一位獲獎者都是各領域的佼佼者，就他們個人研究成果對人類社會及人類福祉的時空影響，評斷是否合乎諾貝爾獎的原意有所感觸。獎項的頒贈固然存在「鼓勵」誘因，但是否會有「俗化」的後果？由過去幾年，尤其是一九九〇年的頒獎對象來看，我的這點憂慮難免加深。幸好一九九一年頒給寇斯已將情況扭轉過來。不過，觀看迄一九九一年三十一位得獎者的背景，除了海耶克、弗利曼、史蒂格勒、布坎南、寇斯屬於「較」精純的「思想家」外，其餘都偏於在各自領域內學有專精、較偏向「技術」和「工具」層面的專家，令人擔心由於諾貝爾經濟學獎的存在，使經濟學脫離「人文」層面愈來愈遠，也許一九八九年得獎者哈維默教授的排拒態度正是此種反映！

第四，根據張五常教授的描述，寇斯在普南特（Arnold Plant）這位良師的薰陶下，堅信「眼見為信」的「實事求是」精神，而經由寇斯的身體力行，在其學術生涯中，將經濟學由「板上談兵」引入與實際世界聯結的舊天地裡。因為亞當・史密斯、馬夏爾、馬爾薩斯（T. Malthus）等等古典經濟學大師，就是由實際體驗中寫出不朽著作，而且深深切合活生生「人」的行為。但當代主流經濟學卻走向數理化、模型化，將人的行為機械化、標準化，在黑板上演算剖析和真實世界脫離。不過，以現實社會而言，如果經濟學專家都走寇斯的這一條路，一、二十年才有不朽作品問世，則經濟學者「大量失業」，以及經濟學「發展停滯」的現象也許會出現，而經濟學為社會科學之后的稱號是否也將被其他學科取代呢？然而，入世工作仍必須由「人」來做，這些人必須屬於先知及安貧樂道者，而他們在物質生活上，才是需要金額巨大的獎項作為獎賞啊！

1992

擴展經濟學應用領域的奇才
貝克

貝克

一八八五年，當天文學家轉變為經濟學家的紐康（Simon Newcomb），以經濟學的供需原理分析「乞食行為」的存在時，著實令許多讀者震驚。他們認為，紐康將經濟學的領域作了前所未有的擴張。

八十年後的一九六〇年代，一位由經濟學一度轉唸社會學，最終再回到經濟學道路的大師，不但承繼了紐康的拓疆精神，更將經濟分析的魅力發揮得淋漓盡致。他就是一九九二年諾貝爾經濟學獎得主的貝克（**G. S. Becker, 1930-2014**）教授，他曾被一九八二年諾貝爾經濟學獎得主史蒂格勒讚為「一個真正的天才，一件偉大的禮物」，也是一九八七年美國經濟學會會長。雖然貝克曾被認為是當代六十歲以下（迄一九八七年時），美國經濟學家的領導者，但是他的經濟理論——用來幫助我們正確了解「人的行為」（**human behavior**）的理論——卻仍受到諸多非議，就連許多有名的經濟學家也不認同其工作。

到底貝克是什麼樣的人，他又如何應用經濟理論，竟然引起廣泛的爭議？而所謂的「貝克革命」，又是怎麼一回事呢？貝克雖曾應邀於一九八七年三月一日訪臺一週，並作了兩場演講，但他對於國人而言，可能仍顯陌生。

為了揭開貝克的神祕面紗，使國人概略明瞭其人其事，下文扼要介紹其生平、重要的學術貢獻、以及來臺演說主題。

曾爲父親讀報的經濟名家

貝克在一九三〇年出生於美國的賓州，父母的教育水準都不高，在父親視力衰退不便閱讀時，貝克就將報紙上父親喜愛的財經訊息讀給他聽，因此激發貝克對經濟學的興趣。又因父子倆喜歡在家裡討論各種問題，也培養了貝克對實際社會問題的興趣，並有敏銳的辯論能力。貝克就讀大學時，因經濟和課業壓力，一度對經濟學失去興趣而轉向社會學，卻發現太困難乃繼續攻讀經濟學，分別於一九五三年和一九五五年得到芝加哥大學的經濟學碩士和博士學位。在芝大研究所就讀時，弗利曼的個體經濟學課程，重新激發貝克對經濟學的興趣，而舒爾茲則引領他進入人力資本的領域，在攻讀碩士時發表了兩篇文章。在貝克取得博士學位過了兩年後，他就跟弗利曼合作發表一篇論文，並單獨出版一本專著。此時，他已經開始用經濟學方法研究傳統經濟學裡不常研究的問題，例如：歧視等。不過，他這個研究偏好在當時無法被很多人理解，因為他們認為歧視不屬於經濟學研究的範疇，比較像是社會學的範疇。但社會學家又不相信貝克的研究會對社會學有什麼貢獻。貝克選擇的研究領域卻是「歪打正著」：在這些非傳統經濟學問題上所取得的成就，竟是貝克後來獲得諾貝爾獎的主要原因之一。

一九五七至一九七〇年，貝克任教於哥倫比亞大學。一九七〇年起再返回芝加哥大學擔任教席；自一九八三年起又被社會學系合聘，榮任「講座教授」；一九八四至一九八五年曾擔任經濟學系主任，而在被選為美國經濟學會會長之後，即讓位給盧卡斯（R. E. Lucas，一九九五年諾貝爾經濟學獎得主）。

在哥倫比亞大學任教期間，他還兼任美國國家經濟研究局的研究工作。由於貝克身兼研究職務，所以在這期間的研究成果既豐富，涵蓋的課題又廣泛，如人力資本、時間配置、犯罪與懲罰、非理性行為等等。

此外，貝克還曾於一九八八年在日本財政部財政與貨幣政策研究所當研究員，一九九〇年之後，一直是胡佛研究所高級研究員，更曾於一九九六年擔任美國總統候選人杜爾（Bob Dole）的經濟顧問。

貝克的學術成就及貢獻

迄一九八七年為止，貝克就已得到了許多榮譽，其中最值得一提的是，一九六七年所獲得的最富學術盛譽的「克拉克獎章」，得到該獎章的經濟學者也往往是最有希望獲諾貝爾獎者。貝克早在一九七二年就被選為美國文理研究院的院士；一九七五年又當選為美國科學院的院士；一九九〇至一九九二年擔任蒙貝勒蘭學會會長；二〇〇〇年獲美國總統授予的美國國家科學獎，其他的諸多榮銜以及各種學會的 Fellow 等更不必贅述。自一九八五年起，復受聘為《商業週刊》（*Business Week*）的專欄作家，每個月固定撰寫一篇專論。

貝克的學術論著極豐，稱得上是位多產作家，其論文不斷地散見各種有名的學術期刊。其中主要作品和重要理念，都被蒐集或包含在四本書中：(1)《歧視經濟學》（*The Economics of Discrimination*，1957, 1971）；(2)《人力資本》（*Human Capital*, 1964, 1975）；(3)《人的行為的經濟分析》（*The Economic Approach to Human Behavior*, 1976）；(4)《家庭論》（*A Treatise on the Family*, 1981）。此外，他在一九七一年出版的《經濟理論》（*Economic Theory*），這本教科書國人也許較為熟悉，篇幅雖然不多，但每章的習題卻非常精彩，堪稱從事頭腦體操的經典。

獨創架構解釋歧視問題

自四十多年前開始，貝克所開展的經濟學新方法，就對美國的經濟思想產生深遠影響。他的博士論文係以經濟方法分析歧視問題，在一九五五年，這種大膽的做法過度偏離正軌，雖然有數位極具名望的教授極力推薦，仍在兩年之後才被芝加哥大學出版。此後，貝克將經濟處理方法廣泛用來分析「人的行為」，其經濟處理方法的基本觀念是：市場均衡、安定的偏好，以及追求極大化的行為。由於貝克的解說，許多當代的問題，如：勞動市場的結構、廣告對消費者行為的影響、個人需求的創造和發展、分配不均的來源，以及社會的交互關係等等都有了滿意的解答。最近三十多年，在最重要的經濟理論應用上，貝克開創了三項：消費者行為的新理論、家庭理論，以及非市場的社會關係。

由於人間到處存在「歧視」，有必要作進一步的剖析。一般著重的是性別歧視，但一九六〇年代中期之後，種族歧視成為人權運動下的熱門課題，使研究歧視問題成為經濟研究中的顯學，並發展成為「弱勢（少數）經濟學」（minority economics）。現實生活中，歧視不僅限於性別、種族，舉凡美醜、胖瘦、高矮等等都有可能存在歧視，因為歧視產生的根源在於「人的主觀判斷」。如此，只要是人，難免都有歧視行為，只是「程度」不同的差別而已。畢竟「歧視」就像滿足欲望之一般「物品」，我們喜歡它、想要它，才會設法「得到」它。不過，有需求的物品往往得付「代價」才能取得，同樣地，要「享用」歧視也得「付費」才行，通常是以「貨幣收入減少」作為代價。

在交易市場上，受到歧視者固然遭受損失（如同工不同酬，甚至不被錄用），歧視者也有金錢損失，但能由歧視行為所得到的「滿足」中獲得「補償」。舉例來說，若男女工具同等生產力（同工），但雇主歧視女性，於是以同樣工資水準（同酬）僱用生產力較低的男工，則雇主的產品競爭力自然減弱，其利潤也會減少（亦即雇主受害），而女工原本就是受害者，唯一得利者只有男工。不過，雇主能由歧視女性獲得滿足來彌補利潤之減損。如果產品市場的競爭性極強，有歧視偏好的雇主將被市場淘汰，因為歧視成本使其生產成本提高，致其產品的市場競爭力削弱到虧損地步。因此，要消滅雇主的歧視程度，最好的方法是，促進產品市場的競爭性，讓「歧視成本」增加，而自然地逼使雇主「自動」減弱歧視。若想以法令「強制」壓迫，雇主會用各種方法表達其歧視偏好，使受歧視者「身心」皆受創，而因舉證困難，法令難免形同具文，極可能反使受歧視者受到更大的傷害。

值得一提的是，國人耳熟能詳的「同工同酬」應只是一個理念而已，現實社會裡可能永遠看不到。一來「正常情況下，男女工作同樣時間可獲同樣產出」這種同工的定義，實在難以測量，即使在「有形物品」的產出都有困難，遑論「無形物品」的「服務性」產品；二來歧視偏好特強的雇主，其同工不同酬的現象可能根本看不到，因其根本不僱用被其歧視者，或給予受僱者外人看不出來「不同工」之工作歧視（等於降低報酬）；三來勞工法令對男女工的不同規定，使同工變為極複雜的觀念，而工作報酬的種類繁多（如年終獎金、福利、數年後升遷機會等等），也使同酬幾乎不可能測度，何況若再考慮「非金錢性」的心理「主觀價值」，就更不可能估算，連能否計算都有困難，遑論求取相等之比較？

一般焦點都放在雇主的歧視上，其實消費者和受僱員工的歧視偏好「力量」更大。例如：若顧客（消費者）都偏好男性店員，即使雇主完全不具性別歧視，為了生意還是不得不僱用男工。同理，一家工廠，如果受僱者絕大多數有性別歧視偏好，除非能「完全隔離」，否則縱使雇主無歧視偏好，他（她）仍被迫必須僱用全部「同性」員工，如此一來，雇主也應是受害者。同樣地，欲消除或降低消費者及員工的歧視偏好，最有效的方法還是市場競爭性的擴大，一旦商店和工廠一多，選擇機會增加就較容易達到目標。不過，由於市場根本無法達到「完全競爭」，因而歧視也就不會在人世間「完全」消失，只能求取程度上減低的效果而已。

就上文雇主歧視為例可知，歧視者很有可能也會傷害到自己，若要使歧視行為不至於反傷自己，歧視者的相對經濟力必須大於被歧視者的相對人數，這是貝克將歧視分析擴及「弱勢團體」的應用結論。例如：美國黑人數目較白人少，只要白人的經濟力較大就可保有歧視偏好；但南非的黑人占多數，南非白人的「相對經濟力」，必須超過黑人在「人數上」的相對優勢，才能擁有歧視偏好，亦即，若南非白人只占百分之十，則其經濟力需為有色人種的九倍以上才可享受「種族歧視」偏好。觀諸南非的民主化演變過程，最後終能舉行全國民選總統，恐怕貝克的論點最具解釋力。

引入時間分析消費行爲

在消費者行為的新理論方面，貝克揚棄「消費者購買行為是經濟生產和交易環節的最後一環」的傳統說法。他認為，消費者的行為也跟生產者一樣，利用購自市場的商品以及自己的時間作為投入品，來生產「滿足」（或歡樂，或經濟學家慣用的「效用」）這種東西。在貨幣支出和時間的預算限制下，選取不同的商品和時間組合，以求取滿足之極大。這種將時間引入個人行為的分析，係一項重大的貢獻，至少可以更合理解釋累積商品的行為，以及時間過程中消費型態的變動，而且也使消費者自由的真義適切地顯現出來。貝克在這方面的新見解，也可說是給資本主義的批評者一個有力的答辯。那些批評者認為，資本主義社會中的生產者，利用廣告來改變人們的欲望，而使消費者產生「假的」需求，成為生產者所支配的奴隸。對於產品花樣的翻新，批評者也視為資源浪費。現在，有了貝克的消費者行為的新理論，即不用在枝節上駁斥所謂「假需求」和「消費者的不理性」；對於舊產品的廢棄和新產品的產生，消費者行為的新理論也提出精闢解釋，使經濟理論和工商實務之間有了溝通。

在家庭理論方面，由於有關教育、健康以及個人工作態度的經濟研究，都涉及人力資本，再因家庭係人力資本的根源，自然地要對家庭進行研究。貝克對於與家庭密切相關的結婚和生育力（fertility），作了甚為驚人的分析。他將結婚當成男女雙方自願的、合理的選擇，這個選擇能使情侶的滿足水準高於單身生活，而且又可達到最高。至於生育力的分析，貝克認為，小孩在工業經濟社會中是一種耐久性消費財，與一般商品一樣，能給大人滿足；由於令人滿意的小孩之相對成本（養、育、住等有形成本，和由於扶養小孩而無法到市場工作，所犧牲的「工作報酬」這種隱含或無形成本）日漸提高，出生率因而下降。此種將人口學的一些因素統合到經濟體制內的做法，即把生育力當作經濟學的內生變數來處理，已使人口理論煥然一新，將人口統計與一般經濟指標之間的關係建立起來。貝克在這方面的著作，都是利用經濟計量法，使一些乍看似乎不能量化、不能預測的東西，如愛情、博愛、憐憫、利他行為等等，也有量化和預測的可能。

經濟分析滲入其他領域

在非市場的社會關係經濟學方面。由於前述家庭理論的出現，使得經濟研究法可以普遍地應用到所有的社會關係，不管這些關係是否發生在市場裡。貝克將經濟學的發展歷史分成三個階段：第一階段只限於研究物質財貨的生產與消費；第二階段則將範圍擴及市場現象的全面，將貨幣交易包括進來；目前第三階段則擴展到涵蓋全部人的行為，而且也將一些與行為相關的決策包含在內。所以，任何問題，凡是涉及資源分配，在稀少情況的選擇，以及不能兼得的目的，都稱為經濟問題，因而都可用經濟分析法來處理。在這樣的經濟學定義下，貝克利用經濟分析法研究社會的交互關係、犯罪和懲罰、自殺、利他的行為、上教堂、離婚以及不理性的行為等等。由於貝克的拓疆工作，經濟分析已滲入一些意外的領域，如語文的演變、野生動物的絕種、獸性行為、政治行為、革命、法制方面的演進等等。依照這種情勢的推展，那些嘲笑貝克的經濟學者，揶揄他應該去搞「刷牙經濟學」、「睡覺經濟學」等，這些話也許真有一天會演變成實話呢！

學說層面廣泛異於主流

貝克在一九八七年訪臺所作的兩次演講：第一次（三月三日）的題目為〈經濟成長、財富不均，以及人口繁殖〉；第二次（三月五日）則講〈政府對家庭的公共政策〉。貝克強調，馬爾薩斯係第一個動態成長模型的創造者，而且明白地將人口成長當成內生變數。一般人似乎只認為，馬爾薩斯模型只達到「生存水準」的最低均衡，因而有「馬爾薩斯低度陷阱」之稱。但是，貝克卻極力強調，馬爾薩斯均衡只是一個所得和人口都達到穩定的模型，生存水準不是其結果，只可當成假設或特例而已。自馬爾薩斯之後，以迄新古典成長模型的所謂「現代成長理論」，皆將人口當成外生變數而不予考慮。直到一九八五年，貝克和巴羅（R. J. Barro）才又嘗試將人口成長的決定，重新納入成長模型中。至於有關家庭的公共政策中，社會安全和婚姻法較為重要。社會安全對於生育力、家庭儲蓄、遺產、稅收的單向影響或交互作用，在西方有何種經驗？離婚法條件的變動，對於離婚案數、男女雙方的影響各為何？貝克以其伶俐的口才，清晰的思維，給了國人一個精要的解說。

一種異於主流的學說，要得到認同，以至於產生共識，其間的時間何等漫長！弗利曼要重新推銷「貨幣重要」這個舊看法，都得耗費二十年時光才能說服經濟學家，更何況貝克這種拓疆的工作。不但得說服經濟學家，還得說動其他的非經濟學家呢！不知當年抱著好奇之心，去聆聽貝克的訴求者，是否已被說服了？

1993

新經濟史學家揚眉吐氣
傅戈和諾斯

傅戈

諾斯

一九九三年十月十二日晚間，外電傳來瑞典皇家科學院宣布該年諾貝爾經濟學獎頒給兩位美國教授，分別是芝加哥大學的傅戈（Robert Fogel, 1926-2013）和華盛頓大學的諾斯（Douglass North, 1920-2015）。據瑞典皇家科學院表示，傅戈和諾斯是以經濟理論的應用和以數量方法解釋經濟現象與經濟組織的變革，從而為經濟思想史開展新的研究方式而得獎。

關於這兩位教授，國人應較熟悉諾斯，國內不少新生代的經濟學者曾親聆其課，更有諾斯親自指導博士論文寫作的學生呢！而對傅戈則較為陌生。能夠獲得諾貝爾獎評審委員的青睞，當屬實至名歸。這兩位教授的成就何在？在簡要介紹其學術貢獻之前，先概述他們的生平。

傅戈剪影

傅戈於一九二六年七月一日在美國紐約市出生；一九四八年畢業於康乃爾大學；一九六〇年得到哥倫比亞大學碩士學位；一九六三年獲得約翰霍普金斯大學（Johns Hopkins University）博士學位。先後曾任教於約翰霍普金斯大學、羅徹斯特大學、哈佛大學，以及芝加哥大學；自一九八二年開始，一直在芝加哥大學當 Walgreen 講座教授兼「人口經濟學中心」主任。

反面事實推證法

傅戈和諾斯都屬於經濟史學家，而且是所謂的「新經濟史」學派先驅。一般來說，經濟史學家通常研究影響深遠的問題，這種課題的研究原本就必須結合歷史、統計、社會，以及經濟等等面向。而傅戈和諾斯所創導的新經濟史學派，更把經濟理論和計量方法結合在一起，重建數據基礎或創造新的基礎，使我們得以重看歷史，對於過去已有的研究成果，提出質疑和重新評估。

如此一來，不僅能對過去重新認識，且有助於清除毫不相干的理論，而在補充和修正傳統的理論後，也就比較能夠了解經濟的成長和變化。

傅戈在青年時期不但同情社會主義者，甚至同情馬克思主義者，後來經由科學思考才轉而堅信市場經濟，而傅戈表示，最感興趣的研究課題是北美經濟歷史。他的著作數量不多，成名作是其博士論文改寫、於一九六四年出版的《鐵路和美國經濟成長：計量經濟歷史論文集》，傅戈利用其首創的「反面事實推證法」（Counterfactual Speculation），研究鐵路在十九世紀美國經濟成長所扮演的角色。

一般的教科書和歷史都歌頌鐵路對十九世紀美國經濟成長的貢獻，讓人覺得如果「沒有」鐵路，美國國民生產毛額（GNP）的成長會較為緩慢。傅戈問道：「如果沒有鐵路，會發生什麼事？會使這個國家的工業化進展造成何種改變？」一般認為，鐵路對於十九世紀的美國經濟成長有三大貢獻：

1. 鐵路降低了單程運費，使得原本廣闊而無法利用的農業地區，有經濟開發價值。
2. 建設一個跨越大陸的廣大鐵路網，由而需要很多工業產品，進而使美國工業化起飛。
3. 穿越大陸快捷而頻繁的運輸，促使重大的技術創新。

傅戈對十九世紀美國的工業變數統計作了一番紮實功夫，重估運輸成本和商業化農業在各地區間的配置，也分析了鋼鐵工業的各部門，結果推翻掉上述的三大貢獻。先是證明鐵路網對美國西部的開拓，根本不是不可或缺的，只要把美國的運河網稍微擴充，那些被認為不靠鐵路就無法利用的農業土地，有百分之九十五可在完全相同的成本下得到交通之便。傅戈也證明，沒有鐵路對美國能源及煤鐵等礦產的供應成本，幾乎不會有什麼影響。就鐵路的出現造成工業需求而言，在一八四〇至一八六〇年的二十年間，對美國的鋼鐵需求從未超過產量的百分之五，因而不足以解釋美國的冶金業在該時期有非比尋常的成長。即使就十九世紀的後五十年，傅戈也認為鐵路的突飛猛進，並不足以說明工業發展歷程。他的具體結論是，在其他條件不變下，如果沒有鐵路，美國在一八九〇年的GNP至多降低百分之三，亦即，頂多使美國的經濟成長延後兩年而已。

十年後的一九七四年，傅戈再提出一個引起極大爭議的說法是，關於十九世紀美國奴隸制度在美國經濟發展中的作用，是他與殷格門（S. L. Engerman）合著的《美國奴隸制度經濟學》（*Time on the Cross: The Economics of American Negro Slavery*）所提的內容。傅戈將奴隸看成一種制度來研究，發現把奴隸視為一個沒效率、無利可圖和資本主義前的群體，這種舊觀點是不正確的，而奴隸制度之崩潰是政治所決定，儘管該制度不人道，但在經濟方面卻是有效率。

晚近傅戈所從事的研究是經濟人口統計學，以十個世代人口資料為基礎，分析經濟和文化因素對諸如儲蓄率、女性參與率、生育率和死亡率、經濟和社會移動率，以及遷移率的交互關係。傅戈特別重視死亡率的減少，能以營養改善來解釋的能力並不足夠，亦即，死亡率的減少尚有部分原因無法解釋。傅戈努力發展一套系統分析，綜合研究死亡率、發病率、食物攝取，以及個人的體重和身材等等因素的關係。此研究必須結合生物學、醫學，以及經濟學才能竟其功，如果得以突破，將對經濟史的研究有多層次影響。

諾斯小傳

諾斯於一九二〇年十一月五日在美國麻省劍橋出生；分別於一九四二年和一九五二年得到加州大學柏克萊分校的學士和博士學位。諾斯曾先後在柏克萊大學、西雅圖華盛頓大學、休斯頓的瑞斯（Rice）大學、劍橋大學擔任教席；自一九八二年後，轉往聖路易的華盛頓大學任教。

諾斯曾於一九九四年十一月初應財團法人吳三連基金會、臺大經濟學系、中研院經研所，以及中央銀行等單位聯合邀請，抵臺作演講訪問。第一次演講在十一月八日於臺大法學院國際會議廳舉行，題目是〈制度和經濟發展〉（Institution and Economic Development）；第二次演講在十一月九日於中研院經研所，以〈制度和制度轉變理論〉（Toward a Theory of Institutions and Institutional Change）為題，對臺灣的聽眾傳布其理念。

諾斯的學術成就及貢獻

諾斯的研究領域就是經濟史，他主要的學術貢獻在三方面：一為討論美國政府的成長和制度及市場平行發展中，交易成本（亦即投入政治和經濟組織的資源）的增長；二為發展出一個一七九〇至一八六〇年間美國經濟體系的成長模型，剖析將簡單的新古典理論用於美國經濟史是否有用，而且發展出一個制度變化的一般模型，並應用在西方世界的經濟史；三為在實證方面的貢獻，包括發展出一七九〇至一八六〇年的收支平衡表、一七九〇至一八六〇年美國的進出口物價指數，以及一六〇〇至一九一四年海洋航運的生產力指數。

第一個層面的貢獻，見其一九六一年出版的專書《一七九〇至一八六〇年美國的經濟成長》，該模式的研究方向不只對美國有影響，且亦用於西方世界。諾斯在一九六八年發表一篇論述海洋航運生產力的文章，迄今是經濟史上被引用最多的文獻之一，諾斯在該文中明白指出，制度改革所發揮的作用比技術改革更大，假如不考慮時間因素和社會衝突，經濟分析便是與歷史無關的描述，而在歷史分析中有系統地引入制度解釋，就是要彌補此種缺陷。

在一九七一、一九七三和一九八一年，諾斯連續出版專書證明制度所發揮的功效，包括產權在內，從此奠定他在「新制度經濟學」（The New Institutional Economics）的先驅性地位。在他和湯瑪斯合著、一九七三年出版的《西方的崛起》（*The Rise of the Western World: A New Economic History*）中，明確地將產權理論用於一個具體而明確的史實上。一般經濟史都認為經濟成長最初出現於工業革命時的英國，但諾斯認為應在十七世紀出現於荷蘭，他先定義經濟成長為「生活水準與人口一同成長的現象」，而後再說明為何世上最早的經濟成長現象會出現在荷蘭，原因是十七世紀的荷蘭，首次出現一套組織及財產權制度。諾斯認為，當社會中的各個集團看到可能為自己提供盈利機會，而現行制度無法提供時，新制度就會出現。諾斯的研究也告訴我們，經濟成長史並非技術演進史，而是法律的歷史，法律是一種組織人類經濟與社會關係的技術，也可以說，經濟成長與資本主義，以及現代的「資產家」社會，是不可分割的。

諾斯等人對十九世紀美國和中世紀西歐的經濟發展研究，都將既有的說法加以修正，亦即原先所接受的「創新、技術改革和其他因素」是經濟發展的解釋因素，被諾斯認為不夠充分，因為這些因素都只是成長過程的一個組成部分，不能用來解釋成長過程，而有效的經濟制度才是經濟改革的關鍵，亦即他認為英國工業革命是果而非因的主要理由。諾斯說：「制度是一套套的規則，依從程序和個人的道德與倫理行為，旨在使人創造財富和達到最高效率的資本利用。」在諾斯的帶領下，將經濟學分析法，應用於財產權的產生及政治行為上，勾繪出一套社會制度演化的理論，不但能與馬克思的辯證法相抗衡，而且超越了馬克思主義，因為它可以解釋在封建時代結束與首度資本主義社會崛起之前，那一段轉變期的現象，它也對社會現象的錯綜複雜，有比較持平的論點，而這兩點是馬克思主義及其信奉者所欠缺的。

諾斯早在一九九〇年出版的著作中，便提出晚近許多經濟學家不約而同探究的一個根本問題：「為什麼有些國家富有，而有些國家貧窮？」在整個歷史中，人類藉著組織和制度，創立秩序和設法減少交換不明朗所產生的成本，而較為重大的制度轉變總是循序漸進。因為制度是歷史演變的結果，而個人行為受到歷史演變的影響，產權愈不明確，交易成本便愈高，在比較過落後國家和先進國家之後，即可發現此點，而產權不明乃制度不良之故。

新經濟學的躍進

一九八二年諾貝爾經濟學獎得主史蒂格勒在其一篇名為〈無遠弗屆的經濟科學？〉（Economics-The Imperial Science?）的文章，洋洋得意地說：「經濟學是一門無遠弗屆的科學，其魅力已滲透到幾個鄰近的社會學科的中心問題。」他特別就已發表的專家論著，列舉被滲透的四個領域：一是法律經濟學，亦即應用經濟理論分析法律規則和法律制度，先驅者是達瑞克特，主要的代表人則為寇斯和波士能（Richard Posner）；二是「新」的經濟歷史，最重要的人物是傅戈和諾斯；三是社會結構和行為的經濟分析，主要的課題是：犯罪、種族歧視、婚姻和離婚、生育力，以及家庭，拓疆者是貝克；四是政治學的經濟分析，包括經濟生活的管制，並可再分成兩大主題：一為政黨方面的研究，先驅者為黨斯（Anthony Downs）；二為制度的設計，其先鋒人物是布坎南，他也是「公共選擇」學派的創始者。在這四個領域中，其領導者迄今都已分別獲頒諾貝爾獎，布坎南在一九八六年；寇斯在一九九一年；貝克在一九九二年；而一九九三年則落在傅戈和諾斯身上。這批在一九六〇年代當新左派達到頂峰時期，而發起新知識革命的專家，在個體經濟學的深度和廣度上做了無限量的增加，被稱為「新經濟學家」，所從事的研究也被稱為

「新經濟學」。

傅戈和諾斯的研究，激勵大批追隨者。傅戈是個經驗主義者，他認真檢討一切原始資料，而諾斯則不斷強調令人信服的理論重要性，再加上其所最看重的制度功用，影響所及，遍布經濟史學界、經濟學界，以及政治學界。一九九三年諾貝爾經濟學獎頒給傅戈和諾斯，至少帶給我們以下三點啟示：

1. 傅戈和諾斯都不算是著作等身，而每項研究都很花費時間，以世俗的投資報酬率衡量，是並不划算的。無論中外，願意在這種經濟史研究領域下功夫的，可謂鳳毛麟角，但此項工作對人類有著深遠的重大貢獻，非常需要給予誘因來激勵研究者，諾貝爾獎正是最佳的鼓舞方式，而這才是該獎所應扮演的角色。

2. 無論是傅戈或諾斯的研究，都是回歸自由市場經濟。傅戈的研究顯示政府的干預和操縱，只會造成資源的扭曲運用，的確激勵了一些活動，但更剝奪其他活動的發展，如果政府不為自身利益而扭曲資源分配過程，這些活動仍會自動自發進行。至於諾斯的研究更使經濟分析「復古」，與當前學院中所傳授的有很大差異，已跳脫「技術專家」的窠臼，朝向了解自己身處的社會、經濟和政治制度的「組織原理」，可說重新尋回經濟學失去已久的「根」。由其研究可看到一九九二年三月去世的一代大儒海耶克思想之影子，尤其對於制度和組織，以及法制、規則的出現，強調「自動自發」精神，與海耶克「長成的秩序」之說法異曲同工。社會愈進步、資訊愈充分，對於某個人或某個群體來說，資訊就愈不完全，想要壟斷資訊的能力也愈來愈渺小，因而市場的機能就愈凸顯，政府管制的角色也愈見淡化，「組織創新」則演變成另一種面目。

3. 傅戈以「反面事實推證法」重看美國經濟歷史，這種方法也可用來重看其他國家或地區的經濟歷史，臺灣也不例外。迄今為止，土地改革（包括三七五減租、公地放領、耕者有其田）、十項建設、加工出口區、科學園區等都受到大眾（包括學者、政府官員，以及一般民眾）多數的正面肯定，但是否經得起這批「新經濟史學家」所開創的新研究法之考驗呢？有志之士不妨接受挑戰，嘗試使用新經濟史研究法來重看臺灣經濟！

1994

不合作賽局理論的拓荒者
內許、哈桑義和席爾頓

內許

哈桑義

席爾頓

一九九四年十月一日外電傳來，該年的諾貝爾經濟學獎由三位合得：一為美國普林斯頓大學訪問研究員內許（John F. Nash, 1928-2015）；一為匈牙利裔美國籍，當時任教於加州大學柏克萊分校的哈桑義（John C. Harasnyi, 1920-2000）；另一位則是德國波昂大學教授席爾頓（Reinhard Selten, 1930-2016）。

瑞典皇家科學院宣稱三位獲獎者對賽局或遊戲理論（game theory），作了精湛研究，有助於解釋經濟問題，特別是「對不合作賽局理論（noncooperative game theory）有拓荒性的均衡分析」而得獎。

這三位教授的獲獎是經過多道手續，千挑萬選才決定的，輿論也以「實至名歸」來形容。不過，與一九九一至一九九三年這三屆的得獎人所受到的廣泛討論比較，該屆的「得獎人」相對地較不受重視，倒是他們所從事的「賽局理論」所獲回響還比較大。而賽局理論發展至今，似有以高深數學為重的走火入魔、本末倒置趨勢，諾貝爾獎加諸數理經濟學者頭上，是否又會助長此學門的風行？每年頒發諾貝爾經濟學獎是否有其必要？在反省這些疑問之前，先對這三位得獎者及獲獎的領域，作簡要介紹與回顧。

內許的美麗境界

內許、哈桑義和席爾頓三人中，以內許的知名度最響亮，可是有關的資料卻甚少，連《經濟學名人錄》（*Who's Who in Economics*）也不見他的訊息。內許於一九二八年在美國的西維吉尼亞州藍田鎮出生；一九四五年就讀於卡內基技術學院（亦即目前的卡內基美隆大學）的化工系，但內許在大二時就轉唸數學系；於一九四八年同時取得卡內基學院的學士和碩士學位，立即轉入普林斯頓大學唸博士班，短短兩年就獲得數學博士。當時，內許完成了賽局理論的奠基論文〈非合作賽局〉（Noncooperative Games），並受聘為麻省理工學院講師，隨即升為副教授。正當內許要開始大放光芒之際，卻不幸於一九五〇年代後期精神分裂，於是辭卸麻省理工學院教職，而普林斯頓大學則給予訪問研究員（Visiting Research Colaborator）名銜，保障其起居生活。

有關內許精神分裂的說法並不一致，有人說是由於他在解一道數學難題時，晚了另一位數學家一步而受到打擊；另有人則認為內許太過聰明，受不了這個庸俗的世界，而致精神異於「常人」。不管如何，這個紛紛擾擾的紅塵人間，從一九五〇年代後期起便缺少了這位才子，真令人唏噓不已！但進入一九八〇年代後，內許的病情有明顯改善。他逐漸恢復正常工作的能力，也重拾邏輯推理能力，並開始對電腦程式產生興趣。一九九〇年代開始發表論文。一九九四年，在討論是否授予內許諾貝爾獎時，內許的疾病問題曾一度引起爭議。但一些學者認為，疾病不能否定一個人過去已取得的成就，因而使內許在發現「內許均衡」長達四十四年之久後，獲得諾貝爾獎。

在一九九四年內許正式獲得諾貝爾獎之前，普林斯頓大學已特別為內許設立了一個叫作「訪問研究合作者」的職位。獲獎後，內許對數學領域未解決的主要問題，以及對電腦很感興趣。在內許生病期間，他的家人、朋友、同事給予關懷、體貼、幫助，以及必要的保護。當時拉爾代雖然與他離婚，卻仍然給予適當的照顧，兩人後來又再結婚。二〇〇一年拍攝的好萊塢影片「美麗境界」（A Beautiful Mind），演的就是內許的故事！該片還獲四項二〇〇二年奧斯卡金像獎，飾演內許的羅素克洛這位二〇〇一年金獎影帝還差點連莊呢！二〇一五年五月二十三日內許夫婦搭計程車返家途中出車禍而過世，令人唏噓不已！

發跡匈牙利移民美國的哈桑義

哈桑義的資料載於《經濟學名人錄》中，他於一九二〇年出生於匈牙利的布達佩斯，曾獲得匈牙利全國數學競賽一等獎。高中畢業後，哈桑義原本打算繼續他喜歡的數學和哲學，但由於父親是一名藥劑師，於是他進入布達佩斯大學學習藥學。哈桑義的生活後來被希特勒的侵略打亂。一九四四年，當匈牙利被德國占領後，哈桑義被強迫勞動，隨後在被遣往奧地利集中營的途中逃脫，並於一九四四至一九四五年躲在修道院地下室。第二次世界大戰結束後，哈桑義重新回到布達佩斯大學讀書；一九四七年獲布達佩斯大學的哲學和社會學博士；一九五〇年再得到美國史丹佛大學博士。他曾在匈牙利的布達佩斯大學任教，一九五七年赴美國耶魯大學考列斯基金會當副研究員；一九五八年受聘為史丹佛大學客座副教授；一九六一至一九六三年任教於底特律韋恩州立大學；一九六四年之後，哈桑義一直在加州大學柏克萊分校當教授，其間亦曾赴西德和法國講學；二〇〇〇年八月九日因心臟病逝世於柏克萊家中。

哈桑義的研究領域在個體經濟學、賽局理論和決策理論，以及功利主義、福利經濟學和倫理學。哈桑義從事經濟學研究，主要是被經濟理論的優雅和分析威力所吸引，而他很快地發覺，若以現代決策理論和賽局理論為基礎，經濟理論的威力可以藉著由賽局理論得來的理論創新而有顯著提升。例如：舊的福利經濟學由於以序列效用（ordinary utility）和個人間不可比較效用為基礎，極少能提供明確的政策建議，而經過哈桑義加入個人間效用的比較，即可使用決策理論作為威力更大的福利經濟學之邏輯基礎。實是（或唯真，即positive）的經濟學裡，一般的理論都無法對協商、寡占等等提供唯一的預測，而哈桑義最為人稱道的是擴充賽局至不充分訊息，此即通稱的不合作賽局模型，此模型的問題在於，如何為每個不合作賽局選取「一個」特別均衡點。哈桑義最先提出「追蹤程序」（tracing procedure）作為部分解答，隨後他與席爾頓提出一個「均衡點選擇的一般理論」。哈桑義也對哲學有鑽研，也寫了數篇這方面的論文，其中一篇在探討數學的基礎。

席爾頓是土生土長的德國教授

至於席爾頓這位土生土長的德國教授，一九三〇年在德國的布雷斯勒（Breslau）出生，父親是位書商。他自一九八四年就一直任教於波昂大學，之前曾於布勒菲爾德大學（Bielfild University）和柏林自由大學擔任教席，也曾於一九六〇年代末赴美國加州大學柏克萊分校當兩年的訪問教授。席爾頓原本在德國也沒沒無名，此次得獎即成家喻戶曉人物，因其係第一位榮獲諾貝爾經濟學獎的德國人。據說，席爾頓有語言方面的特殊才華，除德語外，法語和英語也極流利，對世界語（Esperants）也有研究，希望有一天世人都能操同一種語言。二〇〇八年席爾頓曾受邀訪臺，並在臺北國際會議中心觀賞「北美神韻藝術團」的演出，受訪時表示欣賞並受感動。

在賽局理論裡，一般的看法是，內許釐清了賽局均衡的定義，且證明賽局均衡的存在；席爾頓則進一步精化「內許均衡」（Nash Equilibrium），而有「完美均衡」概念的出現，使動態的競爭問題可以用賽局理論處理；至於哈桑義，則又將不完全資訊帶進內許均衡，使得賽局理論能夠處理現實社會中的群體決策問題。

這三位一九九四年諾貝爾經濟學獎得主，對賽局理論的發展各有重要貢獻，而賽局理論現今已被經濟學各領域所採取，成為主流的分析工具，並被用於政治學、社會學，甚至非人類行為的研究，其萌芽、奠基、發展、成長，以及現狀和未來展望到底如何？下文擬作扼要陳述。

賽局理論的演進

一九一〇至一九三〇年可說是賽局理論的「萌芽」時期，當時是完全競爭賽局的世界，亦即所謂的兩人「零和賽局」（**zero sum game**），若兩人中的一人對某一結果有偏好，則另一人必反之，這有如兩人棋賽、樸克賽局。這個模型雖然並不適用於多數的經濟現象，但卻有豐碩成果，為比較一般性的賽局理論奠立良好基礎。此時期最重要的人物是馮・紐曼（John von Neumann, 1903-1957），他是位偉大的數學家、物理學家，而且也是數理經濟學的始祖，他建立電腦的邏輯基礎，並且建造了第一臺現代計算機，他也是製造原子彈的「曼哈坦計畫」（Manhatan Project）之一員。馮・紐曼在一九二八年以德文發表的〈團體遊戲之理論〉，可說是賽局理論的濫觴。該文指出，任何一種團體遊戲，都是在群體環境下如何做決策的問題，參與者的策略運用，應該會有一般的數學規則和原理可循，而一門新學問就這樣誕生，馮・紐曼所用的「賽局理論」也成了這門學問的名稱。

一九三〇至一九五〇年應是賽局理論的「奠基」時期。這一時期的最關鍵著作是馮・紐曼和摩根斯坦（Oskar Morgenstern）合撰的《賽局理論和經濟行為》（*Theory of Games and Economic Behavior*）。摩根斯坦是首位清楚且明顯地意識到相互行為的經濟學家，和馮・紐曼在一九三〇年代末相逢於普林斯頓大學。這本書是一個里程碑，不但使賽局理論成為科學，而且最先將賽局作廣泛應用，該書將參與賽局者的人數擴充，而且也讓利得的加總大於零。馮・紐曼強烈相信社會科學可藉數學工具獲致進展，但同時他也認為用於物理學和社會科學的工具完全不同。這個時期最有進展的相關數學方法是Kakutani的固定點理論（Kakutani's fixed point theorem）。

一九五〇至一九六〇年是賽局理論的「重要發展」時期，成果豐碩可用「百家齊放」形容，不只破繭，還嘗試振翅而飛。最有名的突破就是內許在普林斯頓大學提出的「一般性非合作理論」，以及「合作協商理論」。這兩種理論分別在一九五〇和一九五一兩年提出，石破天驚的「內許均衡」就此出現。除了「內許均衡」膾炙人口外，數學家塔克（A. W. Tucker）提出的「囚犯困境」（prisoner's dilemma）也廣被引用，故事是這樣的：

兩個涉嫌犯下重大案件的人被逮到，檢查官為了得到控訴的證據，將兩人分開囚禁，而且分別用計誘使兩人承認犯案。檢查官對嫌犯甲這麼說：(1)如果乙不招認，而甲認罪，甲將得到自由，而乙會被吊死；(2)如果甲不招認，而乙招認，則甲將被吊死；(3)如果兩人都不招認，則檢查官仍會想辦法判兩人各十年的徒刑。同樣地，檢查官也對嫌犯乙說出同樣的話。當然，兩個人心裡都明白，如果兩人都招認的話，依法律規定，將各坐牢三十年。

如果你是嫌犯之一，在此種狀況下將會作何種選擇呢？由於兩個嫌犯無法面對面商量，只好各自在心裡盤算著。以嫌犯甲的立場，他將會作這樣的思考：如果乙招認，而我不招的話，將會遭到吊死的命運，若我也招認，充其量坐三十年牢，因此，招了對我有利。如果乙不招，而我招認的話，我將被判無罪；若我也不招，則也將有十年的牢獄之災，權衡之下，還是招認的好。

因此，不管乙是招認或不招，甲的最佳選擇是「招」比較好，因為比較有利。對乙來說，也是相同情況，如此一來，均衡解是兩個人都招認，而各判刑三十年。這個故事告訴我們，明明是兩個人都不招的話，對彼此都比較好，但因兩人各懷鬼胎、互相猜忌的結果，都一頭栽進被安排好的招認死胡同裡。

這個時期有三個賽局理論研討會在普林斯頓大學舉行，馮・紐曼和摩根斯坦兩人都是活躍的與會者，而普林斯頓大學出版社也出版了四冊賽局理論的經典，多年來成為賽局理論研究中心的蘭德公司（Rand Corporation）也在此時期開門營業。本期期初，賽局理論主要應用於戰術軍事問題上，如飛彈的防衛，隨後則應用於嚇阻武力和冷戰策略，季辛吉就是應用者之一。

一九六〇至一九七〇年是賽局理論的「成長」期，賽局理論擴充至不完全訊息。哈桑義在一九六七年建立不完全訊息（或稱不對稱訊息）賽局理論，這是一個重要的觀念突破，它也促使資訊經濟學的蓬勃發展，而資訊經濟學也已成為現代經濟學和賽局理論的重要課題。

賽局理論的普及

一九七〇年之後，賽局理論已被廣泛應用，政治模型和政治經濟學模型都被深入研究，不合作賽局理論被用於許多種特殊經濟模型。而從此賽局理論也被引用到生物學、電腦科學、倫理哲學，以及成本配置等等。至此賽局理論可說是五彩繽紛，有關賽局理論的新學術期刊紛紛出籠。而已享有名望的經濟期刊如《數理經濟學期刊》（*Journal of Mathematical Economics*）、《經濟理論期刊》（*Journal of Economic Theory*）、《經濟計量期刊》（*Econometrica*）等等也增加賽局理論的篇幅，許多新的賽局研究中心也在多國紛紛成立。

此外，賽局理論也對寡占理論有重大影響。稍有涉獵經濟學的人都知道，完全競爭市場和獨占（或壟斷）市場理論是較有定論和共識的，但寡占市場卻呈現紛歧，而實際世界又偏偏絕大多數屬於寡占市場，於是這種市場有關理論的缺陷就成為經濟學者心中之痛。在寡占理論中，「拗折」（kinked）需求曲線曾風光一時，這是一九三〇年代史威濟（P. Sweezy）提出用以解釋「經濟大恐慌」年代，為何「價格」不會更為快速下跌的理論，但因其無法回答「固定價格如何決定」和「如果廠商發現他們所相信的需求曲線是錯誤時將如何」兩個重要問題，於是漸被學界拋棄。直到「賽局（遊戲）理論」被發展出來，寡占理論才又活了過來。

雖然賽局理論對於社會科學產生了革命性影響，也應用於包括經濟學在內的許多層面，但晚近的發展卻愈來愈數理化，應用到極為湛深的數學工具，是否將會反客為主拋棄經濟內涵，頗值得關切；而諾貝爾獎頒給三位賽局理論學者，是否會使數理經濟學復活呢？

數理經濟學的反思

賽局理論固然將經濟理論，由傳統的求取個人的極大效用或利潤，擴充到討論人與人之間的互動關係，反映出個體的命運不僅取決於個人的決策，更取決於個人與群體之間的互動，和反映這樣更近於真實世界的情況。不過，處理人際之間的互動關係是否非得以數學、而且是極為高深的數學來表達不可呢？以硬梆梆的數理模型能適當地表示活生生的人的行為嗎？這個問題不由得聯想到一九九一年諾貝爾經濟學獎得主寇斯，他的交易成本理論不也在處理人際關係嗎？他也對組織內的運作有深刻研究，可是寇斯卻是最反對用數學來表達的，他在一九八八年出版的論文集《廠商、市場和法律》（*The Firm, The Market and The Law*）第六章〈闡釋「社會成本問題」〉一文中，於結尾時說道：「……當我年輕的時候，有人說，說不出口的蠢話，可以用唱的。而在當代經濟學中，說不出口的蠢話，則可以用數學來表達。」

我們應承認數學工具對處理一些經濟模型有幫助，但卻無法用來解析實際人的行為，而崇高榮譽的諾貝爾獎，是否有必要獎勵在這方面有成就的學者？若以類似美國經濟學會兩年頒一次（亦曾有過「從缺」的事實）的「克拉克獎章」來肯定，應是毫無疑義的，因其係專業獎項，但頒諾貝爾獎合適嗎？更進一步言，以現今每年都得找人出來給獎，而且有時又是數位合得，去世者又不在給獎之列，不知會不會有一天頒給甚為普通的人，而那一天是否很快就會來到？

1995

理性預期旋風來也
盧卡斯

盧卡斯

「政府能以政策干預的手段來促進經濟安定嗎？」對於這個問題，自凱因斯理論興起，至一九六〇年代為止，經濟學家幾乎都給予肯定的答案。到了一九六〇年代末期，停滯膨脹出現之後，以弗利曼為首的重貨幣學派（Monetarism）掀起一片反革命浪潮，政府政策的功能始受到懷疑。他們認為，短期內，政府政策或許仍有些效果，但長期而言，卻完全沒有效果。甚至於許多的經濟病痛，事實上都是由於政府干預經濟事務所引起的。不過，「短期內政策有效」卻給新凱因斯學派，以凱因斯的名言「長期，我們都死了！」（In the long run ,we are all dead.）作為主張政府仍應有政策干預的護身符。

政府的安定政策有效嗎？

直到一九七〇年代早期，新興古典經濟學派（New Classical Economist，亦即一般人熟知的理性預期學者）崛起，挾其嚴謹的學理分析，得到「政府的安定政策，即使在短期也是無效」的結論；不僅將自由放任的主張加以擴充，也等於真正地否定「凱因斯學派的凱因斯」。這個主張，剛提出時還不顯眼，但旋即因其迷人的特性而廣受年輕學者的喜愛，擁護者迅速蔓延。無可否認的，新凱因斯學派仍持續不斷地提出批判，但這一股新的潮流卻使總體經濟理論澈底改頭換面。其所引起的論戰，連綿不絕，較諸凱因斯革命、弗利曼的反革命，不遑多讓。

到底這位掀起當前總體經濟論戰的主角是誰呢？他就是被一九八二年諾貝爾經濟學獎得主史蒂格勒，在頒獎後宣稱，足以得到相同獎項的，一九八六年芝加哥大學經濟學系教授兼該系系主任，且也於一九九五年獲得諾貝爾經濟學獎的盧卡斯（R. E. Lucas, Jr.）。盧卡斯曾應邀於一九八六年四月七日抵臺訪問一週，也是他的首次亞洲之行。

理性預期究竟是啥？

對於理性預期學派，最為人熟知者就是「理性預期」假設。這個概念其實是穆斯在一九六一年首先提出的。他說：「預期既是對未來事情有依據的揣測，就應該符合相關的經濟理論之預測……我們稱這種預測為『理性』的。」亦即，理性者會利用其所有對經濟運作方式的可用訊息和知識來決定預期。這個觀念被埋沒十年之後，才由盧卡斯引用在總體經濟理論中。在總體經濟分析中，預期一直是一個重要的絆腳石，沒有人反對預期對經濟決策的影響，問題在於，如何將其引進模型中。直接的方法係以詢問的方式，觀察人們的實際預期，但此種反應的信任度值得懷疑，而且也無法了解預期是如何形成的。由於「好的」預期理論難以形成，新凱因斯學派乃將其摒除於模型之外。

弗利曼先將「適應預期」假說用於菲利浦曲線，利用人們會以前期預測誤差來校正當期的預期，認為短期內由於勞動者存有貨幣幻覺，不知預期未來物價之變動，政府若採取擴張政策帶動工資與物價，他們在名目工資小漲下就引發就業意願，而廠商卻看清了物價上漲，使實質工資成本不增反減的有利情況，願意擴大生產、增加僱用。於是，政府犧牲物價穩定，即可在就業率上取得補償。但在長期，工人的貨幣幻覺消失，醒悟到雇主多付之名目工資，只不過維持實質工資不下跌而已。於是，重返政策變動前的狀態。如此，長期的菲利浦曲線即為一條維持在「自然失業率」水準上的垂直線。亦即，政府政策只在短期間對實質面有影響，長期而言，只有促使一般物價騰漲、引發通貨膨脹而已。

盧卡斯將理性預期引入模型之後，認為政府的政策對於經濟體系的影響，必然與經濟個體有切身利害關係。因此，法則的規律性自然難逃理性大眾的情報網，而被悉數預測；加上大眾對政策的可能效果亦全知曉，於是當政策果真如期施行時，理性大眾所決定更改物價的幅度，或說總合需求面的壓力，透過體系運作在物價上所引起的反應，恰好印證大眾事先的理性預期，一點都不意外。政府的政策只造成通貨膨脹及其預期值的絕對變動，相對關係則絲毫未變。因而，理性預期裡，並無適應預期所作長短期之分，而只有「可料」與「不可料」之別，而不可料的「叫人驚訝」（surprise）施政手段，亦只加深景氣循環的變動幅度而已，不足為理性當政者所取。

以上所說的理性預期假設及政策無效，是一般人對理性預期學派的了解。其實，在學術文獻中，對於均衡、不完全訊息所擔任的角色，以及機遇性變動的重要性和實證方法都有充分討論，也因而才能引起總體經濟理論的大波動。理性預期理論嚴謹的理論架構，縝密細膩的推理，非三言兩語所能道盡，有興趣的讀者可閱讀盧卡斯等學者的著作。

由歷史轉唸經濟的盧卡斯

盧卡斯出生於一九三七年，唸高中的時候，數學成績很好，所以盧卡斯在高中畢業後，就得到一筆芝加哥大學提供的獎學金，而進入芝加哥大學讀書。進入大學就讀後，盧卡斯先選修了數學課，但他後來卻對數學失去興趣，開始對文科感興趣。就這樣，盧卡斯改成主修歷史，於一九五九年拿到芝加哥大學的歷史學士學位。大學畢業後，由於加州大學柏克萊分校提供獎學金，盧卡斯乃赴該校攻讀碩士。由於領悟到經濟力量才是歷史的原動力，便試著唸經濟學，再覺悟到無法以業餘者來了解經濟理論，乃毅然邁進經濟學領域，而因加大經濟系不提供獎學金，於是回芝加哥大學，並在一九六四年獲得芝大經濟學博士。

盧卡斯認為弗利曼的講課（價格理論）和薩繆爾遜的《經濟分析的基礎》一書，係帶領他跨進經濟學門檻的兩種導體。他的總體經濟學所受訓練是道地的傳統凱因斯經濟學，其博士論文題目是〈一九二九至一九五八年美國製造業的勞動和資本之替代〉，由此可知，他在芝大所受的訓練與其成名的研究，並無直接而緊密的關係。畢業之後，盧卡斯應聘至卡內基工學院及卡內基—美隆（Carnegie-Mellon）大學教書；一九七四年再重返芝大擔任教席；一九七五至一九八三年還兼任經濟學系的副系主任；一九八〇年起即榮膺「杜威服務傑出經濟學講座教授」。一九八六年初，貝克（一九九二年諾貝爾經濟學獎得主）接任美國經濟學會會長之後，盧卡斯再兼該系系主任，直到一九八八年；一九九七年擔任經濟計量學會會長；二〇〇二年擔任美國經濟學會會長；一九八〇年被選為美國人文及科學院院士；一九八一年膺選為國家科學院院士。此外，他也曾擔任過多種著名學術刊物的編輯。

盧卡斯在一九五九年與麗塔（Rita）結婚；一九八二年分居；一九八九年與麗塔協議離婚。在簽訂離婚協議書時，由於麗塔預期盧卡斯可能會得到諾貝爾獎，所以要她的律師在離婚協議上加了一條規定：若盧卡斯在一九九五年十月三十一日以前獲得諾貝爾獎，麗塔有權分得一半的諾貝爾獎金。結果瑞典皇家科學院在一九九五年十月十日宣布盧卡斯獲得諾貝爾獎，與離婚協議書規定的十月三十一日只差了二十一天，可見麗塔預測得何其準確。有人揶揄說，盧卡斯創立了理性預期理論，但他的前妻對預期理論應用得似乎更勝一籌。

盧卡斯的學術成就及貢獻

迄一九八六年為止，盧卡斯發表於著名刊物上的學術論文共三十餘篇。第一篇廣被引用的作品係一九六九年與雷屏（L. Rapping）共同完成的〈實質工資、就業與通貨膨脹〉，以勞動市場為經，兩期分析為緯，將菲利浦曲線引進總體經濟，創出有名的「盧卡斯供給函數」，這篇文章的結論支持「自然失業率假說」，係盧卡斯走向新興古典經濟學之墊腳石。至於第一篇正式以理性預期觀念為主的論文，則是一九七一年與普瑞史考特（E. C. Prescott，二〇〇四年諾貝爾經濟學獎得主之一）合作的〈不確定下的投資行為〉；該文的艱澀技術性問題，也使他下苦功研讀數理經濟學和數學，奠定深厚的數理基礎。一九七二年的〈預期與貨幣的中立性〉和一九七三年的〈產出與通貨膨脹抵換的國際實證〉文章中，再度將自然率假說作了合理擴充，嚴謹地導出許多發人深省的理論創見，並完成包含理性預期的實證研究，再次得到「貨幣中立性」和「政府政策無效」的古典結論。至此，才真正產生了「新興古典經濟學」，而也才與新凱因斯學派學者正面衝突。盧卡斯並不逃避此種對抗，在一九七二年一個學術研討會上發表的〈自然率假說的計畫檢定〉和一九七六年〈計畫經濟政策評價的批判〉文章中，更詳細說明理性預期在總體經濟學中的地位。文中所包含的內容，造成他與凱因斯學派和重貨幣學派之間無法彌補的裂縫。他在一九七五年發表的〈景氣循環的均衡模型〉，攻擊「均衡觀念與景氣循環不調和」的傳統觀念，提出景氣循環應係經濟主體最適化行為表現在市場的後果。至此，理性預期理論乃大致完備。

除了這些研究成果外，還有著名的「盧卡斯評論」（Lucas Critique）。經濟學裡的一個重要領域是，研究經濟政策的效果。在研究這些效果時，人們往往使用某一個模型或某一種理論。但有時模型得出的結論與實際不符，常常使人摸不著頭腦。盧卡斯認為，在使用這些模型時，人們自覺或不自覺地假設經濟變數之間的關係是固定不變的，但是，實際上這些關係經常有變化，既會隨著時代的變化而變化，也會隨著經濟政策的變化而變化。例如：按照經濟理論，收入愈高，則消費愈高。有鑑於此，在經濟蕭條時，政府就可能試圖用減少個人所得稅的辦法鼓勵大眾消費，並以此刺激經濟。減少個人所得稅，實際上就等於增加個人收入。但減少稅收的結果往往會給政府帶來財政赤字。如果消費者預測經濟面不會有根本的改觀，就會認為政府遲早會再次提高稅率來彌補赤字。這樣一來，他們就會把因減稅得來的額外收入儲蓄起來而不消費，以備將來應付政府的高額稅收。至此，政府透過減少稅收來刺激經濟的做法便面臨失敗。失敗是因為消費者改變自己的行為，改變了政府所假設的收入愈高，則消費愈高的經濟關係。當某些經濟變數之間的關係改變後，則某些模型無法繼續有效地解釋經濟現象，這就是所謂的盧卡斯評論。事實上，此減少個人所得稅的例子，也同時是一個理性預期的例子。在這種理性預期下，減少所得稅的政策變得無效，這是與傳統經濟理論分析結論不同的地方。

盧卡斯為人幽默風趣，喜歡與人交談，更喜歡給年輕朋友做啟發性的工作，但在嚴肅的學術辯論上，卻會毫不留情地以強烈字眼指責對方的不是。他是學生心目中的優秀老師，非但觀念交代清楚，而且善於引導學生思考問題，連理性預期學派的另一大將沙金特（T. Sargent，二〇一一年諾貝爾經濟學獎得主之一）在聽過他的兩門課後也深表同感。盧卡斯的菸癮極大，上課時「自備」一個大菸灰缸，曾經有一則關於他抽菸的笑話流傳著：他的口頭禪 **"It's true!"**，講課時點起香菸，用手一挾，再向上一揚，**"It's true!"** 隨即脫口而出，因而學生笑稱他抽的是 **"True"** 牌香菸。

一般模型的困境

一九八六年訪臺，盧卡斯曾作過兩場演講，一為一般性，一為學術性，題目都是〈經濟發展的機械化過程〉，差別在於所用的「語言」不同。國人或許對於盧卡斯不專講理性預期而感到失望，但經濟成長的課題其實更切合臺灣。盧卡斯是看到富國、窮國，無論在個人所得的絕對值或成長率上都有極大差異，但卻似乎有規則可尋而引發研究興趣。他自問：是否可以找到一個模型——一個可以放在電腦裡「跑」的明顯動態體系——以機械化的運作架構來反映此等事實。他以個人的效用偏好、廠商的生產技術限制等個體經濟的理論基礎，求取均衡模型的第一階條件；再以一套差分方程體系，找出適合經濟發展變數的機械運作過程。盧卡斯修改梭羅（一九八七年諾貝爾經濟學獎得主）的新古典成長模型來分析，對於二十世紀美國經濟成長解釋得很好，但要放諸四海皆準，則需透過各種假設的變動。由於各個經濟體皆各具難以捕捉的特性，找尋一個一般的經濟發展模型，自然是件艱鉅的工作。

不過，盧卡斯在各個模型的推導過程中，似已發現有脈絡可尋，在這個經濟發展理論模型停滯的時代，也許盧卡斯能繼突破總體經濟學窠臼之後，再在經濟發展學科上，續有創見。梭羅的成長模型在一般的總體經濟學教科書中隨處可見，也有學者同樣將之用於解釋各階段的經濟發展，國內很多學者用其計算「技術進步」。讀者不妨比較看看，盧卡斯是如何運用這個通俗的模型來做一件困難的工作。

國內經濟學界時常邀請國際知名學者蒞臺作學術交流，一九八六年難得邀請到當時學術聲譽正如日中天的盧卡斯教授來訪，國人應不至於失之交臂。也許，在盧卡斯的香菸裊裊中，早已薰陶出不少的靈感了。

1996

資訊不對稱的後繼
維克瑞和米爾利斯

維克瑞

米爾利斯

一九九六年的諾貝爾經濟學獎得主，於該年十月八日晚間經瑞典皇家科學院宣布，由英國劍橋大學教授米爾利斯（James A. Mirrlees）和美國哥倫比亞大學退休榮譽教授維克瑞（William Vickrey,1914-1996）兩人共同獲得。消息傳來，讓臺灣經濟學界人士的眼鏡掉落滿地，因為事前猜測的人選全部摃龜，充分顯示學界、傳播界和諾貝爾經濟學獎評選委員間「資訊的不對稱」程度之高。不過，比起以往如法國阿雷教授得獎，臺灣學界對這兩位得獎人並不那麼陌生。

瑞典皇家科學院宣稱，米爾利斯和維克瑞是因為對於資訊不對稱（information asymmetry）下的「誘因」理論，所做的基本貢獻而得獎。瑞典皇家科學院所發布的頌詞說，兩位得獎人的工作，使人類對保險與信用市場、賦稅制度、競爭條件，甚至公司內部組織等等的全面經濟活動，都有較佳的理解。在雇主判定勞工究係何種人時，將不完整或不對稱的資訊納入考量，是作決策時的關鍵因素，這種僱傭理論所用的不對稱資訊，也是決定社會福利、工作保險及其他社會因素的重要工具。

關於資訊不對稱，以及晚近所謂「資訊經濟學」是什麼？它們的應用又是如何？先簡單扼要地介紹這兩位諾貝爾獎得主之後，再來檢討。

畢生執著於學術研究的維克瑞

維克瑞教授於一九一四年在加拿大英屬哥倫比亞出生，在獲得諾貝爾獎的三天後，即一九九六年十月十一日不幸因心臟病去世，享年八十二歲。是否因榮獲諾貝爾獎桂冠過於興奮所致，不得而知；不過他當時外出參加一項學術會議，於途中昏迷趴在座車方向盤上，足見垂老仍孜孜矻矻於學術，此種畢生執著於學術研究的精神，實堪為後輩之典範。

維克瑞在一九三五年得到耶魯大學的學士學位，其後分別於一九三七和一九四七年得到哥倫比亞大學的碩士和博士。自第二次世界大戰之後，維克瑞就一直擔任哥倫比亞大學教職；一九七九年退休後仍為該校榮譽教授，以迄去世為止。一九六七至一九六八年，維克瑞曾擔任史丹佛大學行為科學研究中心研究員；一九七一年也曾赴澳洲莫納石大學當客座教授；一九四九至一九五〇年參與 Carl Shoup 的賦稅小組，赴日本奠定日本戰後賦稅結構的基礎；隨後數年，維克瑞也在數個國際性賦稅顧問小組擔任職務。

除了榮獲諾貝爾獎最大榮譽外，維克瑞在一九六四至一九六五年當過紐約都會經濟學會會長；一九七三至一九七七年擔任國家經濟研究局局長；一九七八年榮膺美國經濟學會傑出會員。

維克瑞的學術成就及貢獻

維克瑞的研究領域在政府租稅和公用事業兩個層面，他具有豐碩和原創的心靈，其成名係因一系列的開創性觀念，並悄悄地將其應用於著作中；不過，直到他將這些觀念應用在租稅、交通，以及公用事業定價研究上，才廣為人知。

其實，維克瑞就是以租稅研究開展其學術研究生涯的。在第二次世界大戰前後，他將大部分精力用於公共財政（特別是租稅）問題上，逐漸成為該領域專家。他在一九四七年出版的 *Agenda for Progressive Taxation*，已成為賦稅領域的經典之作。維克瑞是一位應用理論學者，他對只以搬弄技巧的方式深感不以為然，因而時常謹慎小心地在其政策分析上，以紮實堅強的理論作為基礎。如果找不到現成合適的理論基礎，維克瑞便會去填補此空缺，而後據以批判政策問題。因此，維克瑞在理論上的貢獻，都是因為要解決政策問題而被逼出來的。

一九六〇年，維克瑞在《經濟論文季刊》（*Quarterly Joural of Economics Paper*）發表〈公用事業、策略，以及社會決策法則〉這篇重要文章，文中指出「真實地顯示出偏好」問題，以及「隱藏真實偏好」的策略性利益問題。其在一九六一年於《財務期刊》（*Journal of Finance*）發表的文章，就是考慮市場機能（拍賣和叫價競爭法則）與誘發真實地顯示偏好的關係。當時，誘因機制問題尚乏人問津，而維克瑞在此課題上的先驅性貢獻，直到二十年之後，亦即一九八〇年代才逐漸受到重視，這也就是今日赫赫有名的公共選擇（public choice）理論。這種情況與一九九一年諾貝爾經濟學獎得主寇斯的〈廠商的本質〉這篇劃時代文章，更是三十多年後才大放異采，如出一轍。這也應該是先知的通則。

維克瑞對公用事業和交通的最適定價問題深感興趣，他在這方面也確實貢獻良多，特別是對都市交通運輸保有一貫的濃厚興趣。他對美國和其他地方的快速運輸系統之費率結構，作了許多研究，對於擁擠和尖峰時刻的時間價格尤其重視，甚至建議對都市裡的汽車使用收取監視費。在這方面，維克瑞應用的是「邊際成本定價」理論。

綜觀維克瑞的學術貢獻大都發表於一九五〇年、一九六〇年代的著作，而直到一九八〇年代之後才綻放出耀眼光芒，可見其先知性。

英國學者米爾利斯

米爾利斯於一九三六年出生在英國蘇格蘭的米尼加佛（Minnigaff）；一九九六年獲諾貝爾獎時正好滿六十歲。上小學時，米爾利斯擅長心算；上中學時，他對數學的熱情愈來愈強烈，甚至嘗試讀數學老師上大學時的數學課本。當米爾利斯被問到長大後想從事的職業時，他毫不猶豫地回答說，要當一名數學教授。高中快畢業時，米爾利斯希望能考入劍橋大學，但卻沒有成功，最後進入愛丁堡大學。雖然上劍橋的願望落空，但他的能力（尤其是數學能力）相對於愛丁堡大學的水準卻綽綽有餘，所以他只花了三年就拿到學士學位。而他在得到一筆獎學金後，進入了劍橋大學攻讀他的第二個學士學位。雖然看起來多花了一些時間，但米爾利斯終於進入他夢寐以求的大學。

在劍橋拿到數學學位後，米爾利斯又得到一筆攻讀經濟學博士學位獎學金。而在攻讀博士學位的過程中，米爾利斯有幸得到一九八四年諾貝爾經濟學獎得主史東的指導；一九五〇年通過劍橋大學數學榮譽考試；一九六三年獲劍橋大學博士學位。畢業後，米爾利斯先在劍橋大學擔任經濟學助理講師（一九六三年至一九六八年）、一九六八至一九九五年擔任牛津大學經濟學教授、一九七六年兼任美國麻省理工學院客座教授、一九八五年兼任加州大學柏克萊分校客座教授、一九八九年兼任耶魯大學客座教授、一九九五至二〇〇三年任劍橋大學政治經濟學教授。

米爾利斯曾於一九九八年五月在北京大學做學術演講；二〇〇一年一月六日在清華大學演講〈經濟成長是否還會持續〉；二〇〇二年四月到北京大學參加「劍橋大學日」並作學術演講；二〇〇二年八月被香港中文大學聘為傑出自由教授（Distinguished Professor-at-Large）[1]；二〇〇三年十月二十九日被北京大學授予榮譽博士學位。此外，米爾利斯還是劍橋大中華經濟研究中心主任，並曾擔任數種學術期刊的編輯。

【1】不規定工作的詳細內容，可以隨意進行教學、研究活動，其活動範圍不限於某一個特定的系，而是可以在全校範圍內進行。

米爾利斯的學術成就及貢獻

米爾利斯的主要研究領域包括：一般經濟學、理論、歷史、制度、國內貨幣和財政理論，以及體制等。他在一九七三年與 N. H., Stern 合編《經濟成長模型》（*Model of Economic Growth*）；一九七四年與 I. M. D. Little 合著《開發中國家的計畫評估和規劃》（*Project Appraisal and Planning for Developing Countries*）。自一九七三至一九八二年，發表過至少十篇以上的重要文章，這些文章都屬於經濟規劃理論和福利經濟學領域的作品。

米爾利斯自讀博士班開始，就持續從事經濟規劃的研究，主要的研究課題包括兩方面：

1. 估計決策時忽略不確定性的重要性；引導出在不確定下最適成長的研究，結論是：不確定性在總計後出乎意料之外的不具重要性。
2. 發展出受限於稅率下，一個經濟體系的最適投資決策理論。與 Little 發展出成本效益研究，而且也與 Hammond、Stern 和 Dixit 從事敏感度和最適成長的研究。

在福利經濟學方面，則是基於政府不能使用個人不願顯示的資訊，這樣的務實假設進行研究，在一九六〇年代與 P. A. Diamond（二〇一〇年諾貝爾經濟學獎得主之一）應用於生產法則和租稅課題上。一九六九至一九七一年，他從事非直線性所得稅的可能性系列研究，並進行對家庭大小、區位、國外所得課稅的研究，隨後則從事評估政府支出的研究。在考慮福利經濟學的一般結構後，米爾利斯與Diamond 在一九七〇年代中期發展出「道德危機」（moral hazard）模型，並應用到年金和社會保險課題上，這些研究通常重視經濟體系的不確定性。米爾利斯晚近的研究興趣在於對具有高度扭曲經濟體系裡決策課題的研究，他也從事開發中經濟體系的福利經濟學研究。

資訊經濟學和資訊不對稱的迷思

由上文的分析，可以明顯得知維克瑞和米爾利斯都是典型的「福利經濟學者」，都賦予政府重責大任，是凱因斯的忠實信徒，也是道地的凱因斯學派。

在宣布維克瑞和米爾利斯獲得諾貝爾經濟學獎之後，臺灣經濟學界一致指出「資訊不對稱」，正是他們最有開創性的貢獻，也有評論認為「資訊經濟學」終於抬頭。由上文對維克瑞和米爾利斯學術貢獻的簡介中，可知米爾利斯的確明白地提出「不確定性」，並對「道德危機」作過研究；而維克瑞也對拍賣和競價有先驅性見解，在拍賣中，標單必須密封，但提出最高標者，卻只要支付第二高的標價才符合社會最高效益。這些見解的確都是資訊經濟學的範疇。不過，怪異的是，最具權威性的《保羅格瑞夫經濟學辭典》（*The New Palgrave Dictionary of Economics*）裡，由 E. Massoumi 和 A. Postlewaite 分別介紹的「資訊經濟學」和「資訊不對稱」名詞解釋，卻都未提到這兩位諾貝爾獎得主。原因何在，雖不得而知，但他們在這兩個領域裡的「理論性」貢獻，恐怕並不太具先驅性吧！

其實，關於「資訊」的重要、「資訊不對稱」的提出，以及對「資訊經濟學」的開創性貢獻，似乎都不是由這兩位一九九六年諾貝爾經濟學獎得主扮演要角。就「資訊」這個名詞及其重要性，一九七四年諾貝爾經濟學獎得主海耶克在一九四五年九月發表於《美國經濟評論》（*AER*）的〈散在社會的知識之利用〉裡，就已明白清楚地提出。而「資訊不對稱」更遠在庇古一九二〇年的《福利經濟學》中，已被庇古一再強調，也有人以「無知」（ignorance）或「經濟無能區」稱之。庇古引用三個有名的例子：一為工人無法適當評估其工作和工作場所的傷害率和危險性，因而往往未能得到足夠的工資津貼；二為個人沒有能力選擇醫生、律師、藥劑師等等；

三為個人沒有能力選擇銀行和保險公司。由於此種資訊不對稱、或不完全，以及知識不完全，於是庇古乃提出需要「政府」出面來擬定基本補償法、建立職業證照，以及嚴格管制金融和保險公司，使人民的福利增加。至於「資訊經濟學」，一九八二年諾貝爾經濟學獎得主史蒂格勒早在一九六一年六月就在《政治經濟學期刊》（*JPE*），以此名稱作為文章題目。因此，無論是「資訊經濟學」、「資訊不對稱」、「資訊」，甚至是「管制經濟學」，都不是維克瑞和米爾利斯所開創的。否定這兩位得獎者在這些層面的開創性貢獻，並非意味著他們的學說、理論沒有較高的價值。正如施俊吉教授說的，中油調價、中華電信的電話費率，都可應用他們對資訊不對稱所建議的「誘因系統」解決。臺北市捷運票價、拖吊費等等的決策，也都可引用他們所提的辦法。不過，我們也不得不提出一個「根本的」疑問：公用事業為何須由政府以法令來獨占或管制？何不「開放」而讓市場競爭來促使資訊不對稱的程度減輕呢？

資訊不對稱或不完全是人間的常態，固然提供誘因來減低不對稱程度的想法沒錯，但不要忘記的是，誘因機制是有代價的。而抬出政府來「強迫」減低資訊不對稱是否得當，更是一個值得商榷的課題，其實，光由「監督成本」的龐大已可知一斑了。自庇古以來，一脈相承的福利經濟學者，習慣上都以機械手法估量促進資訊的成本和效益，再由政府出面做最適當的調節。這種做法在黑板上演練無懈可擊，但實際執行起來卻不是那麼一回事，因為有各種「交易成本」會出現，畢竟政府也是凡人組成的，不可能有三頭六臂。前述寇斯就以「黑板經濟學」來稱呼這些言之成理、演算式毫無破綻，但實際施行卻反使成本可能增加的學理和作法。

由一九九六年底，臺灣中台禪寺諸多女性高級知識分子集體剃度出家，至宋七力詐欺、妙天禪師詐財，以及飼料奶粉、死豬肉等等事件來看，臺灣民眾的「無知」和「心靈空虛」已十足地顯現出來。輿論探討的結果，大都指向政府應出面立法、管制、輔導，甚至「禁止」電視媒體播出怪力亂神的節目。只有少數人由「個人」為何會如此探索起，尤其臺灣民眾對於資訊的判斷和選擇為何如此不堪？是不是因為從小就太受束縛、太被保護，不被教導培養獨立判斷的做人基本能力？學習、創新、試誤，應是人生旅程中不斷重複的過程。而資訊的開放、自由，也正是學習成本最低的最好方式。

固然資訊不足、不對稱會產生風險；同樣地，謠言、誇大、數量龐大的資訊，也令人難以判斷和選擇。同樣的道理，也不應要求政府出面以公權力管制、規範，而應自由開放由每個人自行吸收、判斷、試誤、學習，以市場競爭力量將不實的資訊淘汰、強迫資訊提供者放出真實訊息。例如：一九九六年當時的臺北市議員璩美鳳召開記者會揭發「宋七力詐騙案」，對謝長廷的部分，涉及證據並不具體就發布，對謝先生造成名譽傷害，即使事後還謝先生清白，但傷害已難彌補，因而是否要有資訊規範、管制值得討論。不過，不應事前管制的道理已如上述，但政府也有應負的責任，此即在事後應「懲處」傷害別人者。因此，民法、刑法中毀謗、詐欺等等顯得特別重要；不過，同樣地，司法系統也是「人」在運作，如何做到公平公正、毋枉毋縱，是一重要課題。

最後，仍然必須強調，「資訊不對稱」是人生常態，「開放資訊自由競爭」、人人培養判斷能力、政府懲罰傷害別人者的處理方式，才是促進人民福祉的最佳之道。

1997

財務工程科技開創者
莫頓和修斯

莫頓

修斯

儘管不斷有消息傳出，諾貝爾經濟學獎可能被取消，最主要的理由是，此獎項本來就不在諾貝爾獎的原始領域之內，而是一九六八年由瑞典中央銀行捐錢新增的。不過，雖有爭議，一九九七年的諾貝爾經濟學獎還是如期選出得主。結果是由兩位美國財務學者共同獲得，分別是哈佛大學企業管理學教授莫頓（Robert Merton）和史丹佛大學財政學教授修斯（Myron Scholes）。他們是繼一九九〇年馬可維茲、夏普，以及米勒三位美國財務學者之後，隔了七年再獲頒諾貝爾獎的財務學者，此是否意謂財務學儼然已成為經濟學領域裡的顯學了呢？

莫頓小傳

由《經濟學名人錄》中得知，莫頓於一九四四年在美國紐約市出生，父親是哥倫比亞大學社會學教授，母親是家庭主婦。高中時喜歡數學、棒球運動和汽車，唸大學時就選修研究生的數學課，並發表他的第一篇文章，是關於格列佛遊記的文章。他在一九六六年拿到哥倫比亞大學學士，在其華裔教授的鼓勵下赴加州理工學院深造，於一九六七年得到應用數學碩士，之後再轉至麻省理工學院攻讀博士，一九七〇年獲得學位。其學術生涯都在麻省理工學院和哈佛大學。莫頓擔任過美國財務學會的副會長、會長，也是多家著名學術期刊的編輯。

在麻省理工學院就讀時，莫頓修了一門由薩繆爾遜開的「數理經濟學」，並就最適成長模型寫了一篇作業論文。經由這門課，莫頓與薩繆爾遜相識。由於在這門課程良好的表現，莫頓在一九六八至一九七〇年被薩繆爾遜聘為研究助理。

莫頓從小就對金融、證券感興趣，並曾自己在家開設一間模擬銀行進行操作，還被父親引入股票市場買了股票。在擔任薩繆爾遜研究助理時，莫頓和薩繆爾遜多次談論證券股票的問題，並發現他們在這方面有共同的興趣，於是開始進行合作研究。

一九六九年十月，麻省理工學院與哈佛大學聯合舉辦的數理經濟學研討會正式「開張」。在薩繆爾遜的鼓勵下，莫頓這個當時年僅二十五歲的博二生，在包括亞羅、梁鐵夫等一批著名經濟學家面前，作了一次被他稱作「難以忘懷的嚴峻考驗」的學術報告。

除了跟著薩繆爾遜學習外，在麻省理工學院期間，莫頓還曾受教於梭羅、莫迪葛良尼等人。莫頓畢業後又在莫迪葛良尼的邀請下，留在麻省理工學院工作，由學生變成教師，並在一九七〇至一九七三年擔任麻省理工學院助教；一九七三年升為副教授；一九七四至一九八八年擔任麻省理工學院史隆管理學院（A. P. Sloan School of Management）教授；一九六八至一九七三年，莫頓與在麻省理工學院任教的修斯是同事，並經常在一起討論期貨選擇權的定價問題，他倆也因此同獲諾貝爾獎。

莫頓在一九八三年成為經濟計量學會會員；一九八六年當選美國人文及科學院院士；一九八六年任美國金融協會會長；一九九一年獲得芝加哥大學榮譽法學博士學位；一九九三年當選為美國國家科學院院士；一九九三年獲得國際金融工程師協會的「年度金融工程師」；一九九三至一九九六年擔任金融研究學會副會長；一九九四年擔任國際金融工程師協會高級會員；一九九八年獲得臺灣國立中山大學授予榮譽博士學位。

莫頓的學術成就及貢獻

莫頓的研究興趣集中於三方面：一是不確定性和資訊經濟學；二是經濟計量學、統計和數學方法及模型；三是企業財務和投資。其主要著作也都是這三個領域的問題研究，一九六〇年代末和一九七〇年代初期，莫頓開始嶄露頭角，不斷地以在「連續時間」（continuous-time）架構下，解析消費和資產選擇法則，代表性文章有三：(1)一九六九年發表在《經濟統計評論》期刊上的〈不確定性下終身資產選擇：連續時間情況〉（Lifetime portfolio selection under uncertainty: the continuous-time case）；(2)一九七一年十二月於*JET*上發表的〈在連續時間模型下最適當消費和資產選擇法則〉（Optimum consumption and portfolio rules in a continuous-time model）；(3)一九七三年春季在《貝爾經濟期刊》刊登的〈理性選擇定價理論〉（Theory of rational option-pricing）。尤其第三篇更是膾炙人口的代表作，該文將選擇權的價值界定在許多無套利機會關係式的範圍內，導出當利率也在隨機波動狀況下，且當股價波動並非連續，而有跳空時的選擇權評價模式。

一九七三年，莫頓發表了一篇〈跨時資本資產定價模型〉（An intertemporal capital asset pricing model），在同樣架構下，一九七四年五月寫出〈公司債定價：利率的風險結構〉（On the pricing of corporate debt: the risk structure of interest rates），推導出衡量「違約風險」公式。之後莫頓又有〈不確定性下的漸進成長模型〉（An asymptotic theory of growth under uncertainty）、〈論附帶要求的定價和 Modigliani-Miller 定理〉（On the pricing of contingent claims and the Modigliani-Miller theorem）、〈論市場時間和投資表現：市場預測的均衡價值理論〉（On market timing and investment performance part 1: an equilibrium theory of value for market forecasts）、〈不確定性下個體經濟學投資理論〉（On the microeconomic theory of investment under uncertainty），以及〈在人力資本不可交易經濟體系下社會安全作為有效率風險負擔角色〉（On the rule of social security as a means for efficient risk-bearing in an economy where human capital is not tradeable）。

除了上提諸篇著名文章外，莫頓在共同基金績效評估上，也和其學生韓利森發展出評估共同基金「時效能力」（timing ability）指標，此係建立在「賣權」基礎上。莫頓也曾與修斯共同發表過兩篇文章，分別在一九七八和一九八二年，討論有關「買權」和賣權投資組合的報酬與風險。

修斯小傳

修斯似乎是個不喜曝光的人物，其生平簡介連《經濟學名人錄》上都沒有。修斯於一九四一年在加拿大出生，母親喜歡做生意，也希望修斯能協助他的舅舅做生意。受到父母的影響，修斯從小就對經濟問題，尤其是金融問題產生興趣。他時常擔任各種俱樂部的財務員，並在高中時就開始在股票市場裡投資。修斯對決定股票價格的因素充滿好奇，所以閱讀大量的書籍、財務報告，企圖解開其中的奧祕。

在芝加哥大學完成碩士學位後，修斯在當時任教於芝加哥大學的米勒建議下，繼續攻讀博士學位，並於一九六九年獲該校經濟學博士。除了米勒外，當時在芝加哥大學任教的還有史蒂格勒、弗利曼等著名教授。在這樣的學術環境中，修斯變得愈發熱愛經濟學，尤其是新興起的財務經濟學，所以他的博士論文也選擇財務經濟的課題，而米勒是他的論文指導教授。

在求學期間，修斯還曾於一九六六至一九六七年，在芝加哥大學工商與經濟學數學研究中心擔任研究助理；一九六七至一九六八年擔任芝加哥大學金融學教師；一九六八至一九七二年，在麻省理工學院擔任金融學助理教授，一九七二年升為副教授；一九七三年轉返芝加哥大學擔任金融學客座副教授；一九七五年升為副教授；一九七六年升教授；一九八一至一九八三年擔任芝加哥大學銀行與金融學教授；一九八三至一九八八年轉赴史丹佛擔任法學與金融學教授；一九八八至一九九六年專任金融學教授；一九九〇至一九九三年擔任所羅門兄弟公司常務董事兼高級顧問；一九九四至一九九八年，成為長期資本管理公司（Long-Term Capital Management）合夥人。

修斯的學術成就及貢獻

修斯的不朽代表著作無疑是一九七三年五、六月號《政治經濟期刊》（*Journal of Political Economy*）刊出的談論〈選擇權評價模式〉一文，是與布雷克（Fischer Black）共同發表的。布雷克在一九九五年因喉癌去世，得年五十五歲，諾貝爾獎委員會不諱言若布雷克尚在世，也應是得獎者之一。這篇文章是財務論文中被引述次數最多的，由此可見其價值之高。此文發展出一套用來衡量衍生性金融商品價值的新方法，現今被通稱為「布雷克—修斯公式」（B－S公式），建構於連續時間架構，而股價則以「幾何布朗寧運動」描述，當市場達到均衡時，應該不容許有無風險套利機會，由而推導出一個偏微分方程式，進而獲得選擇權價值答案。B－S公式被莫頓在一九七三年《貝爾期刊》上論文進一步放寬設限，作了更廣泛的延伸，實用性因而大增。繼此篇石破天驚大作後，修斯和布雷克又在一九七四年合作一篇有關「股利政策」的經典作品，他們的實證研究發現，高股利和低股利股票之報酬率在經過風險調整後，並無不同，在稅前如此，稅後亦如是。

財務經濟學不容忽視

瑞典皇家科學院宣稱，修斯和莫頓是因創建如何評估股價選擇權，以及其他金融衍生性商品的複雜理論而獲獎。因為這套模式是過去二十五年來，對經濟學最偉大的貢獻之一，也促成衍生性金融商品市場過去十多年來迅速成長，解決了衍生性金融商品難以估計價值的困境，使參與交易者得以正確地評估其投資報酬和風險。瑞典皇家科學院說，這套模式也可運用到保險合約、擔保或投資計畫彈性的評估。總之，這套方法為許多領域的經濟評估鋪路，也促成其他型態金融工具的誕生，更有助於社會風險管理效率之提升。

國內財務學者也高度肯定，選擇權定價模式提供一個在理論上正確，而且實際計算簡便的定價公式，因此獲得實務界廣泛使用。業界更以同樣觀念來決定任何衍生性金融商品的價格，只要顧客說得明白自己的需要，金融業者就可以量身訂作適當的契約，大幅開拓金融市場的範圍，不但使「財務工程」名詞應運而生，也使其成為一項「科技」。

經由上文的簡述，以及財務學者和輿論的評價，咸認莫頓和修斯兩位財務學術界泰斗之得獎，一點也不意外，可用「實至名歸」來形容。有些評論將七年前財務學者首次獲頒諾貝爾經濟學獎，以及本年再將獎項頒給一脈相承的財務學者，正顯示財務經濟學的重要性有增無減。這門學問不但在理論上有重大突破，而且具高度實用性，不但為金融體系注入新生命，且為社會國家創造可觀的就業與財富，是經濟學各領域中「後來居上」的顯學。而且過去的傑出經濟學家是「學而優則仕」，現今卻是「學而優則商」。這兩屆得獎的傑出財務學者都把理論應用在金融市場，並根據理論進行交易，從中獲得可觀利益。修斯和莫頓合組「長期資本管理公司」，廣邀麻省理工學院等名校學者加盟，而一九九〇年獲獎的三位財務學者也開設財務顧問公司，真正實現了「書中自有黃金屋」的古諺。

不過，固然這些獲獎的財務學者在其領域有傑出表現和貢獻，但以諾貝爾獎表彰是否不太合適，而且難免會有助長他們公司業務之嫌。何況衍生性金融已夠蓬勃，何需以這個崇高獎項來錦上添花，甚至助長技術型的時髦學風呢？一九九八年當亞洲金融風暴熾熱時，這兩位諾貝爾獎得主的長期資本管理公司竟面臨倒閉危機，還引起不少議論，也使諾貝爾經濟學獎蒙上一層灰塵。而二〇〇八年下半年全球淹沒於金融海嘯中，禍源就是衍生性金融。回歸傳統無趣的金融體系和緊守貨幣為交易媒介，只承認狹義貨幣，金融機構只擔任資金橋梁角色，更是識者沉痛的呼籲呢！

1998

經濟學良心的肩負者
聖恩

聖恩

一九九八年十月十四日氣象局發布颱風警報，當日晚報也以頭條「瑞伯強過賀伯」提醒臺灣民眾嚴加防範瑞伯強颱。就在當天臺北傍晚時分，瑞典皇家科學院宣布一九九八年諾貝爾經濟學獎由印度籍的聖恩（Sen, Amartya Kumar）[1]獲獎。巧的是，一九九六年聖恩應邀訪臺作兩場演說時，正是賀伯颱風侵臺時，他不但被「關」在飯店兩天，第二場演講還是在風災中進行的，看來聖恩真的與颱風有緣啊！

由於一九九八年全球籠罩在東南亞金融風暴的陰影下，等待凱因斯重現的企盼氣氛濃烈，使幾位新凱因斯學派的傑出學者，被列為諾貝爾經濟學獎熱門人選，甚至還有人認為中國在該次風暴中表現傑出，其財經幕僚的獲獎希望濃厚。無論如何，聖恩在當時並非熱門人物，因而其被宣布得獎，且是三年來唯一「獨自一人享有」此殊榮者，當然免不了跌破諸多專家及媒體工作者的眼鏡。不過，中研院和中經院在一九九六年聖恩第一次來臺演講的文宣中，就黃紙黑字很清楚地以「預期在不久的將來，聖恩教授將以其傑出的研究，為亞洲人獲得第一個經濟學諾貝爾獎」作結，不禁令人驚嘆該位執筆者的理性預期非常準確。到底聖恩為何會受到如此推崇呢？

亞洲首位諾貝爾經濟學獎得主

聖恩於一九三三年在印度孟加拉省出生；一九五九年時值二十六歲，即獲得英國劍橋大學的經濟學博士學位，曾執教於印度德里大學、英國倫敦經濟學院、英國牛津大學；一九九七年還是

【1】此間譯名紛歧，有以沈恩、席恩、賽恩稱之，但由其八十七歲老母在獲知其子得獎喜訊時表示，Amartya 是孟加拉文「永恆不朽」之意，且是由印度文學泰斗，也是諾貝爾文學獎得主泰戈爾命名觀之，一九九六年中央研究院、中華經濟研究院所用的「聖恩」譯名較為傳神。

美國哈佛大學經濟學教授；而一九九八是英國劍橋大學三一學院教授。聖恩也曾擔任過麻省理工學院、史丹佛大學、加州大學伯克萊分校，以及康乃爾等美國知名大學的客座教授。

聖恩曾先後擔任發展研究學會（一九八〇～一九八二）、經濟計量學會（一九八四）、國際經濟學會（一九八六～一九八九）、印度經濟學會（一九八九）、美國經濟學會（一九九四）等著名學會的會長。另外，聖恩教授也曾被選為大英學會、經濟計量學會、美國人文與科學院、劍橋大學、倫敦經濟學院、Sussex 大學、印度德里大學等的院士或榮譽院士。聖恩教授也曾獲得 **Frank E. Seidman** 等六項國際性的傑出獎章，並曾擔任許多國際知名學術期刊的編輯委員，其中包括 *Journal of Development Economics*、*Philosophy and Public Affairs*、*Social Choice and Welfare*，以及 *Theory and Decision* 等等。聖恩也因為他在學術上的傑出表現，獲得牛津大學等二十六個知名大學的榮譽博士學位。由此可知聖恩的學術成就早已受到國際社會的高度肯定，也奠下日後獲頒諾貝爾經濟學獎的基礎。

聖恩的學術成就及貢獻

聖恩的主要研究領域是，經濟成長和經濟發展，在迄一九九七年四十三位諾貝爾經濟學獎得主中，雖有數位在經濟成長和發展領域的學者，但與一九七九年的兩位得主路易斯和舒爾茲的性質比較接近，可說屬於古典式的，不用高深抽象的數理模型來解析。諾貝爾獎評審委員會給聖恩的得獎頌詞這樣說：「他在福利經濟學的基礎研究課題上，作出數項關鍵性的貢獻，舉凡社會選擇的一般理論、福利與貧窮指標的定義，到對飢荒的實證研究皆屬其貢獻範圍。」

這個頌詞可說是聖恩在《經濟學名人錄》裡的自述之摘要。聖恩認為自己的主要貢獻在於，福利經濟學和社會選擇理論的探究，特別是在擴展訊息基礎上結合了「自由」（liberty）和「權力」（rights）的考量，並且進一步探討集體理性（collective rationality）的問題。其次，聖恩也對經濟測度指標的方法及技巧有所貢獻，特別在真實國民所得、貧窮、不公平和失業測度上有獨到見解。此外，他也對開發中國家的科技選擇，以及陰影價格和成本效益分析的方法有相當成就。最重要的，聖恩發展出一套解釋飢荒因果關係的理論，該理論著重於一般的經濟交互關係，並不只將問題放在糧食供給上，聖恩並且將其理論應用到亞洲和非洲的飢荒現象作實證分析。

更具體地說，聖恩的貢獻範圍可說從社會選擇的基本公理出發，跨過福利與貧窮指標的定義及測度，一直到飢荒問題的實證研究。聖恩釐清了很多概念，譬如在什麼情形下允許把個人價值的加總，當作是社會組成分子的集體決策；在何種情況下，允許集體決策的規則和個人能力所及的範圍一致。

個人偏好應該如何被加總？不同的社會情況又應該如何在一個令人滿意的理論基礎下被評估？聖恩從一九六〇年代中期起，就對這類問題投入相當多的心血，他的努力不僅豐富了社會選擇理論，同時也開啟更新穎、更重要的研究領域。一九七二年諾貝爾經濟學獎得主亞羅就是研究社會選擇和個人價值有貢獻而得獎，亞羅曾稱許聖恩比任何人都更深刻思考經濟福利的真實意義。聖恩所討論的多數決、個人權利，以及有關個人福利問題的可用性等，從一九七〇年開始就深具影響力，同時也激勵更多研究者探究基本的福利議題。

多數決曾被亞羅的「不可能定理」揪出矛盾性，而一九八六年諾貝爾經濟學獎得主布坎南所領導的公共選擇學派，也費心地尋找改善之道。但聖恩透過分析有關個人福利所披露出來的可用資訊，進一步修正了很多以往用來比較社會福利分配差異的理論，並定義出更新穎、更令人感到滿意的貧窮指數。為了比較一個國家裡和不同國家之間的財富分配，用來衡量福利或所得差異的指數就非常重要。在一九七〇年前後，多位學者把這個領域的許多觀念，仔細地做了一番研究，得到極為豐碩的成果，包括以勞倫斯曲線描述所得分配、以吉尼係數測量所得不均度，以及不同所得分配的社會順序等，而聖恩所定義出的貧窮指數及其他福利指標，就對福利經濟學產生更有價值的貢獻。

在一九六〇年代的文章中，聖恩分析有關開發中國家生產技術選擇的問題，其研究都可含括在經濟發展課題裡，他將最多的心力花在社會中最貧窮人民的問題上，顯現出經濟學家具人性關懷的一面。飢荒就是一個顯例，聖恩質疑一般人認為糧食不足是造成飢荒問題最重要原因的看法。他利用印度、巴基斯坦，以及撒哈拉沙漠周圍國家一九四〇年以來的資料發現，很多現象實際上並不能單用糧食不足來解釋，很多發生飢荒的地方當年的糧食供應並沒有比前一年減少，或是發生飢荒的地區甚至還有糧食出口，重要的原因或許應是，災害引起市場上恐慌性的糧價上漲，使低所得者或失去工作的少數人無法支付生活所需，終至飢餓而死亡。總之，聖恩認為要深入了解飢荒內涵，必須經由分析各種社會、經濟因素如何影響不同族群，並決定他們實際的生活情況，而非單看一個表面的原因就遽下斷言。

我們可以這樣說，聖恩的一半心力用於社會選擇的研究，另一半則投入包括飢荒問題在內的生活品質之研究。在得知獲得諾貝爾經濟學獎殊榮時，聖恩還表示，希望能藉此凸顯出探討如何消除貧窮問題的研究是何等重要，可見當時他應該較致力於此課題。

上述聖恩的這些貢獻，大致可在他的下列七本主要著作中找到：(1)一九六〇年出版的《技術的選擇》（*Choice of Techniques*，一九六八年再版）；(2)一九七〇年出版的《集體選擇和社會福利》（*Collective Choice and Social Welfare*，一九七一、一九八〇年各有其他版本）；(3)一九七三年面世的《論經濟不公平》（*On Economic Inequality*，本書有多國譯本）；(4)一九七五年著作的《就業、科技與發展》（*Employment, Technology and Development*）；(5)一九八一年出版的《貧窮和飢荒》（*Poverty and Famines*，書裡的某些實證結果受到不少質疑和批評，但無疑對經濟發展學產生重大貢獻）；(6)一九八二年問世的《選擇、福利和測度》（*Choice, Welfare and Measurement*）；(7)一九八四年出版的《資源、價值和發展》（*Resources, Values and Development*）。

這七本書是聖恩截至一九八六年為止的代表作，之後也有數本專書和論文集，而其所發表的學術論文高達兩百多篇，可說是琳瑯滿目，這些文章大都刊登在諸如 *AER*、*JPE*、*RES*、*Econometrica*、*EJ*、*Journal of Public Economics*、*Journal of Philosophy* 等世界著名的期刊。聖恩不認為東方人身分會矮化自己的著作，並減損在西方學術界的重要性。雖然國際經濟學界是以歐美為馬首，但聖恩認為對於學術作品並沒有「種族歧視」，但有「所在位置」的歧視，亦即，國際主流學派的根本在西方，對西方社會的議題較熟悉，相對地，處於邊緣地帶的學者及其著作，就不易受到重視。這個問題曾被注意也被討論過，但聖恩覺得仍然「無解」，因為現代經濟學基本上是處於西方的架構上。

訪臺宣揚生活品質

聖恩於一九九六年七月底抵臺訪問一星期，雖然碰上賀伯風災，仍然分別於七月三十日下午和八月一日下午，各在中央研究院經濟研究所和中華經濟研究院演說，兩場的題目都是〈生活品質和經濟評價〉(Quality of Life and Economic Evaluation)。聖恩接受訪問時指出，傳統經濟學過分集中於生產、消費、供求等「量化」數字，但有一些衡量人民生活幸福與經濟進步的重大指標，並非傳統經濟學能理解，如環境就不是價格理論能充分反映的，健康保險也是一項對生活品質重要、卻無法在經濟指標中正確反映出來的因素，教育更對生活品質影響至深，但對經濟指標沒有任何影響。如同亞當•史密斯除了經濟學，也教倫理學一樣，生活品質不但與經濟學，也同時與社會學、人類學、哲學、政治學、公共衛生學都有關係，綜合起來是頗值得探討的。

關於人口問題對生活品質的影響，聖恩雖同意任何一國家，特別是亞、非洲的國家，人口出生率必須下降到一定程度才能談生活品質的提升，但他不同意很多國家將出生率太高，當作經濟生活無法進步的藉口，認為提升女性教育水準，以及女性對經濟的掌控權，是最有效的降低人口出生率方式。他以中國為例，指出其人口出生率的下降，實是女性擴大社會參與的結果，並非政府強迫一胎化之成效，而一胎化政策反使女性的社會地位下滑、男女性人口比例失衡。

至於政治對生活品質的影響，就飢荒來看，都是獨裁社會的獨特現象，從未發生在民主國家。舉其祖國印度來說，雖然人口眾多，糧食生產不足，但印度最後一次飢荒發生在一九四四年，是英國撤退，印度轉向民主制度的前三年。而中國在一九五九至一九六二年間也發生過大飢荒，但在獨裁政體下，非但消息被全面封鎖，而且相同的政府和政策又得以延續。

聖恩在一九九四年一篇文章中指出的「雖然歷史上飢荒在世界各地造成無以計數的人民死亡，但是飢荒卻永遠不會讓國王、總統、官僚、老闆和軍事領袖餓著。」被認為是經濟學界關懷弱勢族群的異數。此外，聖恩研究顯示，飢荒並非出於糧食不足，而是透過自由市場的運作，有錢勢的人囤積、惜售而抬高市價，逼得貧窮者飢餓而死。因而飢荒和飢餓的解決之道在於，政府實施更多的福利措施，以及平時的教育、衛生水準的提升，這些都是政府分內的事。

經由聖恩的這種分析，以及聖恩獲頒諾貝爾獎，這些擁護大有為政府，並自以為關懷弱勢者的學者，乃極力撻伐自由經濟，並對自由貿易和臺灣的自由化之路多所質疑，認為此將犧牲弱勢者，因為他們毫無選擇能力。這樣的主張正與金融風暴下，我國政府採行愈來愈多干預措施不謀而合，而政府才能為小民（指弱勢者）謀福祉，以及自由經濟只為強勢者撐腰的說法也會大行其道了？

其實，自由經濟從來未提所有人都有平等選擇力量，而是透過政府保障每個人自由選擇權，以比較利益原理將各自能力充分發揮，彼此分工合作，在市場公平交易以促進每個人福祉。在時間過程中，經由競爭、社會階層快速流動，不但讓資源得以生生不息，且一代比一代更幸福，更重要的，努力者有較多機會獲取高福祉，而貧窮也得以逐漸消除。這才是福利經濟學的精義，因此，我們應該說自由經濟才是真正的福利經濟學。

聖恩從經濟計量學到福利經濟學，再到社會選擇和哲學，臺灣學界在該次演講後，稱譽聖恩的成就是「提供經濟學家一個全新的哲學理論基礎」；而于宗先院士乾脆以「哲學經濟家」稱呼聖恩。當年聖恩第一次來臺，又被颱風禁足，雖然無法粗觀臺灣、認識臺灣，但卻打定主意要好好研究臺灣問題，不知後來是否實現了？若無，如今諾貝爾獎桂冠加身，看來希望更加渺茫。

重回古典捨棄時髦

無可置疑的，當前主流的經濟發展及成長理論和課堂教學，幾乎都是時髦的數理模式掛帥，而聖恩的研究是已故的前央行總裁梁國樹，二十年前教授經濟發展時最常使用的教材。一九九八年的諾貝爾經濟學獎捨棄時髦、重回古典，而且頒給第三世界的學者，又似乎著重第三世界落後國家的最基本課題，這在東南亞金融風暴大舉肆虐頒獎給聖恩的當時，實在耐人尋味。是不是鑑於東南亞諸新興國家採取的發展模式輕忽文化、社會面的實質內涵？是不是有感於經濟學的發展，過分科技化及嚴謹科學化？是不是體認到諾貝爾獎應該是雪中送炭而非錦上添花？不論如何，不再朝助長時髦學風的不當路線前進，總是值得肯定的，而諾貝爾經濟學獎的價值，也可能不至於再遭受愈來愈多的質疑。不過，聖恩的獲獎是實至名歸的，不但讓經濟學回歸活生生「人性」的一面，而且其對落後國家鑽研本土問題的學者，也應是很大的鼓勵呢！

1999

供給面學派的開山祖師
孟岱爾

孟岱爾

一九九九年十月十三日傍晚時分，外電傳來該年諾貝爾經濟學獎得主出爐的消息，瑞典皇家科學院宣布將桂冠頒給出生於加拿大、當時任教於美國哥倫比亞大學的孟岱爾（Robert Alexandier Mundell）教授。據知孟岱爾獲獎的原因是，他對在不同匯率區之下，貨幣和財政政策分析有成就，而孟岱爾已經建立，在開放經濟體系內實際貨幣和財政政策的理論基礎。他在貨幣動態和最適通貨區的研究成就，也已鼓舞數代研究者繼續努力。此外，瑞典皇家科學院也指出，孟岱爾在國際總體經濟學上也作了傑出貢獻，並且形成教學核心。

傳奇型人物孟岱爾

也許正如孟岱爾的指導學生，已故的中央研究院院士陳昭南教授所說，孟岱爾是傳奇型人物，隨心所欲地教學，以致對於自己的資料也並不在意而鮮少提供，竟然連《經濟學名人錄》裡也找不到他的簡介！幸好，在臺灣銀行經濟研究室一九七三年出版的《西洋經濟學者及其名著辭典》中，找著了孟岱爾的小傳。而他在一九八四年七月底，也曾應當年中華經濟研究院院長、已故的蔣碩傑院士之邀訪問臺灣，並作兩場演講：一場是七月三十日在政大公企中心講〈由供給面著眼的發展政策與外匯制度〉（Supply-Side Development Policies and Exchange Rate System），另一場是八月二日在中研院經研所，講題是〈總體經濟理論之新詮釋〉（New Clarification in Macroeconomic Theory），當時也曾提供孟岱爾迄一九八四年的詳細資料。

孟岱爾在一九三二年十月二十四日出生於加拿大東部的安大略省，獲獎時六十七歲，他雖在東部出生，卻是在加國西部接受大學教育，於一九五三年獲英屬哥倫比亞（British Columbia）大學文學士，其後赴美國攻讀研究所。孟岱爾先在西雅圖華盛頓大學攻讀碩士，之後再到全球知名的麻省理工學院唸博士，其間（一九五五～一九五六年間）曾遊學英國倫敦經濟學院，而於一九五六年取得麻省理工學院哲學博士學位，時年二十四歲。畢業後到芝加哥大學作博士後研究，於一九五七年回母校英屬哥倫比亞大學任教，一年後即轉至美國史丹佛大學，此時的孟岱爾已經在著名的經濟學術雜誌上，發表頗受重視的論文，算算年紀竟還未滿三十歲呢！一九五七至一九六四年，孟岱爾曾在 Johns Hopkins 大學和加拿大的 Megill 大學當訪問教授，其間亦在加拿大皇家物價委員會、美洲國家組織、中美洲開發銀行、祕魯財政部，以及國際貨幣基金（ＩＭＦ）任職，並與已故的劉大中和蔣碩傑院士有同事之誼。一九六四至一九六六年，孟岱爾在洛克斐勒和福特基金的支持下，曾赴日內瓦的國際高級研究所和美國的布魯金斯研究所當研究教授；一九六六年受芝加哥大學之聘擔任教職；一九七一年回加拿大擔任安大略滑鐵盧大學經濟系教授兼系主任，一九七四年應美國哥倫比亞大學聘請任教。孟岱爾自一九六四年接受洛克斐勒基金支助後，擔任過美國財政部、世界銀行、聯合國非洲經濟委員會、歐洲共同市場、聯邦準備局、巴拿馬政府等的經濟顧問。

孟岱爾的學術成就及貢獻

正如瑞典皇家科學院的頌詞及學術圈內人士所共知的，孟岱爾是國際經濟領域的泰斗，尤其在國際金融上更是傑出。再如陳昭南院士所言，孟岱爾在三十多歲以後就不太作正規的學術研究，所以，孟岱爾的膾炙人口著作，大都在一九六〇年代以前完成的。即使創作期間並不長，孟岱爾的著作還是很多，而且幾乎世界聞名的經濟雜誌都有他的論文發表。除了發表重要論文外，孟岱爾是美國經濟學會、英國皇家經濟學會，以及加拿大政治經濟學會等學會的會員，且在一九六七至一九七〇年還曾擔任過全球著名、芝加哥大學出版的《政治經濟期刊》（*Journal of Political Economy*）主編。

孟岱爾最重要的研究幾乎都於一九六〇年代完成，一九六一至一九六三年服務於IMF期間，可能更是促使他選擇國際金融作為研究領域的主因。孟岱爾發表過數十篇重要學術論文，並有七本以上的專書。其在一九六一年發表於《美國經濟評論》（*AER*）的〈最適通貨區理論〉（A Theory of Optimum Currency Areas）論文，提出「最適通貨區」理論的雛形，檢討一個貨幣區內的區域性勞動市場，如何才能因應經濟衝擊，據稱該文就是一九九九年初，歐盟十一個會員國構建的「歐洲單一貨幣」（即歐元）的基石；而他在一九六三年發表的一篇關於一個開放經濟體系內，貨幣和財政政策的短期效果論文，雖然分析簡單，但結論複雜、強勁有力及明確，也成為一篇開創性文獻。正如瑞典皇家科學院所言，孟岱爾在幾十年前所考慮的課題，似乎與得獎當時高度相關，而且可以立即運用在政策上，尤其有鑑於全球經濟的資本流動性日益增高，暫時性固定、但可以調整的匯率機制，已更加脆弱，也遭到質疑，更顯示孟岱爾著作的參考價值。雖然自一九七〇年代以來，相較同時代成名的經濟學家而言，孟岱爾的著作不太多見，但他對問題的看法與所持之論據，往往獨具慧眼，見人之所未見；洞燭機先，言人之所未言，遂使其許多見解日後均成為有志於此者之指引。例如：「要素移動與商品移動之替代」、「資本移動」、「貨幣與財政之搭配」等論點最具代表。

孟岱爾最受矚目的一本書是一九六八年出版的《國際經濟學》（*International Economics*），該書是由十九篇論文集結而成，不是一般教科書的寫法，而是「論文集」。全書分成三大部分，共二十一章：

1. 第一部分（一～七章）旨在分析古典國際貿易理論，討論重點包含貿易條件、所得移轉、生產力的改變、關稅、消費稅、生產稅、運輸成本、優惠關稅、生產因素的移動及在一般均衡體系下的政策分析。
2. 第二部分共七章，先分析貨幣動態因素在交易理論中的地位，再探討調整原理、國際貿易支付原理、成長原理、調整成本的分配、最佳貨幣區原理、貨幣標準原理，以及固定和彈性匯率制度。
3. 第三部分則是從政策理論觀點剖析總體國際經濟，對有效市場分類原則、貨幣與財政政策的適當配合、資本流動、景氣循環的變化、商業政策、外匯危急的福利成本及複式貨幣制度等都有詳細討論，並提出獨到見解。

除了這本有名的文集外，孟岱爾也在一九六五年出版《國際貨幣體系：衝突和改革》（*International Monetary System: Conflict and Reform*），並在一九六九年與 A. K. Swoboda 合編過《國際貨幣問題研討會》（*Conference on International Monetary Problems*）；一九六八年出版了另一本《人和經濟學》（*Man and Economics*）；一九七一年又有《貨幣理論：全球經濟體系中的通貨膨脹、利息，以及成長》（*Monetary Theory: Inflation, Interest, and Growth in the World Economy*）問世；一九七五年再出版《開放經濟體系的政策形成》（*Policy Formation in an Open Economy*）；一九七七年再與 J. J. Polak 合編《新國際貨幣制度》（*The New International Monetary System: Essays in a Memorial to J. Marcus Fleming*）。

孟岱爾除了在國際金融領域享有盛名外，在國際貿易理論上也有其地位。再據薩繆爾遜那本暢銷全球的《經濟學》第十五版記載，一九八〇年代美國租稅改革論戰時，供給面學派強調低邊際稅率的重要性，因其能促進投資，致使經濟得有優異表現，而世人大都只知道「拉佛曲線」（Laffer curve）及拉佛這位供給面學派學者，殊不知這一群供給面學者的理念正是受到孟岱爾所啟發！亦即孟岱爾是供給面學派的開山祖師，此由孟岱爾獲獎所展示的照片中，手握與前美國總統雷根的合照可以為證，因為雷根主政時，採用的正是供給面學派的政策呀！而所謂的「孟岱爾－佛萊明匯率效果」（Mundell-Fleming's Exchange-Rate effect），也是一些經濟學入門教科書中總體經濟部分的必備教材，該效果是說：「當一國物價水準下跌致其利率下降時，實質匯率將貶值，而此貶值將促使該國的淨出口增加，由而該國的物品和勞務需求量也就增加。」這個效果被孟岱爾和佛萊明（Marcus Fleming）兩人特別強調，因而冠上他倆大名。

綜觀孟岱爾教授之經濟思想及其貢獻，多係有關於國際貿易與金融者。然其橫溢之才華，如陳昭南院士所言，每於授課之際，常能啟發學生之深思，開鑽研之蹊徑。就此而言，中國古人所謂「傳道、授業、解惑」之師者，孟岱爾也當之無愧呢！

孟岱爾的先知與失落

令世人心悸猶存的亞洲金融風暴，顯示出國際資本的高度流動，讓各國匯率政策受到強烈挑戰，而三十年前的經濟學主流思潮則認為，經濟體是固定或穩定的實體，可由政府的命令操控。當時的資本主義經濟體在布列頓森林（Bretton Woods）體系下，仍伴隨著固定匯率、貨幣轉換受到種種限制，以防止資本外流。而另一個大的世界經濟體則在共產主義下。孟岱爾三十多年前的作品，卻已描述這些資本主義的阻礙將逐漸去除，正凸顯其預料之準確，而其所指出的浮動匯率和高度資本流動時，刺激經濟主要靠貨幣政策，而非財政政策，也正是今日許多國家的情況。這樣的表現，也讓人想起一九八九年和一九九一年的諾貝爾經濟學獎得主哈維默和寇斯。前者靠一九四三年和一九四四年兩篇劃時代之作，隔了四十多年受肯定而得獎；後者的交易成本理論更是其在大學時的作品，經過五十四年之後才獲獎。這種先知性人物的先驅性貢獻，應該才是諾貝爾獎的頒贈對象啊！

此外，一九九八年諾貝爾經濟學獎頒給印裔教授聖恩，個人曾以「重回古典捨棄時髦」來形容諾貝爾委員會的選擇，因既未鼓勵新穎數理方法的分析，也未侷限於一隅，更是對數十年前研究成果的肯定。一九九九年頒給孟岱爾，除了有相同意涵外，又擴充至影響面既深且廣的政策面，並且也似乎對亞洲金融風暴後，金融管制復活跡象的一項反制，無疑應該對委員會的此種做法給予喝采，並盼持續下去，或許未來可以考慮頒給匈牙利出生的科奈（Kornai）類型學者呢！

不過，一九九九年底對孟岱爾先驅性貢獻予以「先知」的評價，但他得獎後到處接受邀約，發表言論，並為各國經濟把脈。當中國經改有成並大力網羅知名人物為其經濟背書時，孟岱爾也在行列中。他不但極力稱許中國經濟，對兩岸經貿也有看法，二〇〇七年九月二十二日曾應邀來臺出席「為亞洲及臺灣的經濟發展把脈」國際經濟論壇，並與國民黨正副總統參選人馬英九、蕭萬長進行對談。雖然他講了很多話，但最受矚目的焦點仍在「兩岸經貿往來」。

由於孟岱爾認為臺灣和中國的互動應該要有「更多貿易、更多投資」，也建議臺灣應改變當時不能三通的奇怪制度，與國民黨的主張可說雷同，很自然的引來一些批判。

遠來的和尚較會唸經？

中山大學陳茂雄教授就以〈醫學博士未必能看病〉為題，直指孟岱爾在經濟學方面當然有他獨到之處，但臺、中雙方的關係他完全不懂，由而否定孟岱爾對臺、中雙方經濟交流的診斷。一陳教授認為中國以政治為中心，其他事務都依附在政治上，因此不能將中國以常態國家看待。一般正常國家只要雙方都獲利就會鼎力支持，但中國可以為了政治，使自己受了小傷而讓臺灣受大傷，陳教授舉二〇〇五年中共祭出〈反分裂國家法〉時，逼奇美許文龍出賣良心為例，指陳孟岱爾這個外人難以理解中共。陳教授認為，臺商在中國的經濟活動已陷入太深，若實施三通，將會降低臺商經濟活動移往中國的成本，則臺灣的經濟將掉入中國的黑洞，到時消滅臺灣的不是飛彈，而是經濟。

雖然我不認為政府的管制力量有那麼大，也覺得大家把三通議題抬得太過分，但我基本上認同陳教授對中共的觀察，畢竟中共是非理性的，不能以自由世界的觀點來分析兩岸經貿，除非中國轉變體制成為「民主國家」，變成「法治社會」，否則通行在自由民主社會裡的這一套經濟理論是無法適用的。因此，孟岱爾的看法是象牙塔式的，其實他說的也只是一般的普通經濟常識，但只適合於自由世界，在現實的兩岸政治現狀下，可說無用武之地，因為很不幸的是，當前兩岸經貿只能在「政治」層面上談論。以頭頂諾貝爾獎桂冠、被稱為大師者蹚這種政治混水，難免令人惋惜。

諾貝爾經濟學獎得主應有較高層次風範

我這樣說並非否定諾貝爾獎得獎人關心、甚至參與某一國的經改，只是極為明顯的事實是，「經濟自由和政治自由」還是最能增進人類的福祉，因而擁有諾貝爾經濟學獎光環者若能發揮其相對大的影響力，幫助陷於改革困境的國家衝破藩籬，早日實現自由民主和自由經濟體制，則是功德無量。如果反過來幫忙維護專制體制並在國際上發聲相助，則有失大師的風範。就此一觀點，二〇〇六年十一月間去世的自由經濟大師、一九七六年諾貝爾經濟學獎得主弗利曼與孟岱爾正是強烈的對比。

弗利曼在一九七〇年代曾幫助智利皮諾契特軍政府實施經改，期待智利在經濟自由之後朝向政治自由，但飽受「助紂為虐」的批評，當被宣布獲得諾貝爾獎時還引發史無前例的抗議。到一九八八年，當趙紫陽引領的中國經改遭遇瓶頸，弗利曼也當面獻策「大幅開放」，並對趙紫陽堅持「在中共最高權力下改革」的可行性嚴重存疑。弗利曼的行事風格較諸孟岱爾的作為，實在不可同日而語。後者不但沒有勸說中共趕緊朝向自由民主之路，反而替中共的經濟管制政策背書，如今竟然充當中共說客。頂著諾貝爾獎的光環，其力道不可小覷，對世人的福祉恐怕會造成大傷害。一九七四年諾貝爾經濟學獎得主之一、高舉自由火炬的一代大儒海耶克，不愧是先知，他早已看到會有這種結果，在其受獎宴席上對得獎經濟學家的那番喊話實在語重心長，不過，可能會是馬耳東風、對牛彈琴啊！在孟岱爾身上正印證著呢！

2000

個體計量經濟的實踐者
黑克曼和麥法登

黑克曼

麥法登

二〇〇〇年千禧年的諾貝爾經濟學獎，臺北時間十月十一日傍晚揭曉，由兩位美國從事個體計量經濟研究的學者共同獲得，分別是任教於芝加哥大學經濟學系的黑克曼（James J. Heckman）和加州大學柏克萊分校的麥法登（Daniel L. McFadden）。瑞典皇家科學院諾貝爾獎委員會是因為「黑克曼在發展分析樣本的選擇理論與方法方面所作的努力；麥法登在發展分析無連續性選擇的理論與方法方面所作的努力」，而且他們發展出來的理論與方法「在個人與家庭行為的實證分析中，在經濟學和其他社會科學的領域內，都被廣泛地運用」而頒獎給兩人。當然，經由層層關卡的篩選過程才中選，「實至名歸」不用置疑，而學術成就的傑出及對實際人生的貢獻也不在話下，但實情到底是如何？而為何他們會有如此成就？

黑克曼小傳

黑克曼教授於一九四四年在美國芝加哥出生；一九六五年畢業於科羅拉多大學數學系；一九六八和一九七一年分別得到普林斯頓大學的碩士和博士學位。曾於一九七〇至一九七四年擔任哥倫比亞大學的助理教授和副教授；一九七四至一九八〇年轉任芝加哥大學副教授；一九七六年曾赴加州大學當訪問教授；一九七七年分別到威斯康辛大學和英國倫敦經濟學院當訪問教授；一九八四年又赴耶魯大學訪問；一九七七至一九八四年又回芝加哥大學擔任教授；一九八四至一九八五年中斷，而自一九八五年迄今一直是芝加哥大學亨利舒茲講座教授。黑克曼獲致諸多榮譽，其中最重要的是一九八三年得到的克拉克獎章，這是美國經濟學會自一九四七年開始頒贈，每兩年由美國經濟學會，在當時最有學術貢獻，而且年齡在四十歲以下的經濟學者中挑選一位得主，如果無適當人選則寧可從缺，由此可知此獎所代表的崇高學術地位。

著名的黑克曼二階估計法

黑克曼擔任過多種頂尖學術刊物的編輯，主要研究領域在勞動和人口經濟學、公共經濟學、經濟計量和統計方法。出版過數本書和發表過一百多篇重要文章，他畢生研究的主要焦點在於發展和應用檢視經濟和社會規劃的方法，諸如對稅收、補貼和積極行動政策的評價。就是因為這種旨趣，引領他尋求計量經濟問題的答案，於是黑克曼使用計畫參與者的自我選擇樣本來評估計畫，這也促使他發展出考慮到偏好異質性和對干預的反應之經濟計量處理方式。黑克曼也研究各種對社會計畫評估的方法。

總括來說，黑克曼的重要學術貢獻可歸納為兩方面：一為喚起經濟學家在實證研究上對樣本選擇（Sample Selection）和自我選擇（Self-Selection）問題的注意，而探究樣本設計對利用該樣本所作實證結果的影響；二為探究無法觀察的變數（在計量上可視為異質性），對於勞動供給和生育率動態模型的影響，因為此種異質性嚴重地影響由動態資料所作的推論，黑克曼早在樣本選擇偏誤的修正上有了可觀的成績，譬如，有名的黑克曼二階估計法（Heckman's Two-Step Estimation），至少在勞動經濟計量上已逼迫經濟學家不得不正視抽樣選擇的問題，而對實證估計結果的可靠性也大有助益，進而增強根據估計的結果所形成政策之可信度。

黑克曼的主要工作目標在於，激發經濟學者對事實的重視，使經濟學免於流為空談或政治的偏誤（political bias）。就這一方面，黑克曼可說是一位實證研究的經濟學家，非常重視並致力於提析出經濟理論中「可供驗證」的部分，換言之，黑克曼的所有工作可說就在建立具有「實證內涵」（empirical contents）的經濟模型，將實證的知識資源由臆測中分離出來。黑克曼希望將經濟學置於可供實證的基礎上，也致力於將經濟學的「主觀因素」剔除。他認為，如此一來，經濟學就可能會有所進展，而不會由於缺少實證，且又不注意去推展而廣受懷疑。

數度來臺的黑克曼

一九八八年來臺時，黑克曼曾作兩場演講：第一場在四月五日下午三時，於中華經濟研究院對一般大眾講話，題目為〈對社會福利規劃的評估〉；第二場在四月八日下午三時，於中央研究院經研所作學術性演講，講題是〈論運用縱斷面資料分析來解決選擇偏誤之問題〉。由於社會福利政策在一九八〇年代以來，在臺灣極受重視，黑克曼以其多年對該政策的評估心得，相信可供我們借鏡。對於個人縱斷面資料（Longitudinal Data）有興趣者，以及不認為經濟學應該完全建基於實證內涵的經濟學家而言，應該不至於失去那種難得的面對面過招機會吧！

當年黑克曼訪臺曾赴溪頭一遊，他一早起來需至少喝一杯「黑咖啡」才有精神；同時，一九八五年至一九八六年我在芝加哥大學當訪問學人時，曾旁聽黑克曼三門課，對其口若懸河、滔滔不絕，以及分秒必爭認真寫黑板、講課的專注和樂在其中，並融於其中的精神也永生難忘。

二〇〇二年黑克曼再度來臺；二〇〇七年第三度訪臺，於七月九日下午公開發表一場演講，題目是〈福利國家與經濟發展——歐洲之鑑、臺灣之師〉。當時的臺灣即將進入二〇〇八年總統大選時期，那個時點談這個課題，非常重要，也很有意義。因為就國際趨勢來看，任何民主國家最後都將走向福利化，問題是〈天下沒有白吃的午餐〉，到底怎樣的福利太過，又有什麼是需要的，正是臺灣面臨問題的關鍵時刻。如果黑克曼真能提出切合講題的內容，的確可給臺灣帶來及時雨。

其實，「福利」（welfare）可說是任何人都在追求的，因而「福利的提升」應是任何人的目標，問題是：福利是怎麼來的？而「社會福利」的本意也應只是社會中所有人的福利加總，因而追求「社會福利的提升或極大化」也是天經地義。不過，當前所謂的「社會福利」（**social welfare**）往往是指政府規劃、提供的，最極端的是「從搖籃到墳墓」，亦即一個人從出生到離開人世都由政府來負責打理，個人不必煩惱。

如果每一個人在一生中都不必費神就能舒服地過日子，當然再好不過。可是，實際人生真有這麼美好的事嗎？口頭的爭論沒啥意義，由事實來印證才能說服人。北歐福利國包括瑞典、芬蘭等國採用的所謂「北歐模式」，最常被引用作為社會福利予人正面效果的證據。不過，黑克曼卻告訴我們，北歐模式其實潛藏著很大的風險。因為其中隱藏外界不易了解的誘因設計，而誘因可使制度更有效率，讓政府政策降低成本，但也可能造成社會不公平現象迭生，衍生貧窮陷阱。

黑克曼強調「統計數字」的重要，必須有好的資料，才能正確衡量到底福利制度的誘因正不正確。遺憾的是，什麼樣的資料才是「好的」，如何才能得到好的資料？本身就是一大難題。黑克曼深知其困難，更體認到茲事體大，於是他潛心研究此課題，也因為有了可觀的研究成果，才榮獲諾貝爾獎。所以，如果要在黑克曼和任何其他學者或研究單位的同一問題之實證報告間作選擇，我會選黑克曼的，因為他的資料較可靠。

黑克曼對美國知名學者薩克斯（J. Sachs）和史蒂格里茲（二〇〇一年諾貝爾經濟學獎得主之一）大力褒揚北歐模式持不以為然的態度，特別值得注意。黑克曼在演講中利用很多圖將北歐國家的統計數字作了改進和比較，媒體以「踢爆北歐福利國模式的幻象」生動的形容。黑克曼鄭重告誡：「不了解背景，只看表面制度很危險。」他認為瑞典的表現不是奇蹟，如果觀察五十年的數字，瑞典長期經濟成長其實是不好的，而瑞典今日的發展，只是進入一九九〇年代嚴重衰退之後的復甦期，加上一九九〇年代改革自己的福利系統，增加工作誘因所致，經濟成長率可能虛胖。

對於外界認為的社會福利與稅制可改善所得分配，黑克曼也表示，不當的社會福利制度，長期反而造成所得分配惡化。

二〇〇六年九月十八日瑞典大選結果，崇尚社會福利制度的社會民主黨下臺；二〇〇七年法國總統大選和國會改選都是右派獲勝，等於否定社會福利的現實，其實已有力地說明一切。所以，臺灣人民應該引以為鑑，不應陷入「福利國的迷思」，應及時醒悟才是，否則一失足成千古恨，再回頭已是百年身矣！

黑克曼也對當年臺灣調高基本工資，指出反而可能會讓就業機會流失，政府要有好的誘因，才能真正保護勞工。他表示，看待福利國家應著重在特質，就像外界都認為北歐等國是很好的福利國家，但他卻不以為然，因為公部門花費多，卻不見得對薪資與就業有顯著正面效果。黑克曼認為臺灣調高基本工資反而可能扭曲政策原意，並逆勢減少就業機會，增加政府補助，並不能達到保護勞工的目的，政府唯一能做的，就是創造好的誘因，才能保護勞工，降低失業率。二〇一六年民進黨第二次執政後，在社會福利政策上更變本加厲，不但基本工資持續提升，「一例一休」勞工政策更引發大混亂，社會主義傾向更明顯，黑克曼的諍言被當成耳邊風。

麥法登小傳

相對於黑克曼，麥法登在臺灣就比較不為人知。麥法登於一九三七年七月二十九日在美國的北卡羅萊納州出生，父親是位書籍收藏者，麥法登就在藏書圍繞的環境中長大。一九五七年取得明尼蘇達大學物理學士後，改讀經濟學，並於一九六二年獲得明尼蘇達大學行為科學博士；一九五七至一九五八、一九五九至一九六〇以及一九六一至一九六二年，麥法登分別擔任過明尼蘇達大學物理學講師和經濟學講師；一九六二至一九六三年轉赴匹茲堡大學任經濟學助理教授；一九六三至一九六六、一九六六至一九六八、一九六八至一九七九以及一九九五至一九九六年，又轉至加州大學擔任訪問副教授，從此展開他在美國名校的生涯。一九七七至一九七八年，麥法登擔任耶魯大學 Iring Fisher 研究教授；一九七八至一九九一、一九八四至一九九一以及一九八六至一九八八年轉赴麻省理工學院擔任經濟學教授、講座教授，以及統計中心主任。自一九九〇年以來，麥法登就一直在加州大學柏克萊分校擔任摩理斯考克斯經濟學講座教授。

麥法登獲得的榮譽可說琳瑯滿目，包括：一九六九年被選為經濟計量學會會員；一九七一至一九七四年任《美國經濟評論》編委會成員；一九七三至一九七七年擔任《數理經濟學期刊》編委會成員；一九七五年獲得由美國經濟學會頒發的克拉克獎章；一九七六至一九七七年，以及一九八〇至一九八三年，兩度當選國家經濟研究局董事會成員；一九七七年被選為美國人文及科學院院士；一九七七至一九七八年擔任《經濟計量學期刊》副總編輯；一九八一年被選為美國國家科學院院士；一九八一至一九八四年擔任美國經濟學會獎勵委員會主席；一九八五年擔任經濟計量學會會長；一九八六年獲得經濟計量學會的弗瑞希獎章；二〇〇四年擔任美國經濟學會會長。

麥法登曾於二〇〇二年五月到北京出席「亞太經合組織金融與發展專案二〇〇二年度論壇」，並在清華大學作了題為〈離散選擇模型及其應用〉的報告。麥法登還參與起草、修訂了於二〇〇三年十一月在中國珠海召開的世界經濟宣言大會上的《世界經濟發展宣言》。

麥法登主要的研究領域是經濟計量和統計方法、個體經濟學，以及醫療經濟學。他編輯和著作過七本書，學術文章則有幾十篇。麥法登自認過去三十年來的研究重心集中在實證個體經濟學和政策應用，主要的應用領域包括生產理論，用於行銷和福利經濟學、運輸、能源以及醫療方面的消費理論。過去十多年，麥法登的研究課題含括三類：一是老年經濟、特別著重於動態性的生活安排和住所及醫療的交互關係；二是結合市場和精神測定學資料的消費者需求分析，應用於行銷和消費者剩餘的測量；三是分析取自消費者試驗資料和不連續個人縱斷面資料（panel data）的經濟計量方法。

麥法登在環境經濟學也有研究，他探究人們為使用自然資源所願意支付的程度，並將之用於計算各種自然資源的存在價值。麥法登也與其他學者合建一個用來評估自然資源受損時，所造成的福利損失的離散選擇模型，他在此領域的研究也充分證明其整合經濟理論、經濟計量方法，以及實證應用的能耐。

實證是人類社會的要務

由於黑克曼和麥法登在個體計量經濟領域上有先驅性的傑出成就而獲獎，而他倆也都致力於將計量方法應用於實際人生問題上，尤其對政府政策的檢驗，這也凸顯他們是入世的學者。不過，活生生的人的行為，是否能用計量模式，進而利用實證數據來剖析，則一直存在著爭議，而千禧年諾貝爾獎的頒予無疑予以肯定。

儘管爭議不斷，但經濟實證研究工作已愈來愈重要，卻是不爭的事實，而「拿出證據來」更是民主社會裡的一項時髦說詞和利器。因此，重視計量經濟和實證研究，也是臺灣社會不得不為的要務。不過，要注意的是，不同的人所作的實證結果卻往往無法一致，因為實證工作至少需要有正確可靠的資料，以及高精確度的計量方法。大致而言，迄今這兩方面的改進，已有很大的進展，因而使實證結果的可信度增高。在這個艱苦領域中，千禧年的兩位得獎者可說有著不小的貢獻。

黑克曼是位道地的實證研究經濟學家，非常重視並致力於提析出經濟理論中「可供驗證」的部分，盡力將實證的知識資源由「臆測」中分離出來，因而他也致力於將經濟學的「主觀因素」剔除，如此一來，經濟學就會因有實證而不再廣受懷疑，進而得以推展。

儘管這是見仁見智的說法，但無疑現實世界卻是朝向黑克曼指認的路前行，臺灣也不例外。不要說學校和研究機構已然充塞著實證研究，就連一般的民意調查更是蓬勃、以至於氾濫。雖然有的也強調抽樣的嚴謹，但實際上由於一般民眾的忽視，樣本選擇偏誤的現象恐怕不會受到重視，那麼調查結果的可靠性就非常值得存疑，若由而形成政策就更令人不安了。希望黑克曼和麥法登的得獎，可以提醒國人對於實證工作的謹慎，特別是對公共政策有影響力者更應如此。

2001

資訊不對稱市場理論的奠基者
艾克羅夫、史賓斯和史蒂格里茲

艾克羅夫

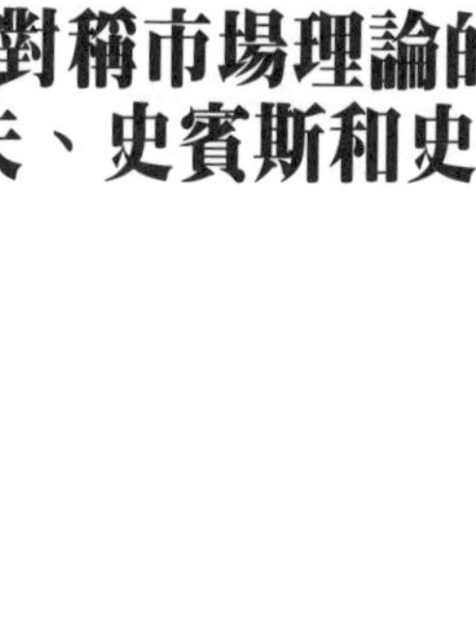
史賓斯

史蒂格里茲

自一九〇一年以來，每年的十月都是諾貝爾獎熱季，因為該月陸續揭曉各個獎項，而該獎地位崇高，舉世矚目也是當然。不過，二〇〇一年十月的熱門事件卻不是諾貝爾獎，而是英美對阿富汗開戰，以及恐怖分子隨時展開不知何種方式的報復，所引發的驚恐。

儘管在此詭異氣氛籠罩下，諾貝爾獎還是如期揭曉，自一九六九年起納入受獎行列的經濟學獎，也在臺北時間十月十日晚上公布得獎人。二〇〇一年的得主共有三位，都是任教美國大學的教授，分別是：加州大學柏克萊分校的艾克羅夫（G. A. Akerlof）、史丹佛大學的史賓斯（A. M. Spence），以及哥倫比亞大學的史蒂格里茲（J. E. Stiglitz）。三位教授是因為對「資訊不對稱市場分析」（Asymmetric Information Market Analysis）研究有成而獲獎。到底資訊不對稱市場是什麼？得獎者對此課題的貢獻何在？有沒有特殊的意涵？

側寫艾克羅夫

艾克羅夫於一九四〇年在美國出生；一九六二年取得耶魯大學學士；一九六六年獲得麻省理工學院博士學位；一九六六至一九七〇年擔任加州大學柏克萊分校助理教授；一九七〇年升為副教授；一九七七年升為該校教授。其間艾克羅夫曾赴印度新德里當訪問教授，也曾在一九七八至一九八〇年擔任英國倫敦政經學院教授；也在一九七三至一九七四年擔當美國總統經濟顧問委員會經濟學家；一九七七至一九七八年並曾在美國聯邦準備理事會服務。他也擔任 *AER*、*QJE* 等著名學術期刊編輯委員。

艾克羅夫的研究領域主要有三：一是一般個體經濟學；二是一般總體經濟學和貨幣經濟學；三是資訊和不確定。主要著作是一九八四年出版的《一個經濟理論家的故事書》（*An Economic*

Theorist's Book of Tales）。發表在期刊上的文章有許多，較重要的有一九六九年八月刊登在 *QJE* 的〈相對工資和通貨膨脹率〉（Relative wages and the rate of inflation）；一九七〇年八月刊在 *QJE* 的〈「檸檬」市場：品質不確定和市場機能〉（The market for "lemons": quality uncertainty and the market mechanism），以及一九八六年 *QJE* 登出的〈一個具工資和價格惰性的景氣循環新理性模型〉（A new rational model of the business cycle with wage and price inertia）。

艾克羅夫的太太葉倫（Janet Yellen）在二〇一四年擔任美國聯準會（Fed）主席，也是加州大學柏克萊分校的榮譽教授。他們的兒子也是經濟學教授。

史賓斯剪影

史賓斯在一九四三年出生於美國紐澤西州；一九六六年得到普林斯頓大學的哲學士學位；一九六八年獲得牛津大學的數學學士和碩士學位；一九七二年得到哈佛大學博士；一九七一至一九七三年、一九七五至一九九〇年都在哈佛大學任教；一九七三至一九七五年曾任史丹佛大學副教授；一九九〇年升為該校教授並兼任院長。史賓斯在一九八一年榮獲美國經濟學會的克拉克獎章，也擔任 *AER*、*Bell JE*、*JET*、*Public Pol.* 等著名專業雜誌的編輯委員。

史賓斯的研究領域有三項：一為一般經濟學；二為企業經濟學；三為一般產業組織。主要著作有三本：一是一九七四年出版的《市場訊號。在僱用和相關過程中資訊的移轉》（*Market Signaling. Informational Transfer in Hiring and Related Processes*）；二是一九八〇年出版的《開放經濟體系裡的產業組織》（*Industrial Organization in an Open Economy*）；三是一九八三年面世的《投資銀行中的競爭結構》（*Competitive Structure in Investment Banking*）。代表性的文章共十篇，其中較重要的是一九七三年發表的〈就業市場訊號〉（Job market signaling）；一九七四年的〈對於訊號的競爭性和最適反應：效率和分配分析〉（Competitive and Optimal Responses to Signals: An Analysis of Efficiency and Distribution）；以及一九八一年發表的〈學習曲線和競爭〉（The Learning Curve and Competition）。史賓斯在二〇一一年出版了一本全球經濟成長預測書《經濟大逆流——大創新潮為何帶來大失業潮》（*The Next Convergence: The Future of Economic Growth in a Mutispeed World*）。全書分四大部共四十一章，第一部概述二百五十年的全球經濟，第二部聚焦於開發中世界的經濟奇蹟，第三部陳述發展中的危機，第四部則指出經濟成長的前景。

史賓斯深深體認到，全球未來的發展需人類分工合作，而永續發展和環境息息相關。他明白表示，我們的經濟和生活型態除了靠基礎建設這類有形資產支撐外，還包括地球生態及知識基礎這類更廣義的資產。如果我們逐漸耗盡這些資產，我們的物質福祉將受害，並禍延子孫。史賓斯指出，重建一個具包容性、溫和中立且務實的議題，並採合作方式加以解決非常重要，這與亞當·史密斯二百四十年前的主張若合符節，亦即將誠信倫理找回，和諧分工合作往永續發展前進。

多產的史蒂格里茲

史蒂格里茲於一九四三年在美國印第安那州蓋瑞出生，當地的貧窮、種族歧視以及失業等問題深深烙印在他幼小的心靈。史蒂格里茲生長在一個經常討論政治問題的家庭，其父是保險經紀人，經常談論經濟問題。讀小學時，史蒂格里茲就經常參與辯論活動，養成他日後對公共政策的關心和參與。一九六四年史蒂格里茲獲得 Amherst 學院學士和碩士；一九六六年取得麻省理工學院博士學位，也曾獲得多所大學的榮譽學位；一九六六至一九六七年史蒂格里茲擔任麻省理工學院的經濟學助理教授；一九六七至一九七〇年任耶魯大學副教授；一九七〇至一九七四年升為教授；一九七四至一九七六年轉赴史丹佛大學經濟系任教；一九七六至一九七九年又轉至牛津大學；一九七九至一九八八年再到普林斯頓大學任教；一九八八至二〇〇一年再回到史丹佛大學胡佛研究所擔任經濟學教授；二〇〇一年轉赴哥倫比亞大學任教。

除在大學任教外，史蒂格里茲也參與研究機構和世界銀行研究工作，並曾擔任美國總統柯林頓的經濟顧問委員會主席，一九九七至二〇〇〇年兼任世界銀行副行長和首席經濟學家。他也是多種有名學術期刊的編輯委員、副主編或聯合編輯。也曾在一九八五年擔任美國經濟學會副會長。

史蒂格里茲自一九八一年以來，頻繁地訪問中國。一九九八年七月二十日，當時擔任世界銀行副行長、首席經濟學家的史蒂格里茲，到北京大學中國經濟研究中心，演講〈中國的第二代改革〉（China's Second Generation Reforms）；二〇〇〇年十二月，他又到北京參加關於社會保障改革方案的研討會；二〇〇二年九月，史蒂格里茲曾在香港召開的以「審時度勢，銳意圖新」為主題，「二〇〇二年度富比世全球行政總裁會議」上，作了關於國際經濟狀況及前景的演說；還於二〇〇三年九月再次出席在上海舉辦，以「中國因素為全球經濟提供活力」為主題的「二〇〇三年度富比世全球行政總裁會議」。在那次會議上，他認為中國發展經濟的成功做法可以作為世界經濟發展的榜樣。還將一九九七年發生亞洲金融危機時，美國政府讚賞中國政府不將人民幣貶值的做法，與二〇〇三年美國政府又要求中國將人民幣貶值的做法形成諷刺性對比。並說，美國政府的要求並不合理。

史蒂格里茲的研究領域非常寬廣，以「通才」稱之也不為過，舉凡資訊和不確定性、經濟發展、技術變動和成長、公共經濟學、總體經濟學和貨幣經濟學都有涉獵。用「著作等身」形容史蒂格里茲都還嫌不足，因為實在太豐富了。除了學術著作外，他還在一九九七年出版《經濟學》作為教科書之用。此處只舉出三篇最具代表性論文：一是一九七六年十一月刊於 *QJE* 的〈競爭保險市場均衡：不完全資訊經濟論文〉；二是一九八六年五月發表於 *QJE* 的〈不完全資訊和不完全市場的經濟學外部性〉；三是一九九三年二月刊於 *QJE* 的〈金融市場不完全性與景氣循環〉。

三位資訊不對稱名家的學術成就及貢獻

觀察一九六九年以來，諾貝爾經濟學獎所表彰的是得獎者「特殊的成就」，而所謂的特殊則是具有既深遠且廣泛的影響，是經得起考驗的成就，本屆三位得獎人的主要成就是在「資訊不對稱市場理論的奠基」，是他們早年就已進行的研究，且已被公認有成就的領域。瑞典皇家科學院報告指出，二十多年來，關於在資訊不對稱情況下，市場均衡與誘因的研究已蓬勃發展，一九九六年的兩位得獎者就因在誘因理論、尤其對透過不同形式的標售，而設計出最適所得稅與資源分配的應用有突破貢獻而獲獎，時隔五年，再對在資訊不對稱市場的研究者加以肯定。

所謂「資訊不對稱」，顧名思義就是市場中交易雙方所擁有的資訊「不對稱」，亦即一方擁有另一方不知道的資訊，或是交易雙方無法得知對方所有的訊息。就是由於人間具有這種現象，於是產生諸多問題，譬如為何想買一部好的中古車總會去找經銷商？為什麼第三世界國家的放款利率會這麼高？為何保險公司提供不同的保費、理賠與扣除額組合，才符合公司利益？為什麼公司要支付股利？即使股利的稅率高於資本利率稅率也是如此？為什麼富裕的地主與貧窮的佃農簽訂契約不必負擔所有的收成風險？

這些問題的出現就是資訊不對稱在作祟，因為消費者不知賣者的產品品質、放款者不知借款者的信用或償債能力、保險公司不知道投保人的身體健康情形、老闆不知員工是否摸魚、員工不知公司的獲利和經營概況等等。我們不必考慮，隨手就能舉出身邊或日常生活中到處存在的這種資訊不對稱例子，畢竟這是人間常態啊！

但當前流行的正統經濟學卻對這種現實世界的普遍現象視若無睹，總是假設資訊充分、完全競爭。無怪乎瑞典皇家科學院的報告會說三位得獎者是對「傳統經濟理論」挑戰。而這三位得獎者就是針對上提諸種現實問題進行研究，而後提出令人滿意的解釋和答案。

有口碑的「檸檬市場」

艾克羅夫最有名的文章就是一九七○年一篇對「二手車市場或檸檬市場」之研究。甜的檸檬（其他的水果也同樣）一定老早被摘光，留在樹上的都是酸的或品質不好的。在二手車市場上，剩下來的就如酸檸檬一樣品級的最差貨色，買者基於此種心理，也自然不願意出高價購買；相對地，車主也在市場價格低於自己愛車實質價格下，或者不願意出售，或者推出比市價的價值低之劣等車。如此循環結果，二手車市場就成了劣車充斥的酸檸檬市場。由於資訊不對稱，導致交易雙方相互猜忌，都往對方會有意欺騙思考。艾克羅夫的這篇論文成為資訊不對稱市場分析之先驅性經典作品。

在美國，幾乎隨處可見賣舊車的廠商，這些車商就是打破買賣雙方資訊不對稱的「中間人」，尤其買者在交易之後若發現問題，可以找到彌補的對象，而車商為了利益，也會盡量強化資訊來維持高度信用。資訊不對稱讓車商興起，也使資訊較弱的一方找到靠山。由於車商是提供「資訊服務」，必須盡量讓資訊反映實況，否則很快會被市場淘汰。再因車商是各型車種的聚集所，其所擁有的資訊應相對較多和較正確，消費者會向車商購買二手車，不是非常理性的選擇嗎？

艾克羅夫的這篇先驅作品，提出一種「逆選擇或惡性選擇」（adverse selection）現象，亦即資訊較少的一方懷疑對手欺瞞，於是向下殺價，致使品質較佳的商品逐漸在市場上消失。在實際人生裡，資金借貸和保險市場，也提供了逆選擇的普遍性例子。

在資金市場裡，如果採取高利率政策，最後可能剩下經營風險高者這些不良貸款人留在市場中。在保險市場裡，以醫療保險言，保險公司若對被保險者的健康情況不了解，必會訂出較高的保費以求保險，結果也只有健康情況不佳者投保，保險公司於是提高保費，又將部分健康情況較好者趕走，最終也使高保費「逆選擇」身體狀況相對不良者，而健康風險較低者被排出市場之外。

對於這兩種資訊不對稱所造成的逆選擇問題，史蒂格里茲的論文提出解決之道。譬如說，保險公司會設計出多樣的保費和保項組合之保險契約，提供給投保人挑選。如此一來，投保人就可經由「自我選擇」（self-selection）決定類型，而不同類型的投保人也就經由「篩選」（screening）出爐。

史賓斯在資訊不對稱市場研究中，最有成就的是在勞動市場。雇主如何在眾多應徵者中篩選出合適者？史賓斯提出「信（訊）號」（**signal**）理論來避免造成逆選擇的後果，此即，雇主往往藉由應徵者的學歷、經歷、推薦函、各項考試成績，以及擁有各式證照等等作為信號，藉以當作資訊的替代指標，由之推測應徵者的工作能力，進而篩選出合適的員工。同樣地，在上述醫療保險公司的資訊不對稱事例中，保險公司會要求投保人提供歷年病歷、家庭病史等等資訊，藉以判定投保人是否為高風險者。

資訊不對稱除了會有逆選擇問題外，「道德危險」（**moral hazard**）也是一個重要問題，因為資訊擁有者往往會做出陷對方於不利的行為。譬如公司或工廠員工「摸魚」，致公司營運效率受損；各保險的投保人，在投保之後「故意」疏於防範，甚至於蓄意引發災情，俾從中獲取「私利」。為了防止這類道德危險，各種「誘因」機制仍紛紛出籠，而誘因並不限於正面的胡蘿蔔獎勵措施，也包含負面的棍子懲罰辦法。於是五花八門的因應對策充斥，如「按件計酬」取代「固定薪資」、採取分紅入股讓員工參與老闆陣營、保險契約中要求投保人對保險標的需支付一定比例的「自付額」等等。這些實例也大都是本屆三位諾貝爾經濟學獎得主所研究的課題。

在學術研究之外，史蒂格里茲對現實世界的實際問題不但有興趣探索，還親自加入柯林頓行政團隊。共七年的官場生涯，回到學界後寫了幾本書，二○○二年問世的《全球化的許諾與失落》（*Globalization and Its Discontents*）與二○○三年出版的《狂飆的十年》（*The Roaring Nineties : A New History of the World's Most Prosperous Decade*）為最重要的兩本書。

《全球化的許諾與失落》簡介

第一本書以全球化潮流作為引子，展開數落國際貨幣基金（IMF）的不是，因為史蒂格里茲認為ＩＭＦ、世界銀行和世界貿易組織（ＷＴＯ）是主導全球化的三大機構，而過去二十年來ＩＭＦ和世銀居於重大財經議題中心，觀諸事實，世銀又以ＩＭＦ馬首是瞻。他指出，ＩＭＦ和世銀的設立構想都源自二次大戰時期。一九四四年七月，聯合國貨幣與金融會議在美國新漢普夏的布列頓森林舉行，旨在協助歐洲戰後重建，並預防未來再發生全球經濟大恐慌，由世銀的正式名稱「國際重建與發展銀行」即可窺知。而ＩＭＦ被賦予的任務是屬於較艱難的「確保全球經濟穩定」，做法是對那些任由國內經濟低迷不振的國家施加國際壓力，要求它們在維持全球總需求上盡到一己之力，必要時ＩＭＦ會以貸款形式提供資金，援助本身資源不足的國家以刺激總需求。因此，成立ＩＭＦ的信念係藉全球層次的集體行動來達成全球經濟穩定，有如當初成立聯合國是為促成全球政治穩定，所以ＩＭＦ是個公共機構，經費來自世界各國的納稅人。史蒂格里茲特別指出，ＩＭＦ目前既不向提供資金的人民直接負責，也不向生活受它影響的人民負責，而是向各國政府的金融部門與中央銀行負責，透過一套繁複的投票規則運作，挑大梁的一直是幾個主要已開發國家，其中只有美國享有否決權，於是「政治力」主導ＩＭＦ決策乃不可避免。

史蒂格里茲在一九九三年到柯林頓政府的經濟顧問委員會任職；一九九七年轉任世銀擔任首席經濟學者與副行長，到二〇〇〇年一月離開，共七年的華府公職生涯，見識了官僚體系的運作，對於決策受意識型態與政治因素主導，致行動方向錯誤，只為符合當權者利益深有感觸。更令他氣結的是，學者在參與制定政策建議後反而變得政治化，不惜開始扭曲證據來迎合當權者想法。本書就是他在這段公職期間的片段回憶，特別對俄羅斯由共產制度轉型和亞洲金融風暴席捲全球的ＩＭＦ決策，作剴切、鮮活批判，全書可說敘述精彩。不過，由於作者本人鮮明的凱因斯「創造有效需求」觀點，難免也讓他陷入另一種意識型態而不自覺。

史蒂格里茲重批ＩＭＦ，並不像弗利曼一樣認為ＩＭＦ沒存在價值；相反地，卻肯定其必要性。只是認為當今的ＩＭＦ主事者政策錯誤，而會錯誤，是因為ＩＭＦ已非堅守當初設立時的凱因斯理念，自一九八〇年代之後就在美國雷根總統和英國首相柴契爾夫人引領自由市場理念下轉向。史蒂格里茲評述說，自此之後ＩＭＦ與世銀就成為新的宣教機構，所宣揚的是他在書中多處強調的所謂「華盛頓共識」，部分內容係指ＩＭＦ、世銀與美國財政部就開發中國家「正確」的政策所達成的共識，例如：壓迫開發中國家開放市場，尤其是讓資本市場快速自由化，以及公營事業快速民營化。史蒂格里茲舉俄羅斯所實施的「震盪療法」讓俄羅斯陷入悲慘局面，以及亞洲金融風暴的發生為例，說明資本市場自由化致國際游資快速進出所引起的投機風暴。他也就中國和馬來西亞採取外匯管制等干預手段而讓風暴快速終止，證明資本市場快速自由化的可怕。不過，正如史蒂格里茲在書中所強調，「公開辯論」、「資訊透明」的重要，並對各國改革風暴的各種論斷都有很大的討論空間。同時，他也一再表明並非否定自由市場，而是關切制度轉向自由市場過程中如何應用適當政策，一再指責支配ＩＭＦ的「市場基本教義派」（史蒂格里茲還說出弗利曼是教主的話語）對轉型國家施壓，強迫接受華盛頓共識，造成當今世界上一些轉型國家的淒慘局面，即生活水準大幅滑落，貧富差距拉大，失業率上升等社會問題叢生，而這也導致今日反全球化運動成為一種「全球化現象」的主因。

關於體制如何轉型、開放速度快慢和是否該有先後次序等等課題，迄今可說眾說紛紜，恐怕永遠沒有答案，因為不太可能得到具有共識的實證。不過，人類選擇自由經濟體制應該是不容否認的，只是由威權管制體制轉到自由經濟體之代價應該如何壓低，才是問題的核心。這與領導人的能力和施行的自由化政策固然有關係，而全體人民能否「同心協力」才是關鍵，擁有「無私無我、先他後我」理念並去實踐者愈多，成本也就愈小，不論是政府或任何團體或某一個人，都不能以自己的看法和主張，強迫他人照單全收，而具有效「強制力」者只有政府這個機構，可惜的是，正如史蒂格里茲在公職生涯親身體驗的，政治場域充斥意識型態、利益掛鉤、欺負弱小、不公不義等等不堪現狀，由而「政府失靈」就特別嚴重，必須嚴格定義政府角色。這也才是「純正」自由經濟理念者的看法，此由弗利曼和亞當・史密斯等古典經濟學者的身上就可看得清楚，而他們都非常重視倫理道德，也都認為市場有秩序、有規則，並且也都主張政府有其應扮演的重要角色，而這種角色並非經濟干預或管制者。此種對自由經濟的認知與史蒂格里茲有很大不同，也與本書中所描述的ＩＭＦ之市場基本教義派之做法迥異。其實，由弗利曼大聲疾呼廢除ＩＭＦ，就知ＩＭＦ決策根本不是市場經濟理念，也可推知史蒂格里茲對自由經濟或市場經濟的認知有很大偏誤，而由他在書中所說的「雖然我認為市場的運作遠不及ＩＭＦ的經濟學者常說的那樣完美，但至少還比ＩＭＦ的干預來得『理性』一點」，也可知ＩＭＦ決策者根本不是在施行自由經濟政策，或者只是口頭說說而已。

至於史蒂格里茲在書中提到的「市場失靈」、「全球化由ＩＭＦ等機構主導」，以及「全球化的種種失落」等怪罪自由經濟或自由市場之處，只是反映出史蒂格里茲對自由經濟理念的認知是多麼膚淺、偏執。由於史蒂格里茲貴為諾貝爾獎得主，地位崇高，言論的影響威力強大，提醒讀者必須用功努力去深入探究、思考，不可一味接受他的單方面看法。

雖然史蒂格里茲的某些基本觀念、尤其對自由市場的認知有偏差，但他在本書中所描述的ＩＭＦ作為及諸種全球性事件的演變故事，卻值得閱讀，特別是他曾身居決策核心，與多國政府及有關人士有實地接觸，在坦率的文筆下，讓我們更真確見識到「政治力」的威力及可怕，諸種爭權奪利、貪汙舞弊的惡行惡狀，見證了人心腐化，而權力、私利扮演腐化工具的血淋淋事蹟也躍然紙上。除非「人心回升」，否則具悲天憫人胸懷的史蒂格里茲在書中所提議的「治理」藥方，都只會是空口說白話，不可能被採行。不過，「陽光是最強的殺菌劑」，在市場開放下，毒菌終究難抵「市場壓力」這個最強陽光而存活，因此，開放市場才是讓全球化發揮利益的最佳之道。

《狂飆的十年》簡介

第二本書是對於柯林頓主政八年的風光緣由娓娓道出，最重要的是將八年經濟榮景的前因後果作完整檢討，雖難免有老王賣瓜意味，卻很有看頭。

一九九〇年代這段被史蒂格里茲形容為「狂飆的十年」，包括他涉足政治圈的全部年分。「狂飆」指的是經濟繁榮盛世，正是柯林頓政府時期，而財經政策的正確往往被認為是重要關鍵因素。那麼，身為總統經濟顧問委員會主席的史蒂格里茲也應扮演舉足輕重角色，理應會標舉自己的功勞才是。不過，史蒂格里茲卻讓人意外的明示「經濟情勢發展，大部分不是政府造成的」，而柯林頓政府神奇地將原本龐大的預算赤字，在短短數年內轉變為鉅額預算盈餘，被世人嘖嘖稱奇，但史蒂格里茲卻也明白表示他不認同削減預算赤字，甚至以「幸運的錯誤」形容。

這種不攬功而且實話實說的風格，讓該書具高度可讀性。不論贊同或不贊同書中論點者，應都會同樣感受到史蒂格里茲的誠懇，他毫不留情地批判聯邦準備理事會和葛林斯潘主席，對於金融業和會計業狼狽為奸深惡痛絕，將共和黨一向愛用的減稅政策大肆抨擊，對於美國在國內和國外兩手自由化策略深不以為然。該書三分之二篇幅都在檢討這些事情，由之導出新經濟科技泡沫破滅的緣由，並提出數項重要的觀念迷思，最後還端出自己的理想願景。由於史蒂格里茲的學理底子深厚，擁有一顆溫暖的心，又熟悉政治實務，加上文筆流暢，說服力頗強。

史蒂格里茲在書中極力批評減稅和供給學派，但他明確指出小布希的減稅政策，其實主要在遂行幫助其金主得利的「政治目的」。那麼也就不能據之抹黑減稅和供給學派了。史蒂格里茲毫不掩飾他是凱因斯學派，相信政府必須干預，但希望在市場和政府之間取得平衡，他稱之為「新民主理想主義——第三條路」，也是他實現全球社會正義的願景。雖然他對「市場失靈」的認知大有商榷餘地，而市場和政府之關係誰主誰副也必須再深入內涵加以剖析，但對其沒被權利腐化、痛斥不誠信者，批判官僚政策、打擊特權的無畏、坦蕩，仍值得肯定。

讓經濟學回到眞實世界

三位得獎者在「資訊不對稱市場研究」這個領域上，的確是有先驅性的貢獻，他們早期的研究成果如今看來似乎稀鬆平常，但在一九七〇年代卻是具突破性的。

瑞典皇家科學院聲稱「資訊不對稱市場研究」，對於傳統經濟理論構成挑戰，雖然並不清楚他們所指的傳統經濟理論究竟何指，但由「資訊不對稱」這個名詞，或可合理地指認「資訊對稱」或「資訊充分」就是他們所說的傳統認定。果真如此，環視日常生活周遭，不是隨處可見「資訊不對稱」、「資訊不足」的現象嗎？那麼，傳統理論所假設或所從事的研究，豈不是立足於「象牙塔」、「非人間」嗎？諾貝爾獎委員會對於資訊不對稱世界的肯定，不是將經濟學拉回真實人間世界嗎？

這讓人不由得想起寇斯，這位一九九一年諾貝爾經濟學獎得主，就是把傳統不食人間煙火的經濟研究稱為「黑板經濟學」的真正「務實」（針對實際社會事務）學者，他對居經濟學主流的「新古典經濟學派」很不以為然，因為他們所研究的世界是「沒有交易成本」的世界，也就是「充分資訊和資訊對稱」的世界。他也早在文章裡剴切呼籲經濟學者「下凡」來，回到真實的世界，仔細觀察活生生的人的世界，針對實際問題研究出解決之道。由此角度觀之，十年來諾貝爾獎委員會正是一再將經濟研究拉回真實世界，藉由獎勵來引導走向。不免令人思索如今通稱的「傳統經濟理論」這個稱呼是否得當，因為傳統似有「溯自源頭」之意，而經濟學的誕生，共認的看法是濫觴於亞當・史密斯的《原富》（*The Wealth of Nations*）這本經典著作，而該書則是針對實際世界的運作之觀察呢！所以，本屆諾貝爾經濟學獎不是又將經濟學還原到「古典」世界嗎？而且返回「傳統」嗎？怎麼說是挑戰傳統呢？

其實「資訊不對稱」一點都不新鮮，至少在一九二〇年庇古的名著《福利經濟學》裡已提出三個著名的資訊不對稱例子：一是工人無法適當評估工作環境的傷害率和危險率，因而懷疑未能得到足夠的報酬；二是個人沒有能力選擇醫生、律師等等具高度專業者；三是個人沒有能力選擇銀行和保險公司。因此，必須由政府出面來訂定〈勞動基準法〉、建立職業證照來昭告品質，以及嚴格管制銀行和保險公司之設立，於是政府乃堂而皇之大力「干預」市場，而「管制經濟學」也從此興盛起來。

庇古的說法也可說是促進「市場失靈」理論大行其道的重要觸媒，尤其資訊不對稱或不充分或人們的「無知區」到處可見，更使政府管制可合理地伸入人民生活的各個領域。不過，經由史蒂格勒、寇斯以及布坎南等人的努力，政府干預效能於是受到質疑，終而讓市場再度抬頭。「市場機能」縱然重見光明，人世間的「資訊不對稱」卻還是存在，特別現代科技愈進步，「無能」

和「無知」愈見普遍，讓對此領域有興趣的學者有更大的發揮空間，而本屆三位得獎者的研究成果也有較大的應用空間。值得一提的是，他們也並不再強調政府干預，而是換由民間創新出各種辦法來淡化或消除問題。

無論如何，人間不完美是常態，人總要在不完美環境下尋求安身立命，當前主流經濟學所假設的 **Pareto** 效率點或社會福利最大點，實際人間是找不到的。即便人們會透過學習、創造更多資訊或設計更多制度來彌補資訊不對稱或不足，或許不但不能減低資訊不對稱程度，反會朝向反面發展。一來日新月異的資訊製造速度加快；二來最重要的，「人心變壞、道德沉淪、欺騙成風」，如此情景已朝「人人為近敵」不堪局面趨近，在搞權謀、相互猜忌環境下，誰又能相信對方所提供的資訊呢？所以，在「誠信」極度沉淪的環境下，無論專家學者研究出多好的誘因機制、多巧妙的體制，「上有政策、下有對策」，各懷鬼胎，不是將問題愈弄愈複雜、愈難解嗎？那麼，治本的關鍵不是在「人心回升、倫理道德的重建」，讓人人由自己檢討、約束自己，「由衷」地相互信任，以發揮分工合作正面功效嗎？

2002

理性與自利的挑戰者
卡尼曼和史密斯

卡尼曼

史密斯

二〇〇二年十月九日臺北時間晚上九點多，外電傳來卡尼曼（Daniel Kahneman）和史密斯（Vernon L. Smith）兩位學者獲得該年諾貝爾經濟學獎的消息。乍聽媒體記者告知，如墜五里霧中，趕緊翻閱《經濟學名人錄》，前者闕如，後者則有簡歷。根據瑞典皇家科學院發布的獲獎理由是：兩人首先把心理學和實驗經濟學運用於決策過程的研究，為該領域的先驅者。卡尼曼專長認知心理學，史密斯則從事實驗經濟學。據知，諾貝爾獎委員會多年前即決議，經濟學不應該侷限於狹義理論，二〇〇二年終於跨出一大步，將頒獎範圍擴大到心理學部門。

根據二〇〇二年諾貝爾獎評審委員會的頌詞，指出傳統經濟學研究奠基於「自利」（self-interest）動機和「理性」（rational）決策假設，因而經濟學普遍被視為非實驗性科學，其方法論重在現象的觀察，不在實驗室內經過條件控制的研究。不過，經由學界的努力，如今已有愈來愈多研究者致力於實驗測試，並修正一些基本經濟假說，且更加倚賴得自實驗的數據。這些研究乃植基於認知心理學者對人性判斷和決策的研究，以及實驗經濟學家對理論預測的實證測度。卡尼曼是前者的翹楚，史密斯則是後者的領銜人。看來以「經濟學非實驗性科學」反對該學門列入諾貝爾獎行列者，由二〇〇二年得獎者的貢獻應可平息了！

擁有美國和以色列雙重國籍的卡尼曼

迄二〇〇二年屆六十八歲的卡尼曼，一九三四年誕生於以色列的特拉維夫，擁有美國和以色列雙重國籍，目前任教於美國普林斯頓大學。卡尼曼在一九五四年得到希伯萊大學的心理學和數學學士；一九六一年取得美國加州大學心理學博士；一九六一至一九七八年任教於希伯萊大學心理學系，從講師升到教授，期間曾短暫赴美國密西根大學、哈佛大學，以及英國劍橋訪問研究；

一九七八年離開以色列至加拿大英屬哥倫比亞大學擔任教授，迄一九八六年再轉赴美國柏克萊加州大學，擔任心理系教授；直至一九九四年又轉到普林斯頓大學擔任心理系 Eugene Higgins 講座教授。

由此學經歷可知，卡尼曼一直堅守在心理學陣營，看不出他與經濟學的關係，無怪乎布勞格（Mark Blaug）主編的《經濟學名人錄》中不見其人。不過，瑞典皇家科學院讚揚卡尼曼的傑出貢獻在「將心理研究的洞見整合入經濟科學，為新的研究奠定基礎，主要成就在於不確定情況下的決策分析，他展示出人們在此條件下，如何做出系統性背離標準經濟理論預測的結果。」可知他的研究已撼動當代經濟學。

卡尼曼的學術成就及貢獻

卡尼曼提出展望理論（prospect theory），歸納人們的判斷如何基於經驗調適法則，導致系統性偏離基本機率理論的結果。卡尼曼也發現人們如何在表徵提示下進行判斷，他從認知心理學途徑探索人性內在運作機制，其成就啟發了新一代的經濟學和財政學研究。

卡尼曼得獎當時擔任四個學術期刊的編輯委員，曾在學術期刊發表著作一百多篇，其中與已故的柏克萊加州大學教授迪伏斯基（Amos Tversky）自一九七一年起即聯名發表，兩人共同掛名的論文至少有二十四篇，而兩人共同在心理實驗室合作出爐的理論也相當多，主要以「人的行為未必理性」作為基本立論，以實證建立行為特徵，證實許多經濟學假設未必符合事實。舉一九八一年兩人共同發表的一篇研究為例，他們對一百五十二名學生作調查，詢問面對六百位疾病患者，有必要幫忙解除疾病，第一種問法是：有兩種對策，第一種可救活二百名患者，第二種可救所有人，但成功機率只三分之一，單一患者死亡的機率高達三分之二。結果有百分之七十二的學生選第一種對策。但當問法將第一種對策改成四百名患者一定無救時，另外一百五十五名受調查學生只剩下百分之二十二選第一種對策。卡尼曼和迪伏斯基的解釋是：這種明顯的調查結果差異，乃因問題的呈現方式不同，決策者的參考點因而移動。前者呈現的方式為正面的（可以救活多少人），因此大部分決策者選擇規避風險（和平均預期救活二百人的風險展望相比，確定救活二百人的展望較為誘人）；後者呈現的方式為負面的（會死掉多少人），因此大部分決策者選擇賭一賭運氣（和平均預期四百人死掉的風險展望相比，四百人確定死掉的展望較難接受）。卡尼曼和迪伏斯基以這種實驗發現，人的行為隱約透露「不理性」色彩，與「個別行為人經常根據他們的偏好與現有的資訊做成系統化決定，長期變化不大，即使在不同環境下也如此」的當代標準化經濟理論不太一樣。由於他們兩人的緊密合作關係，且是迪伏斯基開先河，無怪乎有學者指出，卡尼曼的學術成就實際上承繼迪伏斯基，若迪伏斯基不是早逝，恐怕不會輪到卡尼曼得獎。

值得一提的是，卡尼曼在二〇一一年著作《快思慢想》（*Thinking, Fast and Slow*）厚書中文譯本在臺灣異常暢銷，即便被指認譯錯處不少，也無損其銷路。該書不但是《紐約時報》、《經濟學人》、亞馬遜二〇一一年度十大好書，上市一年後仍居亞馬遜分類排行榜冠軍。二〇一二年底三十萬字近六百頁厚重的中文譯本，甫上市即被搶購一空，短短兩周又再版四次，十多天銷售近四萬冊，更在各種排行榜居首。

史密斯小傳

得獎當時任教於喬治梅遜（George Mason）大學的史密斯，一九二七年出生於美國坎薩斯州的 Wichita，二〇〇二年得獎時已屆七十五歲高齡。他在一九四九年取得加州工學院電子工程學士；一九五二年得到坎薩斯大學經濟學碩士；一九五五年獲取哈佛大學經濟學博士。之後歷經坎薩斯大學講師（一九五一～一九五三）、哈佛經濟研究計畫經濟學家（一九五三～一九五五）、普度大學助理教授和副教授（一九五五～一九六七，其間曾在一九六一～一九六二年短暫赴史丹佛大學擔任訪問教授）、布朗大學教授（一九六七～一九六八）、麻塞諸塞大學教授（一九六八～一九七五，這段期間也曾至耶魯大學考列斯基金會、南加大，以及加州工學院訪問）、亞利桑那大學教授（一九七五～二〇〇一）；二〇〇一年轉至喬治梅遜大學擔任經濟學和法律教授。

史密斯在實驗經濟學的學術成就及貢獻

史密斯的研究領域含括：一般個體經濟學、市場結構和定價，以及實驗設計。他曾得過多種榮譽，也曾擔任數個學術期刊編輯，單獨發表和與人合作發表的論文，超過兩百篇。史密斯自己將研究貢獻分成四部分，在一九五五至一九六五年，研究旨趣在結合投資、資本和生產理論，範圍擴大至考慮租稅和折舊政策之下，時間過程中，生產、投資和定價決定問題。在一九六六至一九七二年間，他則對不確定性經濟學產生興趣，特別對公司融資理論著迷。而一九六六至一九七七年，史密斯的研究轉向自然資源經濟學，著重在生物經濟和地理經濟的存量流量關係，以及財產權失敗等自然資源經濟特徵，對更新世晚期人類嗜好狩獵的動物滅絕，看似與農業革命同時發生，提出合理解釋。對現代人類出現而言，更新世晚期是一段關鍵性時刻。農業革命似乎促使更為複雜的產權制度與其所衍生的交易系統得到發展，而處於游牧狩獵採集階段的人類社會，則較缺乏這種發展特徵。

當然，史密斯最重要的研究還是在實驗經濟學，他的第一個實驗市場在一九五六年春天建立，成果展現在其一九六二年發表在 *JPE* 那篇文章上。此後，在各種契約條件下的市場表現，就一直吸引他的研究興趣，之後數十年如一日。這項工作的重要性在於提出一種研究方法，讓經濟學家可以實際展示自己所知的市場資源配置究竟是怎麼一回事。不幸的是，經濟學家自以為知道，而且在課堂上宣揚的真理當中，有很大一部分不是錯誤，就是尚未經證實。不過，他也指出，胸懷謙卑的人應不至於對此感到困擾，畢竟人類與其他動物有顯著的區別已超過一百萬年，農業革命所促成的交易及產權制度也已有一萬到一萬五千年之久，然而經濟學開始進行嚴謹研究卻只不過二百年而已。言下之意，實驗經濟學有著極為寬廣的發展空間。

史密斯的雙親屬於政治狂熱分子，母親是社會主義者，對史密斯影響極大。史密斯在一九五六年於普度大學建立第一個經濟實驗，利用他的學生當主角所進行的實驗，本來的目的是想得到市場機能無效率的結果，沒想到卻反而獲得市場有效率的壓倒性清楚結論。史密斯發現，即使只有非常少的資訊，在適當數量參與者實驗下，也很快地創造出一個競爭性均衡。

經由實驗發現，這個市場並不需要有很多擁有完全資訊的參與者，此與一般認為的效率市場先決條件不同。這項發現刊在一九六二年 *JEP* 發表的那篇文章上，當時史密斯是史丹佛大學訪問教授，而該篇文章也被認為是實驗經濟學的經典作。史密斯陸續在普度大學、布朗大學、麻州大學、南加大、加州工學院和亞利桑那大學繼續其實驗研究教學工作，並且擴展新的領域。

史密斯也將他的控制實驗用在資產拍賣上，進一步提供政府拍賣方法可以得到資產私有化、廣播權或電話執照的最高拍賣價格。他也利用電腦補助市場模型來評估分配機場使用時段的各種機制，也幫助過澳洲和紐西蘭建立能源市場。諾貝爾獎評審委員會這樣說史密斯：「他就適當的實驗程序提出一系列實際可行的建議，在實驗經濟學的範疇，他已為怎樣才算是好的實驗，立下了操作標準。」為了對公共政策實驗有更大的貢獻，史密斯在二〇〇一年率六位同仁一起離開亞利桑那大學經濟科學實驗室，到喬治梅遜大學成立實驗科學中心（ICES），因為較接近華府，且有 Charles G. Koch 基金的慷慨資助。

跨出狹義經濟學的奧義

二〇〇二年諾貝爾經濟學獎頒給卡尼曼和史密斯，論者謂跨出狹義經濟學範圍，並對基本經濟學的「理性」和「自利」這兩個根本假設提出挑戰。例如：卡尼曼發現，大多數接受追蹤觀察者寧可花二十分鐘路程購買一部十美元的電腦，而捨棄十五美元的款式；可是他們又不願意花同樣時間去買一件一百二十美元的夾克，而寧願多花五美元當場選購一百二十五美元的夾克。

他倆證明「人比當代經濟學家要我們相信的較愚蠢，而且並不那麼自私」。因為如果人是如此理性，為何會有上提卡尼曼的實驗結果？為何人們會為廉價房屋購買昂貴保險？如果人們是如此的自私，為何又會給小費，或者當沒有人知道我們撿到皮包時，卻又將皮包退回？投資人為何如此愚笨地，一次又一次相信一個只有兩年操作成功經驗的基金經理人，未來也會有傑出表現？

卡尼曼和迪伏斯基提出的「展望理論」納入人們這種短視特性，可以用來幫助釐清各種金融市場現象。例如：原本不應大幅波動的股票市場，卻時常大震動，原因是投資人大多只想到眼前的消息，而不會考慮比較抽象的未來訊息，而且對利空訊息較利多訊息敏感，由而使市場下跌較上升快得多。

至於人不但不自私，而且往往是和善的，史密斯在一個有名的實驗裡是如此證明的：給房間裡的每一個人十元，而且告訴他們可以分享總金額，這些人不知錢從何而來，也不期待任何回報。實驗結果每人平均拿出五元來共享，這支持史密斯的「人天生是合作的」理論。

這兩位得獎者的研究，比較以往的得獎者是有趣得多，但是否如評審委員會所說的那麼地具有開創性，而「理性」這個人的特性是否被推翻，卻大有商榷餘地。首先，明知「不公平」、「有風險」，人卻還是「明知山有虎，偏向虎山行」的所謂不理性行為，不必經由實驗室實驗，一般人都已司空見慣，而經濟學的開山祖師亞當・史密斯早在一七七六年出版的《原富》這本經典鉅著卷一第十章中，就以購買彩票的實例來說明人的不理性，而且也用保險業為例呢！所以，卡尼曼和史密斯一點都不具原創性，可說只將亞當・史密斯的觀察，以所謂的現代「實證」科學方式再加以證實而已。

其次，關於理性和不理性的爭辯，主要是卡曼尼和迪伏斯基所發展的「展望理論」，對新古典經濟學假定「凡人都會盡可能追求最大效用」的所謂「預期效用理論」（expected utility theory）之批判。不過，這種爭論或許只是學術論文或學術象牙塔中的重要課題，在現實人生裡，應該沒必要自尋煩惱作此區分。不過，在一般的日常生活中，「不理性」或「非理性」這個名詞到處可以看到、聽到。例如：多年前由於當時的財政部長郭婉容遽然宣布恢復證券交易所得稅的課徵，於是投資人乃從事「不理性」的抗議。當然，不理性總是與行為連在一起的；推而廣之，各種自力救濟行為，以及「非法」的行為，似乎也是屬於不理性行為。

非理性的相反詞當然就是「理性」，這個名詞大家都能琅琅上口，而且似乎都有共識。但是，回過頭來想想，它的真義何在？我們是否可以作這樣的了解：社會上存在有一共同的行為準繩，合於此規範的就是理性，違反的就是非理性。如果這樣的認識可以接受的話，那麼，這個準則是什麼？由誰來訂定？又，如果該準則可以明白訂定，是否永不改變，或會與時俱變？如果會隨時改變，將由誰來決定何時變及如何變法？

在實際社會中，絕大多數的民眾都不會去想諸如此類的問題，他們也都接受現狀，認同且安於已有的社會規範。最簡單可行的社會規範當然就是「法律」了。在各式各樣的法條中，將人民必須遵循的行為規則明白的條列。制定者是所謂的社會菁英，這些人被假設明瞭人性善惡，知曉每個人應該如何做才可維持社會和諧，促進全社會的進步。也就是說，全社會的人都應該有「共同」遵行的規則，而且，違反就得受罰。單由處罰這件事來看，就知道事前已了解有人是無法符合這些規則的，即使這些規則能夠規定得異常完美，也免不了有此情況發生，更何況往往難以訂定完美的規則，這由各種訴訟的發生，法官與律師對於法條的解釋，以及對於當事者行為的認定有所差異等等即可得知。那麼，為何紛爭不可免？原因當在「人」的身上，畢竟每個人多多少少都有各自的價值判斷，縱然由於後天環境的薰陶和培養，彼此之間的認同度會增加，差異會逐漸減少，但終究不可能完全消失。因此，在此種了解下，非理性行為仍不可免，畢竟，社會上所形成的行為準則是一種「眾數」的概念，對於個人，總是沒有辦法完全涵蓋。可是，這種社會上似乎「形成共識」的非理性行為，真的就是非理性嗎？恐怕是沒完沒了的爭論呢！

至於輿論所說的二〇〇二年諾貝爾經濟學獎跨出狹義領域一事，其實一九八六年得主布坎南鑽研政治經濟學，一九九一年得主寇斯開創法律經濟學，以及一九九二年得主貝克在社會學領域和其在理性、非理性行為研究的成就等等，其實早已跨出狹窄門檻了呢！

（本文與謝宗林合撰）

2003

與臺灣學界淵源頗深的大師
恩格爾和葛蘭傑

恩格爾

葛蘭傑

臺北時間二〇〇三年十月八日晚，諾貝爾經濟學獎公布，瑞典皇家科學院宣布美國學者、當時任教於紐約大學的恩格爾（Robert Engle）教授，以及英國學者、當時任教於美國加州大學聖地牙哥校區的葛蘭傑（Clive Granger）教授共同獲獎。

兩位教授都屬於經濟計量學領域的頂尖學者，專業性頗強，但他們的貢獻也較不易通俗化，一般人也相對地較無興趣。由於兩位得獎者都來過臺灣，與臺灣經濟學界關係密切，而且兩人都有得意門生任教於臺灣的大學及在研究單位任職，當時各有傑出弟子為文介紹兩位得獎者的學術貢獻，而且也有其他的輕鬆報導。我雖與他們素昧平生，也對他倆得獎的領域外行，但仍循往例不揣淺陋，蒐集一些資料及請教國內一些專家，並參考這些文章，將兩位得獎者簡略地為讀者做個完整性的通盤介紹。

恩格爾小傳

恩格爾教授於一九四二年在美國紐約出生；一九六四年獲 Williams 學院物理學學士；一九六六年得到康乃爾大學的物理學碩士，由於不耐長期待在康大物理系的地下實驗室，乃轉而攻讀經濟博士，他的理工背景讓他在經濟計量學如魚得水；一九六九年順利獲得康大的經濟學博士。之後赴麻省理工學院擔任經濟學副教授（一九六九～一九七四年）；而後到加州大學聖地牙哥校區擔任副教授（一九七五～一九七七年）；一九九〇～一九九四年升為主任；而他自一九七七至二〇〇一年都在聖地牙哥校區擔任經濟學教授。由於紐約大學提供非常優渥的教學條件，加上鄰近華爾街方便作實證研究，恩格爾乃揮別任教已久的聖地牙哥，投入美東紐約大學的懷抱。

恩格爾擔任數個知名學術刊物的編輯，也獲得諸多榮譽，主要的研究領域是，經濟計量和統計方法、特殊性問題，以及一般財務。恩格爾獲獎時已有上百篇學術著作，在《經濟學名人錄》中舉出三本書和十篇論文為代表性著作。這三本書分別是：(1)一九九一年出版的《長期經濟關係：共整合論文集》（*Long Run Economic Relations: Readings in Cointegration*，與葛蘭傑合編）；(2)《經濟計量學指南，第四冊》（*Handbook of Econometrics*，與麥法登合編）；以及(3)一九九五年出版的《ARCH：論文選集》（*ARCH: Selected Readings*）。

恩格爾的學術成就及貢獻

瑞典皇家科學院對兩位得獎人的頌詞是：今年度的諾貝爾經濟學獎得主，設計出新的統計方法，有益於處理許多經濟時間數列的兩個關鍵性屬性，此即「時間變異波動性」（time-varying volatility）和「非穩定性」（non-stationarity）。皇家科學院表彰年屆六十歲的恩格爾說：他所建立的模式，已成為金融市場研究人員與分析師在資產定價及評估投資組合風險時，不可或缺的工具。對於六十九歲的葛蘭傑則推崇說：他的研究成果被用來研究財富與消費、匯率和價格水準，以及短期與長期利率之間的關係。

瑞典皇家科學院又說：兩人對學術界最大的貢獻是分別提出「自我迴歸條件異質變異數模型」（autoregressive conditional heteroskedasticity，簡稱ARCH）和「共整合」（cointegration）方法。以往研究人員通常按照時間數列的變化，來驗證經濟理論的假設和關聯性，並藉由時間數列來了解國內生產毛額（GDP）、物價、利率和股價等等的走勢。大多數總體經濟學的時間數列是依循一種隨機趨勢，GDP若出現暫時的紛擾就會產生長期的影響，此種時間數列就被稱為

「非穩定性」。葛蘭傑證明，如果穩定性時間數列採用的統計方法，用來分析非穩定性資料時，會產生錯誤結果，他所發展出來的共整合方法就可修正這種偏差。

至於恩格爾，他在一九八二年提出ARCH這種新的統計方法來處理「時間變異波動性」和「非穩定性」，成功地解決時間變異數裡的問題，也成功解釋財務時間數列資料的重要特性。如今ARCH不只成為研究人員不可或缺的工具，也是金融市場分析師用來了解資產價格變動與評估投資組合風險的主要依據。

上文的說明還是很抽象，也很模糊，我們可再藉由行家深入淺出的說法來加以清楚了解。中央研究院經濟研究所副研究員周雨田，在諾貝爾經濟學獎揭曉三天後，於《工商時報》發表〈渾沌中見秩序〉一文，記其業師恩格爾其人其學。

周教授推崇恩格爾的主要貢獻，是將ARCH模型從學術象牙塔中拉出，應用於實際人生，尤其在財務金融產業廣泛應用，他生動形容ARCH模型就像麥當勞的雙拱門（巧的是英文名也叫ARCH），林立在全球財金大都會的每一個角落。簡單地說，ARCH模型就在「渾沌中見秩序，預測不可預測中的可測性」。周教授舉例，即使無法告知明天台積電的價格是多少，但可以肯定說這個價格大概會在哪個範圍之內。譬如價格變動過程中，大變動跟隨大變動，小變動跟隨小變動的趨勢卻成為一個律，ARCH模型的貢獻就在將這個律化為模型，該模型的進一步影響是對波動的估計更為精準，它對一九七〇年代誕生、一九八〇年代猛長、至一九九〇年代如日中天的衍生性商品，更能做精準的定價。也因為如此，ARCH模型隨著衍生性商品的急速發展，在學界、業界成長、壯大，而資產價格及衍生性商品價格雖不能預測，但其不可預測程度卻掌握在經濟計量學家手中，轉而也掌握在投資銀行風險控管處主管、年金控管經理手中，而臺灣幾家金控公司的電腦中也存有此模式。

葛蘭傑小傳

葛蘭傑於一九三四年在英格蘭威爾斯出生；一九五五年畢業於諾丁漢（Nottingham）大學數學系；一九五九年獲得該校統計學博士。畢業後直到一九七四年，葛蘭傑皆在英國諾丁漢大學任教，其間曾於一九五九年赴美擔任普林斯頓大學訪問教授；一九六三年也曾在史丹佛大學當訪問教授；自一九七四年之後，葛蘭傑就一直是美國加州大學聖地牙哥校區的經濟學系教授。

葛蘭傑專攻經濟計量學和統計方法（特別是時間序列分析）、預測、一般財務市場、人口學以及經濟方法論。他擔任多個學術期刊的編輯，也得過多項榮譽。葛蘭傑著作等身，正式出版的有十二本書，學術論文分成時間序列和預測、價格研究、投機性市場和財務理論，以及統計理論和應用統計四類，光是第一類就有二百一十四篇，就可印證他自認為對時間序列分析特別感興趣，也可見其多產。

共整合理論的學術成就及貢獻

葛蘭傑的學術貢獻最主要的是，此次獲獎的共整合理論（方法）或共同隨機趨勢，這個貢獻的內涵可參見葛蘭傑得意門生——中央研究院經研所和政大經濟系合聘教授林金龍，於二〇〇三年十月十九日和二十六日在《工商時報》發表的〈淺談共整合理論〉一文。除了這項最主要的貢獻外，前世新大學管理學院梁國源院長還對葛蘭傑在經濟預測精確度之增進，以及因果關係之操作方式的貢獻，予以推崇。梁院長在一九九五年〈台灣兩個主要總體經濟季模型預測能力之評估〉這篇論文中，就臺灣兩個主要總體經濟季模型（即行政院主計處和中研院經研所的預測模型，一個著重政府政策因素，一個著重外貿）加以評論。由於各有偏好，難免預測能力有所偏移，經由均方差檢定與預測涵蓋檢定的結果，確實顯示兩個模型的預測記錄都有缺失。於是梁院長以偏差修正與組合方法兩種統計技術，示範預測者只須費少許心力就能把預測工作做得更完善，研究結果證實，經過修正後兩個單位的預測值的確可獲顯著性提升。其中的「預測組合方法」就是葛蘭傑在一九六九年和貝特（Bates）共同提出的，梁院長以「截長補短」來形容這個方法在增加資訊致「績效改善」的功效。

在「因果關係檢定」方面，葛蘭傑也在一九六九年提供一種檢定方法，擬化解研究者在此問題上的重大煩惱。我在一九八六年發表的〈臺灣製造業貨幣工資與消費者物價因果關係之研究〉一文，就利用葛蘭傑檢定法作實證，結果發現一九五九至一九八三年間，臺灣製造業的貨幣工資與消費者物價間因果關係極弱，若有，也傾向於工資影響物價的單向因果關係。這個結果異於一般想法，既凸顯出因果關係的認定有如雞生蛋、蛋生雞般的難以辨認，也顯示葛蘭傑因果檢定法有很大的改善空間。或許就因為不理想，葛蘭傑乃再接再厲作有關的改善，終於有「共整合理論或方法」的出現。

桃李滿寶島

恩格爾和葛蘭傑兩位二〇〇三年諾貝爾經濟學獎得主，與臺灣學界的淵源極深。恩格爾是已故中央研究院劉大中院士的得意門生，他在康乃爾大學的博士論文就是劉大中院士指導的。恩格爾任教於加州大學聖地牙哥校區（UCSD）時，指導過數位臺灣留學生，除了周雨田外，美國華爾街任職的洪哲雄、美國西雅圖私人預測公司任職的蔡文玲、暨南大學任教的高櫻芬，也都在恩格爾指導下取得UCSD經濟系博士學位。

周雨田回憶其恩師的治學過程，十多年前當ARCH模型難以被國際知名的財務期刊接納時，是恩格爾一次又一次地嘗試、改進，期使ARCH模型的適用範圍更廣、容納的資料更為完整。周雨田自覺深受恩格爾這種「屢敗屢戰」、「永不言退」的執著精神感動及影響。而這也充分顯示恩格爾治學謹嚴、研究紮實。關於恩格爾教學認真，周雨田舉出恩格爾批閱每位博士生的考卷時都會附注評語，指出謬誤處，同時也不吝提供自己的意見或研究成果與學生分享，而且鼓勵學生勇於發表文章，爭取學術曝光度。

來自英國的葛蘭傑，他的臺灣學生包括臺大經濟學系教授林建甫、中研院經研所研究員林金龍、行政院經建會人力規劃處專門委員高月霞（林金龍夫人），以及任教美國博爾大學的劉棟。林建甫以「聖誕老公公再世」形容其恩師葛蘭傑，因為一把雪白的大鬍子、微胖腰圍，數十年如一日。儘管已屆高齡，葛蘭傑仍秉持一顆赤子之心，像年輕人一樣追求新潮事物，而身穿皮衣、騎乘哈雷機車兜風，據說是葛蘭傑閒暇時最大樂趣。

林建甫回憶說，葛蘭傑對待學生輕聲細語，以正面鼓勵方式引領學生突破學習上的種種困難與瓶頸，也因如此，葛蘭傑是UCSD經濟系最受研究生歡迎的博士論文指導教授，每年都大約指導十位博士生左右。或許正因為具赤子之心，葛蘭傑的腦裡隨時充滿著天馬行空的經濟直覺，也崇尚單純簡單事物，於是在學術上就不愛拐彎抹角、複雜難解的數學公式，對學生的啟示是，如何創造嶄新實用的經濟模型，遠比浸淫在曲折迂迴的數學理論中重要。

經濟工程師的反思

簡介完本屆兩位諾貝爾經濟學獎得主，儘管他倆的專業學術成就不凡，對某些行業也有顯著的影響，而且他倆為人的平易近人、和藹可親，也確實有著大師風範，然而多年來我對於諾貝爾經濟學獎的定位及其得主資格之疑惑，卻未曾稍減。

諾貝爾獎應是極崇高的，特別是對全人類應有深遠的影響，而經濟學是以活生生的人作為研究對象，「人的行為」能否以自然科學方法來研究，能否「機械化」、「模型化」，恐怕是一本質性課題。一九七四年得主之一海耶克的「科學迷」批評，和已故的自由經濟前輩夏道平先生區分的「真正經濟學家」、「經濟工程師」，以及「特定經濟利益發言人」分類，此時又浮現在腦際。包括二〇〇三年兩位得主在內，諸位諾貝爾經濟學獎得主，誰是「真正經濟學家」？有沒有「特定經濟利益發言人」？是否絕大多數是「經濟工程師」呢？

2004

當代總體經濟學的巨擘
基德蘭和普瑞史考特

基德蘭

普瑞史考特

二〇〇四年諾貝爾經濟學獎得主，在臺北時間十月十一日由瑞典皇家科學院宣布，由挪威籍、當年六十歲、任教於美國卡內基美隆（Carnegie Mellon）大學的基德蘭（Finn E. Kydland），以及美國籍、當年六十三歲、任教於亞利桑納（Arizona）州立大學並為明尼亞玻利聯邦準備銀行（Federal Reserve Bank of Minneapolis）資深貨幣政策顧問的普瑞史考特（Edward C. Prescott）兩位教授榮膺桂冠。

瑞典皇家科學院對兩位得獎者的頌詞是：「他們對動態經濟學的貢獻，尤其在經濟政策的時間一致性和景氣循環背後動力方面的研究，不但改變了經濟學研究，對於經濟政策（特別是貨幣政策）更產生深遠的影響。」

基德蘭小傳

基德蘭在一九六八年畢業於挪威經濟和企管學校；一九七三年獲得卡內基美隆大學博士學位。專長領域在經濟學和政治經濟體系，教學和研究興趣則在景氣循環、貨幣和財政政策，以及勞動經濟學等科目。基德蘭得獎當時在卡內基美隆開了三門課，分別是進階經濟分析II（博士班）、總體經濟學，以及數量經濟分析。

在教學研究之外，基德蘭還擔任達拉斯聯邦準備銀行和克利夫蘭聯邦準備銀行研究顧問；自一九九六年起，基德蘭就擔任《總體經濟動態學》（*Marcoeconomic Dynamics*）學術期刊的編輯委員。

基德蘭在其履歷上列出一九八八年以來的七篇代表性論文：(1)二〇〇一年刊於《政治經濟期刊》的"Home Production Meets Time to Build"，(2)二〇〇〇年發表在《美國經濟評論》的

"Moretary Aggregate and Output"；(3)一九九九年在《經濟動態學評論》（*Review of Economic Dynamics*）發表的"Endogenous Money Supply and the Business Cycle"；(4)一九九五年登在《經濟歷史探究》（*Exploration in Economic History*）的"The Gold Standard as a Rule: An Essay in Exploration"；(5)一九九四年在《美國經濟評論》發表的"Dynamics of the Trade Balance and the Terms of Trade: The J-Curve"；(6)一九九二年刊於《政治經濟期刊》的"International Real Business Cycles"；(7)一九八八年在《經濟計量期刊》發表的"Intertemporal Preferences and Labor Supply"。這些較近期的篇章，固然都與基德蘭獲諾貝爾獎的貢獻領域有關，而且每一篇都與其他學者合撰，但卻未看到他和普瑞史考特合作的論文。

普瑞史考特簡歷

比起基德蘭，普瑞史考特提供的自我介紹可豐富許多。他在大學讀的是數學系；一九六二年拿到 Swarthmore 學院學士學位；一九六三年取得 Case-Western Reserve 大學作業研究碩士；一九六七年則獲卡內基美隆大學經濟學博士。畢業後赴賓州大學任教，一九七一年回到卡內基美隆，直到一九八〇年，之後曾到芝加哥大學、西北大學當訪問教授；一九八〇至一九九八年，普瑞史考特擔任明尼蘇達大學經濟學系教授；一九九八至一九九九年，擔任芝加哥大學經濟學教授；一九九九年再回明尼蘇達當經濟學系教授；直到二〇〇三年才轉赴亞利桑納州立大學任經濟學系教授，以迄於得獎時，他同時也擔任明尼亞玻利聯邦準備銀行資深貨幣顧問。

普瑞史考特擔任過《經濟計量學期刊》（一九七六～一九八二）、《國際經濟評論》（一九八〇～一九九〇）、《經濟理論期刊》（一九九〇～一九九二），以及《經濟理論》

（一九九一）等學術期刊的副主編和聯合編輯。他也曾擔任「經濟理論促進學會」（一九九二～一九九四）和「經濟動態和控制學會」（一九九二～一九九五）會長；一九八八年之後普瑞史考特也是國家經濟研究局的研究員。普瑞史考特獲得不少榮譽，包括數個學會和美國藝術和科學院的院士，並受各機構之邀發表演說。

在學術著作方面，諾貝爾獎網站上普瑞史考特的「主要論文」分成五大類：⑴景氣循環和經濟發展，共十八篇；⑵一般均衡理論，共十篇；⑶貨幣銀行和金融，共七篇；⑷方法論和政策，共七篇；⑸其他類，包括十一篇論文。由於諾貝爾獎的頒授係表彰他和基德蘭在景氣循環和貨幣政策的貢獻，而且強調兩人的合作。從所列的普瑞史考特這些論文中，就可獲知他倆合作的論文，從一九七七至一九九六年共合撰十一篇論文，七篇被普瑞史考特列為主要，四篇為次要。值得一提的是，普瑞史考特與一九九五年諾貝爾經濟學獎得主、被稱為理性預期大師的盧卡斯之關係。

據克雷馬（Arjo Klamer）在一九八三年出版的《透視經濟大師》（*Conversations with Economists*）一書中，訪問盧卡斯時，請教盧卡斯對普瑞史考特的看法，盧卡斯談到兩人合作經驗，說：

> 「……普瑞史考特比我年輕，當然，那時我剛開始教書，所以在年齡上差距不大。但是，我是老師，他是學生，仍有所不同。當我在做一些投資問題的研究時，遇到一些技術上的問題，那是我和他共事的起點。我記得他的論文裡有一些方法，我認為對我的研究有幫助。他對這些方法的了解遠勝於我，所以當他在賓州時，我讓他對此計畫發生興趣。我們做了許多工作來撰寫〈不確定情況下的投資〉（Investment under Uncertainty）

（一九七一）。原以為這只是一個直截了當的應用問題，結果卻遇到技術上的麻煩。我們不想放棄，於是大量閱讀數理經濟與數學著作，儘管我們原先對此問題並無任何了解，卻因此學到了許多，也非常感興趣。

有時候它並非那麼有趣。在你真想把文章寫出來，以便結束它的時候就是如此。所有的麻煩在於，當我們把所有心力投注在一篇文章上，且已完成了百分之九十九點九，卻無法解決那剩下的一小步，而必須查閱一大堆數學時，的確很令人沮喪，但那仍然很有趣味。我喜歡學新的數學，並且喜歡和普瑞史考特工作，因為他和我一樣，對於高難度的技術問題，能夠非常迅速抓住要點，而不需要有太多的準備工作。」

由此可見普瑞史考特在研究生涯的初期即已顯露出潛力，不過當時被盧卡斯看重的是「方法」或「技術」能力，此與普瑞史考特的數學系出身應當有密切關係，而盧卡斯和普瑞史考特合作之後，深覺數學技巧對總體經濟研究的重要，於是埋首鑽研數理，終於成為一名數理好手，也從此不必依賴別人提供技術的合作。另一方面，也可以想像普瑞史考特經濟理論日益充實，逐漸走出自己的路。我的此種揣測，由他們合作過一九七一年那篇論文之後，只在一九七四年再合撰〈均衡蒐尋和失業〉（Equilibrium Search and Unemployment）一文，往後即分道揚鑣或可得到印證，但也可能由於盧卡斯在一九七四年就離開卡內基美隆回芝大，兩人才中斷合作。不論如何，普瑞史考特從一九七七年就轉而與基德蘭合作，二十多年的研究成果乃奠定今日合得諾貝爾獎的基礎。那麼，這兩個人的研究到底有何種貢獻足以榮獲諾貝爾獎呢？或者有何超越盧卡斯之處或突破了什麼呢？

基德蘭和普瑞史考特的學術成就及貢獻

瑞典皇家科學院對基德蘭和普瑞史考特得獎的頌詞，表彰他倆在動態經濟學的貢獻，具體表現在兩方面：一為經濟政策的時間一致性；二為景氣循環影響因素之研究。這兩方面的研究分別來自兩篇文章，前者為一九七七年六月兩人聯名發表在《政治經濟期刊》的〈法則優於權衡：最適規劃的不一致性〉（Rules Rather Than Discretion: The Inconsistency of Optimal Plans）；後者是一九八二年十一月刊登在《經濟計量期刊》的〈耗時投資與總體波動〉（Time to Build and Aggregate Fluctuations）。

自一九三〇年代全球經濟大恐慌發生後，總體經濟學興起，而凱因斯理論和凱因斯學派就成為主流，政府也站上經濟舞臺，政府利用貨幣和財政政策來精密調節經濟體系也被視為理所當然。凱因斯提出「政府創造有效需求」來解決大恐慌已是世人耳熟能詳，政府使用的工具主要是財政政策。但到一九七〇年代「停滯膨脹」（stagflation，簡稱滯脹）來到，在「凱因斯革命的反革命下」，重貨幣學派、供給學派和理性預期學派紛紛興起，對於政府政策的效果予以否定。

一九七〇年代之前，經濟學家認為總體經濟波動主要源於需求的變動，譬如起因於廠商的投資和家計部門的消費，經濟政策的分析乃聚焦於說明貨幣和財政政策的如何實施來抵銷需求衝擊，卻幾乎沒有在實際政策的付諸實行上著力。一九七〇年代，這種分析的缺失已經無法再忽視，很明顯的是，既有理論的安定政策無法達到經濟政策所要的目標，西方世界出現失業和通貨膨脹並存的「滯脹」局面，既有的理論無法解釋該現象。因此，總體經濟波動不只是由需求變動帶引也愈來愈清楚。供給面的衝擊，諸如石油價格上漲和生產力成長下滑等，在循環波動愈顯現其重要性，上提基德蘭和普瑞史考特合撰的一九七七和一九八二年兩篇論文就提供分析這種總體經濟發展的新方法。

在時間一致性政策方面，一九五〇年代晚期和一九六〇年代初，流行的觀點可用所謂的「菲利浦曲線」含括，也就是經濟政策可在失業率的減少和提高通貨膨脹率間做選擇，但一九六〇年代晚期和一九七〇年代初，不少的研究對此提出質疑。弗利曼和費爾普斯（E. Phelps，二〇〇六年諾貝爾經濟學獎得主）證明，失業水準和通貨膨脹率之間沒有關係，而且是長期存在的狀況。即使失業率能經由提高通貨膨脹率的政策拉低，也只有短暫效果而已，時間一長，通貨膨脹預期和工資上升隨著實際通貨膨脹一起來到，於是失業又回到先前的高均衡水準。

在基德蘭和普瑞史考特一九七七年合撰的那篇論文裡，他們將經濟政策理論擴展，證明經濟政策制定者如果無法在事前預先承諾一個法則，則儘管他們的目標是低通貨膨脹，卻往往制定了一種拉高通貨膨脹的政策。兩位得獎人舉證說，這就是「時間一致性」問題。該文發表後，這個概念就成為經濟政策形成的研究基礎。

時間一致性問題的本質是：經濟政策制定者預先決定的一項最佳決策，當其影響家計部門和廠商的預期時，由於預期轉化為行動，致使政策效果無法實現，政策制定者乃修正政策。然而，這種權衡性的政策操作模式往往產生事與願違的後果，對經濟造成更大的傷害。這種結果並非視決策制定者的目標與多數人民期待的不同而定，而是由於受限於不同時點的不同經濟政策問題。時間不一致性問題的例子可用貨幣政策來說明。假設政策決定者的目標是低通貨膨脹且公開宣布，再進一步假設這種宣布形成對通貨膨脹的預期使工資只小量增加。依過去經驗，更多經由低利率而來的低通貨膨脹貨幣政策會實施，短期是會降低失業率。基德蘭和普瑞史考特證明政策的結果是，高通貨膨脹但對失業卻無任何效果。假如雇主和工資賺取者了解政策制定者的動機，則低通貨膨脹的宣布就喪失公信力；高且自我形成的通貨膨脹預期只使工資高升，但失業卻從未降低。

他們的分析提供了一九七〇年代消弭通貨膨脹失效的解釋，而時間不一致性課題擴大到許多經濟政策面向，如租稅政策也在他們的文章中分析，政府為刺激某項投資而減稅，一旦投資進行，卻由於要提高租稅收入而減稅從未實現。兩人的結論是，不同時點間及決策的時間不一致性對於社會不利。基德蘭和普瑞史考特研究的最大貢獻是，將經濟政策的設計由分離式的量化政策轉為制度範疇，畢竟制度性的設計較可靠，也較可行。

在景氣循環方面，基德蘭和普瑞史考特獲獎的第二項貢獻是，將景氣循環的研究架構轉向。直到一九八〇年代早期，經濟學家研究長期成長和短期總體經濟波動都分成不同現象，也使用不同方法，長期成長被認定是以技術進步推動總合供給，但景氣循環則被認為是由總合需求因素的變動所帶動。兩者之間並無實質關聯。

早期的景氣循環實證分析都是基於較總體性的變數間的數量關係，如民間消費、投資、GDP和通貨膨脹，這些關係都以時間數列的歷史性資料為分析基礎。而一九五〇和一九六〇年代的總體經濟環境顯現穩定，可是自一九七〇年代早期，環境不再穩定，主因是這些關係並未基於最基本的個別廠商和家計單位之行為，所以這些分析幾乎無法預測經濟環境變化（如油價水準、經濟政策目標變動、自由化、鬆綁等等）的影響。一九九五年諾貝爾經濟學獎得主盧卡斯對此已作檢討，但直到一九八二年，基德蘭和普瑞史考特才在文章裡，建立總體經濟景氣循環分析的個體經濟基礎。經由他們的模型，開啟經濟體系的波動源自供給面因素的研究。總之，基德蘭和普瑞史考特提供了總體經濟政策設計和經濟循環波動極為傑出的理論基礎，由於他們的貢獻，我們對總體經濟體系的了解，向前邁進了極為顯著的一大步。他們對經濟政策的時間不一致性分析，已經開創出一種研究計畫，並且深深影響著實際經濟政策的設計。

與臺灣的關聯

基德蘭和普瑞史考特兩位都與臺灣經濟學界熟稔。基德蘭的指導學生臺大經濟系教授林向愷說，十多年前他曾邀基德蘭來臺訪問，但當時臺灣學界重視的是成長理論，對景氣循環的問題不太感興趣，因而並未引起很多注意。至於普瑞史考特，據前經建會胡勝正主委表示，他擔任中研院經濟研究所所長時，曾於二〇〇一年安排普瑞史考特在中研院經研所進行一週的講座課程。胡主委說，普瑞史考特為人和善，也曾推薦嫡傳弟子艾德蒙到中研院，艾德蒙在經濟所服務三年並在臺結婚，而普瑞史考特則擔任證婚人。

臺大經濟系副教授毛慶生指出，「基德蘭和史考特」合撰的學術論文，是總體經濟領域學子必讀的經典，兩人的系列研究已成為當代總體經濟學的授課主架構，其中闡揚的古典經濟成長模型，能以三、四條方程式小規模的動態變化，解釋諸如美國龐大的經濟體，常被拿來跟凱因斯學派動輒三、四百條方程式的複雜模式作為對比。毛教授也表示，他的教學就是以「實質景氣循環」（Real Business Cycle，簡稱RBC）理論為核心，他的研究生把該理論用在解釋臺灣的經濟發展上。

總之，基德蘭和普瑞史考特的研究不只在總體經濟理論上貢獻良多，在真實世界裡實際施行的政府政策上也影響深遠，而他們持續建基在「活生生個人行為」的「個體經濟基礎」，也將經濟學維繫在稍許人味上，他們的得獎應是實至名歸。

2005

不合作賽局理論的倡導者
奧曼和謝林

奧曼

謝林

二〇〇五年十月十日，瑞典皇家科學院宣布，以色列經濟學家羅伯特・奧曼（Robert J. Aumann）和美國經濟學家托馬斯・謝林（Thomas C. Schelling, 1921-2016）共同獲得二〇〇五年諾貝爾經濟學獎，並將分享一千萬瑞典克朗（約四千三百萬臺幣）的獎金。

根據炸藥的發明人阿佛烈・諾貝爾一八九五年留下的遺囑，諾貝爾的獎項只包括化學獎、物理學獎、文學獎、醫學獎與和平獎，而經濟學獎則不在其中。諾貝爾經濟學獎其實是瑞典中央銀行於一九六八年以「紀念阿佛烈・諾貝爾的名義而設立的經濟學獎」，並於一九六九年第一次頒發這項經濟學大獎。由此，有些異議人士認為，所謂瑞典銀行紀念諾貝爾的經濟學獎缺乏足夠的含金量，不算真正品牌的諾貝爾大獎。幾乎從該獎項設立開始就異議不斷，甚至一九七四年兩位得主海耶克和繆爾達都公開發聲反對！而諾貝爾家族直到二〇〇一年仍投書媒體要求取消經濟學獎呢！不過，隨著時間的推移，眾人約定俗成，對此爭議的風波應會逐漸平息淡化。

諾貝爾經濟學獎評審委員會指出，獲獎的奧曼和謝林從事賽局理論（game theory）[1]的研究，有助於解決商業貿易上的矛盾衝突，甚至於戰爭糾紛。兩人的研究可應用於裁軍、安全政策、市場的價格形成，以及經濟和政治上的磋商。評審委員認為他們的「不合作的賽局理論」讓大家了解為什麼有的人／國家可以推動合作，有的人／國家卻帶來衝突。

瑞典皇家科學院則指出：「為何某些個人、組織和國家集團能夠順利推動合作，某些集團卻因彼此衝突而蒙受損失？針對這個古老的問題，羅伯特・奧曼和托瑪士・謝林的研究已將賽局理論或互動決策理論，拱上主要分析途徑的寶座。」此外，「重複賽局理論拓寬了我們對合作前提的認識」，「對這些議題的洞見有助於解釋經濟衝突，如削價競爭和貿易戰等，以及為何某些社

[1] 也有譯為「博弈」或「遊戲」理論。

群對公共資源的管理要比其他社群更為成功。重複賽局途徑闡明許多制度的存在價值，如商業公會、組織性犯罪、勞資協商和國際貿易協定等。」

奧曼擁有以色列和美國雙重國籍

羅伯特・奧曼出生於德國的法蘭克福市，並擁有以色列和美國雙重國籍。獲獎當時是以色列希伯來大學理性分析中心的教授。奧曼早年在美國接受教育，他在一九五〇年畢業於紐約市立大學的數學系，後來於一九五五年在麻省理工學院獲得數學博士學位。他先後在耶路撒冷大學、普林斯頓大學、耶魯大學、加州柏克萊分校、史丹佛大學、希柏來大學、明尼蘇達大學、紐約大學，以及西北大學等地教書或做研究工作。也曾經當過以色列數學協會主席和賽局理論協會的主席。

奧曼是個數學大師，也是第一個廣泛研究賽局理論的人。他提倡從長期來看賽局理論的效果，並通過不斷重複的賽局理論讓大家知道合作的重要。奧曼的賽局理論研究旨在呈現經驗世界與理論的互動，亦即，就長期而言，合作較易維繫，而短期賽局分析往往過於偏狹。可以說，「奧曼是進行成熟且正規的所謂無窮重複賽局分析的第一人。」

退休再復出的謝林

托馬斯・謝林在一九二一年出生於美國奧克蘭市，並於一九四四年畢業於加州柏克萊分校的經濟學系，他在一九五一年獲哈佛大學經濟學博士學位。托馬斯・謝林原本是耶魯大學的教授，成名後在哈佛大學甘迺迪政府學院擔任教授直至退休；但後來又被馬里蘭大學經濟學系和公共政策學院邀請擔任校際教授。可以說，馬里蘭大學聘請年長、已經退休的哈佛大學教授是個上上之舉，為該校爭得了一位諾貝爾大獎的得主，甚顯風光。

諾貝爾經濟學獎評審委員表示，謝林在一九五〇年代末期核子武器競爭激烈的時代出版的《衝突的戰略》裡，提出賽局理論是社會科學的整合架構的說法。他提出反制的能力比對抗攻擊的能力有用，不確定的反制比確定的有效。現在證明這些理論對解決衝突，以及避免戰爭有相當的貢獻。由於他的推廣，現在社會科學幾乎都會用到賽局理論。瑞典皇家科學院指出「謝林的研究展示，某一方可以刻意限縮其決策選項的方式拉抬談判地位，遂行報復的能力在此印證要比抵禦攻擊的能力更有用，而相較於確定的報復行動，不確定的報復威嚇力更強，也更有效。這些洞見已證實與化解衝突和規避戰爭之道密切相關。」

據悉，奧曼對其獲獎深感意外，但又顯得格外興奮。謝林則表示，他認識奧曼，但未曾合作或共事。謝林以為，他們共同受獎是因為，「奧曼是賽局理論的製造者，而我是賽局理論的使用者。」

賽局理論獲獎已有前例

一九九四年諾貝爾經濟學獎已頒給賽局理論家，且由三位合得：一為美國普林斯頓大學訪問研究員內許；一為匈牙利裔美國籍、在加州大學柏克萊分校任教的哈桑義；另一位則是德國波昂大學教授席爾頓。

瑞典皇家科學院宣稱他們三人對賽局理論作了精湛研究，有助於解釋經濟問題，特別是「對不合作賽局理論作了拓荒性的均衡分析」而得獎。

在賽局理論裡，一般的看法是，內許釐清了賽局均衡的定義，且證明賽局均衡的存在；席爾頓則進一步精化「內許均衡」，而有「完美均衡」概念的出現，使動態的競爭問題可以用賽局理論處理；至於哈桑義，則又將不完全資訊帶進內許均衡，使得賽局理論能夠處理現實社會中的群體決策問題。而奧曼和謝林從事賽局理論的研究，有助於解決商業貿易上的矛盾衝突，甚至於戰爭糾紛。兩人的研究可應用於裁軍、安全政策、市場的價格形成，以及經濟和政治上的磋商。他們的「不合作的賽局理論」讓大家了解為什麼有的人／國家可以推動合作，有的人／國家卻帶來衝突。

這五位諾貝爾經濟學獎得主對賽局理論的發展各有重要貢獻，而現今賽局理論不但已被經濟學各個領域所採取，成為主流的分析工具，並且被政治學、社會學甚至被非人類行為研究所引用。究竟賽局理論的萌芽、奠基、發展、成長，以及現狀和未來展望如何呢？茲再簡要介紹如下：

賽局理論的演進

一九一〇至一九三〇年可說是賽局理論的「萌芽」時期，當時是完全競爭賽局的世界，亦即所謂的兩人「零和賽局」。若兩人中的一人對某一結果有偏好，則另一人必反之，有如兩人棋賽、撲克賽局。這個模型雖然並不適用於多數的經濟現象，但卻有豐碩成果，為比較一般性的賽局理論奠立良好基礎。此時期最重要的人物是馮•紐曼，他在一九二八年以德文發表的〈團體遊戲之理論〉一文，可說是賽局理論的濫觴，該文指出，任何一種團體遊戲，都是在群體環境下如何做決策的問題，參與者的策略運用，應該會有一般的數學規則和原理可循，而一門新學問就這樣出現了，馮・紐曼所用的「賽局理論」也成為這門學問的名稱。

一九三〇至一九五〇年應是賽局理論的「奠基」時期。這一時期的最關鍵著作是馮・紐曼和摩根斯坦合撰的《賽局理論和經濟行為》。該書是一個里程碑，不但使賽局理論成為科學，而且最先將賽局作廣泛應用，該書將參與賽局者的人數擴充，而且也讓利得的加總大於零。這個時期最有進展的相關數學方法是**Kakutani**的固定點理論（**Kakutani’s fixed point theorem**）。

一九五〇至一九六〇年是賽局理論的「重要發展」時期，成果豐碩可用「百家齊放」形容。最有名的突破就是內許在普林斯頓大學提出的「一般性非合作理論」，以及「合作協商理論」，石破天驚的「內許均衡」就此出現。除了「內許均衡」膾炙人口外，數學家塔克提出的「囚犯的困境」也廣被引用。

這個時期有三個賽局理論研討會在普林斯頓大學舉行，而普林斯頓大學出版社也出版四冊賽局理論的經典，多年來成為賽局理論研究中心的蘭德公司，也在此時期開門營業。本期期初，賽局理論主要應用於戰術軍事問題上，如飛彈的防衛，隨後則應用於嚇阻武力和冷戰策略，季辛吉就是應用者之一。

一九六〇至一九七〇年是賽局理論的「成長」期，賽局理論擴充至不完全訊息。哈桑義在一九六七年建立不完全訊息（或稱不對稱訊息）賽局理論，這是一個重要的觀念突破，它也促使資訊經濟學的蓬勃發展，而資訊經濟學現已成為現代經濟學和賽局理論的重要課題。

賽局理論被廣泛運用

一九七〇年之後，賽局理論已被廣泛應用，政治模型和政治經濟學模型都被深入研究，不合作賽局理論被用於許多種特殊經濟模型。而賽局理論也從此被引用到生物學、電腦科學、倫理哲學，以及成本配置等等。至此賽局理論可說是五彩繽紛，有關賽局理論的新學術期刊紛紛出籠，許多新的賽局研究中心也在很多國家紛紛成立。

此外，賽局理論也對寡占理論有重大影響。在寡占理論中，「拗折」需求曲線曾風光一時，這是一九三〇年代史威濟提出用以解釋「經濟大恐慌」年代，為何「價格」不會更加快速下跌的理論，但因其無法回答「固定價格如何決定」和「如果廠商發現他們所相信的需求曲線是錯誤時將如何」兩個重要問題，於是漸被學界拋棄。直到「賽局理論」被發展出來，才又讓寡占理論復活。

賽局理論的基本思考

賽局理論對人的基本假定是，人是理性的或說是追求自利的，而理性的人是指他在具體策略選擇時的目的為使自己的利益最大化。賽局理論研究的是理性大眾之間如何進行策略選擇，也是研究競爭的邏輯和規律的數學分支。賽局理論經典故事「囚犯困境」，即說明非合作賽局及其均衡結果的成立。

「囚犯困境」係描述一位富翁在家中被殺，財物被盜。警方抓到兩個嫌疑犯，並從他們的住處搜出被害人家中被竊的財物。但是，他們矢口否認曾經殺人，辯稱是先發現富翁被殺，然後只是順手偷了點東西。於是警方將兩人隔離審訊。檢察官說：「你們的偷盜罪確鑿，可以判你們一年刑期。但是，我可以和你做個交易。如果你單獨坦白殺人的罪行，我判你自由，但你的同夥要被判死罪。如果你拒不坦白，而被同夥檢舉，那麼你就將被判死罪，他會被判無罪。但是，如果你們兩人都坦白交代，那麼，你們都要被判三十年刑。」

顯然最好的策略是雙方都抵賴，這樣結果是大家都只被判一年。但是由於兩人處於隔離的情況下無法串供。這樣兩人都選擇坦白的策略以及因此被判五年的結局被稱為「內許均衡」，也叫非合作均衡。

「內許均衡」首先對亞當·史密斯的「看不見的手」原理提出挑戰。按照史密斯的理論，在市場經濟中，每一個人都從利己的目的出發，而最終全社會達到利他的效果。從「內許均衡」引出一個悖論：從利己目的出發，結果損人不利己。兩個囚徒的命運就是如此。從這個意義上說，「內許均衡」提出的論斷實際上動搖了西方經濟學的基石。我們從中可以悟出一條真理：合作可已是「利己策略」。但它必須符合以下黃金律：按照你願意別人對你的方式來對別人，但只有他們也按同樣方式行事才行。也就是中國人說的「己所不欲，勿施於人」。但前提是人所不欲勿施於我。其次，非合作賽局均衡在現實中要比合作情況普遍，其主要原因是人們相互間缺乏信任和透明度，以及人的私心作梗。從「自私」等理論中，我們不難看到「內許均衡」的體現。

社會實踐中有很多合作的問題。比如國家之間的關稅報復，對他國產品提高關稅有利於保護本國的經濟，但是國家之間互提關稅，產品價格就提高了，喪失了競爭力，損害了國際貿易的互補優勢。在對策中，由於雙方各自追求自己利益的最大化，導致群體利益的損害。對策論便以著名的囚犯困境來描述這個問題。

如果賽局參與者進行賽局多次，而且清楚地知道賽局的次數，他們在最後一次出於私心或所謂的「理性」，肯定採取互相背叛的策略。因此，在次數已知的多次賽局中，賽局參與者很難合作。如果賽局次數未知，賽局參與者就會意識到，當持續地採取合作並達成默契時，他們就能各自比持續地不合作更加受益。這樣，合作的動機就凸顯出來。

賽局理論的另類思考

賽局理論在某種意義上近似《孫子兵法》上的「知己知彼」，方能最大限度的得利。據佛萊策法律和外交學院的國際貿易教授考沃寨克（Cowan Jack）分析，賽局理論是經濟實踐的靈活工具，為製造雙贏和最大限度獲利而提供數量上的可靠分析依據。但也有人質疑賽局理論本身欠缺人的道德倫理性，因為其應用性缺乏對人道主義的考慮。反駁者則認為賽局理論雖然是研究人的自私性，但這不等於支持人的自私性，就像研究戰爭的人士不一定鼓吹戰爭一樣。但畢竟賽局理論目的是，在互動中最大限度地爭取個人的利益，那麼，缺少謀略或處於不利地位的一方必然失利。如此看來，社會公平和道義的確是不在賽局理論考慮之內。

根據加州洛杉磯分校的大衛・萊文（David Levine）解釋，經濟學家所說的賽局理論被心理學家認為是社會條件理論，這也許是個更準確的對賽局理論的描述。經濟學愈來愈轉向人與人關係的研究，特別是人與人之間行為的相互影響和相互作用，人與人之間利益和衝突、競爭與合作，而這正是賽局理論的研究對象。儘管賽局理論對玩撲克牌、橋牌等遊戲有幫助，但其對人群和團體，乃至國家間的互動更具實際應用作用。賽局理論有合作賽局理論與不合作賽局理論，在政治學領域尤為廣泛使用；特別是在雙邊或多邊政治和貿易談判中，賽局理論是常用的策略工具之一。哈佛大學的甘迺迪政府學院和商學院專門開一門賽局理論課程，非常受學生的歡迎。

賽局理論雖然在社會生活中無所不在，但絕非萬全之策；天時、地利以及許多非人類的因素無法含括其中。此外，在強者與弱者或強國與弱國的交往互動中，弱者或弱國由於籌碼有限，其賽局伎倆在實踐中終歸是有限的；即便投機取巧的獲利也一定是暫時的和有負面後果的。而強者或強國由於實力在手，其賽局招術則總是咄咄逼人，不留情面。此外，面對極權社會，諸如缺乏法制、信譽和透明度的北韓和中國，賽局理論的合作侷限性尤為明顯。很多學者指出，真正解決人類各種問題不應當只考慮到經濟或政治上的獲利策略，也要兼顧個體利益以外的社會義務，並遵循一定的倫理道德，這也許就是賽局理論所欠缺的主要內容。而且，賽局理論也有可能助長人類爾虞我詐的欺瞞行為，不過，若人類能回到彼此間「誠信」分工合作、互助的情境，賽局理論恐怕也就派不上用場了！

（本文與張丙平合撰）

2006

現代總體經濟關鍵人物
費爾普斯

費爾普斯

二〇〇六年的十月天，臺灣正被漫天政治烽火淹沒，而以和平獎為主軸，每年備受全球矚目的諾貝爾獎，也在十月陸續揭曉各獎項得主。自一九六八年被列在受獎行列，一九六九年開始頒授的經濟學獎，二〇〇六年的得主，在臺北時間十月九日晚由瑞典皇家科學院宣布，得獎者是美國哥倫比亞大學政治經濟學系教授艾德蒙・費爾普斯（Edmund Phelps），他是自一九九九年同樣是哥倫比亞大學教授孟岱爾獨得以來的又一次單獨獲獎。

費爾普斯二〇〇六年已屆七十三歲高齡，他之所以獲獎，瑞典皇家科學院說是緣於費爾普斯在一九六〇年代末期的研究，不但挑戰了當時的主流觀點，而且「深化了我們對經濟政策長短期效果之間關係的理解」，進而對「經濟理論和總體經濟政策產生深遠影響」。到底費爾普斯提出了什麼偉大的研究成果，竟能撼動且澈底改變政府總體經濟政策和主流當紅的理論呢？讓我們先從費爾普斯的生平談起，而後再來看看他的學術成就及影響。

費爾普斯生平簡歷

費爾普斯在一九三三年生於美國伊利諾州的Evanston；大學畢業於Amherst學院；一九五五年獲得耶魯大學碩士；一九五九年再取得耶魯大學博士學位。他在一九五八至一九五九年間，曾任耶魯大學的助教，畢業後赴蘭德公司當一年經濟分析師（一九五九～一九六〇）；之後又回耶魯任助理教授（一九六〇～一九六二）；一九六三年升任副教授，直至一九六六年赴賓州大學擔任教授。其間（一九六二～一九六三）費爾普斯還曾至麻省理工學院當客座助理教授。在賓州大學待了五年之後，自一九七一年起，費爾普斯即轉赴哥倫比亞大學政經學系擔任教授，除在一九七八至一九七九年曾短暫到紐約大學任教外，就一直待在哥倫比亞大學。獲獎時是該校資本主義與社會研究中心主任，這個研究中心是前哈佛大學教授薩克斯所領導的地球研究所的一部分。

費爾普斯有興趣的領域主要在一般性的總體經濟學和貨幣經濟學。一九七一至一九七三年，費爾普斯曾擔任《美國經濟評論》學術期刊編輯；一九八三年曾任美國經濟學會副會長；一九八四年也擔任過亞特蘭大經濟學會會長；一九九六年獲頒 **Keran** 企業獎；二〇〇一年六月，費爾普斯曾在義大利羅馬第二大學接受榮譽學位。

費爾普斯的學術成就及貢獻

在學術著作方面，《經濟學名人錄》中列出費爾普斯最重要的十本書和十篇論文。就書籍來說，依出版日的先後：(1)一九六五年出版的《經濟成長過程中財政中立性》（*Fiscal Neutrality Toward Economic Growth*）；(2)一九六六年出版的《經濟成長的黃金法則》（*Golden Rules of Economic Growth*）；(3)一九七〇年編輯的《就業和通貨膨脹理論的個體經濟基礎》（*Microeconomic Foundations of Employment and Inflation Theory*）；(4)一九七二年出版的《通貨膨脹政策和失業理論》（*Inflation Policy and Unemployment Theory*）；(5)一九七四年編輯的《經濟正義》（*Economic Justice: A Reader*）；(6)一九七九年出版的《總體經濟理論研究：就業和通貨膨脹》（*Studies in Macroeconomic Theory: Employment and Inflation*）；(7)一九八三年與他人合編的《個人預測和總合產出：理性預期觀點》（*Individual Forecasting and Aggregate Outcomes: "Rational Expectation and Examined"*）；(8)一九八五年出版的《政治經濟體：入門教本》（*Political Economy: An Introductory Text*）；(9)一九九四年出版的《結構性蕭條》（*Structural*

Slumps）；(10)一九九七年面世的《有益的工作》（*Rewarding Work*）。

至於十篇文章分別是：(1)一九六一年九月刊登在《美國經濟評論》的〈累積黃金法則〉（Golden Rule of Accumulation）；(2)一九六六年五月發表在《美國經濟評論》的〈人力投資、技術擴散和經濟成長〉（Investment in Humans, Technological Diffusion, and Economic Growth）；(3)一九六七年八月發表的〈菲利浦曲線，時間過程中通貨膨脹的預期和最適失業〉（Phillips Curves, Expectations of Inflation and Optimal Unemployment over Time）；(4)一九六八年四月刊在*Restud*的〈次佳國民儲蓄和賽局均衡成長〉（Second-Best National Saving and Game Equilibrium Growth）；(5)一九六八年八月登在*JPE*的〈貨幣—工資原動力和勞動—市場均衡〉（Money-Wage Dynamics and Labor-Market Equilibrium）；(6)一九七〇年的〈激烈競爭下的最適價格政策〉（Optimal Price Policy Under Atomistic Competition）；(7)一九七三年八月發表在*QJE*上的〈經濟正義下的工資所得課稅〉（Taxation of Wage Income for Economic Justice）；(8)一九七七年二月刊在《政治經濟期刊》上的〈理性預期下的貨幣政策安定力量〉（Stabilising Powers of Monetary Policy Under Rational Expectation）；(9)一九八六年十二月刊在*BPEA*上的〈一九八〇年代歐洲蕭條的成因〉（Causes of the 1980S Slump in Europe），以及(10)一九九九年五月登在《美國經濟評論》上的〈結構性膨脹的背後〉（Behind the Structural Boom）。

由以上的論文和著作，大致可推知費爾普斯的主要學術貢獻。而據費爾普斯自己的回憶，他從事總體經濟理論的預期形式，係由自然率假說的算術式開始的，接著持續最早期非華爾拉斯或不完全資訊、預期均衡的個體—總體模型和失衡行為、失業搜尋，以及消費者市場中廠商的價格競爭模式的建構；緊接著的研究則著重在價格和工資的耐久性，之後的研究轉向契約工資理論的發展。

費爾普斯的早期研究著重在資本理論和成長經濟學領域；一九七〇年代則轉向財政，發表一系列關於最大租稅收入的文章；一九八三年又從事財政激勵效果的研究；一九九〇年代的研究工作，則著重在內生性自然失業率理論及其對經濟政策應用之研究；二〇〇〇年之後，費爾普斯著力於一個國家結構的活力之利益和來源，著重於企業家的企業和創造力。

費爾普斯獲獎的評價

二次大戰之後，經濟學家就注意到，隨著失業率在許多已開發國家下降，通貨膨脹往往會上揚。反之，如果失業率上升，通貨膨脹就會下降。經濟學家用菲利浦曲線來解釋這種現象。

然而，費爾普斯對完全根據菲利浦曲線制定的政策提出質疑。他強調通貨膨脹不僅僅取決於失業率的高低，也取決於企業和家庭對於物價和工資上漲的預期。他的理由是，無論失業率處於什麼水平，如果人們和企業預期通貨膨脹會上揚，他們就會要求獲得更高的工資，或把商品價格定得更高。這樣一來，對於通貨膨脹的預期就會變成現實。

費爾普斯說，在失業率下降到均衡水平以下，物價就會上揚，人們對通貨膨脹的預期也會上揚，結果是失業率不會繼續下降，然而通貨膨脹卻會走高。費爾普斯提出的這個經濟模式被稱為「附加預期的菲利浦曲線」（expectations-augmented Phillips curve），對後來的經濟政策產生重要影響。如今，勞動市場的狀況和對通貨膨脹的預期，都是政策制定者要考慮的重要因素。

許多著名經濟學家都高度評價費爾普斯對當代經濟學的貢獻。麻省理工學院教授、一九七〇年的諾貝爾經濟學獎獲獎者薩繆爾遜說，費爾普斯對菲利浦曲線進行革命。美國聯邦準備理事會今日主要通過費爾普斯修正過的菲利浦曲線，來尋找自然發生的失業率。

另一位二〇〇一年諾貝爾經濟學獎獲獎者之一、同為哥倫比亞大學教授的史蒂格里茲說，費爾普斯的理論是這一代人最重要的總體經濟學研究。他說，費爾普斯的研究改變人們對通貨膨脹和失業率關係的理解，他的研究是最早了解到勞工、資本和產品市場的不完善是總體行為基礎的理論之一。

費爾普斯指出，他的理論顯示，未來的經濟政策如何，取決於人們今天的行為，以及他們認為明天會發生什麼。他說：

「我試圖把人的因素重新放進我們的經濟模式，具體來說，就是他們估計其他經濟參與者同一時間在做些什麼以及對未來的預測。政府和個人是在沒有掌握全部信息的情況下作決定，更重要的是，他們並不完全了解經濟到底是如何運作。」

費爾普斯也研究過活力、也就是新觀念的產生與發展，是長期經濟成長的關鍵這個題目。他一直在研究這個問題，試圖找出技術革新在美國不斷湧現，而在許多開發中國家和歐洲卻很薄弱的原因。他在二〇〇四年接受紐約《太陽報》的採訪時表示，缺乏活力、也就是對工作和生意的態度不積極，是包括就業率低、生產力比較低等歐洲存在的許多問題的根源。在這個課題上，二〇〇六年十月十日費爾普斯在《華爾街日報》的論壇版發表題為〈動態資本主義〉（dynamic capitalism）的文章，說明美國、加拿大和英國實施的私有財產制是「自由企業體」，或稱「資本主義」，比起西歐大陸的德國、法國和義大利所實施的私有財產制，較有「經濟正義」，後者導入許多機制來保障「利益相關者」與「社會夥伴」的利益，在德國稱為「社會市場經濟」、在法國稱為「社會民主制」，在義大利則稱為「協和體制」。[1]

一九九七年，費爾普斯還提出一份幫助低工資工人的建議，那些工人的工資在經濟繁榮時期持續下降。他的解決辦法是，由政府補貼一部分工資，讓這些工人的收入達到能維持生活的水平，但這項計畫始終未被採納。

諾貝爾評獎委員會主席維布爾指出，費爾普斯的理論有助於中國和印度這些國家制定經濟政策。中國和印度都面臨在人口不斷增加的情況下如何制定經濟政策的問題。他說：「尤其是對正在興起的開發中國家來說，這些都是非常重要的問題。而費爾普斯恰恰提出了一種框架，一些基本原則，人們可以根據這些基本原則來進行分析。」

理性預期再獲青睞的意涵

有些媒體和學者認為費爾普斯獲二〇〇六年諾貝爾經濟學獎，是吹復古風，讓總體經濟又被注意。其實，二〇〇四年基德蘭和普瑞史考特兩人的得獎，已是宣告總體經濟政策課題受到重視，而一九九五年盧卡斯獲獎則是一個重要里程碑。畢竟這三次得獎者所標誌的鮮明旗幟，都在政府總體經濟政策的無效，都以「個體基礎」來做總體經濟，也就是費爾普斯所說的「為經濟模型迎回更多人性成分，將人們的預期心理納入評估」，應都可視為「理性預期理論」。

我們知道，自一九三〇年代全球經濟大恐慌發生之後，總體經濟學興起，而凱因斯理論和凱因斯學派成為主流，政府也站上經濟舞臺，政府利用貨幣和財政政策「精密調節」經濟體系也被

【1】有興趣看原文者可聯結 http://www.opinionjournal.com。

視為理所當然。一九五〇年代晚期和一九六〇年代初期，流行的觀點可用「菲利浦曲線」含括，也就是說經濟政策可在失業率的減少和提高通貨膨脹率間做選擇，但一九六〇年代晚期和一九七〇年代初期，不少的研究對此提出質疑。弗利曼和費爾普斯證明，失業水準和通貨膨脹率之間沒有關係，而且是長期存在的狀況。即使失業率能經由提高通貨膨脹率的政策拉低，也只有短暫效果而已，時間一長，通貨膨脹預期和工資上升隨著實際通貨膨脹一起來到，於是失業就又回到先前的高均衡水準。到盧卡斯領導的理性預期理論風起雲湧，竟得到連短期效果都沒有的結果。

盧卡斯在克雷馬（Arjo Klamer）一九八三年出版的《透視經濟大師》（*Conversations with Economists*）一書中，回答對凱因斯理論不滿意而創立新理論時，說：

「這些並不是我的理論，而是弗利曼或費爾普斯的。他們在一九六〇年代冒著觸犯眾怒的風險，主張高通貨膨脹絕不能藉著較低的失業，而帶給我們什麼好處。於是弗利曼和費爾普斯兩人，實際上已將討論領域推出一九六〇年代的總體經濟學的範圍之外，因為他們已跨入一般均衡的層次，從一般均衡的觀點來思考這些問題。他們所得出的結果，與任何一個傳統經濟計量模型所導出的論點，均大不相同。假如你看費爾普斯（一九七〇）的書，你就會明白他們是從何開始的。問題是如何用現代的數學理論來陳述他們的工作。

但在那時，對弗利曼和費爾普斯而言，這項工作並不容易。只要回去查閱布魯金斯經濟文章（Brookings Economic Papers），你可以發現他們簡直被當成瘋子。但我要說，他們今天的否極泰來，是一種很無奈的幸運。大多數的樣本不能告訴你，哪一個用來解釋菲利浦曲線的理論是最好的。如果你僅用一九五〇及一九六〇年代的資料，你永遠無法回答這個問題。因為實驗的期間不夠長，沒有足夠的通貨膨脹來回答這個問題。從這個觀點來看，我們很幸運能得到最近的資料，但從社會的觀點而言，這並不是一件值得慶幸的事。」

其實，菲利浦一九五八年的那篇威力強大的文章，只是針對英國在一八六一至一九五七年的工資上漲率和失業率之間關係作實證研究，由資料得出兩者的負向關係而已。但他並沒提出理論，而是由其他學者予以補充，並將工資上漲率轉換成通貨膨脹率，才變成一直以來通用，表示通貨膨脹率和失業率間有著「抵換」（trade-off）關係的「菲利浦曲線」，也成為以物價上漲來解決失業的政策之理論依據。

為何近三年諾貝爾獎評審又再度對一九六〇年代末、一九七〇年代初的總體經濟政策有效性研究密集予以肯定？當年因為「停滯膨脹」（stagflation）現象出現，才有這些研究產生，而最近關於美國經濟是否出現「停滯膨脹」也有風聲傳出。那麼，瑞典皇家科學院這樣的做法，是否意在警告各國決策者注意「歷史是一面鏡子」，不可再做錯誤決策了呢？

附帶一提的是，瑞典中央銀行於一九六八年出資設立了諾貝爾經濟學獎，瑞典皇家科學院從一九六九年開始頒發，到二〇〇六年為止，已經有三十八位美國人和八位英國經濟學家獲此殊榮。此外，還有三位挪威人、兩位瑞典人，以及加拿大、以色列、德國、法國、荷蘭、印度和前蘇聯的經濟學家獲獎。美國是最大贏家，而美國也是全球經濟最強大的國家，是否顯露出經濟實力的強大與諾貝爾經濟學獎得主的多少，兩者呈現正向關係呢？

2007

機制設計理論的舵手
赫維茲、馬斯金和邁爾森

赫維茲

馬斯金

邁爾森

臺北時間二〇〇七年十月十五日晚，瑞典皇家科學院諾貝爾獎委員會如期宣布二〇〇七年經濟學獎得主，由三位美國學者共同獲得，分別是：明尼蘇達大學的赫維茲（Leonid Hurwicz, 1917-2008）、普林斯頓大學的馬斯金（Eric S. Maskin），以及芝加哥大學的邁爾森（Roger B. Myerson）。他們是因為給「機制（或機能）設計理論」（mechanism design theory）奠定基礎，而共同獲得二〇〇七年的諾貝爾經濟學獎。

機制設計理論先驅

瑞典皇家科學院的頌詞指出，機制設計理論在當代的經濟與政治學上扮演要角，他們的研究有助於對經濟交易中，涉及的機制與決策過程提出解釋。原本三人的研究旨趣是，在可得到的資訊下，包括所有關係人的動機等，賽局理論如何有助於得出最佳、最有效的資源分配方式。

頌詞又說：

「由赫維茲開創，經馬斯金與邁爾森進一步發展的機制設計理論，已大幅提升我們對最佳配置機制的理解，並解釋個人動機與私人資訊對資源分配的影響，讓經濟學者、政府與企業人士區別出什麼情況下市場能運作良好，哪些則否。」

諾貝爾獎評審團也指出，該理論「幫助經濟學者識別出什麼是有效的交易機制、規範體系與投票程序。」舉例來說，該理論有助於辨別出哪一個體制能在交易中達到最大獲得、能極大化賣方預期的獲利，或能提供包含最佳組合，但不會反招流失的保險方案。

諾貝爾經濟學獎委員會的克魯塞爾說，機制設計理論應用在幾乎所有領域，像是目前最熱門的網路交易，由於經濟學家無法知道網路交易市場到底如何運作，因此愈來愈多學者開始應用機制設計理論分析網路市場。

瑞典皇家科學院頒獎委員會的成員埃林森教授在談到機制設計理論的應用時表示：

「這個理論得到大量運用的一個領域就是監管理論。我們現在看到，基於這方面的研究，監管理論被重新改寫，而且在一定程度上得到實施。像在英國這樣的國家，機制設計理論不僅被用來為放鬆監管的工業設立交易機制，而且也被用來監管剩下的壟斷者。所以，我們在現實世界看到機構受這些概念影響的證明。」

儘管如識者所言，機制設計理論對人類社會的貢獻很大，三位得獎人在美國也相當知名，但他們在臺灣的學生很少，而臺灣民眾對這門「奇怪」的學問可能大都是頭一次聽聞。有鑑於此，乃蒐集有關資料，為國人作簡單扼要介紹。

赫維茲小傳

赫維茲出生於一九一七年八月二十一日，得諾貝爾獎時在明尼阿波利斯市的明尼蘇達大學擔任經濟學榮譽教授。他於一九六〇年創立的機制設計理論被廣泛地運用在經濟、政治科學與社會科學；同時他也是將賽局理論運用於經濟學的先驅者。以九十歲高齡獲獎的他，是歷來年紀最長的諾貝爾獎得主。不過，得獎次年（二〇〇八）卻過世了。

赫維茲出生於莫斯科，後來輾轉搬遷至波蘭華沙、瑞士與葡萄牙，最後在一九四〇年成為美國公民。由於父親的影響，赫維茲在一九三八年取得華沙大學法學碩士學位之際，也開始對經濟學感到興趣。師承於卡爾多（Nicholas Kaldor, 1908-1986）和海耶克。搬遷到美國後，赫維茲繼續在哈佛和芝加哥大學研究。

雖然沒有任何經濟學位，赫維茲卻表示，他從聆聽與學習中得知了所有的經濟學。他在一九四一年擔任麻省理工學院的薩繆爾遜與芝加哥大學的 Oskar Lange 的助教，並在一九四二到一九四四年間在芝加哥大學教授統計，同時跟隨 Jacob Marschak 與庫普曼研究經濟。

赫維茲在一九四五至一九四六年間獲得 Guggenheim Fellowship；在一九四六年成為愛荷華州立大學的經濟學教授；後來又在一九五〇年任伊利諾大學的經濟與數統教授，並成為芝加哥大學、蘭德公司與美國預算局的諮商師。差不多在同時，他開始進行資源集合的研究，並開始在明尼蘇達大學任教。

一九五五至一九五八年間，赫維茲在史丹佛大學擔任客座教授；並在一九五九年發表機制設計的"Optimality and Informational Efficiency in Resource Allocation Processes"。除了在美國各校教學，他也在亞洲的多所大學任教。

赫維茲的主要研究興趣包括：數理經濟、模型與公司（廠商）理論，其中以機制設計與數理經濟方面的前銳研究享譽國際。他在一九五〇年與一九七二年諾貝爾經濟學獎得主之一亞羅共事，也教導過二〇〇〇年諾貝爾經濟學獎得主之一麥法登。

赫維茲在一九八八年自全職退休後，仍持續教學工作，教授經濟理論、福利經濟、公共經濟、機制與制度，以及數理經濟學等。得獎時在明尼蘇達大學研究「比較分析體系及經濟組織、福利經濟與賽局理論與經濟模型」。

赫維茲獲得許多的榮譽，並獲頒六項榮譽博士——西北大學（一九八〇）、芝加哥大學（一九八九）、巴塞隆納大學（一九八九）、慶應大學（一九九三）、華沙經濟學院（一九九四），以及比勒費爾德大學（二〇〇四）。

馬斯金簡歷

馬斯金在一九五○年十二月十二日出生於紐約，是猶太裔美國人，獲獎時在紐澤西普林斯頓大學高等研究院擔任艾柏特赫希曼社會科學講座教授。

馬斯金在哈佛大學攻讀應用數學，分別在一九七二和一九七四年得到學士和碩士學位；一九七六年獲得博士學位。之後他到劍橋大學擔任研究員，並於一九七七至一九八四年間在麻省理工學院任教；一九八五至二○○○年間轉至哈佛大學擔任教席；在二○○○年，他到高等研究院擔任社會科學講座教授。

馬斯金得到過許多如 Erik Kempe Award 等榮譽，也是許多學術團體如美國文化（藝術）科學學院、經濟計量學會、歐洲經濟協會與英國國家學術院的院士。

在編輯與評論文章外，馬斯金也發表了許多篇論文，其中與機制設計理論較有關的包括：(1)一九八六年與邁爾森共撰的“An Example of a Repeated Partnership Game with Discounting and with Uniformly Inefficient Equilibria”；(2)一九八九年“Renegotiation in Repeated Games”；(3)一九八九“Efficient Renegotiation-Proof Equilibria in Repeated Games”；(4)一九九○年“Nash and Perfect Equilibria of Discounted Repeated Games”；(5)一九九○年“Repeated Games with Long and Short-Run Players”；(6)一九九五年與赫維茲合撰的“Feasible Nash Implementation of Social Choice Rules When the Designer does not Know Endowments or Production Sets”；(7)一九九九年“Implementation and Renegotiation”；(8)二○○二年“Roy Radner and Incentive Theory”；(9)二○○二年“Implementation Theory”。

後期馬斯金對專利發表了一些看法，他認為專利保護對創新是種阻礙而非鼓勵，競爭對軟體、半導體與電腦業的產值較具正面效益。

邁爾森剪影

邁爾森在一九五一年三月二十九日出生於麻州波士頓。得獎時在伊利諾州芝加哥大學擔任經濟學教授。與馬斯金一樣，邁爾森也在哈佛大學攻讀應用數學，並於一九七六年獲得博士學位；他的博士論文是「合作賽局理論」。主要研究興趣在於，賽局理論與議價理論、資訊與不確定性、合作性決策分析。一九七八至一九七九年，邁爾森曾到德國比勒田大學擔任客座研究員，接著他前往西北大學，直到二〇〇一年才進入芝加哥大學擔任教職。

邁爾森除了發表多篇關於賽局理論與經濟學的科學文章與書籍外，也曾撰寫專欄文章討論伊拉克的民主建立狀況。邁爾森於一九七〇年代末期，著手進行機制設計理論這項讓他合得諾貝爾獎的研究，他最重要的書籍有兩本：(1)一九九一年出版的《賽局理論：衝突的分析》（*Game Theory: Analysis of Conflict*）；(2)二〇〇五年面世的《經濟決策的機率模型》（*Probability Models for Economic Decisions*）。

主要的論文有八篇：(1)一九七七年發表的“Graphs and Cooperation in Games”；(2)一九七七年的“Two-Person Bargaining Problems and Comparable Utility”；(3)一九七八年的“Refinements of the Nash Equilibrium Concept”；(4)一九七九年的“Incentive Compatibility and the Bargaining Problem”；(5)一九八一年的“Optimal Auction Design”；(6)一九八三年的“Mechanism Design by an Informed Principal”；(7)一九八四年的“Two-person Bargaining Problems with Incomplete Information”；(8)一九八五年的“Bayesian Equilibrium and Incentive Compatibility”。

邁爾森的後期研究偏向政府機關之理論性賽局分析，旨在協助了解政客的理性行為與政府績效。

三位得獎者的學術成就及貢獻

赫維茲的研究對經濟模型如何為資本主義與社會主義的體系分析，與在體系中的誘因如何改變成員行為，提供了協助性的概念。他所研發的誘因協調理論改變許多經濟學家的思維，並解釋了規劃經濟可能的失敗與誘因，對個人可能產生的不同決策影響。

馬斯金在經濟理論上多有研究，如賽局理論、誘因經濟與合約理論。他在機制設計與實行及動態賽局的著作特別為人所知。得獎時的主要研究包括：比較相異的選舉法則、檢視不平等肇因與研究聯合結構。

邁爾森的早期研究多著重於，合作性賽局與資訊不完全賽局的均衡解，對資訊不完全參與者可能有的行為探討，帶來了揭示理論與資料誘因限制分析。揭示理論運用於許多經濟領域，如拍賣、規範與雙邊交換。當參與者具有完全資訊時，其行為將有所改變。誘因限制則對資訊不完全之議價結果有重要影響。因為將誘因限制視為一種資源限制，資訊不完全的賽局探討幫助了廣泛的基礎經濟。

誠如瑞典皇家科學院所言，三位得獎人是為「機制設計理論」奠定基礎而獲獎，他們的最大貢獻當然就是對「機制設計理論」的研究。該理論興起於一九六〇、一九七〇年代，由赫維茲建立整體架構，馬斯金與邁爾森發揚光大。機制設計理論是賽局理論和社會選擇理論的綜合運用，主要解決資訊成本和機制激勵兩大問題，就是研究決策資訊不對稱的「資訊經濟學」，是近期以來最重要、最活躍的經濟學領域。

根據經濟學之父亞當‧史密斯的說法，自由市場表面看似亂無章法，實際卻有一隻「看不見的手」進行引導，有效分配資源。然而實際市場運作總與理想的完全競爭市場有所差距，這時就需要設計機制，藉著研究人類社會的各種分配機制的如何運作，來評判政府管制是否必要，以及如何設計。例如：市場競爭不可能達到完全自由化，消費者能掌握的資訊一定有盲點，許多交易不是在公開市場進行，涉及各種利益團體的互動角力。

處理這類問題的機制設計理論相當複雜，因為關於個別喜好與生產技術的資訊，通常是分別由眾多的行為者個人所掌握，而每個行為者都想運用這些資訊來謀取個別利益。

赫維茲、馬斯金與邁爾森的貢獻就在於，讓我們更加了解這些情況之下的最佳分配機制有何特質，考量個體誘因與私有資訊，分析能夠讓市場蓬勃運作的環境，設計健全的市場交易機制與政府管制方案。

「機制設計理論」屬於個體經濟學，是資訊經濟學的一支，主要是在資訊不完全情況下設計一個機制，以讓市場最佳化，可運用於政治制度和公司治理等方面。

之所以會出現「機制設計理論」，主因有二：一是關係人的資訊不一致；二是目標不一致。因此必須設計一個機制，修正市場的缺失。古典經濟學派假設市場是完全資訊，不會考慮資訊不對稱的情況，資訊經濟學就是針對古典經濟學派的修正，從一九七〇年以後開始興盛。

例如：公司經理人與股東的資訊和目標就不一致，經理人有較多的資訊和權力，可以做出對個人有利但對公司不利的決策；小股東則可以設計公司治理制度，包括經理人決策必須通過董事會、獨立監察人要蓋章等，以規範經理人的行為。

又如，官員和一般人民的資訊和目標是不一致的，官員可能知道某個採購案的底標，進而舞弊，所以人民就設計採購法，以規範官員的行為。

對得獎人的回響

赫維茲教授的同事、明尼蘇達大學的經濟學教授V. P.查理在接受美國之音訪問時表示，他對赫維茲終於獲獎感到特別高興。談到赫維茲對經濟學的貢獻，查理教授說：

「他給經濟學引進了兩個概念，而且從根本上幫助改變了我們對經濟政策，以及經濟改革的思維方式。這兩個概念就是『機制設計』和『激勵相容性』。」

「赫維茲的工作改變了人們對很多經濟問題的看法，從傳統的誰應該獲得什麼資源，以及多少資源的問題，轉變到如何設計出最好的規則，讓人們相互影響，並且根據他們不同的行為表現方式，而得到不同獎勵；現在，人們意識到，告訴人們該如何表現是沒有用的，除非你給他們提供可以達到你的目的的激勵誘因機制。」

又說，「獲得諾貝爾獎的這三位經濟學家並不是通過直接與決策者進行對話來改變政策，而是通過改變其他經濟學家思考問題的方式而改變世界。他們的研究帶來的政策改變的一個例子就是，全球都採納的頻譜拍賣，即通過拍賣的方式讓最有效的手機營運商來經營有關的業務。」

查理教授認為，機制理論更為重要的應用是在「福利經濟學」上。他說：

「在某些方面，比手機的例子更為重要的是，我們現在思考發展問題的整個方式。我們考慮貧困人口、非洲或是亞洲的整個方式現在完全不同了。我們不認為發展問題是一個人們沒有棉花種植地，或是他們沒有足夠多的鋼鐵廠或是水庫的問題，而是我們如何建立一個機制，即如何建立法治、獲得土地擁有權等，使人們可以充分發揮自己的積極性、主動權和創業精神，從而實現我們都希望得到的結果。所以，整個討論已經轉變到考慮如何設計出合適的機制來提供合適的激勵方法。」

談到赫維茲的為人，二十五年前就認識他的查理教授講述了這樣一個故事。他說：

「我第一次認識他是在二十五年前左右的一個晚會上。我是從印度來的，而且我的本國語言是泰米爾語，這是印度南方人所講的一種語言。當時他給我上了一堂四十五分鐘的課，講述泰米爾語在書面上和口頭上的微妙差別。這個來自波蘭的猶太人為我解釋泰米爾語的種種細節的知識，真讓我欽佩不已！我從來沒有在四十五分鐘的時間裡，學到這麼多有關我自己語言的知識，簡直讓人難以置信！他是一個真正的文藝復興式的學者！你可以跟他談論天底下任何東西，而且他總是有非常有意思和非常智性的東西可以說。」

查理教授說，赫維茲的一個突出特質就是，他把任何一個他所碰到的人，不管是大學新生還是諾貝爾獎得主，都當作是他智力上的同等人來對待。

關於這一個特質，前金管會主委胡勝正表示，赫維茲教學嚴格。胡主委說他有一個朋友是赫維茲的學生，這位朋友曾問赫維茲一個問題，結果在俄羅斯出生的赫維茲丟了一本俄文書給他看，要他先唸完這本書再說，最後他這個朋友唸了八年才拿到學位。

胡主委又說，赫維茲是明尼蘇達大學經濟系的臺柱，流傳可能得諾貝爾獎已經很久了。他對政治相當熱中，參與民主黨運作頗深，制定類似經濟憲法的設計，希望讓經濟發展得以最適化，以修正市場經濟的缺失。

赫維茲在獲獎後，接受諾貝爾基金網站的電話採訪時驚喜地表示：

「有些人說我在得獎之列，但當時間流逝，什麼事都沒發生時，我真的不期待這份肯定會居至，因為熟悉我研究工作的人都慢慢凋亡了。」

被問及哪一個理論應用最讓他感到高興時，他表示：

「我特別高興的是在福利經濟學上的應用。」

馬斯金在得知獲獎的消息後，接受諾貝爾基金網站採訪時表示，機制理論最為顯著的運用是在拍賣上。他說：

「可能最近幾年最為明顯的例子是用於減少中央集權的各種各樣的拍賣。在世界上各個不同的國家，以前掌握在政府手裡的資產被出售給私營部門，希望導致這些資產會被更有效地利用。這些資產被出售的方式就是通過拍賣。他們希望，拍賣機制會導致更有效的資源配置，有助於資源得到更好的利用。」

馬斯金又說，他聽到赫維茲同得殊榮，感到鬆口氣。他表示：

「多年來，我們許多人都希望他獲獎，他現在已九十歲了，我們認為為時不多了，有機會能與他及邁爾森共同得獎，是莫大的光榮。」

機制設計的涵義

一如往年，二〇〇七年諾貝爾經濟學獎發布得獎者之際，在恭賀聲中夾雜著批評聲，又加上和平獎因為頒給從事環保工作者，好似與和平無關，也受到不少質疑。經濟學獎年年被批評的原因之一是，該獎並非出自諾貝爾的遺囑，其獎金也非來自諾貝爾的捐贈，而是瑞典中央銀行為紀念成立三百週年而出資設立的。不過，這個質疑的意義不大，應由諾貝爾設獎的宗旨去探尋才有意義。由諾貝爾希望獎勵特殊的成就，而在自然科學方面是對重大「發現」、「發明」，以及「改善」給獎，再由諾貝爾係為贖其發明火藥，卻被用於戰爭等殺人用途而設獎的說法來看，諾貝爾獎係為促進人類福祉而設應無疑義，得獎者應是該年在該領域內的研究成果被認為對人類社會的福祉最有貢獻者。

由此角度看二〇〇七年對經濟學獎的有關批評就頗有商榷餘地，如已故的全球知名經濟學者約翰．高伯瑞（John Kenneth Galbraith, 1908-2006）的兒子，任職德州大學總統公共事務學院經濟學家詹姆斯．高伯瑞（James Kenneth Galbraith）說：「經濟學獎和現實世界毫無關係」。而這也代表一般人對獲獎的經濟學研究成果常見的不滿。大家的不滿又可歸為三大類：一是太偏意識型態；二是太偏理論與數學；三是太偏重華爾街碰到的問題，而非事關不公平、貧窮與環境之類的全球性迫切大事。

除了第二類的指責有道理外，其他兩類都很有疑義，因這兩類與現實世界都有關係，至於哪種主張者、何種領域與人類福祉較有關係，應是見仁見智。不過，以二〇〇七年三位得獎人的「機制設計理論」而言，可說與現實人間的關係最為密切，而且幾乎任何層面都涵蓋在內，可說自有人類以來就脫離不了此課題。

「機制設計理論」顧名思義，主角是「機制」（mechanism），也可說是規矩、規範、準則等等，而無時無刻不在「做行為」的活生生的「人」，一生中的任何時刻本來就都依某種規則行事（做行為），小孩學語、學步依「做中學」，而「趨吉避凶」是很自然的準則，家有家規、族有族規，學校有校規等等都可見一斑。因此，「機制」在人間可說到處充斥，最關鍵的課題是「機制如何產生？」套用海耶克的話，可分為「長成的」和「做成的」兩種，前者是人在日常生活中自然培養成的，如風俗習慣、倫理道德、市場機制等等，後者則是「設計出來的」，最明顯的是當今的「法律」。

當然，這兩者難以截然二分，以「強制與否」來區別或許比較好，若將層次拉高，又可分為「無形的」和「有形的」兩種，倫理道德、市場機制屬於無形的，法律規章就是有形的。隨著時代的演變，「做成的」和「有形的」機制愈來愈多，「長成的」和「無形的」卻式微了，而「機制設計」應該屬於「做成的」和「有形的」，與當今現實世界水乳交融，密不可分。

誠如《經濟日報》二〇〇七年十月十七日社論〈人性、機制、機心〉所言：

「機制設計理論雖然問世不過數十年，其運用則與人類歷史同等久遠；因為，只要有人群聚居，彼此互動合作，即需某種機制引導以建立有效秩序、合理分配資源、提高群體福祉。在一切機制之中，最為重要、最為人熟知，但也最常被人忽視的，就是我們常說的市場機制。透過個人所有權及使用權的自願交易，經濟活動得以有效進行，資源能夠合理分配，甚至依福利經濟理論的推證，在理想的狀態下可以獲致全民最大的福祉。因此市場經濟在人類社會中採行之廣、歷時之久，罕有其他機制可望其項背；而所謂自由經濟的根本精神，也不過就是努力維護市場機制的有效運作，莫輕以人為干預擾亂其自有秩序，造成全民無謂的損失。

偏偏自古以來，就不斷有人要騷擾市場機制，加以壓制扭曲，甚至強令其無法運作。堂而皇之的理由，總是市場機制有重大缺陷，必須以外力強予導正，方能為人民造福；而人造的替代機制，則能在匠心獨具的設計之下，巧妙地去除市場機制的偏差，獲得比市場機制更大的福祉，甚至在人間建造天堂。這樣的神話曾經一個世紀以上，迷惑全人類中之半數，將他們抛入水深火熱之中，直到近二十年方才大夢初醒，掙扎重回市場機制的懷抱。

然而即使二十年之間，一般所謂資本主義國家紛紛揚棄干預與管制，走向自由化、民營化的大道，盤踞人類社會一半的共產主義體制更接連解體，投靠市場經濟的正軌；但機制設計並未因此而走進死胡同，反而大放異彩，成為經濟思想主流之一，乃至於獲得諾貝爾經濟學獎的肯定。其故又安在？

市場機制的確存在若干難以克服的缺陷。其中最常見的，就是所謂資訊不對稱，以及正向或負向的「外部性」擾亂個體的理性抉擇。詐騙欺瞞、假公濟私，就是最常見的資訊不對稱現象，而肆意製造及抛棄垃圾、汙染環境令他人受害，則是最普遍的外部性危害。這樣的缺陷，損及市場機制有效運作，個人與整體福祉都因而受損。

於是形形色色的機制便應運而生，其中最重要的設計，自屬公司行號的出現，以企業內部的權威、規範，配合嚴密的監督系統使偷懶、怠工、魚目混珠等行為得以大體防杜。政府乃是機制設計之中完全失控卻又威力無窮的巨大怪獸，以導正市場失靈之名長驅而入，反以政府的更大失靈以及絕對權力的胡作非為，造成更大禍害。

尤其當二十世紀初若干經濟學家完全昧於資訊成本之高昂，以及大部分不對稱資訊根本無法獲得的現實，誤以為高速運算技術可以設計出完美的經濟統治機制以取代有瑕疵的市場機制，昏瞶霸道、假公濟私的共產經濟體制乃大行其道，令生民塗炭、國力凋萎，造成人類歷史中一大慘劇。直到前此獲得諾貝爾獎肯定，發軔於寇斯的交易成本理論及公共選擇學派大行其道，對官僚行為及不對稱資訊為禍的真相大白，才迅速被自由化、民營化的浪潮瓦解。難免瑕疵的市場機制證明仍是無可取代，只能在其上依不對稱資訊及外部性等具體問題，設計特定機制以改善現狀；這就是赫維茲、馬斯金、邁爾森等人獨領風騷的舞臺。

不過，市場機制也罷、機制設計也罷，其有效運作所倚靠的基本動力，都是趨利避害的人性；因而一切機制也必定包含胡蘿蔔與棒子這相倚相成的兩面。只是有些機制將此兩者隱沒於無形，因而一般人日用而不知，以我為自然，如市場機制即是。但任何人為設計的機制，常為彰顯其功能，而格外強調其利害獎懲，令人貪心大熾，或強力趨避。於是面對處處精心設計的機制，難免機心時起、機關算盡，民風之敦厚純樸即日受斫斲、日趨澆薄險惡。因此古人乃有所謂『有機巧者有機心』之歎。今日飽受讚譽的學者仍停留在精心設計機制以求其大用的階段，令人不能無憾。」

抄錄該篇社論，係因其對「機制設計」的洞察，並指出迷思所在，也對「政府失靈」的真相予以點破，更對寇斯的「交易成本」和布坎南的「公共選擇」理論精髓作交代。值得進一步補充和強調的是，該社論雖將市場機能還其真貌，但對所謂「市場失靈」的迷思卻未能澄清。蓋當今世人皆以「市場失靈」作為「市場機制」的缺失，由而指責、甚至否定市場機制，殊不知當今各類教科書中所列舉的各類「市場失靈」，原本就是人間的常態，也就是說：「沒有市場失靈的完全競爭市場只有天堂才有」，遺憾的是，「人間畢竟不是天堂」，所以人間原本就是到處充斥著市場失靈，更不能以此否定市場機制。正確的方式是針對各種「市場失靈」找出原因所在，進而設法消除之。平實地說，一直以來也都在走這條路，只不過都想藉由政府來去除、彌補或者協助，我們見到的事實是愈幫愈忙，反而更加重市場失靈的程度。主因就在政府也是凡人所組成的，在「私利」的驅使下，「為私害公」乃不可免。

這也就是《經濟日報》社論所說的「機心」之存在，以古典經濟學家最偉大的發現——「市場機制」來說，透過「競爭過程」，讓私心不得不變為利他心，這也是亞當・史密斯之所以說「無形之手調和私利和公益」的原因，害人、騙人的物品和行為，在市場競爭過程中終究會被淘汰。不過，人的渺小致人間充滿「無知」，即使人人無私，都能以誠待人、開誠布公，還是有無限的「未知」，而「資訊不對稱」也永不可能在人間消失。可嘆的是，現實人間充斥機巧、欺詐，於是亞當・史密斯乃處心積慮探索「道德情操」，等而下之則尋找「法理」，海耶克也殫思竭慮找尋「長成的秩序」。他們都往「人心」這種「形而上」或「無形的」路努力探尋，較諸今日數理模式「匠心」設計的「機制」，豈天壤之別就可形容的？

我們不得不同意《經濟日報》社論的結語：

「任何人為設計的機制，常為彰顯其功能，而格外強調其利害獎懲，令人貪心大熾，或強力趨避。於是面對處處精心設計的機制，難免機心時起、機關算盡，民風之敦厚純樸即日受砍斲、日趨澆薄險惡。因此古人乃有所謂『有機巧者有機心』之歎。今日飽受讚譽的學者仍停留在精心設計機制以求其大用的階段，令人不能無憾。」

而「機制設計理論」及「賽局理論」，強調的「爾虞我詐」，以「欺騙成功」自豪的做法，不但無助於「人心回升」，反而對「人心沉淪」形成推波助瀾呢！那麼，以諾貝爾獎鼓勵這些學問，對人類的福祉、和平有何助益？

（本文與李文昕合撰）

2008

新凱因斯學派代表
克魯曼

克魯曼

二〇〇八年十月十三日，在全球金融風暴狂襲下，揭曉該年諾貝爾經濟學獎得主是，美國普林斯頓大學教授保羅・克魯曼（Paul Krugman）。當獲知諾貝爾委員會的決定後，全球各界幾乎都不覺得訝異，因為克魯曼被列在獲獎的名單上已有多年，遲早總會輪到，只是該年頒獎給他，凸顯出另一深層意義，可由當時金融風暴正在肆虐全球，一窺堂奧。

瑞典皇家科學院諾貝爾獎委員會指出，克魯曼是以「創新國際貿易與世界性都市化理論，以及貿易政策的研究」，榮獲二〇〇八年諾貝爾經濟學獎。並指出傳統理論假設「國家之間的差異造成若干國家出口農產品、若干國家出口工業產品」，克魯曼整合過去分散的國際貿易與經濟地理研究領域，分析國際貿易型態與經濟活動地點，解釋若干國情與產品類似國家何以超越群倫、主導國際貿易的原因。

諾貝爾獎委員會以同時出口與進口汽車的瑞典為例，說明「這種貿易使專業化與大規模生產變成可能，從而造成眾多商品價格下跌」。並表示：

> 「自由貿易與全球化有何影響？世界性都市化背後的動力為何？克魯曼提出這些問題的新理論解答。」

克魯曼的理論有助於說明都市化、大規模生產強化、實質工資提高、產品供應比較多元等因素，構成的自我強化過程，如何結合起來，把不同區域分化成高科技都市化核心地區與發展程度較低的周邊地區。

> 「消費者需要各種產品供應，因此，本地市場進行的小規模生產，被供應世界市場的大規模生產所取代，產品類似的廠商在世界市場競爭。」

克魯曼提出的全球貿易政策新理論，有助於解釋全球化通常會走向集中化、走向製造產品與製造基地的集中化。

總而言之，根據官方說法，克魯曼是因為在國際貿易理論的傑出貢獻獲獎，而這是克魯曼在早年所奠定的研究成果，合乎諾貝爾獎的給獎標準，表彰其一生的貢獻。不過，克魯曼是一九九七年七月爆發東亞金融風暴之後才一炮而紅，從此聲名鵲起，因為他在一九九四年年底，於《外交事務》（*Foreign Affairs*）雙月刊上發表的〈亞洲奇蹟的迷思〉（The Myth of Asia's Miracle）一文指出，以往東亞各國藉由勞動力和資本等生產因素「數量」的不斷增加使用，所造就的「經濟奇蹟」，已因生產因素衰竭，但技術卻無法提升，而接近尾聲，將與一九三〇、一九五〇年代的蘇聯奇蹟般地消失相互呼應的特異觀點，引發世人議論紛紛。就在兩年半後爆發東南亞金融風暴，正好印證其「亞洲奇蹟殞落」的預言。接著克魯曼又在一九九九年的《外交事務》雙月刊中撰文指出，一九三〇年代的全球經濟大恐慌將再度來襲，因此政府在施行凱因斯式的創造需求政策時，要避免陷入「流動性陷阱」。而二〇〇八年九月，克魯曼在《紐約時報》撰文，再度悲觀地預測全球金融崩潰可能重現，似乎證明了他的真知灼見。

時勢造英雄

由於克魯曼對金融風暴和經濟蕭條的精準預測，以及風暴發生後興起一股「自由市場理論是原罪」的氣氛，而克魯曼正是批判「市場教條」的代表人物，因而不少人認為二〇〇八年克魯曼的得獎是「時勢造英雄」。是耶非耶，或許不重要，而克魯曼學術著作傑出，獲獎也是「實至名歸」，但克魯曼長期在《紐約時報》寫專欄，卻有兩極化評論。持正面看法者認為，這是「入世」的正確做法，不只在研究室裡關門作學術研究，還走入普羅大眾，以深入淺出筆法寫作通俗文章，讓大眾了解經濟問題，並且積極撰文針砭檢討政府政經政策，對社會國家貢獻良多；持負面看法者則認為通俗文章「不嚴謹」、「不正經」、「不科學」。克魯曼在《紐約時報》專欄上的文章充滿意識型態，被認為早就不是超黨派的學者意見，而是到了逢共和黨必反的地步，嬉笑怒罵布希總統更是家常便飯，針對共和黨所反對的「全民健保」就是一個很典型的例子，他認為美國汽車業敵不過日本的競爭，是因為日本實施全民健保，而美國沒有所致。

寫到這裡，我不免又想起一九七四年諾貝爾經濟學獎得主之一海耶克，在當年受獎宴席上的那一番話，有必要再重提，茲摘錄如下：

「……諾貝爾獎給某一個人的這種權威，就經濟學這門學科來講，誰也不應該享有。在自然科學部門，並沒有問題。自然科學家當中某一個人所發生的影響，主要是影響其同行專家。……但是，經濟學家的影響之關係重大者，卻是一些外行：政客、記者、公務員和一般大眾。

在經濟學方面有了一點特殊貢獻的人，沒有理由成為全能者，而可以處理所有的社會問題。可是新聞界卻如此看待他，而他自己也自信是如此。甚至有人被捧昏了頭，居然對一些他素未專研的問題表示意見，而認為這是他的社會責任。

用這樣隆重的儀式，以宣揚少數幾位經濟學家的成就，使舉世矚目，因而加強他的影響力，這樣做，我不相信是一件好事。所以我建議，凡是獲得諾貝爾獎這項榮譽的人，必得做一謙虛的宣誓，誓不在自己學力以外的公共事務表示意見。或者，授獎人在授獎時，至少要求受獎者謹記經濟學大師之一馬夏爾（A. Marshall, 1842-1924）的一句嚴正忠告：『社會科學者必須戒懼赫赫之名：當眾人大捧特捧之時，災禍亦將隨之。』」

海耶克有感而發的這番話，不只說給得獎者聽，也特別告訴普羅大眾，尤其是新聞從業者，不要將這些獲獎者視為無所不知、無所不曉的超人。海耶克也在提醒自己時時需緊守分寸，以免過度膨脹，畢竟凡人都很難抗拒被捧的誘惑！不過，正如海耶克所言，經濟事務關係人生，千頭萬緒難以釐清，一旦提出錯誤建議而化為政策施行，危害大矣，而被奉為上賓的諾貝爾獎得主最具此種條件，他們的話最易被視為真理。

比凱因斯還凱因斯的克魯曼

克魯曼係一九五三年二月二十八日出生於美國紐約一個烏克蘭猶太移民家庭，約翰甘迺迪高中畢業，一九七四年獲耶魯大學經濟學學士學位，一九七七年獲麻省理工學院博士學位。畢業後先後曾任教於耶魯大學、麻省理工學院和史丹佛大學，二〇〇〇年起擔任普林斯頓大學經濟系教授。克魯曼在一九八二至一九八三年間，曾任美國總統經濟顧問團國際經濟學首席經濟學家；一九九一年獲得美國經濟學會每兩年頒發一次，號稱最富學術盛名的克拉克獎章。克魯曼長期為《紐約時報》專欄作家，也是新凱因斯學派代表人物。

克魯曼最主要的學術貢獻在國際貿易領域，也是頒給他諾貝爾獎的主要原因。古典貿易理論從國家的比較利益和生產要素多寡出發，像中國這樣勞動力充沛的國家，自然出口勞力密集的產品較多。但經濟學家認為，規模經濟在國際貿易裡應扮演重要角色，只是不知如何將其置入理論模型。克魯曼和哈佛的賀普曼（Elhanan Helpman）率先突破困境，以創新手法導入經濟規模。他們的理論不但說明，為什麼美國自身有汽車出口的同時，還要購買大量的豐田汽車，同時也為自由貿易有益國家社會提供堅強的理論基礎。

克魯曼在麻省理工學院的博士論文是研究貨幣危機，一直以來都是國際金融研究生的必讀之作，也被冠為第一代的貨幣危機模型。亞洲的金融風暴、阿根廷的披索危機，都可用他在二十多歲寫的模型解釋。

儘管克魯曼的學術成就非凡，但他另有一項為世人知曉的「副業」——寫作經濟小品。在這方面的著作等身，結集成好幾本書，下文就來談談他的五本著作。

《克魯曼驚奇》雖不驚奇但可觀

第一本《克魯曼驚奇》（*The Accidental Theorist*），就如克魯曼所言，是其副業——寫作經濟小品——之結集，以時事作為切入點，努力破解一些看似合理，其實不然的思想，或提倡一些不易被接受，但碰巧是對的觀念，主要目的則藉以彰顯經濟學「真正思考」的意義。二十七篇短文構成全書，分成六篇（也就是六類），各篇的寫作期間大都在一九九五年秋天和一九九七年夏天之間，是在克魯曼尚未聲名大噪之前，不至於被名利沖昏頭下的「真實」作品，「可觀」應是無庸置疑。

說這些篇章真實是指克魯曼行文光明正大，批評事物有憑有據，而且即使臧否人物也是指名道姓，這樣的做法明白表示歡迎挑戰，以「真理愈辯愈明」的鐵則而言，其文值得一讀。綜合而言，對於克魯曼的這些篇章，我認同百分之八十以上的觀點，尤其在基本個體經濟理念的應用，更是欣然同意。

但對其「美言通貨膨脹」、嚴厲控訴供給面經濟學派，對日本病灶的解讀，以及對「市場」

的認知等方面的看法，卻存有疑義。通貨膨脹危害的歷史證據斑斑可考，重點在防止其出現，而非用它當工具；供給面經濟學派到底何指，是否某人可以當代表而全盤予以否定，也正凸顯出克魯曼不免同樣落入「合成謬誤」盲點，何況現今也有柯林頓經濟成果，正是雷根奉行供給面政策的收割呢！日本的經濟病灶，以克魯曼提供的擴大貨幣供給的藥方，極可能陷日本於萬劫不復之境，因為「制度面」、政府長期嚴格管制的根本弊病，應不能求諸「愛之適足以害之」的短期刺激性迷幻藥。至於對市場機能運作的堅持，竟然也被克魯曼解讀為排斥政府擔當重要角色，則是與一般人的見解無異，誠然令人失望。

都是「國家主義」在作祟

第二本是《全球經濟預言》（*Pop Internationalist*），包含十三篇文章皆圍繞在「國際貿易」主題上，大都是克魯曼在一九九二至一九九四年的作品，最有名的〈亞洲奇蹟的迷思〉是該書最後一篇。讀者或許會有時效的質疑，但一來正確理念需經得起時間考驗；二來它們是克魯曼成名前，在費心及有較多時間研究寫作時期的結晶；三來作者的專業領域為國際貿易，因此更值得一讀。此外，在臺灣，這幾年所謂的「國家競爭力」熾熱異常，舉凡ＩＭＤ（瑞士洛桑國際管理學院）每年定期發布的「全球競爭力報告」和競爭力大師波特（M. Porter）都形成旋風。這個理念應嚴肅批判，準此，臺灣住民更需重視該書，因為該書在這項人云亦云的弔詭迷思上，以各種可能的方式加以破解。

在〈亞洲奇蹟的迷思〉中，克魯曼明白指出亞洲奇蹟已接近尾聲，而且將如一九三〇、一九五〇年代的蘇聯奇蹟般地消失。由結果論，克魯曼是正確的，但他將亞洲國家與蘇聯歸為同類，相信國內諸多專家不會同意。不過，若由「政府管制、主導」這個角度切入，卻可發現並無二致。重大的差別所在可能是，蘇聯中央計畫著重「內需重工業」，而亞洲國家卻在「出口導向」的外需產業，但寶貴資源受政府強力誤導的結局卻十分相似，只在「程度上」有別。進一步言，這些經濟體都被濃厚的「國家主義」所控制，而此理念也結結實實地在全球人民心中扎根，尤其國家當權者更會將之化為政策而行動，各種貿易保護就是最明顯的證據。如果這種觀念的迷思不破除，人類的福祉或者進展緩慢、停滯、甚至倒退！這一關鍵性迷思的破除，非得循刨根之路不可。如此，正確基本觀念的提出以及通俗化就是要務，無疑是長期且艱鉅工作。以此角度審視克魯曼這本文集，就有其莫大意義。

麻省理工學院的經濟學家佘羅（Lester C. Thurow），享譽全球，而其所著的《世紀之爭》（*Head to Head*）一書，也在全球暢銷，並獲得當時的美國總統柯林頓及許多有影響力人士的支持。克魯曼認為該書的暢銷與其所附標題「一場即將來臨的經濟戰爭」密切相關，將經濟「競爭」比擬成「戰爭」，本應是非經濟領域人士的習慣，但出自全球知名的經濟學家，可就不尋常了。正如克魯曼所言：對訓練有素的經濟學家來說，把國際貿易當作與軍事敵對相似的戰爭觀點，聽起來非常奇怪。而我們必須承認，是有許多貿易衝突和「策略性貿易政策」的討論，其主因是決策者、商業領袖，以及有影響力的知識分子之傳統看法，也就是這些地位關係重要人士抱持「貿易是類似軍事戰爭的觀點」，甚至完全忽視標準經濟學教科書的觀點，他們基於自身的利益，對「競爭是互利的道理」故意忽視或全然無知，於是「商戰」不但在輿論上居絕對優勢而流行，也表現在競逐國家競爭力上，致使「貿易保護」成為常態。

即使將貿易視為國際間戰爭的世俗觀點難除，但世界貿易組織（WTO）的出現卻證明邁向

「自由貿易」是增進人類福祉的一種「自然演化」，縱使有莫大的反動力量，終究難擋。但蹣跚荊棘之路，本有待少數經濟學者發揮因勢利導功能，予以鋪平，佘羅竟然為刺激其書籍銷路，昧著學術良知，利用錯誤的「商戰」觀點，強化「國家主義」理念，終致以私利謀害公益。克魯曼在該書中一系列譴責提倡「國家競爭力」理念，並以佘羅作為主箭靶的文章，不但發揮道德勇氣，也澄清世俗既有謬誤觀念，特別值得國人，尤其是握有決策權者深思。

凱因斯已經還魂

第三本《失靈的年代》（*The Return of Depression Economics*），誠如克魯曼在該書前言所坦言，《失靈的年代》全書側重分析，著重敘述「發生什麼事」，少談「為什麼會發生」，因此，該書屬於經濟歷史事件故事書。讀完該書，會佩服克魯曼說故事的功力，尤其他對「總體經濟學」基本分析工具知之甚稔，用得爐火純青，以簡單模型管窺複雜世界，把事件的來龍去脈講述得十分精彩。亞洲經濟奇蹟為何殞落，墨西哥和阿根廷及巴西的風暴、日本、南韓、俄羅斯的經濟慘狀，以及國際貨幣基金的救援行動之弔詭，而避險基金和國際投機客的行徑等等，都在書中重現場景。雖然克魯曼極力克制自己掉入事後諸葛的行列，但在字裡行間仍不自覺地流露出來，在批評眾家政策皆拙劣，以及自我解嘲難作美好決策之餘，他仍頗為自得地，提出治療和防止經濟蕭條的標準且簡單地答案：增加貨幣供給，以促進有效需求。他和凱因斯的看法完全一樣，認為問題的癥結出在「有效需求不足」。

克魯曼雖然也承認貪汙腐化、官商勾結的政府是經濟危機的肇因，而且也不否認救火行動難免會鼓勵「道德危機」（moral hazard），但卻一再引用凱因斯的名言 "In the long run, we are all dead!”來支持必須立即著手的有效救援。政府主導、強力刺激有效需求的凱因斯藥方就是靈丹，凱因斯當年還顧慮「流動性陷阱」存在，認為貨幣政策無效，轉而主張擴大政府財政支出、利用乘數效果拉拔經濟，而克魯曼則進一步雙管齊下，且更強調增加貨幣供給的重要，真可說是「青出於藍，更勝於藍」。他認為一九三〇年代世界經濟大恐慌，就是拜凱因斯「創造有效需求」妙方才止跌回升，不過，克魯曼竟然舉出第二次世界大戰作為政府有效需求大增的例證，好似大戰是凱因斯蓄意引發似的。

到底一九三〇年代大恐慌的停止是「否極泰來」景氣循環的自然結果，或果真凱因斯藥方生效，老實說是羅生門似的沒有標準答案。不過，由於各國政府致力增加支出，一九七〇年代之後出現的「停滯性膨脹」則是嚴重後遺症，而迄今「泡沫經濟」成為各國普遍頭痛景況，更是政府強力創造有效需求，以及無法妥善管理貨幣的長期性併發症狀，如果未能澈底根除病源，類似的經濟蕭條、嚴重不景氣，仍會降臨人間，讓全球人民，特別是貧困弱勢者受苦受難。

因此，不得不同意凱因斯和克魯曼所關心，災難到來時須救災，但澈底剷除病根卻應及時進行，而八十年來，人類已蹉跎、姑息養奸過久，是該面對長期累積而來的痼疾作根本改革。如此，我們必須重閱一九三〇年代時海耶克的診斷，以及已故蔣碩傑院士對一九三〇年代大恐慌的解讀，重新認識貨幣的「交易媒介」本質，以及金融機構的「金融中介」單純角色，並釐清政府的職能，還市場機能的充分運作，讓每一個真正具行為能力的「個人」，在學習試誤當中，負起應有的責任，更重要的，讓墮落的人性重新拾回誠信等倫理道德，實在不宜再因循放任，被只重短期的凱因斯魔法再三地愚弄，否則蕭條夢魘會更密集地蒞臨人間！

值得研讀的《沿街叫賣的繁榮》

第四本《沿街叫賣的繁榮》（*Pedding Prosperity: Economic Sense and Nonsense in the Age of Diminished Expectations*），在這本書裡，克魯曼的基調仍然不變，鎖定供給面學派和「反自由貿易」（他以「策略貿易學派」稱之）這兩個極右和極左「政策學派」大肆抨擊。該書應比前述三書的寫作時間稍早，可說是最完整陳述克魯曼看法的一本「故事書」。他將這兩個在美國經濟政策史上扮演吃重角色的學派，清楚地勾勒出來，並將之與真正的學院學者（即其筆下的「教授」）嚴格區分。如果克魯曼的說法是真的（應該沒錯），一般人，至少臺灣的一般看法就必須修正，包括我在內。

我一直以為供給面學派就與淡水學派（或是芝加哥學派）、重貨幣學派、理性預期學派，這些主張自由經濟和政府退出市場者理念一致，但在克魯曼筆下卻不是這回事。要釐清這些複雜關係，並非易事，不過克魯曼藉著將一九七三年之後，總體經濟理論的演進，以及美國總體經濟發展和政策之變化，以說故事的方式讓讀者看仔細。在閱讀這段篇幅不小的敘述之後，我不禁讚嘆克魯曼說故事的能耐，誠如其簡介中所形容的「文筆優美又有創意，克拉克獎章評審委員會認為足以媲美日本的俳句、狄更遜的詩和馬蒂斯的油畫。」要由衷地欣賞這段故事，最好是對近代自凱因斯革命，經過弗利曼的反革命，到新興古典學派（即理性預期）等等有些了解。

雖然克魯曼不愧是克拉克獎章得主，在書中呈現深厚的學理素養，而且也對其為何認同凱因斯、在嚴重衰退時需增發貨幣救急的緣由，清楚地說明，但我無法苟同其「短期苦痛」也要排除，政府政策不得不出手的說法。而較抱持馬夏爾「冷靜的腦，溫暖的心」，主張必須讓人從學習中付出必要代價以成長。或重回亞當・史密斯那個時代，讓政府不再扮演干預經濟的角色，否則民主社會裡永遠都會存在官商勾結、黑金、鑽營等等戕害所謂社會公義的行徑。

特別提醒讀者（尤其是政客和政府官員、政策規劃者）值得細看的部分是，第九章之後的內容，描述克魯曼最拿手的國際貿易。他把一般人耳熟能詳的「比較利益原理」精義一針見血地寫出，澈底澄清對於「產業空洞化」、「策略性產業、明星產業」、「國際競爭力」等等錯誤觀念的重大迷思。表面上，經濟無國界，全球化呼聲響徹雲霄；實際上，貿易保護無所不在的當前，世人實應細讀該書並深思之，畢竟錯誤的決策都來自錯誤的觀念，而正確觀念的清楚闡釋並非易事，該書卻是異數。

有「溫暖的心」、更要有「冷靜的腦」

第五本《一個自由主義者的良心》（*The Conscience of a Liberal*），臺灣中譯本譯為《下一個榮景》，這本二〇〇八年推出的書，克魯曼更將觸角伸進政治領域，以「政治經濟學」描述美國一九三〇年代經濟大恐慌以來的政經發展史，再一次發揮他以優美文筆說故事的能耐。該書旨在哀悼美國中產階級的消失、所得分配的極端不均，也可用二十一世紀以來非常流行的「M型社會」來形容。克魯曼在陳述美國的發展演變過程中，認為全球化和科技變遷這種一般公認的原因，並不能解釋美國中產階級消失、所得分配惡化，而是體制、行為準則和政治力的改變，於是他描述共和黨和民主黨之間的競合經過，行文中貶抑共和黨，贊揚民主黨。

在克魯曼心中，共和黨偏袒、保護大企業和富人，共和黨政府藉著減稅和取消社會福利，或讓福利民營化，將財富集中在少數人，再靠他們的大筆捐款、獻金，經由選舉伎倆（例如：利用種族、愛國主義意識型態）來贏得選戰，取得政權。不過，到小布希第二任時，美國人民已經覺醒，加上黑人以外的移民人數大幅提升，大反轉的時日已然到來，二〇〇八年總統大選明顯透露出此訊息，而民主黨勝選機率異常高，該黨兩位候選人不約而同重視並討論全民健保計畫、因應貧窮新方法、協助無殼族的選項等等方案就是最好的證明；相對地，共和黨對手完全提不出對策，只在比賽誰最像雷根，還有誰對酷刑最狂熱。

克魯曼在行文中，非常懷念一九三〇年代大恐慌後，小羅斯福總統實施「新政」的那段日子，因為中產階級出現、社會公平、政黨間和諧共處、所得分配平均、人民安居樂業。「新政」是政府大力干預市場，提供所得重分配的社會福利。克魯曼在期待美國出現「新新政」之餘，主張將「全民醫療」作為重點，就像社會安全制度是舊新政的核心一樣。在成功實施全民醫療後，接著轉而解決更廣泛、艱鉅的美國不平等工程。他認為這是「自由主義者」的任務。

有必要釐清政府角色

克魯曼堅稱自己是「自由主義者」，而且引以為傲，他崇信「以限制極端富有與貧窮的體制為基礎的，相對平等社會」，而且崇信「民主、民權和法治」，而自由主義者要讓中產階級社會重現，終極目標並非一黨統治，而是重新建立真正充滿活力、良性競爭的民主政治，克魯曼以「民主政治就是自由主義的真義」作為全書結語。

克魯曼的詮釋和解讀令人難苟同，特別是他認為政府應「強制性」的實施全民醫療保險和全民健保，儘管他舉出法國、加拿大、英國的例子，也作了學理分析，但這些國家都有諸多嚴重問題存在，當時美國媒體也以臺灣全民健保作為成功例子，並想取經。可是我們不是年年為此課題憂疑不已，而財務黑洞和醫療品質也已成蔡英文政府非常頭痛的重大待解難題嗎？

對於《一個自由主義者的良心》，雖認同克魯曼同情弱者、幫助弱者的「溫暖的心」，但他偏向費邊社的「社會主義者」藥方，其實很危險。同樣地，也應以「冷靜頭腦」再向「純正的自由主義者」海耶克取經，以防走向「一條由善意鋪就的地獄之路」。就讓政府擔當裁判的角色，創造並維護「一個公平、公正、自由、安全、和諧的生活環境」，不應讓政府充當萬能的上帝！

二〇一二年美國總統大選年，克魯曼又出版了《克魯曼觀點──拚有感經濟》（*End This Depression Now!*）。針對「經濟大蕭條」這個歐巴馬施政的敗筆下手，找尋立即終結大蕭條良方，蓄意再度影響美國總統大選。雖然他刻意保持學者立場，理性分析問題，但字裡行間卻有意無意拉抬民主黨的歐巴馬，貶抑共和黨的羅姆尼，明顯支持歐巴馬續任。克魯曼再次回溯一九三〇年代經濟大恐慌。這次的主角由小羅斯福總統換為凱因斯。該書可說是凱因斯《一般理論》的通俗版本，將當時的蕭條情境以實際數字和優美的文字陳述，再以凱因斯的「短期」、「非常時期」、「流動性陷阱」作為理論基礎，導引出「政府支出創造有效需求」來解決棘手的失業和蕭條問題，大力批判主張「撙節」者，並對「賽伊法則」的「供給創造需求」極力撻伐，將「以債養債」換為「以債療債」，亦即政府繼續舉債是正確的，而各國政府「印鈔救市」、「振興經濟方案」之所以效果不彰是因為「力道、強度、規模」不夠大。他也認為通膨不會發生，而發動戰爭讓政府支出大增，也是解決蕭條、需求不足的方法，他更說「經濟學不講道德」來為他的「無所不用其極」的主張辯護，可以說克魯曼已變成政客矣！

不要作當代的「賈讓」

評介完克魯曼之後，腦海中清晰地浮現出蔣碩傑院士在一九八一年六月二十日，發表在《中國時報》的〈貨幣理論與金融改革〉一文中「最後的幾句忠言」：

「王教授（王作榮）頗以文筆之雄肆馳名於當代臺灣。聽說已故的梁寒操先生曾經在報上讀了王教授的大作，大為激賞，立刻自動揮毫寫了一幅對聯奉送王教授，其中有『辣手著文章』之類的讚語。我對於王教授的文章也同樣的欽佩，但是我不能不提出一句忠告就是：經濟學的文章，和其他科學性的文章一樣，不是光憑一雙手，不管它是『辣手』也好、『妙手』也好，可以一揮而就的。它也需要用用腦筋，將理論與事實搞清楚之後才可以動筆的。在一個銷售上百萬份的報紙上發表一篇政策性的文章，是要對全國國民與歷史有所交代的。

大約兩千年前漢朝有一儒生賈讓，他的文筆之佳妙至少不亞於王教授。他曾寫了一篇〈治河議〉，就文筆而論確是一篇值得傳誦至今的好文章。我自己在中學唸書時也曾誦讀過。可惜他對於水利學及黃河的水文資料都沒有研究清楚。因此他所建議的所謂上策，即『不與河爭尺寸之地』，將現有的河堤決開，讓黃河舒舒暢暢、從從容容的流入海去的策略，是不可行而有害的。他的文章愈寫得動聽，流傳得愈廣愈久，危害也愈大。我希望我們為報紙寫文章的人都能各自警惕，不要作當代的賈讓才好。」

將「王教授」換成「克魯曼」也很合適呢！而蔣先生的警語與上引海耶克的話異曲同工，更值得「名嘴」們謹記在心！

2009

經濟治理的專家
歐斯壯和威廉森

歐斯壯

威廉森

臺北時間二〇〇九年十月十二日晚間，一連接獲三個媒體記者的來電，異口同聲詢問剛出爐的兩位諾貝爾經濟學獎得主該如何介紹，以及應向誰請教較為合適。原來這兩位學者較不知名，甚至非常陌生，他倆都是美國學者，分別是任教於印地安那大學的伊莉諾・歐斯壯（Elinor Ostrom, 1933-2012），以及任教於加州大學柏克萊分校華特哈斯商學院的奧利佛・威廉森（Oliver E. Williamson）。後者在經濟學界算是有些名氣，前者雖然很陌生，但她可是自一九六九年以來首位女性諾貝爾經濟學獎得主呢！

冷門的獲獎者？

瑞典皇家科學院宣布兩人得獎時，讚揚歐斯壯對經濟治理所做的分析，她的研究展現了使用共有財（common property）的團體如何成功管理這些資產；威廉森則發展出一套理論，可讓企業（公司）充分解決衝突的架構。

瑞典皇家科學院說，歐斯壯對於「共有財皆管理不善，應受到中央當局控管或將其私有化」此一傳統觀念提出挑戰。她對使用者管理的魚類資源、牧場、森林、湖泊和地下水盆地進行大量研究，並得出結論，其結果往往比標準理論預測得要好。

至於威廉森，瑞典皇家科學院說他主張市場以及類似公司這種分級組織，是不同的治理架構，兩者解決利益衝突的方法也不同。企業和經濟體系內的治理問題，已成為世界經濟危機的核心議題。例如：企業董事會未能管轄過高的酬庸，或避免發放紅利，獎勵過度的冒險行徑，便屬於企業（公司）治理的問題。

瑞典皇家科學院表示，過去三十年，這些開創性的貢獻將經濟治理的研究從邊緣推進到備受科學重視的最前線。兩位得獎人的研究顯示，經濟分析能清楚呈現大部分的社會組織形式。

歐斯壯和威廉森兩人將均分一千萬瑞典克朗（約臺幣四千六百二十萬元）獎金。獲獎時擔任印第安那大學教授的歐斯壯，一向熱中研究人與自然資源之間的互動，近年來一直有人推測她可能獲獎。不過她在接獲瑞典皇家科學院的電話通知時，仍感到驚訝。她說：「有許多人工作非常賣力，能獲得這個獎是極大的榮幸。」

儘管有「冷門」的說法，但評論者卻也都認為「實至名歸」。到底他倆的研究對現實世界有什麼貢獻？先由生平履歷一探究竟。

首位女性諾貝爾經濟學獎得主歐斯壯

伊莉諾．歐斯壯這個首位女性諾貝爾經濟學獎得主，一九三三年出生於美國加州洛杉磯，得獎時已七十六歲高齡。她在一九六五年獲得加州大學洛杉磯分校政治學博士，獲獎當時任教於印地安那大學。歐斯壯的少女時代，正逢經濟大蕭條後期與二次大戰，資源匱乏，飲水奇貨可居，她在自家菜園種菜，把蔬菜製成罐頭，並體會出「人類面臨資源短缺時，能為共同利益互相合作」，為日後研究立下基礎。

歐斯壯先天有口吃毛病。高中老師為協助她克服言語障礙，安排她進入學校辯論隊。一開始她常遭隊友戲弄，但不久後便成為隊上第一把交椅。

她就讀加州大學洛杉磯分校政治研究所期間，認識夫婿——知名政治學者文森．歐斯壯。拿到博士學位後，她在一九六六年進入丈夫任教的印地安那大學政治系。一九七三年，夫妻倆創立「政治理論暨政策分析研討會」。獲得諾貝爾獎時擔任印地安那大學政治科學 Athur F. Bentley

講座教授。

由於歐斯壯並非正統經濟學圈內人，經濟學界對她並不熟悉，但她在政治學圈可是響噹噹人物，臺灣政治學者甚至有她的指導學生呢！一九九一年歐斯壯就曾受其指導學生之邀，來臺參加學術研討會，並拜訪臺北市瑠公農田水利會，了解臺灣水利會的運作情形。

歐斯壯的學術生涯中，一九七五至一九七六年擔任美國政治學會副會長；一九八二至一九八四年獲選為公共選擇學會會長；一九八四至一九八五年任中西部政治學會會長；一九八五至一九八八年擔任國家科學院國家研究會國家城市政策委員會委員；一九九六至一九九七年獲選為美國政治學會會長；一九九一年被選為美國科學院院士。

歐斯壯的學術成就及貢獻

瑞典皇家科學院推崇歐斯壯在自然資源管理上的成就，認為歐斯壯在使用者管理的漁場、牧場、林地、湖泊與地下集水區的經濟治理分析，對於大多數各類社會組織都有啟發，並強調她的著作挑戰了所謂共有財往往管理不善，應被中央當局監理或民營化的傳統主流觀點，證明共有財也可以被使用者團體管理得很成功。她獲得成功導因於，這個課題是她的主要研究興趣。

歐斯壯自認研究興趣在四方面：一是如何結合認知科學的研究結果，成為一組可操作的模式，用來探索和解釋人類在各種組織建構的選擇，包括社會矛盾衝突、集體選擇、官僚和複雜的多層次公共經濟體系；二是組織或機構如何製造並提供個人需要的訊息以便作選擇；三是建構各種集體決策方式時，有什麼心理傾向；四是偏好的差異之互動，如何擴大或修正各種相異的組織結構。

臺灣政治學者楊泰順教授的博士論文是由歐斯壯夫婦所指導完成。他表示，伊莉諾・歐斯壯是以經濟理性探討政治制度問題的研究聞名，她研究的對象通常都是開發程度較低的社會，如尼泊爾等；因為她認為，這種尚未開發的社會，比較能反映人的本性。

歐斯壯的研究重點在水的灌溉系統與人的組織，亦即灌溉系統組織和組織設計的問題，在臺灣這種組織就是「水利會」。人類生活要有水，仰賴繼生的農作物也需要水，因此，水源衍生的問題影響非常大，歐斯壯的博士論文就是探討美國加州水源引發的問題。

資源經濟學家蕭代基教授表示，歐斯壯畢生都在證明「共有財的悲劇」理論（The Tragedy of the Commons）並不正確。所謂的「共有財的悲劇」，是指多人所擁有的共有財，特別是自然資源，極有可能因為人性的自私，加速導致資源的耗竭；我們知道，連空氣、水、陽光這三種人的生存要素，都由以往的取之不盡、用之不竭，逐漸變為稀少，而愈演愈烈的全球暖化、氣候劇烈變遷更是「共有財悲劇」的典型案例。

不過，歐斯壯卻認為，並沒有所謂的「共有財悲劇」，她畢生研究偏遠地區或落後部落，例如：印度鄉村的住民因為一輩子都要生活在一起，只好設計一套共同生活制度，真心誠意共享天然資源。雖然她的研究案例偏向未開發的偏遠地區，或尚未現代化地區，因而被指為特例，無法成為通案，也被認為並不是成功的研究。不過，為何未開發的偏遠地區的住民得以同舟共濟生活在一起惜用資源，卻是值得全心全意求成長的發達地區人民，或所謂「現代文明」的當代文明人審慎思量的呢！

歐斯壯在印地安那大學的網站上列出四本代表性著作：(1)一九九〇年由劍橋大學出版社印製發行的《治理共有物：集體行為組織的演化》（*Governing the Commons: The Evolution of*

Institutions for Collective Action）；(2)一九九二年由舊金山的當代研究所出版的《自治灌溉系統的公會》（*Crafting Institutions for Self-Governing Irrigation Systems*）；(3)一九九三年 Westview 出版公司出版的《制度誘因和永續發展：基礎建設政策透視》（*Institutional Incentives and Sustainable Development: Infrastructure, Policies in Perspective*）；(4)一九九四年由密西根大學出版社印行的《法則、賽局、共有資源》（*Rules, Games, and Common-Pool Resources*）。

威廉森小傳

奧利佛．威廉森在一九三二年生於美國威斯康辛州的蘇必略鎮，得獎時已高齡七十七歲，較歐斯壯年長一歲。獲獎當時任教於加州大學柏克萊分校華特哈斯商學院。威廉森先後畢業於麻省理工學院、史丹佛大學商學院，一九六三年在卡內基美隆大學取得博士學位。

威廉森的母親是中學校長，教授拉丁文、德語和法文；父親是理化老師兼棒球校隊教練。威廉森本想當律師，中學時愛上數學而轉唸商科。

威廉森師承兩位諾貝爾經濟學獎得主寇斯和賽門。賽門的研究領域囊括經濟學、統計、會計、心理學、哲學和政治學，對威廉森日後的跨學科研究影響頗深；至於寇斯的影響則更為直接。

在一九六三年取得博士學位後，威廉森到加州大學柏克萊分校當經濟學系助理教授；一九六五年轉赴賓州大學擔任副教授；一九六八年升教授，直到一九八三年轉至耶魯大學任教為止；一九八八年威廉森再回到加大柏克萊分校哈斯商學院，迄二〇〇九年獲頒諾貝爾獎時仍在該學院當講座教授。

威廉森得到諸多榮譽，他是美國國家科學院院士，擔任過美國法律學會和西方經濟組織新制度經濟學國際學會會長，也曾任《法律、經濟和組織》期刊和《貝爾經濟學期刊》編輯，並得過諸多獎項，其中又以諾貝爾獎最受矚目。

威廉森的學術成就及貢獻

奧利佛．威廉森的研究領域在廠商、市場、公共代理等，並應用於公共政策和企業策略。威廉森和一九九三年諾貝爾經濟學獎得主之一諾斯同屬「新制度經濟學」（New Institutional Economics，簡稱ＮＩＥ），他更是此學派的命名者。威廉森被譽為重新發現「寇斯定理」者，威廉森師承寇斯，而寇斯在一九三七年提出的「交易成本理論」論文（即〈廠商的本質〉一文），更由威廉森發揚光大。

威廉森以恩師的交易成本理論為基礎，並導入產業組織論。理論的精髓是，每完成一項交易，就會有交易成本，交易產生的問題愈大，例如：發生訴訟或糾紛，企業就愈可能建立垂直整合的階層式組織。企業的存在，是為了節省交易成本，以成本較低的企業內交易，取代成本較高的市場交易。在他推動下，寇斯的交易成本理論，成為現代經濟學中異軍突起的一派。在寇斯和諾斯相繼獲得諾貝爾獎後，不僅ＮＩＥ學派的地位被肯定，也凸顯當代經濟學與其他社會科學學科交匯融合的生命力。

所謂的「新制度經濟學派」，是從制度的角度來解釋經濟興衰及變遷，因此更能照顧到經濟變動中的政治、社會及歷史因素，而不僅僅侷限於純經濟層面。威廉森專研經濟治理的問題，他的研究指出，市場和包括公司在內的層級組織，代表不同的治理結構，在解決利益衝突方面採取了不同的方法。市場結構的缺陷在於，經常出現爭議和分歧；公司結構的缺陷在於，權力雖可減少爭議，但會被濫用。競爭性市場運作相對更好，這是因為買賣雙方如果產生分歧，可以轉向其他交易對象。如果市場競爭受到限制，公司作為一種結構，能比市場更好地解決利益衝突。

在許多現代公司治理紛爭問題之際，威廉森從制度、治理角度看經濟，其理論將更受重視。主流經濟學主要看市場與價格，但金融危機相繼出現，促使各界開始重視風險及危機管理，威廉森的理論也愈來愈受到重視。尤其二〇〇八年下半年，百年罕見的金融海嘯來襲，暴露了企業治理的問題，例如：不少企業濫發紅利，變相鼓勵員工無視風險，便被視為金融海嘯的一大成因。威廉森的理論認為，大型私人企業的存在，基本原因是它們有效率，它們對雇主、員工、供應商及消費者的好處大於其他制度安排，若這些企業失效，其存在便值得置疑。威廉森表示，大型企業會濫用其權力，例如：政治遊說或作出違反競爭規則的行為，但他相信處理方法應是直接規範管理這類行為，而不應限制企業規模。

威廉森指出，「要解決那些倒閉可能對金融體系構成威脅的美國大型金融機構問題，沒有特效藥。我和我的學生或是我的同僚，沒有人能夠針對這個問題提出立即解決之道。」當時的美國總統歐巴馬曾提議，要賦予聯準會（Ｆｅｄ）管理被視作「太大不能倒」的金融機構的權力。但威廉森表示，我們有可能會預見一些危險，例如：這次金融危機的一些危險，並預先採取行動；Ｆｅｄ和美國財政部面對一些重要的組織上的議題，與他作品中提出的一些問題相似。不過，在沒有事前預見危險而及時採取有效辦法制止事件發生，等到危機來到才要收拾善後，威廉森已明白表示無法提出立即解決之道。其實，連神仙都無法不支付代價就能解決已發生的問題，遑論凡夫俗子！畢竟經濟大師也只是「凡人」啊！

威廉森的著作頗豐，他自認為較具代表性的論文和書籍有六，分別是：(1)〈治理經濟學〉（The Economics of Governance），二〇〇五年刊於《美國經濟評論》（*American Economic Review*）；(2)〈廠商治理結構理論〉（The Theory of the Firm as Governance Structure），二〇〇二年載於《經濟展望期刊》（*Journal of Economic Perspectives*）；(3)一九九六年英國牛津大學出版社印行的《治理的機制》（*The Mechanisms of Governance*）；(4)一九八五年紐約自由出版社出版的《資本主義的經濟制度：廠商、市場、相關契約》（*The Economic Institutions of Capitalism: Firms, Markets, Relational Contracting*）；(5)一九七〇年紐澤西 Prentice Hall 出版社出版的《公司管制和企業行為：組織形式對企業行為影響探索》（*Corporate Control and Business Behavior: An Inquiry into the Effects of Organization Form on Enterprise Behavior*）；以及(6)一九六四年紐澤西 Prentice Hall 出版社出版的《權衡行為經濟學：廠商理論中的管理目標》（*The Economics of Discretionary Behavior: Managerial Objectives in a Theory of the Firm*）。

經濟治理正逢其時

二〇〇九年諾貝爾經濟學獎得主一發布，仍持續有取消該獎項的聲音出現，而「冷門」則是較普遍的反映，尤其兩位得獎者中的歐斯壯還是道地的政治學者，更引起經濟學界譁然不已。著有暢銷書《蘋果橘子經濟學》（*Freakonomics*）的芝加哥大學經濟學教授李維特（Steven D. Levitt），就嘲諷地說：「把諾貝爾經濟學獎頒給歐斯壯這位政治學者，不啻是把該獎更名為『諾貝爾社會科學獎』。」他的圈子同僚難以認同。不過，或許將經濟學獎更名為「社會科學獎」正是名副其實，也較妥適呢！畢竟經濟學本來就是探究「人的行為」，與人的生活息息相關，其面向當然含括各個生活層面。

這位政治學者又是破天荒的第一位女性諾貝爾經濟學獎得主，更是成為話題。她的研究領域被歸為政治經濟學，又被認為是「公共選擇」（Public Choice）學派創始人之一，專研偏遠落後地區「共有財」的管理，發現不必由中央專管，也不用民營，居民就可以共同管理得很好。

歐斯壯的這種實地觀察和研究，很符合經濟學以實際社會為對象並提升人的生活福祉之本質，與寇斯的研究風格類似，也和因鑽研公共選擇而獲得一九八六年諾貝爾經濟學獎的布坎南相同，是值得鼓勵的，而其得到的結論也證實「人可以共同和諧擁有並妥善管理共有事物」，亦即人具利他心、善心、互信，並能自我節制。

不過，為何都在偏遠地區或未開發落後地區才有呢？所謂的「現代科技文明」，究竟是進步或退步、甚至沉淪，在天災人禍愈見頻繁且強大的此時，是值得深思的。其實，美國賓州「阿米希教徒」（Amish）社區的生活方式正是如此！在金融海嘯肆虐、H1N1流感侵襲的當時，頒給歐斯壯諾貝爾獎，的確具有深意。而威廉森的治理，則是站在人性已淪落至貪婪欺騙成風下的不得已手段，也凸顯出制止人心沉淪才是治本，而各種管制、監督手段只是短期性治標，且大都難以收效的方法。

至於不少專家學者認為歐斯壯和威廉森兩人獲獎是金融危機出現而「正逢其時」，但卻認為凸顯出純自由市場法則崩解，是人類力量而非市場力量可以共享資源爭議的最佳解決方案，其實是很糟糕的誤解，正是暴露出諸多專家學者對自由市場的無知，對人和市場、市場和政府關係的不求甚解。

「市場」也就是交易場所，而交易的出現需有「供需」兩造，也只有「人」才能作為供需者。在人世間，任何交易都有成本，讓「交易成本」下跌，交易就愈順暢，而各個市場中的各種無形、有形的「交易規矩或法則」，就是降低交易成本的「機制」，有形的機制如法令規章，無形的機制乃倫理道德，簡單地說就是「誠信」。問題是，這些規矩、法則是如何出現的？套用海耶克的說法，有「長成的」和「做成的」兩種，前者是眾人在生活互動中自然而然學到的，後者則是由政府刻意擬定的，且強迫人民遵行，也可說前者「由下而上」、後者「由上而下」。不論是何種規矩，如果市場內交易者不遵行，市場就會萎縮，甚至消失。以二〇〇八年下半年的金融海嘯來說，就是人的貪婪、不誠信，於是金融市場運作受阻，而金融乃至金融產業崩盤，根本不是自由市場失靈；相反地，是市場反撲，市場「不玩了」，藉以警告世人要按照市場規矩行事，否則就沒有市場了！理論上，「治理」或者「監督」可以遏止作奸犯科，但若「人心不正」，恐怕「上有政策，下有對策」，貪汙舞弊橫行，或者市場崩跌、交易停止。

歐斯壯的研究，揭示現代文明人「人心不古」、自私自利已達極致，爭權奪利、互相爭鬥、算計，終而耗用寶貴天然資源。天災人禍愈演愈烈，絕非偶然的呢！

2010

搜尋理論先驅者
戴蒙、摩坦森和皮薩瑞德

戴蒙

摩坦森

皮薩瑞德

三位入世經濟學家獲獎

瑞典皇家科學院二〇一〇年十月十一日發布該年諾貝爾經濟學獎得主，由七十歲的美國麻省理工學院（MIT）教授戴蒙（Peter A. Diamond）、七十一歲的美國西北大學教授摩坦森（Dale T. Mortensen），以及六十二歲的英國倫敦政經學院教授皮薩瑞德（Christopher A. Pissarides）三位共同獲得。獲獎的原因是他們以搜尋成本分析市場供需的理論，有助於大眾了解為何經濟政策與法令會影響就業率、失業、薪資、貧困，以及養老等，特別對勞動市場的運作提出精緻分析。在全球正陷於「無就業景氣復甦」窘境的時刻，這三位學者的得獎的確饒富意義，並普受肯定。對於近年來不斷以公共就業政策，來壓低失業率的臺灣，更有寶貴的啟示。我們先簡單介紹這三位得獎者，之後再說明有何寶貴啟示。

戴蒙剪影

一九四〇年出生於紐約，一九六〇年畢業於耶魯大學數學系，一九六三年獲得美國麻省理工學院（M.I.T.）經濟學博士。畢業後先赴加州大學柏克萊分校當助理教授（一九六三至一九六五），一九六五年升為副教授；一九六六年回M.I.T.任教，直至二〇一〇年獲頒諾貝爾獎時還在該校任教。其間曾赴以色列希伯來大學、哈佛大學等國內外大學當客座教授。

戴蒙獲得無數榮譽，得過不少獎項，也曾擔任《美國經濟評論》（*AER*）等數種頂尖學術期刊編輯。他的研究興趣在三大領域，分別是公共經濟學、資訊和不確定，以及價格、景氣循環。

戴蒙著作頗豐，他自己選了最重要的四本專書和十篇論文。

四本專書分別是：(1)《經濟學中的不確定性：論文和習題》（*Uncertainty in Economics:*

Readings and Exercises，與M. Rothchild合編，Academic出版社，1978, 1987）；(2)《總體經濟學的個體基礎——搜尋均衡法的應用》（*A Search Equilibrium Approach to the Micro Foundations of Macroeconomics*，MIT出版社，1984）；(3)《成長、生產力、失業：慶祝梭羅生日論文》（*Growth/Productivity/Unemployment: Essays to Celebrate Bob Solow's Birthday*，MIT出版社，1990）；(4)《論時間：均衡模型講稿》（*On Time: Lectures on Models of Equilibrium*, CUP, 1994）。

十篇論文分別是：(1)〈新古典成長模型中的國家債務〉（National Debt in a Neoclassical Growth Model）, *AER*, 55，一九六五年十二月；(2)〈技術不確定一般均衡模型中股票市場的角色〉（The Role of a Stock Market in a General Equilibrium Model with Technological Uncertainty）, *AER*, 57，一九六七年九月；(3)〈最適租稅和公共生產，I, II〉（Optimal Taxation and Public Production, I, II）, *AER*, 61，一九七一年三月和六月，與J. A. Mirrlees合著；(4)〈一個價格調整模型〉（A Model of Price Adjustment）, *JET*, 3，一九七一年六月；(5)〈意外法則和資源配置〉（Accident Law and Resource Allocation）, *Bell JE*, 5，一九七四年秋季號；(6)〈搜尋均衡中的總合需求管理〉（Aggregate Demand Management in Search Equilibrium）, *JPE*, 90，一九八二年九月；(7)〈Beveridge曲線〉（The Beveridge Curve）, *BPEA*, 1, 1989，與O. Bianchard合著；(8)〈創立健康保險市場〉（Organizing the Health Insurance Market）, *Em*, 60，一九九二年十一月；(9)〈總體經濟面的社會安全改革案例〉（Macroeconomic Aspects of Social Security Reform）, *BPEA*, 2, 1997；(10)〈最適所得稅：最適邊際稅率的U型案例〉（Optimal Income Taxation: An Example with a U-Shaped Pattern of Optimal Marginal Tax Rates）, *AER*, 88，一九九八年三月。

戴蒙早期學術研究主要在無限的水平偏好和成長理論，重新思考華爾拉斯模型在缺少某些市場（特別是保險市場），缺少以最小成本從事個人間所得重分配能力下跨代規範分析。較近期的研究則專注在缺少華爾拉斯喊價者的應用。這些基礎研究都已應用在退休公積金的政策分析。

摩坦森的生平

摩坦森於一九三九年在美國出生，一九六一年獲Willamette大學經濟學士，一九六七年得到卡內基美隆大學的經濟學博士。修讀博士時曾擔任研究生講師和研究助理。一九六五至一九七一年任西北大學助理教授，一九七一年晉升副教授，一九七五年再升為教授，到二〇一〇年獲頒諾貝爾獎還在該校教學。一九七九年曾赴以色列希伯來大學擔任研究員，一九七九至一九八二年還曾擔任該大學經濟學系主任。摩坦森除了曾到以色列希伯來大學任教外，也曾赴美國和他國多所學校客座，二〇〇五年之後也被美國國民經濟研究所（NBER）合聘為研究員。

摩坦森同時是美國經濟學會（AEA）、經濟計量學會、經濟動態學會，以及勞動經濟學會的會員。一九八八至一九九〇年擔任《美國經濟評論》編輯，一九九七至一九九九年擔任《經濟動態評論》編輯，一九九五至二〇〇〇年則被選任經濟動態學會理事長。

摩坦森的研究領域有三：一為一般經濟，二為資訊和不確定性，三為特別勞動市場。他是工作搜尋和失業搜尋理論的先驅者，並將該理論擴展至勞動重組、研究發展、私人關係，以及勞動重分配。他對摩擦等於交易雙方隨機抵達的洞察，已成為勞動市場和勞動市場政策影響分析的引導技術。摩坦森現在最主要的研究是發展加入工資差異、工作和勞工流量的時間序列行為，以及經由產品創新的經濟成長的均衡動態模型。

摩坦森發表超過五十篇學術論文和書籍，他最新的一本書是二〇〇三年由MIT出版社印行的《工資差異：為何相類似的勞工卻有不同的報酬》（*Wage Dispersion: Why Are Similar Worker Paid Differently*）。他自己列出十篇最重要的論文：(1)〈工資和就業動態理論〉（A Theory of Wage and Employment Dynamics），收錄於費爾普斯等人合編的《就業和通貨膨脹理論的個體經濟基礎》（*The Microeconomic Foundations of Employment and Inflation Theory*），1970；(2)〈工作搜尋、失業期和菲利浦曲線〉（Job Search, the Duration of Unemployment, and the Phillips Curve），*AER*, 60，一九七〇年十二月；(3)〈調整成本和動態因素需求理論〉（Generalized Costs of Adjustment and Dynamic Factor Demand Theory），*Em*, 41，一九七一年七月；(4)〈不完全資訊下的工作配對〉（Job Matching Under Imperfect Information），收錄於O. Ashenfelter和J. Blum合編的*Evaluating the Labor Market Effects on Social Programs*，普林斯頓大學出版社，一九七六年；(5)〈不確定下的勞動供給〉（Labor Supply Under Uncertainty），與K. Burdett合著，收錄於R. G. Ehrenberg編著的*Research in Labor Economics*，一九七八年；(6)〈特定資本和勞動重組〉（Specific Capital and Labor Turnover），*Bell JE*, 9，一九七八年秋；(7)〈搜尋、解僱，以及勞動市場均衡〉（Search, Layoffs, and Labor Market Equilibrium），*JET*, 88，一九八〇年八月，與K. Burdett合著；(8)〈競爭勞動市場中的能力檢定〉（Testing for Ability in a Competitive Labor Market），*JET*, 25，一九八一年六月，與K. Burdett合著；(9)〈非合作議價賽局的配對過程〉（The Matching Process as a Non-Cooperative Bargaining Game），載於J. J. McCall編著的*The Economics of Information and Uncertainty*，一九八二年；(10)〈配對、賽局和相關競賽的產權和效率〉（Property Rights and Efficiency in Mating, Racing and Related Games），*AER*, 72，一九八二年

十二月。

皮薩瑞德側寫

皮薩瑞德於一九四八年出生在賽浦路斯的Nicosia，一九七〇年獲Essex大學學士，隔年得碩士，一九七四年移居英國，並獲倫敦政經學院博士，擁有兩國國籍。一九七四年任職賽浦路斯中央銀行經濟研究部門，一九七四至一九七六年擔任Southampton大學經濟學講師（Lecturer）；一九七六至一九八二年回倫敦政經學院任經濟學講師；一九八二至一九八六年升為高級講師（Reader）；一九八六年迄今一直擔任政經學院經濟學教授。

皮薩瑞德也曾赴哈佛大學、普林斯頓大學、加大柏克萊分校和洛杉磯分校、耶魯大學、香港大學及塞浦路斯大學訪問；也到美國國民經濟研究所（NBER）、澳洲雪梨的澳洲準備銀行及世界銀行等機構訪問。

皮薩瑞德得過諸多榮譽，並受邀赴各地演講，也曾擔任*Economica*等多個學術期刊編輯。他的主要研究領域有三：一為勞動移動、失業和職位空缺，二為價格、景氣波動和循環，三為經濟成長和總生產力。所以，他的專長也就表現在失業經濟學、勞動市場理論、勞動市場政策，以及成長和結構變動上。皮薩瑞德的學術文章廣泛發表在各種期刊上，他的《均衡失業理論》（*Equilibrium Unemployment Theory*）一書，是失業經濟學標準參考著作。

皮薩瑞德著作等身，較具代表性的有兩本書和七篇文章：

兩本書一為一九七六年由劍橋大學出版社出版的《勞動市場調整》（*Labor Market Adjustment*）這本書。二為上文提過的《均衡失業理論》，一九九〇年Blackwell出第一版，二〇〇〇年由MIT出版社出第二版，二〇〇八年再重印。

七篇文章分別是：(1)〈失業、空缺和實質薪資的動態短期均衡〉（Short-Run Equilibrium Dynamics of Unemployment, Vacancies and Real Wages），一九八五年九月刊於《美國經濟評論》（*AER*）。(2)〈英國的失業和職位空缺〉（Unemployment and Vacancies in Britain），一九八六年十月刊於《經濟政策》（*Economic Policy*）, 3。(3)〈失業理論中的工作創造和工作消失〉（Job Creation and Job Destruction in the Theory of Unemployment），刊於《經濟研究評論》（*Review of Economic Studies*）, 61，一九九四年七月，與摩坦森合著。(4)〈就業稅削減對失業和薪資的衝擊：失業津貼和租稅結構的角色〉（The Impact of Employment Tax Cuts on Unemployment and Wages: The Role of Unemployment Benefits and Tax Structure），一九九八年一月刊於《歐洲經濟評論》（*European Economic Review*）。(5)〈探索黑箱：配對函數回顧〉（Looking into the Black Box: A Survey of the Matching Function），二〇〇一年六月在《經濟文獻》（*Journal of Economic Literature*）刊登，與Barbara Petrongolo合著。(6)〈多部門成長模型中的結構變動〉（Structural Change in a Multi-Sector Model of Growth），二〇〇七年三月刊於《美國經濟評論》（*American Economic Review*）與L. Rachel Ngai合著。(7)二〇〇九年九月刊登於《經濟計量期刊》（*Econometrica*）的〈失業揮發性迷惑：工資僵固是答案？〉（The Unemployment Volatility Puzzle: Is Wage Stickiness the Answer?）。

本屆諾貝爾經濟學獎得主的學術成就及啟示

自一九六〇年代開始，經濟學家就用數學模型，試著找出市場定價的最佳方法。戴蒙在一九七一年發表的〈一個價格調整模型〉那篇著名論文，乃研究買家在尋求最佳價格時，賣家如何根據買家的行為，定出他們的最佳價格。研究結果發現，即使只有一點點的搜尋成本，都會導致均衡價格與古典經濟理論預測的大不相同。

勞動市場就是典型的例子，明明職缺很多，卻還是有一大堆人失業。求才若渴的公司（勞動買方），以及求職無門的失業者（勞動賣方），如何能夠配對成功，就成為勞動經濟學的重要課題之一。二〇一〇年的三位諾貝爾經濟學獎得主，戴蒙奠定了市場搜尋成本的基礎理論，摩坦森與皮薩瑞德則將其應用於勞動市場分析上。

戴蒙和摩坦森以及皮薩瑞德三人合作，在一九八〇年進一步研究各種市場中的定價情況，發現有兩個古典經濟學未能納入預測的變數。一是搜尋成本會造成外部性，二是這種有搜尋成本卻缺乏管理的市場，可能的均衡結果並不只一種，而實際的均衡，並不一定是最好的，因此政府有必要做某種程度的介入，好引導市場產生最好的均衡。

皮薩瑞德與摩坦森根據戴蒙的理論，發展出來的勞動市場失業理論，就是用來分析失業、工資與職缺關係的著名「DMP」（以三人姓氏命名）模型。這個模型可根據失業救濟金的金額、實質利率、職業介紹所的效率、僱用與解僱成本等因素，來預估失業期間的長短、職缺數目與實質工資等等。由於此模型可分析許多社會現象，在經濟政策擬定上又有諸多用途，他們三人因此獲頒二〇一〇年的諾貝爾經濟學獎。

綜合而言，三位得獎者的理論重點在於強調，勞動市場的供需雙方無法完美遇合，亦即市場上許多公司有許多空缺職位卻等嘸人，而另一方面卻有不少失業人員找不到適合的工作，於是失業很自然出現了。原因就在資訊不完整、當事人主觀考量、交通等等成本的存在，於是如何降低雙方的「搜尋成本」就成為關鍵，而勞動市場中隨時都有失業存在就是常態，至少有所謂的「摩擦性失業」。所以，問題就在：如何降低搜尋成本？而政府有關政策是會降低或提升成本？或者政府政策究竟會降低失業率或者反會讓失業率居高不下？

值得深思的是：以三位得獎者姓氏縮寫而成的「DMP」模型指出，市場買賣雙方資訊並不完整，要獲得「天作之合」的完美配對非常困難，可說根本不可能。結論是：失業福利較優厚的社會，通常失業率較高，勞動市場供需雙方相互搜尋的時間也比較長。

這樣的結果其實已有許多學者附和、證實。我們可舉一九八二至一九八四年曾任美國總統經濟顧問委員會主席，也曾是雷根總統首席經濟顧問費茲坦（M. Feldstein）教授這位經濟名家，在一九七八年美國經濟學會年會時，所提出的一篇討論「失業成本」的論點來做明確的說明。費茲坦將失業成本分為「私人」和「社會」兩種，認為失業的私人成本如果低，將會導致高失業率；而此成本之所以會低，乃因薪資所得稅高且失業津貼免稅，致私人較願享受閒暇或從事非市場工作行為，亦即對工作產生相反的誘因，這也是美國失業率長期居高不下的主因，而且也使原本只是短期失去工作者，也寧願賦閒在家領救濟金，而不願賺取差額不大的工資。

至於失業的淨社會成本，係指設法將失業者送回工作崗位去的潛在利益，以及政策本身所耗成本之間的差額。不幸的是，降低失業的政策卻會引發通貨膨脹，以政策來減低暫時性的失業是得不償失的。不過，費茲坦教授也認為，如果是結構性的高失業，而不有效的解決，就可能演變成歐洲國家所採用的「壓低失業」模式，即，不經政府允許，廠商無權解僱工人，而失去工作的工人，也無權決定何時返回及回到哪個工作崗位。更糟的是，長期高失業率更會迫使採用引發加速通貨膨脹的擴張性總體政策。如此一來，在勞動市場失去自由和加速通貨膨脹雙重壓力下，將使整個經濟蒙受重大損失。所以，基本上，費茲坦教授對失業保險或津貼，採取保留態度。這與上文所提的「DMP」模型之結論不謀而合。

如何縮短失業期間、如何降低搜尋成本，讓勞動市場更自由、競爭程度更大是較有效方法，政府救失業的政策則往往幫倒忙，甚至於培養一些懶人。二十世紀末以來的全球，臺灣也不例外，所施用的救失業政策，不論是公共就業、公共訓練，或者是基本工資政策，似乎就是如此呢！所以，二〇一〇年諾貝爾經濟學獎捎來了這樣的訊息，不是提供了可貴的啟示嗎？

三位得獎者在二〇一一年九月至十二月，先後受邀訪臺，分別作專題演講並和與談人以及聽眾討論現實問題，尤其皮薩瑞德在十二月十五日和十六日分別以〈高齡化社會的勞動力市場展望與政策〉和〈結構性長期失業問題的成因與解決之道〉為題發表演講，這些不但是當前臺灣遭逢的難題，而且是皮薩瑞德一生鑽研的課題，相信臺灣人民受益良多！

2011

理性預期再領風騷
沙金特和辛姆斯

沙金特

辛姆斯

理性預期再獲青睞

二〇一一年臺北時間十月十日傍晚，傳來最晚揭曉的諾貝爾經濟學獎得主的消息，由沙金特（Thomas J. Sargent）和辛姆斯（Christopher A. Sims）兩位美國經濟學家合得。乍聽消息有些錯愕，仔細一想卻感佩諾貝爾獎委員會的明智，因為在二次衰退、泡沫經濟山雨欲來，以及占領華爾街運動如火如荼的時刻，他倆的研究正切中時弊，更與上年（二〇一〇年）頒給三位勞動經濟學者有異曲同工之妙。

瑞典皇家科學院宣稱沙金特和辛姆斯，因對利率及通膨等「經濟政策與總體經濟之間的因果關係」研究有成，共同獲獎，他們兩人研究成果與世界經濟現況高度相關。瑞典皇家科學院盛讚沙金特和辛姆斯為現代總體經濟分析立下基礎，並指出兩人的研究對於了解衝擊與系統性政策變遷如何影響短期與長期總體經濟，貢獻卓著。諾貝爾獎委員會並稱：「沙金特和辛姆斯所發展的方法，對於總體經濟分析而言，已是不可或缺的工具。」

究竟沙金特和辛姆斯的研究成果為何，對人類有何貢獻？他倆獲獎有否重大啟示？以下先由兩位獲獎人的生平談起。

沙金特剪影

沙金特一九四三年生於美國加州帕薩迪納，一九六四年畢業於加州大學柏克萊分校，一九六八年獲得哈佛大學博士學位。歷任賓夕法尼亞大學（一九七〇至一九七一年）、明尼蘇達大學（一九七一至一九八七年）、芝加哥大學（一九九一至一九九八年）、史丹佛大學（一九九八至二〇〇二年）等校教職，也曾擔任過普林斯頓大學客座教授，獲獎時為紐約大學經濟學系威廉・柏克利經濟和商業講座教授。他同時也是經濟計量學會會員（一九六七年）、史丹佛大學胡佛研究所高級研究員（一九八七年），二〇一一年獲美國國家科學院頒授科學回顧獎，同年也擔任明尼亞波利斯、舊金山和芝加哥聯邦準備銀行顧問。

沙金特擅長於總體經濟學、貨幣經濟學、時間序列等領域。他和盧卡斯（Robert Lucaus, Jr.，一九九五年諾貝爾經濟學獎得主）、尼爾・華勒斯（Neil Wallace）、羅伯特・巴羅（Robert Barro）等人同為理性預期革命的重要代表人物，並且是數篇開創性論文的作者。他和華勒斯共同研究，發展出了理性預期均衡的馬鞍路徑穩定性特徵化及政策無效性命題。沙金特的主要學術貢獻就在總體經濟模型中預期角色的研究，以及動態經濟理論和時間序列分析之間的關係。

沙金特自己列出的最重要著作有兩本書和兩篇論文。兩本書各是一九七九年出版的《總體經濟理論》（*Macroeconomic Theory*）、一九八一年與盧卡斯合編的《理性預期和經濟計量實務》（*Rational Expectations and Econometric Practice*）。兩篇論文分別是〈超級通貨膨脹的理性預期與動態性〉（Rational Expectations and the Dynamics of Hyperinflation，與華勒斯合撰，一九七三年六月刊於*Int ER*, 14），以及〈經濟時間數列解析〉（Interpreting Economic Time Series，一九八一年二月刊於*JPE*, 89）。

辛姆斯側寫

辛姆斯在一九四二年十月二十一日生於美國首都華盛頓特區。一九六三年在哈佛大學獲得數學學士，隨後至柏克萊加州大學當了一年的研究生，然後又回到哈佛大學繼續研讀，一九六八年獲得經濟學博士學位。一九六七年到一九七〇年，在哈佛大學擔任經濟學助理教授。一九七〇年，他轉任明尼蘇達大學經濟學副教授，一九七四年升為教授直至一九九〇年。一九七〇至一九七一年也曾擔任國民經濟研究所（NBER）研究員。一九九〇年以來，一直在普林斯頓大學擔任經濟學教授，其間也曾任教耶魯大學。辛姆斯也曾與聯準會（Fed）當時的主席柏南克一起作過研究。

辛姆斯在一九八八年獲選為美國文理科學院院士，一九八九年成為美國科學院院士。一九九五年擔任經濟計量學會會長，二〇一一年當選美國經濟學會會長。他是經濟計量學家和總體經濟學家。獲獎時是普林斯頓大學Harold B. Helms經濟和金融學教授。

辛姆斯的研究領域是總體經濟學和貨幣經濟學、價格、景氣循環、經濟計量學和統計方法。他創立了名為向量自我迴歸（VAR）模式，來分析經濟如何受到經濟政策的臨時性改變和其他因素的影響。他及其他研究者使用該方法來研究，諸如央行升息對經濟的影響等諸多重要問題。

辛姆斯在一九七七年主編《景氣循環研究的新方法》（*New Methods in Business Cycle Research*）這本書，由明尼蘇達聯邦準備銀行出版。他的重要論文有十篇：①'Discrete Approximations in Continuous Time Distributed Lags in Econometrics', *Em*, 39, May 1971；②'Distributed Lag Estimation When the Parameter Space is Explicitly Infinite Dimensional', *Annals Math. Stats.*, 42, 1971；③'Money Income and Causality', *AER*, 62, Sept. 1972；④'Seasonality in Regression', *JASA*, 69, Sept. 1974；⑤'Exogeneity and Causal Orderings in Macroeconomic Models', *New Methods in Business Cycle Research, op. cit.*；⑥'Macroeconomics and Reality', *Em*, 48, Jan. 1980；⑦'Policy Analysis with Econometric Models', *BPEA*, 1, 1982；⑧'Understanding Unit Rooters', *Em*, 59, Nov. 1991；⑨'Toward a Modern Macroeconomic Model Useable for Policy Analysis'(with R

Leeper), *NBER Macroeconomics Annual*, 1994；(10) 'A Simple Model for the Study of the Interaction of Monetary and Fiscal Policy', *Econ. Theory*, 4, 1994.

政府政策有效與否的辯論歷程

沙金特和辛姆斯是以對政府經濟政策研究有傑出貢獻獲獎，而「政府能以靈活的干預政策，來幫助經濟體系的穩定嗎？」這個問題早自一九七〇年代以來就一直吵嚷不休。對於曾經經歷過經濟活動搖擺不定、失業率上升的地方，尤其特別關注。對於這個問題，經濟學家之間有長時間的激烈攻防。

一九七一年，盧卡斯在一次會議中，提出一個含有理性預期的經濟分析，他指出：「有理性的人在推斷未來情況時，會運用可以取得的一切資料，以及經濟模型的各種相關知識。如果預期是理性的，凱因斯學派的理論及實證研究就是錯的，其所引伸出來的政策也當然是錯的。」

凱因斯學派的巨擘托丙（James Tobin, 1918-2002，一九八一年諾貝爾經濟學獎得主）起而反擊，直搗盧卡斯說法的核心——理性預期的假定。雖然托丙的學術地位崇高，而其批評也似乎老嫗能解，但是，理性預期學派，或被稱作新興古典（New Classical）學派仍然大為風行，並對總體經濟學影響深遠。

一九六〇年代是新凱因斯學派天下

一九六〇年代是新凱因斯學派主導總體經濟分析的時期，不但在經濟學界領銜，而且影響政治領袖。新凱因斯學派主張，政府干預可以挽救市場的失靈，而假若政治領袖能夠唯其忠言是聽，經濟大恐慌就不會再來。

一九六二年，前美國甘迺迪總統在耶魯大學的一場演講中，推崇凱因斯學派的立場，並支持一項大規模的減稅，新凱因斯學派的時代真正開始。一九六六年，海勒（W. Heller）宣告減稅獲得壓倒性的成功，人們目睹「一場經濟的擴張。在一九六一年後的頭五年中，七百萬以上的新工作機會，以及兩倍高的利潤被創造出來。這不但使全國的實質產出增加了三分之一，而且消除了為害美國經濟的五百億美元缺口。」

新凱因斯學派的分析工具是IS-LM模式，IS曲線代表支出面或實物面，說明消費、投資，以及政府支出會隨利率的下跌而增加；LM曲線則代表金融面，當支出上升時，人們需要更多的貨幣來從事交易，若貨幣總額固定，他們只有在為投機而持有的貨幣減小時，才能得到所需的貨幣，為了減少為投機所持有的貨幣，利率就需更高。所以，在金融面，更高的支出與更高的利率相連，LM曲線是往右上方延伸的。IS和LM兩線的交點就決定了均衡產出和利率。

一九六〇年代，新凱因斯學派將代表著通貨膨脹與失業率之間反向關係的菲利浦曲線（Phillips Curve），引進他們的模型裡，使價格變數能夠進到模型中。他們認為，政府的擴張政策可以有效地讓經濟維持在一個理想的通貨膨脹和失業的組合。

新凱因斯學派為了替IS-LM及菲利浦曲線提供理論依據，於是大量汲取新古典學派個體經濟學的論點，為總體經濟關係提供個體經濟基礎，以顯示總合行為與個人追求最大利益的行為，是沒有矛盾的。

為了解釋通貨膨脹與失業之間的反向關係，新凱因斯學派認為勞動市場處於失衡狀態，亦即勞動需求不等於勞動供給。他們假定，超額的勞動需求使工資增加，進一步引起物價上漲。這裡有兩個大問題在，一個是我們不清楚超額的勞動需求如何與失業並存，因為後者是指勞動的超額供給；第二個是這種超額需求不只是要存在，而且，還需持久不變，才能確保菲利浦曲線的安定。

新凱因斯學派以資訊的不足、工人的不同質，以及工作的配合不當等來說明第一個難題。由於這些特徵存在，即使有超額勞動供給，空缺也無法立即補上，調整需要時間，但在勞動日漸短缺時，調節速度可能加快。

新凱因斯學派藉名目工資的僵固性，來說明另一個難題。他們認為，持久的失衡，是因名目工資僵固致使勞動市場無法結清。他們的結論是：菲利浦曲線站得住腳，政府有能力在該線上選定任何一種通貨膨脹和失業率的組合，亦即政策是有效的。新凱因斯學派的說法曾在現實世界得到肯定，但在一九七〇年前後，卻遭受到挫敗。

停滯膨脹的一九七〇年代

整個一九七〇年代，高通貨膨脹和高失業率並存，這與凱因斯學派的菲利浦曲線扞格不容。許多經濟學家就此疑難提出說明，包括後凱因斯學派、馬克斯主義者，以及重貨幣學派。

後凱因斯學派駁斥新古典學派的整合，並與馬克斯主義經濟學針鋒相對，他們認為：經濟學的訓練已陷人混亂。他們所提出的解答並不一致，有的認為，IS-LM這個架構沒有用處，而應再認真地去看凱因斯的原著；有的認為，傳統的經濟學沒有所得分配理論。

馬克斯主義經濟學家認為，新凱因斯學派經濟學是不切實際的，它幫助了一個不公正的體系長存不墜，這個體系讓多數人無法得到公平機會去做有尊嚴的工作。他們批評新凱因斯學派的模型忽略權力和階級矛盾，而且認為市場體系基本上不安定，並強調該體系會造成嚴重的危機。

以弗利曼（Milton Friedman, 1912-2006，一九七六年諾貝爾經濟學獎得主）為首的重貨幣學派，在一九七〇年代初期與新凱因斯學派展開激烈爭辯，主宰了總體經濟學的討論。爭辯的關鍵在於，短期與長期的分際。新凱因斯學派強調短期，而重貨幣學派則認為，如果辨明政策的長期效果，則凱因斯學派的結論便會動搖，古典學派的信念會再度得到肯定。在這些信念中，貨幣的中立性是很重要的，它指出：貨幣供給的變動只會影響物價水準，對於真實產出和就業沒有影響；長期而言，更多的貨幣只會造成更高的物價水準。

他們得到的結論是：唯一的好貨幣政策，就是堅守一個固定的貨幣供給增加率。他們也認為，政府支出的變動亦不致影響實質產出。政府最好袖手旁觀，聽任市場力量自由地運作。

弗利曼也對菲利浦曲線提出異議，他斷定短期的菲利浦曲線極不穩定，在長期，失業率則趨近於「自然失業率」，任何的政策，都無法讓經濟體系偏離此一自然失業率。他們強調市場機能及均衡，失衡只是暫時現象，逐步調整的預期才是失衡的原因。勞動者需要時間來調整預期，他們一時會受騙，一旦預期充分調整，則「自然失業率」就生效了。

重貨幣學派的挑戰，撼動了新凱因斯學派經濟學。新凱因斯學派承認貨幣在經濟體系的重要地位，也承認長期有自然失業率存在，但他們也對長期究竟應多長提出質疑，並堅持物價的僵固會形成夠長的短期，以確保政策的生效。就在爭辯陷入僵局時，新興古典學派經濟學家挾著理性預期假定，介入了爭辯。

新興古典學派理性預期學說崛起

穆斯（John Muth）通常被認為是理性預期之父，他在一九六一年指出，在一個模型裡，當個人的預期跟這個模型所作的預估一致時，個人的預估便是理性的。這個想法在將近十年之後，才被盧卡斯發掘，而將之用於總體經濟學的研究，開創出一片新天地。

這個新研究法先在盧卡斯和雷屏（Leonard Rapping）一九六九年合作的一篇文章出現，該文雖沒有理性預期假說，但所建立的勞動市場模型，形成新興古典學派模型的基礎。一九七一年，盧卡斯第一次將理性預期用在討論投資行為上，隨後在一九七二和一九七三年的兩篇文章裡，更闡明應用理性預期的結果，都確立了貨幣中立性和政策無效的古典學派結論，因而被稱作「新興古典學派經濟學」。盧卡斯的努力，激勵了年輕經濟學家採取他的想法，並作進一步發揮。沙金特就是最重要的一位，他發展出一套經濟計量法，用以檢定新興古典學派的主張。

理性預期是新興古典學派經濟學最顯著的特徵，但不是同義詞，預期是總體經濟分析中的一大難題，要對預期形成好的理論，困難重重，因此，新凱因斯學派經濟學家乃將預期摒除於模型之外。

弗利曼改變了這種迴避的做法，他利用逐步調整的預期來分析現象，認為人們不斷地調整當期預期，以修正從前各期所發生的預期誤差。盧卡斯和雷屏在一九六九年也應用逐步調整的預期，但他們發現，當人們知道政府政策改變，而會影響物價水準時，政策改變可能不會影響到對物價的預期。理性預期的通俗說法是：人們會利用一切可用的資料，以及他們對整個經濟如何運作的了解，來決定他們的預期。

理性行為的準則，對於新興古典學派很重要，在他們的模型裡，消費者和勞動者不但要形成最適的預期，還要追求極大效用；而廠商則追求利潤極大。這樣的模型，可以極精確說明個別決策者做成最適決策的各種條件。

在總體模型中，市場結清的達成，是在價格水準等於總供給和總需求曲線的交點時。傳統的看法是，這個均衡價格，代表一種長期的狀況，而實際的價格會向它趨近，因而經濟體系處在持續失衡中，但新興古典學派經濟學家則認為均衡價格即為實際價格。因此，他們的模型是均衡模型。

理性預期假說替個別決策者，設想出一個好得嚇人的地位：他們可以細查政府的種種行動，知道一切變數的數值，甚至可以解出複雜的經濟計量模型，以算出最適的預測值。這與實際現象似乎不符，如果個人什麼都知道，就很難說為何會失業，而且會有一個跟長期均衡水準有出入的總產出。同時，如果理性預期意味著任何政策都無關緊要，也與政策的確影響實質產出的例證不符。

新興古典學派經濟學家，藉著增加一些人們從事抉擇時所面對的限制條件，來解說實質產出的偏離現象。因為，人們只擁有不充分的資訊，故須時常猜測一些變數的數值，因此，即使抉擇是理性的，誤解和錯失仍難免，而實際上也會偏離自然水準。盧卡斯以有名的島嶼故事來說明這種情況。

著名的島嶼故事

這個故事是說，廠商與勞動者要在一串島嶼之間工作，這些島嶼間交通不理想。故事從總合需求的增加開始，物價隨而增加。決策者只察覺到自己這個島嶼上的產品價格上漲，而無法知道一般物價水準的上升。勞動者根據目前可取得的資訊來形成對當期物價的預期，亦即在有限資訊限制下，從事理性抉擇。廠商可以免除這個預期問題，因為他們只要知道自己產品價格，以及支付勞動者的工資就可從事抉擇。如果勞動者知道地區性物價與一般物價之間的關係，資訊的限制便不會成為問題；若因某類變數（如貨幣供給）起了意外的變動，因而形成不規則干擾，將會使勞動者在從事抉擇時的條件產生不確定，他們必須進行猜測，於是實際的和預期的物價間，產生持續不一致現象，實質產出也就可能長時間脫離自然水準。

所有的新興古典學派論點，都指向一個主張：政府應該迴避積極主動的安定政策。基本論點是：系統化的政策變數若變動，對於實質變數沒有影響，當勞動者知道政府在幹什麼時，他們會預測其效果，他們對物價的預期會跟實際物價水準相對應，而使實質產出不受政策影響。只有在使勞動者意料之外，或使之產生錯覺時，實質產出才會改變。儘管這種出其不意的政策有效，新興古典學派學者仍加以反對，因其將造成額外的不確定性，並不足取。

新凱因斯學派與新興古典學派之間的爭執，需靠實際經驗解決，但這也是複雜且議論紛紛的。盧卡斯認為，理性預期已使既有的經濟計量法成了廢物，因而必須找出另一套檢定法。他們被迫去處理長久以來困擾經濟學家的因果關係難題，如今，嘗試找尋的階段似已過去，「新經濟計量學」產生了。它具有兩個基本成分：一為一個細緻模型的開發與檢定，一為以高深的經濟計量技巧與最小量的經濟理論，對時間序列所作的研究。這一領域裡，以沙金特和辛姆斯的成就最大。在新經濟計量學的檢定下，新興古典學派經濟學家的理論得到實證支持。

本屆諾貝爾經濟學獎的啓示

沙金特和辛姆斯兩人合得二〇一一年諾貝爾經濟學獎，獲獎主因就是他們在「經濟政策」課題上有重大貢獻，而對政策的有效質疑，這與二〇一〇年三位得獎者有異曲同工之妙。

二〇一〇年三位得獎者的DMP模型，可根據失業救濟金的金額、實質利率、職業介紹所的效率、僱用與解僱成本等失業因素，來預估失業期間的長短、職缺數目與實質工資等。該模型指出，市場買賣雙方資訊並不完整，要獲得「天作之合」的完美配對非常困難，可說根本不可能。結論是：失業福利政策較優厚的社會，通常失業率較高，勞動市場供需雙方相互搜尋的時間也比較長。而且政府救失業的政策往往幫倒忙，甚至於培養出一些懶人。

政府干預「無效」

本年兩位得獎者使用的是總體模型，以複雜的數學來分析、檢視政府經濟政策。如上文所述，以沙金特最具代表性，而辛姆斯主要在總體經濟計量方法和模式上有重大貢獻。沙金特成名甚早，一九八〇年代，理性預期理論如日中天時就如雷貫耳，早已和一九九五年諾貝爾經濟學獎得主盧卡斯（R. E. Lucas）齊名，當年沒一起獲獎，跌破不少專家眼鏡，也為他叫屈。如今高失業率再成為全球大問題時，終於出頭天。

沙金特在一九八二年七月接受訪問時，就這樣說：「當我從柏克萊和哈佛畢業時，我對於什麼是政府能夠做到的，持有非常天真的觀點。那是我自己的錯，我那時是非常贊同干預的：政府應當干預所有的事情。如今我已遠離了當初的那種想法。」

由此可知沙金特受業於主張政府政策干預的凱因斯學派大本營，當接觸到芝加哥學派學者和理論之後，不但認同新興古典學派的理性預期理論，還成為領導人物，一九八〇年代時，新興古典學派經濟學就被稱為「盧卡斯和沙金特的經濟學」

簡單的說，他們是以「理性預期」的概念，以動態均衡推導出政府干預政策是「無效的」。理性預期的關鍵性見解，在於當政府政策變化時，私部門也改變了他們的決策法則，這就是最適化理論的含義，也是理性預期所導出的新見解。沙金特強調說，他和盧卡斯、普瑞史考特（E. Prescott，二〇〇四年諾貝爾經濟學獎得主之一），都曾經是凱因斯學派的經濟學家，經歷了觀念上的巨大轉變。

沙金特被問到「如何解釋高失業」時，回答說：「理性預期的菲利浦曲線模型，對此有很好的解釋。」

所謂的理性預期菲利浦曲線模型，如上文所言，是說物價和失業間沒有「抵換」關係，政府利用擴張政策只會使物價上漲，對失業沒有幫助，亦即菲利浦曲線是一條垂直線，甚至於是正斜率的線，政府政策不但會使物價上揚，失業也可能會增加，而高失業長期存在，就是政府一直施用政策的結果。

迷信政策救經濟

不過，當前全球還是迷信政府能施用政策來解決問題，我們看到了治絲益棼的結果，從貨幣政策來看，幾十年來各國都是靠「印鈔救市」，結果造成愈來愈貪婪的弊病，進一步衍生出金融風暴，而通貨膨脹、泡沫經濟也都沒有斷過，形成高通膨與高失業情況同時存在的困境。已故的美國前總統雷根說得好：「政府不能解決問題，政府本身就是問題」。

總結來說，諾貝爾經濟學獎回歸頒給理性預期學者，正是讓我們重新思考，反省政府該不該用政策干預、主導經濟活動。

而且，諾貝爾委員會很明智，二〇一〇年經濟學獎頒發的三位得主，也是對政府干預勞動市場的政策，提出不是很正面的看法。二〇一〇年得主著墨個體模型上的理論與實證，二〇一一年則針對總體模型，都呼應政府角色應重新思考，值得世人深思。

2012

「合作賽局」的權威 羅斯和夏普利

羅斯

夏普利

二〇一二年諾貝爾獎最後一項經濟學獎，於臺北時間十月十五日晚揭曉，由美國哈佛大學商學院經濟學與企業管理教授羅斯（Alvin E. Roth）和美國加州大學洛杉磯分校（UCLA）名譽教授夏普利（Lloyd S. Shapley, 1923-2016）合得。他倆因對「穩定分配理論（match-making）和市場設計（market design）實踐」有貢獻，且研究成果激發了「蓬勃發展的研究領域」，並有助於改善許多市場的表現而獲獎。

諾貝爾經濟學獎多年來雖常由兩人或三人共同獲得，但他們多有共同合作的事實，而這次頒給的這兩位，雖都研究分配／配對，卻沒有一起工作過，但因夏普利奠定了理論基礎，而羅斯則將其理論擴展並用於解決社會經濟問題，因此這個結合了理論與實踐的組合，被稱為諾貝爾經濟學獎有史以來的「最佳配對」。

即便羅斯和夏普利之得獎並沒受到質疑，但在全球經濟冷到極點，歐債危機仍陷泥沼，原先被預測應是總體經濟領域學者會受青睞，結果卻爆冷門。究竟玄機何在？羅斯和夏普利的研究成果對現實世界有何助益？兩位大師私底下是什麼樣的個性？我們就由他倆的生平與事蹟介紹起。

八十九歲夏普利的生涯歷程——生平軼事

夏普利於一九二三年出生在美國麻薩諸塞州的劍橋市，亦即哈佛大學與麻省理工學院所在地。他的父親哈勞（Harlow Shapley）是位哈佛天文學家。夏普利在二次大戰期間曾以哈佛大學學生身分，被徵召到中國成都協助美軍，並因為破解了敵軍的氣候密碼獲得銅星勳章。一九四八年在完成哈佛數學學士學位之後，他到美國知名智庫蘭德（Rand）從事研究工作，將賽局理論應用在軍事問題上。一年後至普林斯頓大學攻讀博士學位，並在一九五三年獲得數學博士學位。

在普林斯頓短暫停留後，夏普利於一九五四年回到蘭德工作，並於一九八一年至加州大學洛杉磯分校數學與經濟學系任教，直到退休，得獎時為該校名譽教授，二〇一六年三月十六日去世。

夏普利與一九九四年諾貝爾經濟學獎得主之一內許（John Nash）為普林斯頓大學的同學。娜薩（Sylvia Nasar）為內許所著的傳記《美麗境界》（*A Beautiful Mind*），書名即是由夏普利形容內許有顆「敏銳、美麗、具邏輯性的心」（a keen, beautiful, logical mind）而來。在書中，娜薩特地以夏普利的名字作為一個章節名稱，來敘述夏普利與內許兩位數學天才之間的情誼與競爭。在同學眼中，夏普利擁有一切。他來自貴族世家、哈勞的兒子、哈佛人、大戰英雄、電腦之父與賽局之父馮・紐曼（John von Neumann）的最愛、囚犯困境（prisoner's dilemma）命名者塔克（Albert Tucker）的愛徒。

夏普利才華洋溢、彈得一手好琴、下得一手好棋（特別喜歡軍棋）、非常合作、廣受學生與老師喜愛。這些特點也吸引了一向自我隔離的內許，使得夏普利成為內許第一個付出真正情誼的好朋友。書中有不少內許為了吸引夏普利注意，與因為忌妒對夏普利其他的好朋友做出不少惡作劇的例子。但是內許在博士班第一年即發表三篇重要論文，在第二年中即完成畢業論文，這些競爭壓力，也為彼此的友情帶來變數。

夏普利在同事與學生眼中，是位對數學與教學極度狂熱的「數學界的傳奇人物與完美主義者」，願意花數個小時在辦公室與個別學生和同事討論問題，到夏普利家作客，隨處可見與數學有關的遊戲。根據巴塞隆納管理學院院長Baucells的描述，夏普利敏銳的數學直覺，非常適合用來發展非傳統的經濟模型。夏普利常以原創與非傳統的角度探討問題，有些甚至因為與一般直覺差距太大，乍聽之下覺得是個錯誤的解釋，但是在深思琢磨之後，即能發現其意義所在。

中國《東方早報》則以不拘小節的老頑童來描述夏普利。當二〇〇二年國際數學家大會在青島召開時，主辦單位派了十幾位學生去尋找一報到即消失在飯店大廳休息區的夏普利。為了防止夏普利再次上演失蹤記，還專門派人盯住他，卻發現他沒有回到房間，而是在大廳的沙發上睡了三個小時。而在整整一小時的演講中，這位老頑童全程背對聽眾，一次都沒有回頭。

一九八〇年代在UCLA經濟系攻讀博士的政大經濟系教授林祖嘉（曾擔任過國發會主委），曾修過夏普利的賽局理論課。他回憶說：「夏普利是標準的數學家，留著大鬍子，經常穿短褲著拖鞋在校園行走、思考問題，有時還會穿扣錯扣子的衣服上課。學生請他幫忙完全沒有架子，講話也非常溫和。」

夏普利的重要學術貢獻

「內許均衡」奠定了「不合作」賽局的理論基礎，可說是賽局應用中最廣的均衡概念。而夏普利在學術上的貢獻，不僅如諾貝爾獎官方網站宣稱，為「合作」賽局理論發展的主要貢獻者，在數理經濟與賽局理論的發展上，夏普利的貢獻更是既多且廣。

一九五三年，夏普利在其博士論文中提出了重要的「夏普利值」（Shapley value）。在每個合作賽局或聯盟中，聯盟利益是由所有參與者的合作而來，不過，每位參與者的貢獻或許不同，也使得每位參與者對於報酬有不同的議價能力。夏普利提出應公平合理，並可被所有參賽者接受的方式，來分配聯盟利益，也就是，經由參與者對聯盟的貢獻度來分配利益。「夏普利值」即為此邊際報酬的期望值。

以夏普利的名字命名的理論還有Bondareva-Shapley理論（定義合作賽局裡，非空集合核心的必要與充分條件）、Gale-Shapley運算（討論穩定婚姻配對問題）、Shapley-Shubik權力指數（衡量投票賽局裡玩家的能力）、Aumann-Shaply價格（夏普利值在無限期賽局裡的延伸應用）、Harsanyu-Shapley解（效用不可移轉賽局的報酬分配）、Shapley-Folkman定理等，奠定賽局的完整發展，並對經濟理論產生重大的影響。

為夏普利贏得二〇一二年諾貝爾獎的成就為，探討在價格體系無法有效運作的市場中，資源配置的理論框架。一九六二年，夏普利與蓋爾（David Gale）在〈大學招生與婚姻的穩定性〉（College Admissions and the Stability of Marriage）一文中，提出在雙邊市場中穩定配對（學校與學生、丈夫與妻子）的機制。以研究所招生為例，常碰到的問題是，學校並不知道錄取的學生是否還申請別的學校，或者其他競爭學校是否會錄取這名學生，以及學生對學校選擇的優先順序。而學生在填寫志願時，為了提高錄取機會，可能會採取一些違背自己原本偏好的策略性措施。譬如，將心目中排名較低的學校填在前面，或者雖然在第一志願的候補名單中，但是還是選擇接受排名較低，卻已經是正取的學校。而要維持婚姻的穩定性，則必須達到在可以選擇且被對方接受的人選中，選擇自己最喜歡的對象。如果任何兩對夫妻想要互相交換對象，就不是穩定的婚姻。

夏普利與蓋爾提出「延遲接受」（deferred acceptance algorithm，或稱Gale-Shapley algorithm）的程序，使配對雙方能誠實的選擇自己的偏好，以達到分配的效率與穩定。以學校招生為例，其程序如下：在學生列出有意願就讀的一些學校之後，向自己首選的學校提出申請。假設A學校要錄取x人，學校依照其所想要的名單順序將前x名放入候選名單，拒絕其他申請者。被拒絕的學生再向第二順位學校提出申請，在第二輪申請過後，A學校從新的申請者與原來的候選名單中，選出前x位，再放入候選名單，拒絕其他申請者。然後再進行第三輪的申請，直到每個申請者都在某個學校的候選名單上，或是被自己願意申請的學校拒絕後，這個配對過程結束，所有學校在此時才接受各自候選名單上的所有申請者。

這種延遲接受演算得出來的結果，將會是公平且穩定的。因為學生最後就讀的學校，是願意錄取自己的學校中，偏好最高的選擇；而學校所錄取的學生，也是在願意來就讀的學生中，學校最偏好的選擇。這樣的機制在一些限制條件下，雖然不見得每次都可以達到穩定均衡，但是能降低策略性選擇（譬如一開始就申請排名較低的學校，或是婚姻配對市場上先向沒這麼喜歡但看似容易成功的對象求婚）的誘因。

羅斯剪影──生平軼事

如果說夏普利為理論創立者，羅斯則為成功的實踐者。被諾貝爾獎委員會表揚的，並不是夏普利最著名的成就，但是羅斯將那些概念，成功地應用在真實世界，以解決各種社會與經濟問題，凸顯了穩定分配理論的貢獻。

猶太裔美籍的羅斯於一九五二年在紐約出生，父母均為高中教師。羅斯在高三時因為「缺乏動力」退學。在哥倫比亞大學唸週末開設的工程課程時，教授建議他申請哥倫比亞大學工程系。一九七一年，羅斯獲得哥倫比亞大學運籌學（亦稱作業研究，簡稱OR）學士學位、一九七三年獲得史丹佛大學碩士學位。一年之後，二十三歲的羅斯即獲得運籌學博士學位。之後陸續在伊利諾、匹茲堡、凱茲商學院、哈佛大學任教，得獎時正在史丹佛大學任客座教授。除了為哈佛大學榮譽教授外，羅斯在獲獎後，也於二〇一三年正式在史丹佛大學任教。他同時也是美國國民經濟研究所（NBER）與計量學會成員。

在二〇一〇與二〇一一年兩篇專訪，分別以「一位哈佛教授以經濟學拯救生命、指派醫生、讓孩子進入對的高中」，以及「媒合者：不再只是研究這個世界，而是開始修復它的哈佛經濟學家」為開場來介紹羅斯。羅斯接受專訪時說，「有些人認為經濟學擁有各種工具與技巧，但缺乏有趣的問題。我環顧世界，看到了各式各樣有趣且重要的問題，需要用我們現在有的工具去解決。」、「經濟學家應該要修復那些不再能提供人們所需的系統或體制。」

羅斯喜歡以數學工具解決現實問題，專長在賽局理論、實驗經濟學，以及市場機制設計。他與同事利用夏普利的理論框架，結合實證研究、實驗設計與電腦模擬，協助市場運作，而這裡所稱的市場，往往是非價格體系，或是買賣受到道德與法律限制的市場。他們的研究使得「機制設計」成為新興經濟學裡重要的分支。羅斯在接受《東方早報》訪問時提及，「市場機制設計」與「中央計畫」最重要的不同點在於，機制設計的規則是在透過市場機制，讓所有參與者來決定有效的結果，而非由中央代替市場做決定。

羅斯為了將市場機制設計無處不在的觀念介紹給學生與大眾，與另一位哈佛商學院的助理教授 Peter Coles 一起經營部落格，名為「市場設計」（Market Design）。羅斯說自己通常都趁一大早妻子還沒睡醒前寫部落格。在諾貝爾經濟學獎宣布當天早上，他在部落格上輕描淡寫的寫了一句：「今天部落格會延遲出刊」。除了隔天以「昨天是個不尋常的一天」為題感謝大家之外，又一如往常的回到如腎臟交換等市場機制設計議題。

羅斯的重要學術貢獻

羅斯在一九八〇年代初期開始研究醫學院勞動人力分配問題。在一九九五年，羅斯受美國全國住院醫生派任中心（National Resident Matching Program, NRMP）委託，重新設計遭受愈來愈多批評的舊系統。舊有體制為一九五〇年代時設計，在當時女醫師並不常見，但近年來隨著愈來愈多的女性就讀醫學院，以及已婚的學生增加，許多夫妻檔希望被分配在同一個醫院或城市。但因為醫院對夫妻兩人的排序不同，導致夫妻兩人需要分開實習。因此，許多醫學院夫妻學生開始以家庭為理由拒絕派任體系的安排，或嘗試直接與醫院接觸協調。羅斯將學生夫妻的考量加入蓋爾與夏普利演算法中，應用在美國住院醫生派任系統上。一九九八年羅斯設計的新系統開始實施後獲得極佳的回響，每年協助約二萬五千名美國實習醫生與醫院進行配對。

二〇〇三年，羅斯重新設計了紐約高中分配系統。在紐約，約有八萬名八年級學生與七百所高中。多數的美國學生就近就讀住家附近的高中。但是在紐約，貧窮區域有許多條件不佳，甚至可以說是很糟糕的高中，如果可以透過分配系統讓這些學生就讀較好的高中，對這些貧窮地區的學生來說有很大的意義。羅斯設計的新系統，使學生願意參與分配系統的比率，由百分之六十六提升至百分之九十三。

有鑑於美國每年約有四千名腎臟病患，因沒有等到適合的腎臟移植而去世，羅斯於二〇〇三年開始進行腎臟移植配對研究。譬如一對夫妻中，妻子想要捐贈腎臟給需要腎臟移植的丈夫，卻因為血型或其他生物性障礙沒辦法進行移植，而另一對夫妻或許也面臨相同處境，如果合適的話，這兩對夫妻可以「交換」腎臟，互相捐給對方。羅斯與同事建立腎臟交換系統，嘗試提供有效率的配對方式，縮短腎臟移植的等候時間。

二〇一二年諾貝爾經濟學獎的反響和啓示

被通知得獎電話吵醒的羅斯，正在史丹佛大學擔任客座教授，他說：「出乎意料，但夏普利獲獎絕對是預料中事，我很高興與他同獲榮耀。」他表示：「這個獎在我的工作上投射了一個非常明亮的聚光燈，我確信今早課堂上，我的學生會更專心。」夏普利則對得獎大感意外，他說：「我自認是數學家，卻得到經濟學獎，我這輩子從未上過一堂經濟學課。」

當時的國科會主委朱敬一院士受訪表示，賽局理論一直以來貢獻經濟學良多，過去多屆諾貝爾經濟學得獎者，多因賽局理論中的「不合作賽局」受到注意，這次羅斯和夏普利以「合作賽局」脫穎而出，意義更不同。朱敬一解釋，在經濟學領域，賽局理論又稱為「互動決策理論」，亦即一群決策者做決策時，所面臨的問題與戰略行為，進行的一套有系統、強有力的策略式互動行為分析工具方法。他舉例，不合作賽局理論類似「健保拆單」，因為健保局對應的是上千萬的人民，用不合作賽局模式來評估，可幫助政策了解對方會有何種反應，再去針對這樣的反應作出構思。至於合作賽局類似「歐債危機」，在一些假設的合理推測與情境下，歐盟各國是應該要坐下來談會比較好，透過合作賽局，可以告訴當局者一些可能有利與不利的結果，進一步協助處理歐債問題。

當時的中研院經濟所彭信坤所長認為，頒獎給合作賽局理論的學者，顯示評委對社會的期許。一九九四年後，經濟學獎頒給「不合作賽局」的內許，其理論（被稱為內許均衡、非合作均衡）正好可解釋美蘇核武競爭、相互保證毀滅下，最好的解決方式就是都別按下發射按鈕。本年經濟學獎歸於「合作賽局」學者，彭信坤推測，目前歐盟面臨嚴峻的整合問題，不論是各國之間、政府與人民間，都需要尋求「最大共識」和解決之道。夏普利的理論，可能就是當今最好的救世良藥。

中研院經研所研究員周雨田也認為頒給賽局理論學者，原因在於這一次的歐債危機，引發外界深刻反思，傳統經濟學一定在某些地方搞錯了，才會發生像歐債危機這麼大的紕漏，而這一大困境，或許也可以透過羅斯的市場機制設計，來逐步解決市場失靈。羅斯非常聰明地找到一些設計方法，讓本來市場失靈的情況下，都能獲得解決，而夏普利的研究則讓賽局理論更為周延，相信這是兩人獲得諾貝爾經濟學獎的重要原因之一。

《經濟日報》社論更將本屆諾貝爾和平獎頒給歐盟相提並論，認為諾貝爾獎委員會清楚地表達出期待，此即「面對全球經濟的災難及挑戰，合作才是度過挑戰的關鍵」。其實，全球正為高失業所苦，而勞動市場供需「配對不佳」是血淋淋現實，夏普利和羅斯的合作賽局理論，正是提供最佳配對的藥方，或許也是諾貝爾獎委員會的旨意呢！

不過，羅斯明確表示，他是「機制設計學者」，而二〇〇七年已有赫維茲、馬斯金和邁爾森三位專長機制設計的美國經濟學者得獎，短短五年之後再頒給相同領域的學者，可見機制設計當前多麼受到肯定和重視。

「機制設計理論」顧名思義，主角是「機制」，也可說是規矩、規範、準則等等，而無時無刻不在「做行為」的活生生的「人」，一生中的任何時刻本來就都依某種規則行事（做行為），小孩學語、學步依「做中學」，而「趨吉避凶」是很自然的準則，家有家規、族有族規，學校有校規等等都可見一斑。因此，「機制」在人間可說到處充斥，最關鍵的課題是「機制如何產生？」套用一九七四年諾貝爾經濟學獎得主之一海耶克（**F. A. Hayek**）的話，可分為「長成的」和「做成的」兩種，前者是人在日常生活中自然培養成的，如風俗習慣、倫理道德、市場機制等等，後者則是「設計出來的」，最明顯的是當今的「法律」。

當然，這兩者還真難截然二分，以「強制與否」來區別或許比較好，若將層次拉高，又可分為「無形的」和「有形的」兩種，倫理道德、市場機制屬於無形的，法律規章就是有形的。準此，隨著時代的演變，「做成的」和「有形的」機制愈來愈多，「長成的」和「無形的」卻式微了，而「機制設計」應該屬於「做成的」和「有形的」，與當今現實世界水乳交融，密不可分。

在一切機制之中，最為重要、最為人熟知，但也最常被人忽視和誤解的，就是人人耳熟能詳的「市場機制」。透過各個人自願交易，經濟活動得以有效進行，資源能夠合理分配，在理想的狀態下可以獲致全民最大的福祉。所以，市場經濟在人類社會中，罕有其他機制可望其項背；而自由經濟的根本精神，就是努力維護市場機制的有效運作，切莫輕以人為干預擾亂其自發秩序，造成全民福祉的損失。

不過，自一九二〇年以來，在外部性、資訊不對稱等等當今各類教科書中所列舉的「市場失靈」下，市場機制受指責，甚至被否定，讓政府堂而皇之的施行各種干預，美其名是彌補市場失靈，但因「政府失靈」更嚴重，又讓市場重生。其實，所謂的「市場失靈」，原本就是人間的常態，也就是說：「沒有市場失靈的完全競爭市場只有天堂才有」，但「人間畢竟不是天堂」，所以人間原本就是到處充斥著市場失靈，更不能以此否定市場機制。正確的方式是針對各種「市場失靈」找出原因所在，進而設法消除之。平實地說，一直以來也都在走這條路，只不過都想藉由政府來去除、彌補或者協助，我們見到的事實是愈幫愈忙，反而更加重市場失靈的程度。主因就在政府也是凡人所組成的，在「私利」的驅使下，「為私害公」更不可免。

古人云：「有機巧者有機心」，面對處處精心設計的機制，難免「機心」時起、機關算盡，民風之敦厚純樸即日受摧殘、日趨澆薄險惡。可嘆的是，現實人間充斥機巧、欺詐，於是亞當•史密斯乃處心積慮探索「道德情操」，等而下之則尋找「法理」，海耶克也殫思竭慮找尋「長成的秩序」。他們都往「人心」這種「形而上」或「無形的」路努力探尋，較諸今日數理模式「匠心」設計的「機制」，豈天壤之別就可形容的？

「機制設計理論」及「賽局理論」，如今已轉變成「爾虞我詐」，以「欺騙成功」自豪的作法，不但無助於「人心回升」，反而對「人心沉淪」形成推波助瀾呢！那麼，再以諾貝爾獎鼓勵這些學問，對人類的福祉、和平有助益嗎？

（本文與羅鈺珊合撰）

2013

資產價格實證分析家
法瑪、韓森和席勒

法瑪

韓森

席勒

臺北時間十月十四日晚，傳來瑞典皇家科學院公布二〇一三年最後一個諾貝爾獎項——經濟學獎得主的消息，路透社預測的熱門人選名單全部落榜，而由三位美國財務金融學者合得，分別是芝加哥大學布斯商學院教授法瑪（Eugene Fama）、芝加哥大學經濟學系教授韓森（Lars Peter Hansen），以及耶魯大學教授席勒（Robert Shiller）。

瑞典皇家科學院表示，頒獎給這三位學者，是為了表彰他們「對資產價格的實證分析」。三人開發出新的方法來研究資產價格，用以調查股票、債券和其他資產的細節資料。這些方法已成為同類研究的標準工具，而他們的真知灼見不僅為相關理論的發展，也為專業投資的實際運用，提供了指引。

瑞典皇家科學院指出，人們沒辦法預測未來數日或數周股票和債券價格，但三位獲獎學者所作的研究和分析，卻呈現一個令人驚訝又矛盾的現象，就是要預測未來三到五年的價格趨勢是有可能的。

瑞典皇家科學院說，三位得獎人為當前人們對資產價格的理解奠定基礎，這種理解部分仰賴對波動風險和風險態度的掌握，部分則仰賴對行為偏見和市場摩擦的認識。三人的研究改善人們對長期資產價格走勢預測，也協助促成股票市場「指數基金」的出現。

這是財務金融學者第三次獲頒諾貝爾獎，雖然在全球金融泡沫愈吹愈大的現時，頒給曾經警告美股、房市泡沫化的學者，具有警世意義，卻也有值得疑慮之處，財務金融已是舉世當紅學門，再以諾貝爾獎推波助瀾，是否得當值得商榷。我們先介紹三位得獎者的生平和學術貢獻，再提出反省與啟示。

現代金融學之父「法瑪」——生平軼事

一九三九年二月十四日，尤金．法瑪出生在美國麻薩諸塞州波士頓，為第三代義大利移民，自小成長於波士頓的一個工人階層社區，在一所天主教會學校上高中。幼年時代的法瑪，其身上還流著義大利人熱愛運動的血液，在長跑、足球和棒球方面都有過人之處。一九五六年，十七歲的法瑪進入麻薩諸塞州塔夫斯大學（Tufts University）。在大學的前兩年主修法語，第三年轉修經濟學課程，一九六〇年畢業。

一九五〇年代的塔夫斯大學，匯聚了一批從哈佛畢業的優秀教師。法瑪在那裡遇到了酷愛高爾夫球的哈里．恩斯特（Harry Ernst）教授，恩斯特對股票市場價格模式非常感興趣，當時正定期做股票市場預測的研究。恩斯特僱法瑪為基金的研究助理，主要工作是研究盈利性交易策略。

法瑪大學畢業後，教授們鼓勵他去芝加哥大學攻讀博士學位，據法瑪回憶：「他們都來自哈佛大學，卻說我應該去芝加哥大學。」幾個月後，法瑪果真到芝加哥大學就學。

一九六〇年代的芝加哥大學是經濟學研究重鎮，同時還是現代金融學等重要學科的發源地，當時默頓．米勒（Merton Miller, 1923-2000，一九九〇年諾貝爾經濟學獎得主之一）剛剛到芝加哥大學任教。進入芝加哥大學的第二年，法瑪就開始在米勒的指導下撰寫博士論文，主題是關於股票市場價格變化的研究。一九六五年，法瑪將博士論文改寫，分別發表在《商業期刊》（*Journal of Business*），和《財務分析家期刊》（*Financial Analysts Journal*）上，與薩繆爾遜（P. A. Samuelson, 1915-2009，一九七〇年諾貝爾經濟學獎得主）等人一同開啟了效率市場理論的研究。

在法瑪的研究框架中，追求自身利益最大化的理性投資者相互競爭，都試圖預測個股股票未來的市場價格，競爭導致個股股票的市場價格反映了已經發生和尚未發生事件。在一個有效的證券市場，由於訊息對每位投資者都是均等的，因此任何投資者都不可能透過訊息處理獲取超額收益，即訊息不能被用來在市場上獲利，這就是著名的效率市場假說。

法瑪將競爭均衡引入資本市場研究，為後期資產定價模型等研究奠定了基礎。風險和收益的交換一直是投資理論的主要內容，但真正指明兩者關係還在於效率市場假說的提出，兩者之間均衡關係確立的過程，就是資產定價形成的過程。

效率市場理論在理論研究和業界掀起了極大轟動，大批學者沿著市場的效率性和是否可預測發表了很多優秀論文。「我相信，經濟學中沒有其他命題能夠像效率市場假說一樣得到如此之多而堅實的經濟證據支持。」這是經濟學家邁克．詹森（Michael C. Jensen）在一九七八年的著名論斷。在業界，也有很多專業投資人和基金經理信奉效率市場理論，造就了資產達數兆美元的指數型基金。

一九八〇年，法瑪在《政治經濟期刊》（*Journal of Political Economy*）發表〈代理問題與廠商理論〉（Agency Problems and the Theory of the Firm）一文，將管理與承擔風險兩種任務交給企業家承擔，而企業也就成為一系列契約，所以自然被作為分離的要素來處理，企業家受到來自其他企業的競爭所制約，被迫改進有效監督整個隊伍及其個別成員業績的手段。

一九八〇年代，米勒和法瑪連續合作了三篇文章，研究代理問題與剩餘索取權（Agency Problems and Residual Claims）問題。他們分析了不同的組織形式所具有的剩餘索取權的特徵，作為控制不同組織所特有的代理問題的有效方法，得出關於各類組織在生產活動中能夠生存下來的剩餘索取權條件。

代理問題之後，法瑪將焦點轉向貨幣理論。一九八〇年代初，電子貨幣讓傳統貨幣理論看上去破綻百出，一批經濟學家重新為貨幣理論尋找個體基礎，法瑪就是這股被稱作「新貨幣經濟學浪潮」的領導者。

一九八〇年一月，法瑪在《貨幣經濟學期刊》（*Journal of Monetary Economics*）上發表〈金融理論中的銀行業〉（Banking in the Theory of Finance）一文。法瑪認為，金融資產的交易媒介是對實際資產的要求，當代理人簡單地將一系列實際資產用來交換其他一系列實際資產，這種資產的交易只是一種以物易物的形式，資產交易可能影響相對價格，但一般不會對絕對價格產生影響。

法瑪設想了一種不需要使用貨幣的競爭性支付體系──「一個純粹的會計交易系統」（a pure accounting system of exchange）。在這種系統中，交易可以完全避免現金媒介，「任何實質的交易媒介或購買力暫棲所的概念均告消失」。法瑪考慮可以「由政府獨占發行一種不附息的法償貨幣」，社會可以用這種法償貨幣的單位作為「計價商品」。此時銀行應客戶請求將「存款」轉換為「現金」，而過程就像共同基金應客戶請求將一種金融資產轉換為另一種金融資產一樣。

三年後，法瑪又在《貨幣經濟學期刊》（*Journal of Monetary Economics*）發表〈金融中介和價格控制〉（Financial Intermediation and Price Level Control）一文，重申了他的設想，堅持認為外在貨幣對於維持帳戶交易系統是不必要的。在法瑪看來，外在貨幣也只是一種商品，如果有它存在，可以用它作為「計價品」，但沒有它也完全可以，資產定價模型第一次明確了風險的定義，並說明了如何實現預期收益。

法瑪的重要學術貢獻

據統計，一九七〇年到二〇〇五年間發表在主要經濟學刊物，引用量超過五百的論文共有一百四十六篇，法瑪就有六篇文章入選，其中有幾篇是有關代理問題。法瑪曾說：「我自認是一個頭腦簡單的經驗主義者，我喜歡我在代理理論方面的工作。」

法瑪的著作也在財務金融學形成獨立的學科進程中發揮了持久影響力。一九七二年與米勒合著的《財務理論》（*The Theory of Finance*）及一九七六年所撰寫的《財務基礎學》（*Foundations of Finance*）成為財務學發展的里程碑，並在世界各大學廣為流傳，標誌著西方財務管理理論已經發展成熟。法瑪在其他經濟學領域亦有重要貢獻。他在一九八〇年發表〈代理問題和廠商理論〉（**Agency Problems and the Theory of the Firm**）一文，提出管理者激勵機制的開創性想法。法瑪認為，在競爭的市場上，管理者的市場價值取決於過去的經營績效，長期而言，管理者必須為自己的行為負責，即使沒有企業內部激勵，管理人由於面對今後職業前途的考慮及迫於外部市場的壓力，他們同樣會努力工作。目前管理人的職業生涯考慮和管理人的勞動市場（**managerial labor market**）競爭這一課題，已成為廠商理論的熱門研究課題。

在貨幣理論的研究上，一九八四年法瑪在《貨幣經濟學期刊》上發表的〈預期與匯率〉（**Forward and Spot Exchange Rates**）一文，引發大量文獻出爐。這些文獻旨在驗證於國外匯兌市場中風險溢價的存在及動態特徵，法瑪在文章中的證明被稱為法瑪證明（**Fama Proof**），已成為跨國經濟學、商業學與財務學領域重要的學術資源，並且成為全球應用經濟分析與財務經濟分析課程的重要部分。

一九八〇年代末和一九九〇年代初，法瑪在股票報酬的預測範疇及其與經濟活動關係方面有重要貢獻。他與麻省理工學院的肯尼斯・弗倫奇（Kenneth French）教授合著的一系列論文中，檢驗了幾種可選擇的財務數據，能提高股票報酬與經濟活動的預測度。他們經過長期驗證，證明了三因素模型（市場風險、規模、帳面市值比）可解釋絕大部分的美國股票收益率異常現象，且在其他市場也發現了類似實證證據，包括中國在內的新興股票市場。

韓森剪影和學術貢獻

韓森於一九五二年出生於美國伊利諾州（Illinois），為丹麥移民後裔，雖然在美國出生、長大，但說的英文卻有濃厚的北歐口音。一九七四年韓森在猶他州州立大學（Utah State University）獲得數學學士學位，一九七八年則在明尼蘇達大學（University of Minnesota）取得經濟學博士學位，一九八一年赴芝加哥大學任教。能講流利中文的韓森，在芝加哥大學校園中和已故知名經濟學家、中華經濟研究院創辦院長蔣碩傑院士的女兒蔣人瑞女士相戀結婚，蔣人瑞目前同樣擔任芝加哥大學教授，兩人育有一子Peter，蔣家已把韓森列入家譜之中。

在二〇一三年的三位諾貝爾經濟學獎得主中，韓森算是較不為學術界以外的人所知，但他在學界早已廣為人知。博士生可能有不認識韓森的，但一定知道韓森於三十歲時所創造的一般動差估計法（GMM），該方法應用於整個經濟領域，不僅僅限於金融市場，同時也是博士生第一年的標準課程內容。一般動差估計法被認為是過去三十年中，時間序列計量經濟學中三個最重要的發展之一，另外兩個方法分別是向量自我迴歸和非平穩的時間序列分析，均已獲得諾貝爾獎。克里斯托佛・辛姆斯（Christopher Sims）因向量自我迴歸於二〇一一年獲得諾貝爾經濟學獎，而在非平穩時間序列分析中提出了協整理論的克萊夫・葛蘭傑（Clive W. J. Granger），則早已於二〇〇三年獲得諾貝爾經濟學獎。

韓森及其他研究學者在不改變經濟個體理性假設的前提下，透過對不確定性等因素加以模型化，來拓展標準的資產定價模型，從而走上了一條與行為財務金融學不同的道路，而研究結果也在一定程度上證實了席勒的結論，即基於消費的標準資產定價模型不足以解釋資產價格的變動。

韓森最厲害的就是能夠將知識高度抽象化、一般化，並納入到自己獨特而又完整的統計分析框架裡，但因為他的東西實在是晦澀難懂，以至於這個框架大概只有韓森本人和他的學生在實際研究中使用。

韓森任教於臺灣學生眾多的芝加哥大學，特別是臺灣經濟學界經常訪問芝大，加上他與臺灣關係深厚、經常返臺演講或參加會議，臺灣不少經濟學者和他非常熟識。一九九三年韓森來臺參加計量經濟學國際年會時，中研院經濟所學者就猜測他會獲得諾貝爾經濟學獎，在二〇一三年獲獎後，韓森受訪時提到「我近來已經覺得自己老了，但這給了我一種年輕的感覺。」韓森的獲獎，也被認為「圓了岳父未盡之夢」，因為蔣碩傑在一九八二年曾被提名諾貝爾經濟學獎，是首位被提名的華人經濟學家，可惜未獲獎，如今女婿得獎，稍可彌補遺憾，相信蔣先生在天之靈也會感到欣慰！這也彰顯岳婿兩人的薪傳佳話。

最主要學術貢獻

韓森最主要的貢獻在於發現了在經濟和金融研究中極為重要的一般動差估計法（Generalized Method of Moments），它適用於檢測資產定價的合理性。該方法用以分析包括勞動經濟、國際金融、財務經濟和總體經濟等多領域的經濟模型。除了在專業的計量經濟學方面享有盛名外，韓森也是一位卓越的總體經濟學家，他的重點研究課題是金融和實體經濟的關係。在二〇〇八年全球金融危機爆發之後，他逐漸將學術興趣轉向對「系統性風險」評估及其在金融危機中作用的研究。二〇一三年時，他正利用強健控制理論（Robust Control Theory）和遞迴總體經濟理論（Recursive Macroeconomic Theory）研究風險在定價和決策中的作用。

暢銷作家羅伯特・席勒——生平軼事和學術貢獻

羅伯特・席勒在一九四六年三月二十六日生於底特律，於一九六七年獲得密西根大學學士學位，並於一九七二年獲得麻省理工學院經濟學博士。得獎時是耶魯大學亞瑟・奧肯經濟學教授，也是耶魯管理學院金融國際中心成員。席勒被視為是新興凱因斯學派成員之一，曾獲一九九六年經濟學薩繆爾遜獎（Paul A. Samuelson Award）、二〇〇九年德意志銀行獎（Deutsche Bank Prize）。他也曾獲二〇一二年諾貝爾經濟學獎提名，是全世界影響力前一百名的經濟學家。

自從一九八〇年代末期投入房價指數的研究後，席勒幾乎都把心力放在資產價格上，其聲名遠播就是來自於兩度成功預言資產價格泡沫危機：一是二〇〇〇年網路泡沫化，二是二〇〇五年預測美國房地產恐將泡沫化，並且引發金融危機。

席勒反對法瑪所主張的「效率市場假說」的論點，他認為市場經常失效，他發現市場在短期內是有效的，但在較長期內的有效性不夠持久，對「市場萬能」持質疑態度。席勒的研究挑戰了當時占據統治地位的「效率市場假說」，認為：既然股票價格是由預期的紅利決定的，那麼股票價格的波動也應該能夠用預期紅利的波動來解釋；但事實是，股票市場的實際波動遠大於理性預期模型所能解釋的部分。

席勒及其他行為財務金融學家隨後的研究，借鑒了行為經濟學的一些研究成果，從行為、心理的角度來研究投資者的非理性行為，如羊群效應、過度自信等。與此同時，席勒的研究還表明，長期內資產價格在一定程度上是可以預測的：「股價股息比」過高時資產價格會下跌，過低時資產價格會上升。或許正因經濟學中假設經濟個體具備理性特質太過「理想」，故得到的分析框架過於完美卻不符合現實情況，才促使席勒另闢蹊徑，建構屬於自己的經濟理論。

耶魯大學金融經濟學教授陳志武指出，席勒的興趣一如既往，就是要強化對人的行為的理解，認清人的行為偏差、短視偏見、自滿自大、蠻橫盲從、非理性情緒對市場和世界可能帶來的影響，也正是由於他的冷靜理性，他錯過了幾乎所有的股市機會，也沒趕上任何房地產泡沫。

上海交通大學上海高級金融學院副院長朱寧教授回憶，在二〇〇〇年前後進入耶魯大學求學時，席勒已經接近六十歲，但他依然對各種經濟現象保持著強烈的好奇心和求知慾，也鼓勵和教育學生自己找尋答案，而非從現成理論來看待問題，同時注重將經濟學理論研究與政策和社會相結合，亦經常參與世界經濟論壇、政府機關和商業機構的活動，把研究以通俗化、大眾化的方式呈現，所撰寫的《非理性繁榮》（*Irrational Exuberance*）、《次貸解方》（*The Subprime Solution*）和《動物本能》（*Animal Spirits*）等通俗讀物在全球廣為流傳。第一本書準確預言網路泡沫化，第二本書準確預言次貸風暴。二〇一二年他又把在耶魯大學講授二十五年的金融課程講義通俗化出版。全書主要有兩部，第一部談各安其位、各司其職的分工合作，第二部剖析金融世界的承諾與失落。席勒解說金融歷史的演化，將從事金融業務的各個角色清楚描述，並對金融世界的承諾與失落提出檢討與反省。席勒表示，要讓社會繼續前進，最好的方式並非限制金融創新，而是開放創新。他強調，金融危機提醒了我們，金融創新必須朝扮演社會資產管理人的方向前進，金融創新的最佳方式是，建立、遵守金融業各種專業人士的最佳實務，藉此將優良的道德融入華爾街文化。

主要貢獻

席勒在經濟學的研究範疇遍及金融市場、行為經濟學、總體經濟學、不動產、統計方法，以及市場公眾態度、意見與道德評判等，同時也是行為財務金融學領域的奠基者之一。有別於傳統財務金融學研究中假設經濟個體均為理性，在行為財務金融學中的研究則偏重於從人們的心理、行為出發，來研究和解釋現實金融市場中的現象。此外，席勒著作頗豐，除了在各種經濟學與財務金融學權威雜誌上發表的大量學術論文外，亦有許多專著問世。在他一九八九年撰寫的《市場波動》（*Market Volatility*，麻省理工學院出版社出版）一書中，席勒對投機市場的價格波動作了數學分析和行為分析；而在其一九九三年寫的《總體市場：建立管理社會最大經濟風險的機制》（*Macro Markets: Creating Institutions for Managing Society's Largest Economic Risks*，由劍橋大學出版社出版）中則提出了多種新的風險管理契約，如國民收入與不動產期貨契約，引領了一場適應現代人生活水平的風險管理領域的新的革命。

值得一提的是，席勒是標準普爾／凱斯－席勒住房價格指數（Standard & Poor's/Case-Shiller Home Price Index）的創建者之一，該指數可以反映不同地區美國房屋價格，包括全美房屋價格指數、二十個城市綜合指數和十個城市綜合指數等。席勒得獎當時表示，他當時正與喬治・艾克羅夫（George Akerlof，二〇〇一年諾貝爾經濟學獎得主之一）合寫一本書，題為《釣傻瓜》（*Phishing for Phools*），內容是關於經濟中的操縱和欺詐行為。

反思與啓示

二〇一三年的三位得獎人普遍被認為是「實至名歸」，在學術領域上研究成果傑出，對於實務上也有高度應用價值，席勒更是一位非常入世的學者，對於泡沫經濟都適時提出警語。不過，我們還是覺得諾貝爾獎這種崇高的獎項頒給財務金融學者，以及對於財務工程技術的高度肯定是否得當，是值得商榷的。

在一九九〇年諾貝爾經濟學獎頒給三位財務金融學者時，筆者之一就曾經提出兩點質疑，一是將助長投資理財風氣，對工業發展和經濟發展不利；二是將助長時髦學風，終而墜入海耶克（**F. A. Hayek, 1899-1992**，一九七四年諾貝爾經濟學獎得主之一）所憂慮的狀況，甚至更嚴重的將對人類福祉造成不利。

關於第一點的質疑，乃因金融性財經服務實為輔助工業發展而存在，主要的目的在扮演資金融通的橋梁。但由理財業務的發展觀之，似乎有走向偏差的現象。為什麼會有偏差？因為理財有極大的財富重分配效果，這種效果吸引了個人投入資源，但社會大眾沒有得到好處，因為實質生產力將下降。多年前，就有人將美國經濟競爭力的衰退歸因於MBA畢業生過分熱中於理財的遊戲；而臺灣一九八〇年代中期開始的金錢遊戲風波，也可視為理財行為在財經政策失誤下推波助瀾的結果。因此，除非有著健全的投資理財環境，能夠充分反映出各種資產投資方式應有的風險，否則財務學的蓬勃發展以致理財人才的增多，對於社會是禍是福，恐怕需要加以嚴謹評估。如今在諾貝爾獎給予財務學肯定下，是否會促成一窩蜂的熱烈參與，則是值得觀察的。

至於第二點質疑，乃因若以經濟學是研究人的行為定義，其所涵蓋的範圍甚廣；若只專對某些專門領域予以肯定，是否過於偏狹，似乎是諾貝爾獎這種具崇高聲望意義的獎項所應加考量的。以財務學者言，他們已是社會中的高所得族群，諾貝爾獎的獎金金額已是不少，聲望的提升更大，而該年得獎者有的已是私人公司的負責人，難免會有幫其業務促銷之功用。

關於海耶克的疑慮，見之於他在接受諾貝爾獎晚宴席上的簡短講詞。在簡短發言中，海耶克提出兩點疑慮：一為擔心諾貝爾獎將助長時髦學風；二為經濟學者影響層面甚廣，誰都不應有資格取得權威的標籤，否則由於得獎之後所引發的膨脹，勢將有害於社會。海耶克本人因其在不合時潮時獲獎，故免去第一點憂慮，但由一九九〇年的頒獎對象來看，如上文所言，恐怕這點疑慮仍無法去除。至於第二點憂慮，的確一直存在，由迄一九九〇年三十位得獎者的背景觀之，除了海耶克、弗利曼（**M. Friedman, 1912-2006**，一九七六年諾貝爾經濟學獎得主）、布坎南（**J. M. Buchanan**，一九六八年諾貝爾經濟學獎得主）屬於高層次的人文思想家外，其餘都只在各自專業領域內學有專精，較偏於技術和工具的專家，令人擔心由於諾貝爾經濟學獎的存在，使經濟學脫離人文層面愈來愈遠，而由一九九〇年的選取結果，似乎有使此種趨勢加快腳步的感覺。這種發展對於經濟學本身，以及他所關心的對象——「人」而言，到底是福，抑或是禍呢？

一九九〇年十月筆者將此觀點披露之後，曾引來財金學者的反駁，但隨後衍生性金融的愈見蓬勃發展，投機風氣愈來愈興盛，金融風暴三不五時來到人間，而且一次比一次嚴重，二〇〇八年竟出現金融海嘯，凸顯出筆者在一九九〇年底就提出的憂慮並非杞人憂天呢！

當一九九七年諾貝爾經濟學獎再頒給二位財務學者，筆者之一再度評論指出，有些評論將一九九〇年財務學者首次獲得諾貝爾經濟學獎，以及一九九七年再度頒獎給一脈相承的財務學者，正顯示財務經濟學的重要性有增無減。這門學問不僅在理論上有重大突破，而且具高度的實用性，不但為金融體系注入新生命，且為社會國家創造可觀的就業與財富，是經濟學各領域中

「後來居上」的顯學。而且過去傑出的經濟學家是「學而優則仕」，現今卻是「學而優則商」。這兩屆得獎的傑出財務學者都把理論運用在金融市場，並根據理論進行交易，從中獲得可觀的利益。一九九七年兩位得獎者合組「長期資本管理公司」，廣邀麻省理工學院等名校學者加盟，而一九九〇年獲獎的三位財務學者也開設財務顧問公司，真正顯現了「書中自有黃金屋」的古諺。

不過，固然這些獲獎的財務學者在其領域有傑出的表現和貢獻，但以諾貝爾獎表彰是否不太合適，而且難免會有助長他們公司業務之嫌。何況衍生性金融已夠蓬勃發展，何須以這種崇高的獎項來錦上添花，甚至助長技術型的時髦學風呢？一九九八年當亞洲金融風暴熾熱時，該兩位諾貝爾獎得主的長期資本管理公司竟面臨倒閉危機，還引起不少議論，也使得諾貝爾經濟學獎蒙上一層灰塵。而二〇〇八年下半年全球淹沒於金融海嘯中，禍源就是衍生性金融。回歸傳統無趣的金融體系和緊守貨幣為交易媒介，只承認狹義貨幣，金融機構只擔任資金橋梁角色，更是沉痛的呼籲呢！

時隔六年，二〇一三年諾貝爾經濟學獎再頒給財務金融學者，雖有些許警世作用，但筆者的前兩次評論是否仍適用，值得世間人嚴肅、認真思考！

（本文與鄭睿合合撰）

2014

馴服大企業的學者
狄佛勒

狄佛勒

臺北時間二〇一四年十月十三日晚揭曉該年諾貝爾經濟學獎得主，出人意外的由法國經濟學家狄佛勒（Jean Tirole）獨得。之所以說意外，因為事前被看好的學者落選了。

這位原先最受矚目、得獎呼聲最高的候選人也是法國經濟學家，名叫湯瑪斯．皮凱提（Thomas Piketty），他在二〇一四年出版了一本七百頁的磚頭鉅著《二十一世紀資本論》（*Capital in Twenty-First Century*）。在二〇〇八年諾貝爾經濟學獎得主克魯曼（P. Krugman）等人和一些主流媒體吹捧下，該鉅著竟然進入《紐約時報》和亞馬遜網路書店的暢銷榜，在全球也引起轟動。

皮凱提根據三百年的具體數據，提出兩個重要論點：一是除非有大規模戰爭和政府的介入，資本的年報酬率約是百分之四至百分之五，而經濟年成長率僅百分之一點五左右；二是如果一直維持「資本的年報酬率大於經濟成長率」，貧富差距將會持續擴大，使富者愈富而貧者愈貧。這也成為「占領華爾街」運動的觸媒。皮凱提建議對富人以「課百分之八十重稅」的方式來消弭所得分配不均。此種做法等於要消滅私產，因而皮凱提被視為馬克斯（Karl Max, 1818-1883）隔代傳人。

在得知不是皮凱提獲二〇一四年諾貝爾經濟學獎時，相信有不少人鬆了一口氣，因為共產主義的幽靈幸而不會堂而皇之出現，而課重稅、政府專制力膨脹以劫富濟貧促進「經濟公平」的手段，也暫時不至於來到。那麼，狄佛勒為何能讓諾貝爾獎委員會青睞，也就格外令人好奇。瑞典皇家科學院稱狄佛勒為「我們這個時代最有影響力的一名科學家」，認為他最卓著的貢獻是釐清「如何理解與規範由一些強大企業把持的產業」，而且「對於相關市場失靈的研究注入了新生命，他的理論強烈影響了政府如何處理企業併購與聯合，以及應該如何管制壟斷產業。」

看來狄佛勒的獲獎應是實至名歸，在較詳細介紹狄佛勒的學術貢獻及評論其學說之前，先來認識狄佛勒。

狄佛勒側寫

狄佛勒於一九五三年八月九日在法國的特魯尼（Troyes）出生，該小鎮位於巴黎的東部和勃干第（Burgundy）的北部。特魯尼曾是中世紀錢配尼（Champagne）的首都，是個貿易重鎮，且富有文化傳統。狄佛勒的父親是婦產科醫生，於一九九二年去世，母親仍健在，在特魯尼的高中教法語、拉丁語和希臘文。雙親教導他知識的價值，而狄佛勒從小就表現出異於常人的觀察力和分析能力。

一九七六年，狄佛勒以第一名的成績畢業於素有法國科學家搖籃之稱的法國理工學院，獲得工程學位；之後，狄佛勒進入法國兩所超級國立大學之一的巴黎第九大學，攻讀數學，一九七八年獲得決策應用數學博士；由於對經濟學產生興趣，狄佛勒毅然前往經濟學聖地美國麻省理工學院（MIT），只花了三年就在一九八一年得到經濟學博士學位。

狄佛勒兼具法國學者的人文氣質和美國學者的探索精神，加上深厚的數學底子，很快便顯露出卓越的經濟學天賦和模型構造能力，被稱譽為「腦子裡好像隨時可以冒出一個經濟模型來」。在麻省理工學院，狄佛勒師從賽局理論大師、二〇〇七年諾貝爾經濟學獎得主之一馬斯金（Eric S. Maskin）。二十世紀八十年代，狄佛勒就像一匹黑馬闖入學術界，當時大型壟斷企業湧現，產業組織理論開始嶄露頭角，狄佛勒也一頭栽入市場壟斷問題的研究。對狄佛勒的才華，連馬斯金都心生「嫉妒」的說：「真不敢相信狄佛勒懂那麼多東西，真希望他沒有生下來過！」

一九八四年迄今，狄佛勒擔任《經濟計量學刊》（*Econometrica*）副主編；一九八八年狄佛勒從美國返回法國，和已故的著名經濟學家讓・雅克・拉豐（Jean-Jacques Laffont）教授一起創辦了享譽全球的法國企業經濟研究院（IDEI），擔任科研主任。他為法國乃至整個歐洲的經濟學的振興貢獻良多，而如今IDEI已經成為經濟學界公認的世界第一的產業經濟學研究中心，也是歐洲的經濟學學術研究中心。

一九九一到一九九八年，狄佛勒確立了在經濟學領域中的領導地位，其間先後發表了〈對策論〉、〈經濟組織中的串謀問題〉、〈不完全契約理論〉等重要論文。二〇〇〇年，狄佛勒的論文〈金融危機、流動性與國際貨幣體制〉在國際金融界引起極大回響。

由於狄佛勒有著開創性的貢獻，他在一九九三年榮獲歐洲經濟學會的簡森（Yrjö Jahnsson）獎；一九九八年狄佛勒被推為世界經濟計量學會主席，二〇〇一年當選為歐洲經濟學會主席，並成為美國科學院外籍榮譽院士和美國經濟學會外籍榮譽會員。一九九〇年到二〇〇〇年間，狄佛勒在全球經濟學家排名第二，是世界著名的經濟學大師。

狄佛勒和拉豐不只有著相同的學術興趣，還都有一顆難捨故土的赤子之心。一九八八年，拉豐獲得哈佛大學博士學位之後，毅然放棄留校任教的機會，為重振法國經濟學義無反顧回到家鄉土魯斯大學，同年，狄佛勒也放棄了麻省理工學院的優渥條件，返回土魯斯大學，和拉豐在一九九一年創辦了IDEI。兩人被稱為土魯斯大學的兩大「鎮殿之寶」，他們所帶領的團隊被稱為「土魯斯學派」，遺憾的是，拉豐於二〇〇四年因肺癌去世，於是狄佛勒自此獨自撐起研究所的發展。

狄佛勒的學術成就與貢獻

狄佛勒的研究領域在於個體經濟學、產業組織和賽局（或博弈）理論，但他對經濟學的所有重要領域都有涉獵，用「天才」稱呼都不為過，彷佛專為經濟學而生。狄佛勒具有非凡的概括與綜合能力，藉助紮實的數學功底，總是能夠把經濟學的任何一個領域中最為本質的規律和最重要的成果，以最為簡潔的經濟學模型和語言表達出來，並整理成一個系統的理論架構。迄二〇一四年，狄佛勒已發表了三百多篇高水準論文、十一本專著，內容涉及經濟學的所有重要領域。

狄佛勒在一九八一年二十八歲時獲經濟學博士，一年之後的一九八二年，他就在最權威的《經濟計量學刊》（*Econometrica*）發表了〈理性預期下投機行為的可能性〉，一九八五年又發表〈資產泡沫和世代交疊模型〉論文，這兩篇論文確立了狄佛勒在總體經濟學領域的權威地位。

一九九三年，狄佛勒和拉豐合撰的《政府採購與管制下的誘因理論》（*A Theory of Incentives in Procurement and Regulation*）一書，被認為是西方管制經濟學的聖經。二〇〇〇年，兩人又合著《電信競爭》（*Competition in Telecommunications*），在書中，兩人想方設法馴服獨占企業，利用賽局理論和資訊經濟學，從委託人（政府）的角度，設計了精巧的誘因激勵機制，以保證企業在規模效應的同時，還能維持市場的競爭性，避免獨占型企業向消費者索取更高利潤。他們的理論為新興經濟體政府提供了監管市場的方法，也為研究企業內部激勵和管理做出大貢獻。

由於狄佛勒熟悉賽局理論，他將賽局理論和資訊經濟學的基本方法應用於產業組織理論，用其分析並解決產業結構調整中出現的許多新問題。經過三年的潛心研究，狄佛勒在一九八八年寫成《產業組織理論》（*The Theory of Industrial Organization*）這一本重要的書，提出一個全新的理論框架，將焦點從傳統的市場結構研究轉向市場行為和監管研究。一九八〇年代前後，隨著大型製造業公司的湧現，當時傳統的經濟理論已經不能解釋壟斷獨占或不完全競爭的問題。狄佛勒指出，現代大公司可通過許多非市場的制度安排，如內部整合、組織結構調整等來解決問題，而不依靠市場。這本書有著顯而易見的前瞻性，二十多年來一直是全球著名大學研究生的權威教材。

在狄佛勒之前，研究人員和政策制定者尋求適合所有行業的統一監管法則。他們倡導簡單的政策規則，例如：為寡頭公司設定價格上限、禁止競爭者之間串通，但允許企業鏈上位置不同的公司進行合作。狄佛勒的理論顯示，這些監管規則或在特定狀況下有效果，但在其他情況下則弊大於利，壟斷獨占企業對價格形成串謀通常有害，但專利上進行合作卻能造福所有人。一家公司和其他供應商合作可以鼓勵創新，但也會扭曲競爭。因此，最佳的監管或競爭政策應該審慎地適應各個行業特定的狀況。在一系列的文章和著述中，狄佛勒闡述了設計這類政策的基本架構，以及如何讓其適應於一系列的行業，其範圍從電信業直至銀行業等。藉助這些新理念，政府可以更好地鼓勵強大的公司變得更具創造力，同時又能防範它們傷害競爭和客戶。

正如諾貝爾經濟學獎委員會指出的：「一九八〇年代中期以來，狄佛勒向該類市場失靈的學術研究中注入了新生命。」狄佛勒引入新的科學模型，利用賽局理論和契約理論，設計了一套巧妙的制度安排，彌補了監管者資訊不對稱的劣勢。諾貝爾經濟學獎委員會祕書長波森（**Torsten Persson**）說：「狄佛勒的研究主要針對一個非常重要的現象，亦即由一些非常強大的公司主導的市場。如何理解寡頭壟斷的運作原理，以及在資訊不對稱下進行監督，這兩大問題是讓這類市場運行的最重要問題。」

監管者和獨占企業之前的合作模式是你報價我來猜，現在則是你報價我也不猜了，就這個區間，就這麼多收益，咱倆都知根知底，你就甭騙我了。監管者與企業不再進行定價合作，而是由監管者指定一個收益區間（如百分之十利潤率）。在穩定的利潤和成本造假被處罰這兩者間，理性的企業不再有動力虛報高價，而傾向於接受新的合作價。這種特殊的誘因機制，使得獨占企業更願意揭示真實的成本資訊。進一步，如果讓獨占企業有動力降低成本，還可以制定一個更一般的直線性分成價格，使得獨占企業可以從降低成本中分享一部分利潤，這就可以減輕獨占企業的低效率問題。

狄佛勒理論的最大意義在於放寬了傳統管制經濟學的假設條件，充分考慮了資訊不對稱的問題，使得理論更貼近現實。

據了解，狄佛勒和拉豐不僅在理論上建立了新管制經濟學的分析架構，並將其成功運用到法國電信和電力等獨占行業的管制改革中。一九九九年起，狄佛勒和拉豐應邀擔任微軟公司的顧問，他倆的研究報告為微軟公司贏得反壟斷案訴訟的勝利，提供了科學的依據和權威的支持。二〇〇〇年，作為對十幾年獨占行業管制理論與政策研究的總結，他倆合著的《電信競爭》為電信及網絡產業的競爭與管制問題的分析和政策的制定，提供了一個最為權威的理論依據。

狄佛勒的理論也在中國受到重視，二〇〇一年，中國的人民郵電出版社將《電信競爭》譯成中文出版，由時任信息產業部部長吳基傳作序，表示「過去二十年全球的電信改革引起各國學術界的濃厚興趣，出現了一批有價值的成果，值得中國在未來的改革實踐中認真借鑒。《電信競爭》儘管主要是基於英、美等國家改革實踐而撰寫的一部著作，但書中關於電信管制、市場開放、定價、網間互聯和普遍服務等問題的分析和見解無疑對我們有所參考。」

狄佛勒獲獎的回響與啓示

當狄佛勒被宣布獲獎，「動搖了美國在這一獎項上的壟斷地位」是很響亮的聲音，畢竟過去十年，共有二十人獲得諾貝爾經濟學獎，其中十八人來自美國，美聯社就指出，「自一九九九年以來首次沒有美國人獲得諾貝爾經濟學獎」。狄佛勒成為繼一九八八年阿雷（Maurice Allais, 1911-2010）之後，第二位獲得諾貝爾經濟學獎的法國人。狄佛勒受訪時表示：「我感到很驕傲。當然，這同樣需要天時、地利、人和。」他也表示拉豐應該和他共享榮耀。

雖然狄佛勒的成就值得獲獎，但如今正當法國經濟深陷福利主義文化、持續兩位數的失業率、社會保障基金難以為繼、公共財政已有重蹈希臘覆轍的可能時，諾貝爾經濟學獎出人預料地授予一位法國經濟學家。無論狄佛勒在賽局理論、誘因激勵理論及其應用領域有多大貢獻，他卻被認為是直接或間接地「幫助」法國政府將經濟搞得如此糟糕的經濟學家，其獲諾貝爾經濟學獎難免會受到嘲諷、質疑。

狄佛勒的研究如瑞典皇家學院所言，係協助決策者了解如何「馴服」支配鐵路、公路、電信等一度為公營壟斷產業的優勢大企業。也就是說，狄佛勒的研究在幫政府「設計」如何處理企業併購與聯合，以及該如何管制壟斷獨占企業。這些其實都是老調，關於獨占，早已認為「自然獨占」不是問題，由政府經營或保護的「人為獨占」才是問題，恰恰是政府挪開黑手讓市場自由運作才是正辦。

至於資訊不對稱等所謂的「市場失靈」，由政府來校正卻在「政府失靈」更為嚴重下，其結果更糟糕；而官僚腐敗，政府失能、官商勾結、貪汙舞弊、五鬼搬運正是當今世界的寫照，怎能再由政府擔任監督馴服等角色呢？二〇一三年過世的一九九一年諾貝爾經濟學獎得主寇斯（R. H.

Coase, 1910-2013），早已對此課題作了清楚解析，也以「黑板經濟學」稱呼這種研究，更反對以之作為政府政策之基礎，沒想到諾貝爾經濟學獎卻開倒車。

不過，也有論者認為狄佛勒的獲獎對全球經濟有以下五點啟示與思考：

第一，相信自由市場與經濟：根據皮優的全球態度調查，開發中國家比已開發國家更樂觀，大多數人相信自由市場經濟是最好的，該項調查對四十四個國家做了分析，相信自由市場是最好的比率，從高到低排序：南韓（78%）、中國（76%）、印度（72%）、美國（70%）、法國（60%）、日本（47%）、西班牙（45%）、墨西哥（44%）。

第二，對國營企業改革有重要意義：瑞典皇家科學院說，許多行業都由少數大型企業或單一獨占者控制。如果不受監管，這類市場經常產生不良後果，實際價格高於由成本推動的價格，或者效率差的企業通過禁止更有效率的新企業進入市場而存活。狄佛勒的經濟理論給我們帶來很多深刻的思考。

第三，監管與金融危機：狄佛勒認為，監管失敗或許導致金融危機，他曾受訪表示，二〇〇八年全球金融危機主要源於監管失敗。他說一些經濟學家無限相信市場效率，這一觀點已落後時代三十年，而當政府試圖確定最佳的監管程度時，狄佛勒的研究會特別適用，特別是二〇〇八年全球金融危機之後對銀行的監督。

第四，公司治理與全球發展：狄佛勒獲獎的主因之一是如何治理大公司的研究。如今各個國家許多公司已發展成為大規模、跨國遍布許多國家，或許可借鑒狄佛勒的理論來治理。

第五，產業組織理論與市場活力：狄佛勒的代表作是產業組織理論，他把賽局理論和資訊經濟學基本方法與分析架構引入，打破過去傳統產業理論的單向靜態研究架構，通過內部整合與組織結構調整安排來解決問題，引入了更多市場活力，其研究特點包括了市場自由、大公司治理、產業組織理論、監管與金融危機等，這些都值得我們仔細深入思考與學習。

2015

著力「脫貧」研究的學者
安格斯・迪頓

迪頓

二〇一五年十月十二日，瑞典皇家科學院發布該年諾貝爾經濟學獎得主，由在消費、貧窮與福祉方面的分析有成果，並重新界定貧窮定義的美國普林頓大學教授安格斯・迪頓（Angus Deaton）獨得。他的研究被認為「對人類福祉具有深遠的重要性、有助於翻轉現代個體經濟學、總體經濟學和發展經濟學等領域。」在低薪、貧富極端不均，以及貧窮問題再度成為全球熱門課題的此時，迪頓的獲獎另有一番意義，論者且以「為冰冷的數字添增社福關懷」稱之。

瑞典皇家科學院在頌詞中指出：「為制定增進福祉與減少貧窮的經濟政策，首先必須了解個體的消費選擇，在這方面，迪頓比任何人做得更多。……迪頓對世界經濟進程抱持樂觀態度，在二〇一三年著作《財富大逃亡》（*The Great Escape*）中，迪頓提到人類整體福利隨時間提升許多，特別是在壽命與繁榮方面。」為何迪頓會有如此樂觀的看法？讓我們從迪頓的生平談起。

迪頓小傳

一九四五年十月十九日，迪頓出生於英格蘭的愛丁堡（Edinburgh, Scotland），他的父親是工程師，是在經歷一番脫逃困頓的奮戰過程之後才得到的。為了確保迪頓能過得比他好，就設法說服學校老師，在課堂之外的時間額外教導迪頓，讓迪頓通過一所頗富盛名的愛丁堡公學（其實就是私立學校）獎學金考試。那一年只有兩名學生獲得獎學金，迪頓是其中之一，當時每年的學費比他父親的薪水還高。之後，迪頓赴劍橋大學（University of Cambridge）就讀，成為數學系學生，獲得學士、碩士、博士學位，一九七五年寫的博士論文題目是〈消費者需求模型及其對英國的應用〉（Models of Consumer Demand and Their Application to the United Kingdom）。迪頓也就在劍橋大學應用經濟學系與李察・史東（Richard Stone, 1913-1991，一九八四年諾貝爾經濟學獎得主）一起做研究。

一九七六年，迪頓赴布里斯托大學（University of Bristol）擔任經濟計量學教授，在這期間，他完成了他的最有影響力著作的重要部分。一九七八年，迪頓獲得國際性「經濟計量學會」（Econometric Society）首屆佛里茲獎（Frisch Medal），該獎每兩年頒給過去五年在《經濟計量學刊》（*Econometrica*）發表應用性論文的學者。一九八〇年，迪頓和穆鮑爾（John Muellbauer）博士合撰在《美國經濟評論》（*The American Economic Review*）發表一篇非常重要的文章，該文是這本最富盛名的*AER*學術期刊百年來排名前二十篇最有影響力文章之一。

一九八三年，迪頓離開布里斯托大學，到美國普林斯頓大學威爾遜公共與國際事務學院和經濟學系擔任艾森豪講座教授，他擁有英國和美國雙重國籍。迪頓是經濟計量學會、英國研究院（BA），以及美國人文藝術和科學研究院院士；二〇〇七年被選為美國經濟學會（American Economic Association）會長；二〇一一年獲頒BBVA基金會的知識新領域獎；二〇一四年四月獲選為美國哲學學會會員；二〇一五年四月，迪頓又被選為美國國家科學院院士。迪頓也獲得羅馬大學等多間大學的榮譽學位。二〇一五年，迪頓獨得諾貝爾經濟學獎桂冠。迪頓的主要著作包括《經濟學與消費者行為》、《了解消費》、《家庭調查分析：發展政策的個體經濟方法》、《偉大的印度貧困辯論》。

迪頓有個妹妹就讀蘇格蘭大學，後來當學校老師，在十多位堂兄弟姐妹中，只有他們兄妹唸了大學，而他們前一代長輩沒有人上過大學。迪頓的太太安妮·凱斯（Anne Case），也是教授，夫婦倆喜歡歌劇和釣魚。迪頓有兩個孩子，女兒是芝加哥一家有名的財務規劃公司的合夥人，兒子是紐約一家成功的對沖基金公司的合夥人，姐弟倆都在普林斯頓大學接受豐富多元的教育，相較於迪頓在劍橋就讀時枯燥、狹隘的求學經驗，他們所接受的教育更有深度、機會更多，教學品質也更好。迪頓說他兩個孩子擁有的生活水準都超乎他父親的想像，迪頓慶幸他的父親活得夠久，還能欣慰地看到兒孫過得有多幸福，這是他的故鄉約克夏煤礦區工作者遙不可及的幻想。

迪頓的思想觀念及其研究成果和貢獻

迪頓的研究領域為個體經濟學，主要包括消費與收入、家庭行為、經濟發展與價格波動，主張由個人消費選擇，進而推估至整體經濟。

綜合迪頓的學術貢獻表現於三大項：

一是關於家庭行為的研究

迪頓關於家庭行為的研究，主要集中在家庭和個人的需求、消費以及儲蓄等方面。其代表性著作是和穆鮑爾（J. Muellbauer）合著的《經濟學與消費者行為》（*Economics and Consumer Behavior*）。他倆在書中對消費者行為的研究範式和相關問題，進行了比較全面的綜述，闡述了有關消費者行為的經濟理論以及在經濟分析中的作用，對模型的構建和實證檢驗都力求做出合理的解釋。通過引入現代消費行為經濟學研究中的對偶理論，著重討論了這一理論在福利經濟學和計量分析中的應用。之後，他們又在《美國經濟評論》上發表一篇名為〈近乎完美的需求系統〉（An Almost Ideal Demand System）的論文。二〇一一年該文入選一九七〇年以來《美國經濟評論》最頂級的二十篇論文之一。在這篇論文中，他們根據史東（Stone）的消費需求理論，利用鹿特丹（Rotterdam）支出模型與對數轉換模型（translog model）的函數逼近方法，提出了一個幾近完美的需求系統（Alomost Ideal Demand System, AIDS）。這個模型除了具有鹿特丹模型與對數轉換模型的一般特性外，還非常接近直線性，比較容易估計與預算；它可以對任意的需求系統給出一個近似，具有與已知家庭預算數據相一致的函數形式，能夠較好地滿足消費者選擇公理。AIDS為衡量消費者對價格和收入的反應提供了一個工具，因此被廣泛應用於經濟分析中，如用來解釋福利經濟學、政府購買的消費效應、各種政策制定及影響等，具有較強的實用性和政策導向性。後來這一系統被稱為迪頓－穆鮑爾系統，目前該系統已經成為消費者需求實證分析的標準。

迪頓對儲蓄行為的研究也頗有成就，AIDS這個近乎完美的結果告訴我們在不同商品之間，一個具有代表性的消費者會如何取捨，接著需要回答的是，在消費與儲蓄之間又是該如何抉擇？儲蓄是所得扣掉消費的剩餘，而儲蓄既可作未來的消費之用也可供作未來的投資，當然也影響未來的所得和財富。迪頓在這方面的研究之前，大多數的總體經濟學家以總數值來解釋為什麼社會消費變動趨勢小於收入變動趨勢，其中最著名的是一九七六年諾貝爾經濟學獎得主弗利曼（M. Friedman, 1912-2006）的「恆常所得假說」（permanent income hypothesis），該理論假設消費者認為暫時所得是一時的或意外的所得，不會作消費之用，任何暫時增加的所得都會儲蓄起來，而暫時減少的所得則會以過去的儲蓄來彌補、來維持消費於「經常的水準」，所以消費是決定於「恆常所得」。換言之，人會未雨綢繆，在收入多時，會存一些錢來面對未來的所得下降的風險。恆常所得不等於當期所得，而一般人會把某一固定比例的恆常所得用在消費上。

迪頓卻認為，若按恆常所得假說的想法，假設整體經濟突然成長帶動了個人所得的持續增加，那麼一個理性的消費者為了讓消費呈現平穩的狀態，應該會有「寅吃卯糧」的行為，比如年終行情看俏，還沒領到出手就先闊起來，而在下幾期所得增加之前就會提高消費水準才對，而此時會造成從總體經濟數據上看起來消費的變化幅度會大於所得變化的幅度。這是個可能的情況，但在總體經濟數據上看來卻不是這麼回事。這個問題被稱為「迪頓矛盾」（Deaton Paradox）。因此，迪頓認為應該要小心使用總體數據，當平均總體所得數據上升時，並非代表在這個經濟體的每一個「個人」的所得都提高了，很有可能是某一群人的所得上升了，但同時也很有可能另一群人的所得下降了，只是整體加總所得下降的幅度不如上升的幅度，因而讓人誤以為所有人的所得都提高了。因此，如果我們抓了一個「平均的消費者」來觀察經濟體的變化，很可能就會錯失重要的資訊。迪頓於是提醒我們，應該要注重個體資料的分析，才能真正找出在總體資料找不到的問題與原因。

二是關於經濟發展和價格波動的研究

迪頓於一九八〇年代逐漸將其研究方向轉到經濟發展問題上，並利用家庭調查數據解釋各種發展政策問題。在普林斯頓大學執教期間，他加入普林斯頓大學發展問題研究項目（the Research Program in Development Studies），並建立了一個對發展問題感興趣的團隊，使得普林斯頓成為研究發展問題的重鎮之一。通過在世界銀行的工作，迪頓促成了生活標準測度調查（Living Standards Measurement Surveys）的設計，從而取得很多國家的家庭調查數據。迪頓利用這些數據以及其他數據開展了很多有影響的研究，比如在男孩女孩之間進行資源分配時的家庭內部歧視，估計需求價格彈性時質量和數量效應的差異，以及規模經濟和食品消費等。他在一九九七年出版的《家庭調查分析：發展政策的個體計量方法》一書中比較系統地介紹了家庭調查數據的分析方法，包括家庭調查的構建、適用的經濟計量分析工具，以及由此引出的一系列發展政策問題。迪頓指出，家庭調查不僅能夠提供各種受政策影響的經濟變數信息如價格，而且是一個研究相關經濟行為和經濟政策的數據源。他利用這種家庭調查研究方法，分析了象牙海岸、印度、巴基斯坦、泰國和臺灣等幾個開發中國家和地區的政策性問題。迪頓認為家庭調查數據的數量和有效性在逐步提高，這些調查不僅提供了家庭收入和支出數據，還提供了關於健康度量，特別是人體測量學（anthropometrics）、嬰幼兒死亡率，以及福祉和情感經驗的自我報告數據。同時，經濟發展的概念也從單一的真實收入增長，擴展到包括健康福祉等方面。經濟發展因涉及到對低收入經濟體和生活在低收入經濟體中人群的研究，使得它不同於大多數經濟學研究領域。經濟發展研究的特殊性可能使它更接近於勞動經濟學或者健康經濟學的研究領域。

此外，迪頓對大宗商品的價格波動以及它對主要生產國的影響也比較關注。他與拉羅克（G. Laroque）一九九二年曾在〈商品價格行為的研究〉一文中分析了商品價格的理論和經驗行為，指出商品的價格是極其不穩定的。並利用標準的理性預期競爭性存儲模型（the standard rational expectations competitive storage model），解釋了商品價格的偏度（skewness）、價格的劇烈波動，以及多數情況下表現出的價格自我相關。他們又在幾篇合作論文中檢視了商品價格投機性存儲標準模型（the standard model of speculative storage for commodity prices），認為全球大宗商品價格對世界上許多最貧窮國家（主要是、但不僅限於非洲）的經濟具有很深遠的影響，因此對價格行為的更深入理解，會有利於很多貧窮國家的總體經濟管理。雖然一九九二年的文章已經成為理論並對相關研究產生了重大影響，但後續的研究顯示，該理論並不能很好的解讀實際數據。迪頓對購買力平價（PPP）一直保持較濃厚的興趣，他在一九九五年曾質疑利用世界銀行提出的購買力平價換算的中國和印度的GDP，按世銀The Penn World Table Mark 五換算的一九八五年中國人均GDP是同期印度的二點七一倍；而按世銀The Penn World Table Mark 四換算得到的卻變為三點二六倍。

三是關於貧困、健康以及福祉問題的研究

迪頓在前期主要是對收入、儲蓄、價格等個體經濟現象進行計量分析，後期的研究則集中在貧困、影響健康的決定因素、福祉等方面。

從一九八〇年代中期開始，迪頓在關切經濟發展問題外，還致力於貧困度量問題的研究，尤其對如何調整基於空間價格差異的標準收入，以及購買力平價（PPP）匯率對全球貧困和不平等的影響。針對貧困人口大幅增加，迪頓認為，是由於全球貧困線的不恰當造成的。迪頓還對印度的貧困問題做了專門研究，挪威商學院經濟學副教授艾瑪斯（Ingvild Almas）指出，拜迪頓等人的研究所賜，印度政府改變評估貧窮指數的計算方式，並且影響降低貧窮的相關政策。艾瑪斯說：「迪頓發現印度郊區的貧窮人數，比原來想像的還要多，這影響當局對窮人的補助系統，讓他們得以購買必需品，先前未被列為貧戶者，現在可受惠於這些政策，這全直接歸功於迪頓的研究。」

迪頓對健康問題的研究已經動搖了一些傳統觀點，比如他提出了一個很有說服力的證據證明了「不平等不會對健康造成危害」。在很多福利經濟學中，收入是衡量個人福利的重要指標，而健康不只可以作為衡量生活質量的指標，還是自身福利的主要因素。健康能促進幸福，收入也能

提升幸福。一般認為，居民的健康狀態與收入是相關的，但實驗證明，這種相關性遠非完美。迪頓在一九九九年對收入不平等和健康進行研究，發現收入不平等並不會影響健康，但隨收入不平等的擴大，個人收入的提高對降低死亡率的作用愈來愈明顯。不過，這不意味著影響收入不平等政策的變化一定會對總體死亡率造成影響。

健康不平等作為一個重要的道德問題，是否需要以及如何通過政策來糾正？迪頓在二〇一一年的研究指出，這取決於健康不平等是如何產生的，這與教育、收入和地位差異有關，迪頓指出，童年時期的不平等是關鍵因素，而公共干預可以在改善影響兒童未來的不良家庭環境方面發揮作用。從某種程度上來說，個人、國家和國際社會都有責任幫助那些遭受最糟糕的健康狀況和物質極度匱乏的個人和群體。此一論斷應出於共同的人性，而非國際正義。迪頓也分析了美國和某些開發中國家如印度、南非等地人民的健康問題。

迪頓對福祉問題也進行研究，他主要是針對收入與福祉之間的關係，亦即「幸福是否可以用金錢來購買」這一經久不衰的話題展開的。迪頓在二〇一〇年與二〇〇二年諾貝爾經濟學獎得主之一卡尼曼（D. Kahneman）合撰的文章中指出，主觀幸福感有兩個面向，一為情感福祉（emotional well-being），另一為生活評價（life evaluation）。前者指的是一個人每天所經歷的情感特徵，亦即能夠使人生活愉快或不愉快所表現出來的高興、緊張、悲傷、憤怒等情感的頻率和強度。後者指的是人們對自己生活的構想。傳統的主觀幸福感調查一般強調的是生活評價，特別是對人們生活滿意度的調查。經由對四十五萬多份蓋洛普健康方式幸福指數（Gallup-Healthways Well-Being Index）的調查問卷報告進行分析，他們發現影響情感福祉與生活評價的因素是不同的：收入和教育與生活評價是密切相關的，而健康、照顧、孤獨相對更能反映出情感變化。前者對社會經濟形態比較敏感，後者對能夠引起情感變化的環境比較敏感。

一般而言，人們的生活素質在逐步上升，情感福祉雖也有上升，但幅度不大。不過，低收入會加劇因為離異、疾病和孤獨等不幸帶來的痛苦，從而影響了情感福祉。因此，迪頓得出結論：錢多不一定能帶來更多的幸福感，但錢少一定是與情感痛苦有關；高收入得到的是生活滿意度，不是幸福本身；而低收入是與較低的物質生活和情感福祉相關的。

迪頓認為，比較各國福祉的高低，直接詢問人們的自身情況或許比用貨幣指標衡量更真實。美國與其他國家相比，他們在消費的商品和服務上有很大差異，因此要對這些商品和服務進行比較幾乎是不可能的，而對人們的生活情況進行簡單的詢問相對比較容易，而且準確度也不遜色。迪頓在分析蓋洛普公司二〇〇六年全球幸福調查報告時還發現，人們的生活滿意度與人均GDP之間幾乎呈現正向關係，亦即國家愈富裕，人民就會對生活感到愈滿意。

除了學術研究的論文和書籍外，迪頓在二〇一三年出版了一本較通俗的書籍，那就是*The Great Escape: Health, Wealth, and the Origins of Inequality*（臺灣在二〇一五年由聯經出版社出版中文譯本《財富大逃亡：健康、財富與不平等的起源》）。迪頓以自身家庭的跳脫貧困經驗下筆，分析進步與不平等之間永無止境的共舞關係。迪頓以經濟學家的身分跨越到人口統計學者和歷史學家的領域，在書中論述探討單獨課題健康與財富如何攜手並進，以及健康上的不平等反映出的財富不平等。他指出，我們很容易認為逃脫貧窮與金錢有關，亦即只要有更多錢，就不必持續焦慮是否足以應付明天的種種，或是擔憂急難發生時手中沒有足夠的支應現金，導致家人陷入愁雲慘霧中，但同樣重要的，甚至更重要的是健康。綜觀歷史及現今的世界，孩子罹病、早夭、成人病痛不斷，以及永遠折騰人的貧窮，都經常造訪同樣的家庭，且一而再，再而三的出現。

迪頓在書中表示，整個資本主義發展史可解釋為「大逃亡」的歷史，借市場之力，發達國家率先逃離了貧困、疾病和不幸，而許多開發中國家仍在大逃亡的路上。前現代社會人均壽命只三十至四十歲，他們一生中都有挨餓的經歷，其中百分之八十的人屬赤貧階層。這其中，有制度、科技、商業、文化因素等，今天有些開發中國家已改變這個局面，但有些則依然如故。

現代人一生下來就被注射了各種免疫針，這沒得選擇，也就是說，人們獲得這些基礎性的東西，是因為有政府保障，而不是因為有市場。這也正好印證，逃離貧困，政府有責。現代化不只是市場的成長史，也是公權力成長史，只有政府不斷擔負起新的責任，傳統社會才有了「脫逃」的條件。迪頓的核心觀點非常正面，甚至是很光輝。在最有意義的指標上——活多久、多健康、多快樂——我們的生活從沒比今天更好，重要的是，我們的生活在不斷進步，但仍有七億極貧窮人口，這是數百年來不平衡發展所致，亟待解決。

迪頓與臺灣

迪頓榮獲諾貝爾經濟學獎的消息傳到臺灣，他曾在一九九二年與一九九八年受邀訪問中央研究院經濟研究所。迪頓在臺期間，研究行政院主計總處的「家庭收支調查」資料，進行國民儲蓄率、人口結構與經濟成長的相關性研究，得到的結論是：臺灣家庭的消費行為大致是「理性」的。胡勝正教授表示，該項結論使我們能夠從動態觀點看臺灣的所得分配。

由於迪頓曾兩度來臺訪問研究，中華經濟研究院和《經濟日報》近幾年例行的「大師論壇」立即邀請迪頓作專題演講，也得到迪頓首肯。「二〇一六年大師論壇」於二〇一六年五月十八日在臺北國際會議中心舉行，迪頓除發表〈以臺灣為例，談消費、貧困與不平等〉專題演講外，還與張安平先生對談「從資訊傳遞的歷史演進，談全球經濟及產業困境」，以及與朱敬一院士對談「從《財富大逃亡》談起」。

迪頓說，臺灣人不管幾歲都在存錢，根本就是儲蓄王國，到現在他還想不透原因。迪頓分享當年來臺進行國民儲蓄率研究的經驗，他指出，美國人多半沒有儲蓄習慣，所以不能在美國進行儲蓄研究。因此，想要研究儲蓄就要來臺灣，或是去中國和南韓。迪頓說，有人認為臺灣可能是受儒家思想影響，所以儲蓄會這麼高，但儒家文化在南韓也很興盛，南韓民眾的儲蓄率卻沒有臺灣那麼高。

迪頓認為，過去有理論認為收入增加應會帶動消費增加，但這個假設不見得正確，探討消費不平等問題時，必須對個人消費行為進行分析，並非只看總體性的經濟數據。他說，光是人口老化就會增加消費不平等。在全球化的社會裡，不平等也會加速，隨著科技化的腳步，也會擴大不平等的差距。

迪頓強調，財富分配會影響政府整體的福利政策，所以他才認為應把個人消費落差當成指標，政府應用政策介入提供社會保險制度，抑制貧富差距的擴大。

2016

契約理論泰斗
哈特和荷姆斯壯

哈特

荷姆斯壯

二〇一六年十月十日，瑞典皇家科學院公布該年諾貝爾經濟學獎得主，由鑽研契約理論（contract theory）的哈佛大學教授哈特（Oliver Hart）和麻省理工學院（MIT）教授荷姆斯壯（Bengt Holmström）兩人共享殊榮。他倆的研究奠定契約理論成為「基礎研究的肥沃領域」，該理論在形成企業主管薪酬、公部門私有化等各方面的重要角色，對理解現代經濟的運行貢獻良多。

瑞典皇家科學院表示，兩位桂冠得主研究的契約理論，對契約設計的種種多元化議題提供了廣泛的分析架構，例如：給高層主管的績效薪酬、保險的扣除部分和自負額，以及公部門事業民營化，他倆的貢獻為許多領域的政策和制度設計奠定基礎，包括公司治理、破產立法和憲政制度。由於他們兩人，我們現在有工具可以分析契約的財務條款，還可以分析相關各造之間控制權、財產權和決定權的契約分配。

六十七歲得獎的荷姆斯壯出生於芬蘭，得獎時是MIT經濟與管理學教授。他在一九七〇年代提出「資訊性原則」理論有助於企業設計薪酬契約，如把經理人薪酬聯結到相對於競爭企業股價的「外面因素」，避免光靠員工好壞運來獎懲，委任人（例如：股東）可以如何為代理人（執行長）設計出最佳契約。

六十八歲得獎的哈特，出生於英國，有英、美國籍，係哈佛大學經濟學教授。哈特在一九八〇年代對「不完全契約」研究的重大突破，為企業所有權和支配管理帶來新的方向，對經濟學若干領域、政治學及法律都帶來重大影響。哈佛大學同僚、生產力大師喬根遜（D. W. Jorgenson）稱其研究「使公司財務領域出現澈底變革」。哈特獲獎的當時，他的名著《公司合約和財務結構》（*Firms Contracts and Financial Structure*）中文譯本正在臺灣排版印刷中，於當年十一月正式出版。

二〇〇八年諾貝爾經濟學獎得主克魯曼（P. Krugman）說，他第一個念頭就是，這兩人「如此明顯」應獲獎，為什麼未早就榮獲殊榮？究竟這兩位得獎人如何的傑出呢？

哈特教授剪影

一九四八年十月九日，哈特在英國倫敦出生，父親是位醫學研究者，母親是婦科醫生，父母都是猶太人。哈特在一九六九年獲劍橋國王學院數學學士，一九七二年獲Warwick大學經濟學碩士，兩年後（一九七四年）再獲美國普林斯頓大學經濟學博士。之後曾任劍橋邱吉爾學院（Churchill College）研究員，隨後擔任倫敦經濟學院（LSE）教授。一九八四年，哈特返美任教麻省理工學院，自一九九三年開始就轉赴哈佛大學，一九九七年成為第一位Andrew E. Furer經濟學講座教授，並在二〇〇〇到二〇〇三年擔任哈佛大學經濟學系主任。

哈特是美國人文和科學院院士，也是經濟計量學會、美國財務學會和英國研究院，以及國家科學院院士。哈特曾任美國法律和經濟學會會長和美國經濟學會副會長，並獲得多間大學的榮譽學位，他也是倫敦經濟學院經濟學系的百年訪問教授。哈特也曾擔任過數種學術期刊的編輯。

哈特的研究領域是法律與經濟學，主要的研究興趣在生產和組織、公司財務和治理、管制和企業法、廠商目標、組織和行為，以及契約理論等。一九八〇年代開始，哈特與葛羅斯曼（S. Grossman）以及摩爾（J. Moore）的研究，對當代廠商（或公司）理論基礎的建立貢獻卓著。

哈特在著名學術期刊上發表了許多論文，有單獨發表的，也有不少與他人合撰的。他最著名的代表作是一九九五年出版的《公司合約與財務結構》這一本書，被譽為是當代廠商理論的經典論著。

在哈特出版這本書的年代，經濟學家對於市場交易的理論已有相當完善的論述，但是在機構（institution）的經濟分析卻還在初步發展階段。哈特嘗試透過不完全合約（契約）（incomplete contract）概念與代理人之間的控制權配置，以及諸如套牢問題（holdup problem）的分析，說明廠商的生態結構，並且在書中第二部，深入探討廠商的財務結構問題。這個領域的研究雖有其他學者參與，但哈特這本書無疑是經典，他補充了傳統經濟理論在不完全契約，以及協調過程有關控制權配置等的不足，滋潤了經濟學的分析內涵，也對廠商財務、公司治理等研究領域注入新思維。

本書分為二部，第一部理解公司，再分成四章；第二部理解財務結構，也分成四章，全書共八章。第一章描述傳統的廠商理論，包括新古典、代理和交易成本理論，哈特認為這些理論雖對某些探討的目的相當有用，卻無法解釋影響廠商疆界，或是廠商內部組織的問題。究竟什麼是決定廠商疆界的因素？哈特認為，交易成本理論指出不完全合約、套牢問題和機會主義行為，在解釋締約雙方進行專屬性投資時的重要性，也指出交易成本理論未能清楚解釋決定廠商疆界的因素，因它沒提供一個精確的機制來說明廠商之間進行合併時的情形。

所以，哈特在第一和第三章中介紹了「不完全契約」與財產權的分析方法，藉以了解有關廠商疆界的問題，並解釋財產權的意義與重要性。例如：當契約不完全時，若最終可以重新進行談判，締約者是否會採取專屬性投資，將取決於剩餘控制權在生產性資產的使用。哈特在第四章中提供了在第一部所用的不完全契約理論的基礎，並且藉此貫穿全書的鋪陳。

哈特在書中第一部討論了當經理人具備支付能力來購買資產時，擁有該廠商是最有效率的，但在現實生活中，代理人並不都具備豐富財務條件，因而在第二部中放寬這個假設，以便能夠更貼近來檢視廠商的財務決策行為。哈特在第五章探討代理人向投資者籌集資金，進行投資所簽署的最佳財務契約，而此牽涉對廠商的控制權如何在代理人以及投資者之間配置的問題，以及因為控制權配置的不同所產生的影響。

本書第六章討論公開發行廠商通常有許多小股東，而一般的小股東往往難以影響廠商的控制權，在此情況下如何透過資本結構來約束該廠商經理人的行為。債務基本上被認為是具有約束管理階層行為的功能，若是在財務結構中有相當比重的財源是透過債務集資的方式，經理人可以選擇採取圖利自身而可能破產的行為，或是選擇好好經營廠商來償還債款並創造最好的廠商價值。若經理人有相當高的機會在破產發生時失去工作，他們很可能會選擇第二個選項，好好經營廠商。

本書第七章係以非模型的論述方式，來分析實務上非常重要的議題，也就是破產程序的設計。第五和第六章討論了最佳債務契約，以及財務結構中債務所扮演的約束管理階層的自動機制。如果廠商採取債務融資的方式，就存在可能發生破產的機會，因此破產程序就有其重要性。哈特指出，破產程序應滿足兩個主要目標，一是應以最有價值的方式處理破產廠商的資產，二是確保管理階層具有正確的誘因以避免破產。第七章就論述一個可以滿足這些目標的破產過程，並且討論如何避免當時美國和英國破產程序效率不彰的一些問題。

哈特在第六章討論了可以約束與改善管理階層績效的自動機制，那就是財務結構中的債務所扮演的角色，而在第八章，哈特考慮了接管的威脅這一個可改善管理階層績效的自動機制。哈特討論了當公開發行廠商面臨被接管的威脅時，投票權如何在股權之間配置，而接管提供了克服股東之間集體行動問題的途徑。哈特指出，接管威脅的存在，可以解釋為何許多廠商將投票權和股利互相搭配，也就是為什麼採取一股一票的投票規則，因為一股一票讓可以創造高價值的管理團隊，在控制權競賽中獲勝機率最大，如此也可保護股東的權益。

在哈特出版這一本書時，大部分有關資本結構的文獻並未採取不完全契約的觀點，所以哈特採取不完全契約的觀點來論述財務結構與財務決策的形成，不但豐富了廠商理論的內容，也拉近理論與現實世界的距離，更重要的是，提供了一些在財務結構與實務應用上的論述。有意思的是，哈特竟然以他們夫妻倆向一位契約商協議買地的真實故事拉開全書，更證明本書學理的實用性。

總之，哈特企圖透過這本書，補充傳統理論架構對不完全契約以及協商過程有關控制權配置等的不足。他的研究豐富了經濟學的分析內涵，也對廠商財務、公司治理等研究領域注入新思維。

荷姆斯壯的生活與職涯

本特．荷姆斯壯於一九四九年四月十八日出生在芬蘭的赫爾辛基，屬於芬蘭瑞典語少數民族。一九七二年，荷姆斯壯獲赫爾辛基大學數學和科學學士學位；一九七五年，荷姆斯壯得到美國史丹佛大學作業研究（Operations Research）科學碩士，三年後的一九七八年，荷姆斯壯獲史丹佛大學企業研究院博士學位。

在一九七二至一九七四年求學期間，荷姆斯壯曾任民間公司的企劃人員，一九七八至一九七九年，荷姆斯壯擔任芬蘭漢肯經濟學院（Hanken School of Economics）的系統與作業研究助理教授；一九七九至一九八〇年，荷姆斯壯擔任美國西北大學管理經濟學助理教授，一九八〇至一九八三年升為副教授；一九八三至一九九四年，荷姆斯壯轉赴耶魯大學經濟學系擔任教授；一九九四年荷姆斯壯又轉往麻省理工學院（MIT）任教，先是史隆管理學院教授，一九九七年又兼任薩繆爾遜經濟學講座教授，二〇〇三至二〇〇六年荷姆斯壯還當MIT經濟學系系主任。二〇一〇年，荷姆斯壯獲得赫爾辛基大學校友會年度校友獎。

荷姆斯壯曾到芝加哥、史丹佛、赫爾辛基、斯德哥爾摩等大學客座，也擔任《經濟研究評論》（*Review of Economic Studies*）、《經濟計量學刊》（*Econometrica*）、《法律經濟和組織期刊》（*Journal of Law, Economics and Organization*）等學術期刊的編輯。

荷姆斯壯是美國人文和科學院院士，也是經濟計量學會、美國財務學會會員。荷姆斯壯是瑞典皇家科學院和芬蘭科學院的國外院士。二〇一一年，荷姆斯壯被選為經濟計量學會會長，他也獲頒瑞典斯德哥爾摩經濟學院和芬蘭麻薩（Vaasa）大學及漢肯經濟學院的榮譽博士。最近荷姆斯壯獲得幾個獎項：二〇一二年獲頒Banque de France-TSE金融經濟學和財務資深獎，二〇一三年分別獲得Stephen A. Ross財務經濟學獎和芝加哥商品交易所—MSRI創新數量應用獎。一九九九年到二〇一二年，荷姆斯壯曾擔任諾基亞（Nokia）董事會成員；他也是阿圖大學（Aalto University）的董事會成員。二〇一六年，荷姆斯壯和哈特「由於對契約理論的貢獻」，贏得諾貝爾經濟學獎。

荷姆斯壯的研究領域在法律經濟，尤其對契約理論卓有成就，迄二〇一六年，發表在著名學術期刊的論文有五十多篇，值得注意的是，荷姆斯壯和二〇一四年諾貝爾經濟學獎得主狄佛勒（Jean Tirole）從一九八九年到二〇一一年，共合撰十篇論文，討論最多的是「流動性」

（liquidity）。他倆合作的第一篇論文是一九八九年發表的〈廠商理論〉（The Theory of the Firm），而狄佛勒之所以得獎是因為提出馴服大企業的理論，也就是對廠商有特出的研究，荷姆斯壯和狄佛勒既然有如此密切合作，為何沒跟狄佛勒在兩年前一起獲獎，卻在兩年之後與哈特共同得獎？而荷姆斯壯和哈特只在一九八七年在一本書中合寫一篇〈契約理論〉（The Theory of Contract）以及二〇一〇年在《經濟學季刊》（*Quarterly Journal of Economics*）合撰〈廠商範圍的理論〉（A Theory of Firm Scope），卻共同在二〇一六年獲獎，實在有些耐人尋味。

荷姆斯壯和哈特是因為他們的研究奠定契約理論成為基礎研究的肥沃領域，哈特在一九八〇年代對「不完全契約」研究有重大突破，為企業所有權和支配管理帶來新方向；荷姆斯壯則在一九七〇年代提出「資訊性原則」理論，有助於廠商設計薪酬契約。看來兩人在一九八七年合作的那篇〈契約理論〉貢獻良多，有助於兩人共同得獎。荷姆斯壯表示，他成為學者其實是「偶然」，一九七〇年代他任職的公司嘗試利用電腦來協助作決策和擬定策略，那時他才了解到，真正的問題不在於提出最佳計畫的困難性，而是在創造獎勵誘因、提供計畫所需的正確資訊。

「契約」是現代社會最主要機能架構者，哈特和荷姆斯壯兩人研究的契約理論，照亮並處理了經濟行為的利益衝突問題，就像臺灣當前熾熱的勞資糾紛。契約的改善可幫助三方合作，勞動市場中受僱者與雇主和政府福利，如能充分合作則可使生產力達高峰，也可使消費者和生產者剩餘達最大。兩位學者認為，像借錢的信用契約有些不到一頁，而有些動輒數千頁；契約行為不該靜態化，應該動態化。簽訂契約最重要理由是讓未來彼此有規則可實現在行動上，如僱傭契約在規定被僱傭者在哪種情況是表現很好，哪種行徑是契約另一方所需要，而哪一種又不是雙方協議的？但有些事沒有規範在契約中，於是面對契約時雙方也都要有分攤風險的心理準備。

「契約理論」提供給我們一般設計契約的意義，理論說明了在日常生活中為什麼會有那麼多規則，會有各式各樣的契約。最佳契約是彼此訂定一種分享式契約，彼此有利，促進社會進步。在當今誠信低落、欺騙、爾虞我詐的現實社會中，「有形」契約益形重要，契約理論能否幫助迷茫無助的世人找到最佳契約，是很讓人期待的，而諾貝爾獎頒給研究契約理論學者，或許就有這樣的期許吧？

「契約理論」是一種機制設計

「契約」係現代社會運行最重要的東西，二〇一六年諾貝爾經濟學獎頒給哈特和荷姆斯壯兩位契約理論研究者，就明白指出「究明了契約協助我們如何處理衝突的利益」。諾貝爾經濟學獎評審單位提出長達四十七頁文稿，列出近二百篇文獻，而上文提過的荷姆斯壯和哈特在一九八七年合撰的那篇〈契約理論〉（在一九八六年以「工作論文」方式，一九八七年才被Truman Bewley收編在劍橋大學出版社出版的*Advances in Economic Theory, Fifth World Congress*這本書中，二〇〇〇年再被N. Foss蒐集在*The Theory of the Firm: Critical Persypective*書中）。該文長達一百二十三頁，參考文獻有一百二十七篇之多，而一九八六年到二〇一六年共三十年中累積的文獻想必又更為驚人。所以，要貫通所有契約理論文獻、究明其理，戛戛難也。

契約理論談的是一種合作，委託人（pricipal）與代理人（agent）的合作，問題就在代理人代委託人做決定，卻會反過來影響到委託人，這類問題就是「代理問題」（agent problem）。若影響到委託人的情況，是使得其行為所產生的影響，與委託人利益相衝突，因而有矛盾情況的產生，這就出現「代理困境」（agency dilemma），如產生「道德危險」（moral hazard）的情況。

最常見的例子是一方付錢僱傭另一方工作，工作的結果會產生一些收益，而就收益來說，代理人沒得分享，或分得很少的情況。

在傳統廠商理論中，在生產階段就同時解決了生產量的決定、合作的報酬，以及參與生產的委託人與代理人的所得分配。這與契約理論所要談的問題並無不同，也就是一定要同時處理「生產」問題，還要解決「分配」問題。只是這裡出了誘因（incentive）的問題，亦即勞工只依勞動市場價格得到工資，因勞動所創造出的額外利潤，勞工沒能分得或獲獎金，這一點在傳統廠商理論並未處理。

契約理論將分配問題當成手段，找出一個最適契約，將代理人的參與條件和激勵條件作為限制條件，求取委託人效用（即利潤）最大的生產量。契約理論中也有產量，但隱而未特別強調，而是特別強調代理人的努力（用了多少工或出了多少力）無法測知，由而產生簽了約之後的風險，如代理人偷懶問題，構成契約不完備問題，亦即在契約中無法全面規定所有工作細節。這使傳統廠商理論產生質變，由談客觀的生產問題，變成談主觀的人如何激勵的問題。

代理人偷懶可看成兩人合作生產的「外部性」，類似汙染、擁擠問題，構成所謂的「代理成本」，解決的方法不外是將其「內化」的「庇古方法」（A. C. Pigou法），或「寇斯」（R. Coase）劃定財產權方法，雙方可以交易等等方法，調整使得委託人的利益與代理人的利益可協調一致，稱之為「協調」（alignment）。這是一個「制度設計」問題。所以，「不完全契約理論」（incomplete contract theory）有時就稱為「財產權分析法」。

哈特和荷姆斯壯的論文中幾乎看不到圖形分析，論者批評說，他們的說理寫得很長，讓人看得很不耐煩，數學用了很多，假設做得有些怪。他們兩人都是談契約理論，荷姆斯壯係延續委託—代理理論而來，發現了如何處理新資訊價值的辨識方法；哈特則是將廠商問題納入委託—代理理論之中，可以看成是「新廠商理論」，他的貢獻是在於不完全契約理論方面，引入了財產權分析法，研究「權力」問題，也就是研究「責任歸屬」問題。從他倆一生均從事這方面的研究來看，表示他們找到了一個無限寬廣的領域，可用來研究制度面問題，並改進廠商的經營效率，他倆像是挖到一個豐富金礦一樣，金子一批批出現。

趙捷謙教授認為，荷姆斯壯和哈特處理問題的方法論分為正、症、正之三段，原先是最佳解或最佳狀況，接著出現了問題，出現不正的症狀，於是得「導正」不正的症狀，使趨向正的方向前進，但不能保證一定能達最佳狀態，只能較原來狀況更好些。導正的手段是給予激勵或予以懲罰。之所以能夠這樣做，是因「人是自利」的，導正手段需能影響行為人的「利」和（或）「害」才有效。當然，最有效的管理方法是自己能管自己，就是「道德」課題；靠外來的監督並非良方，所以，廠商的「獨立董事」，其成效是可置疑的！

簡言之，契約理論其實是「最佳契約理論」（optimal contract theory），是一規範性理論，也是一種「機制設計」（mechanism design）。這讓我們想到生產函數，它是投入—產出的技術性關係，而「技術」是黑盒子，一向假設已通過生產效率的檢驗，亦即通過「效率選擇」，也就是說資源分配達到最適，亦即「資源分配達到欲增加某一產品的產量，非得減少另一產品的產量不可」。所以，契約理論可看成「在生產制度上已做了最適安排」，可視為生產函數的技術關係之一環。那麼，契約理論依然是「廠商理論」的一部分！

二〇一六年諾貝爾經濟學獎的啓示

二〇一六年諾貝爾經濟學獎頒予鑽研契約理論卓有成效的兩位學者，如上文所言，契約理論本質上仍是「機制設計」領域。當二〇一二年諾貝爾經濟學獎頒給羅斯（Alvin E. Roth）和夏普利（Lloyd S. Shapley）兩位屬於機制設計領域學者時，筆者已寫過評論，在二〇一四年和二〇一六年又連續頒給該領域的學者，顯示機制設計愈來愈重要，其所透露的意涵很有必要再度予以解析，而該年的一些看法也很值得再重述。

「機制設計理論」顧名思義，主角是「機制」，也可說是規矩、規範、準則等等，而無時無刻不在「做行為」的活生生的「人」，一生中的任何時刻本來就都依某種規則行事（做行為），小孩學語、學步依「做中學」，而「趨吉避凶」是很自然的準則，家有家規、族有族規，學校有校規等等都可見一斑。因此，「機制」在人間可說到處充斥，最關鍵的課題是「機制如何產生？」套用一九七四年諾貝爾經濟學獎得主之一海耶克（F. A. Hayek）的話，可分為「長成的」和「做成的」兩種，前者是人在日常生活中自然培養成的，如風俗習慣、倫理道德、市場機制等等，後者則是「設計出來的」，最明顯的是當今的「法律」。

當然，這兩者還真難截然二分，以「強制與否」來區別或許比較好，若將層次拉高，又可分為「無形的」和「有形的」兩種，倫理道德、市場機制屬於無形的，法律規章就是有形的。準此，隨著時代的演變，「做成的」和「有形的」機制愈來愈多，「長成的」和「無形的」卻式微了，而「機制設計」應該屬於「做成的」和「有形的」，與當今現實世界水乳交融，密不可分。

在一切機制之中，最為重要、最為人熟知，但也最常被人忽視和誤解的，就是人人耳熟能詳的「市場機制」。透過各個人自願交易，經濟活動得以有效進行，資源能夠合理分配，在理想的狀態下可以獲致全民最大的福祉。所以，市場經濟在人類社會中，罕有其他機制可望其項背；而自由經濟的根本精神，就是努力維護市場機制的有效運作，切莫輕以人為干預擾亂其自發秩序，造成全民福祉的損失。

不過，自一九二〇年以來，在外部性、資訊不對稱等等當今各類教科書中所列舉的「市場失靈」下，市場機制受指責，甚至被否認，讓政府堂而皇之的施行各種干預，美其名是彌補市場失靈，但因「政府失靈」更嚴重，又讓市場重生。其實，所謂的「市場失靈」，原本就是人間的常態，也就是說：「沒有市場失靈的完全競爭市場只有天堂才有」，但「人間畢竟不是天堂」，所以人間原本就是到處充斥著市場失靈，更不能以此否定市場機制。正確的方式是針對各種「市場失靈」找出原因所在，進而設法消除之。平實地說，一直以來也都在走這條路，只不過都想藉由政府來去除、彌補或者協助，我們見到的事實是愈幫愈忙，反而更加重市場失靈的程度。主因就在政府也是凡人所組成的，在「私利」的驅使下，「為私害公」更不可免。

古人云：「有機巧者有機心」，面對處處精心設計的機制，難免「機心」時起、機關算盡，民風之敦厚純樸即日受摧殘、日趨澆薄險惡。可嘆的是，現實人間充斥機巧、欺詐，於是亞當．史密斯（Adam Smith）乃處心積慮探索「道德情操」，等而下之則尋找「法理」，海耶克也殫思竭慮找尋「長成的秩序」。他們都往「人心」這種「形而上」或「無形的」路努力探尋，較諸今日數理模式「匠心」設計的「機制」，豈天壤之別就可形容的？

「機制設計理論」及「賽局理論」，如今已轉變成「爾虞我詐」，以「欺騙成功」自豪的作法，不但無助於「人心回升」，反而對「人心沉淪」形成推波助瀾呢！那麼，一而再、再而三持續地以諾貝爾獎鼓勵這些學問，對人類的福祉、和平有助益嗎？

2017

行爲經濟學泰斗
塞勒

塞勒

瑞典皇家科學院在斯德哥爾摩時間十月九日上午十一時四十五分（臺北時間當日下午五時四十五分）宣布，二〇一七年諾貝爾經濟學獎授予美國芝加哥大學教授塞勒（Richard H. Thaler），以表彰他在行為經濟學（behavioral economics）的卓越貢獻。

瑞典皇家科學院表示，選擇塞勒給獎的理由是「塞勒在個人決策的經濟學和心理學分析建立了橋樑、做了貢獻」，塞勒的實證發現和理論上的洞見，有助於創造嶄新且快速發展的行為學領域，對於經濟研究和政策層面帶來深遠影響。

塞勒剪影

塞勒在一九四五年九月十二日出生於美國紐澤西州東奧蘭治（East Orange）一個猶太裔家庭，得諾貝爾獎時已七十二歲，高於歷屆獲獎者平均年齡（六十七歲）。母親是位學校老師，父親是精算師，第二任太太曾是市場學教授，育有三個子女。

塞勒畢業於紐瓦克學院（Newark Academy），一九六七年獲凱斯西儲大學（Case Western Reserve University）文學士學位，一九七〇年和一九七四年分別獲得羅徹斯特大學（Rochester University）的碩士和博士學位。博士論文的題目是〈救人一命的市場價值〉（The Value of Saving A Life: A Market Estimate），指導教授是宣文・羅森（Sherwin Rosen），有必要在此對羅森教授稍作介紹。

羅森於一九三八年在芝加哥出生，一九六六年獲芝加哥大學經濟學博士之後，轉赴羅徹斯特大學任教，歷任助理教授、副教授、教授及講座教授，一九七七年被聘回芝大，一九八九年擔任經濟學系主任。他在一九七四年發表於《政治經濟學期刊》（*JPE*）的〈特徵價格與隱含市場——純粹競爭中的產品差異〉（Hedonic Prices and Implicit Markets: Product Differentiation in Pure Competition），提供了特徵價格的理論基礎，是估計生命價值、住宅需求和工資函數的重要依據，而其一九八一年的〈超級巨星經濟學〉論文，更是所得分配，晚近新全球超級富裕財閥形成的重要參考。

塞勒承繼羅森的「個體動態經濟的實證分析」，在「人的行為經濟學」深耕。一九七四年取得博士學位後，曾在羅徹斯特和康乃爾大學任教，並曾至加拿大英屬哥倫比亞大學（University of British Columbia）、麻省理工學院（MIT）史隆管理學院和史丹福的 Russell Sage 基金會和行為科學進階研究中心（Center for Advanced Study in Behavior Sciences）作短期訪問，一九七八到一九九五年則在詹森管理學院（Johnson School of Management）服務，而在一九九五年至芝加哥大學擔任教授，獲獎時是芝大布斯商學院（Booth School of Business）行為科學與經濟學傑出教授兼決策研究中心主任。塞勒也和二〇一三年諾貝爾經濟學獎得主之一席勒（Robert Shiller）共同領導國民經濟研究局（NBER）的行為經濟學研究計畫。塞勒係美國人文及科學院院士，美國金融學會和經濟學會會員，二〇一五年曾擔任美國經濟學會會長。

塞勒的專門研究領域是行為金融（behavioral finance），自認受到卡尼曼（Daniel Kahneman）和賽門（Hebert A. Simon, 1916-2001）兩位學者的影響最深，這兩位都得過諾貝爾經濟學獎。前者在二〇〇二年和史密斯（Vernon L. Smith）合得，二〇一七年已八十三歲的卡尼曼一直堅守在心理學，瑞典皇家科學院讚揚他的傑出貢獻在「將心理研究的洞見整合入經濟科學，主要成就在於不確定情況下的決策分析，他展示出人們在此條件下，如何做出系統性背離標準經濟理論預測的結果。」他的「展望理論」（prospect theory）最著名，而二〇一一年出版的《快思慢想》（*Thinking, Fast and Slow*）厚書則膾炙人口。而二〇〇一年去世的賽門，則在一九七八年就獨得諾貝爾獎，他是科際整合的主要推手，本身是社會學家，他的「有限理性論」（limited rationality）最被人稱道，挑戰傳統經濟學者「具有全知理性」的「經濟人」假設。由塞勒以心理學角度，分析人們不理性行為，就可知結合了卡尼曼和賽門的理念，可見深受兩人的影響。

塞勒受到前人的影響，自己也影響了後起之秀，他舉出兩位受他影響的學者，一是二〇一七年六十二歲的卡內基美隆大學（Carnegie Mellon University）的羅溫斯坦（George Loewenstern, 1955～），他是該校社會和決策科學系的經濟學和心理學 Herbert A. Simon 講座教授兼行為決策研究中心主任，是行為經濟學領域的領導者，更被稱譽為「行為經濟學的共同創造者」。另一位受塞勒影響者是杜克大學行為經濟學教授丹・艾瑞利（Dan Ariely, 1967～），他在十八歲時被意外爆炸灼傷，全身皮膚百分之七十遭灼傷，住在燒燙傷病房達三年之久。身穿彈性衣、頭戴面罩的他，活像個行動不便的冒牌蜘蛛人。在這段漫長、無聊而又痛苦不堪的三年，他發展出觀察人的行為的興趣，滿身疤痕的他竟然成為一名行為經濟學家。艾瑞利先後出版了三本暢銷書，一是《誰說人是理性的》（*Predict Irrational*），二是《不理性的力量》（*The Upside of Irrationality:The Unexpected Benefits of Defying Logic at Work and at Home*），三是《誰說人是誠實的！》（*The (Honest) Truth About Dishonesty: How We Lie to Everyone-Especially Ourselves*），這三本書在臺灣都有中文譯本，分別在二〇一〇、二〇一一，以及二〇一三年出版。

羅溫斯坦和艾瑞利都是行為經濟學的先驅者，尤其是羅溫斯坦還被認為是「行為經濟學的共同創造者」，而且他在二〇一七年時也六十二歲了，為何沒跟塞勒共同獲獎？也許塞勒又在行為金融上有傑出表現，而金融在當前是人類最重要的課題。二〇〇八年全球金融海嘯會不會捲土重來，甚至更嚴重成為「停滯性膨脹」（stagflation）慘狀，當時受到關切，而塞勒在二〇一五年客串演出的電影《大賣空》（*The Big Short*）傳達出重大警示訊息，塞勒的研究成果還可供借鏡呢！由塞勒獲獎受訪時回答有關川普總統問題時，表示「我很失望」，因瑞典皇家科學院宣布他得獎時沒將他的電影職業加入，不然「川普去看那部電影，就會做得很好」，或可得到印證。雖然塞勒也許是玩笑話，但他在片中與美國當紅歌手賽琳娜（Selena Gomez）同坐賭桌，除向觀眾解釋什麼是次貸危機，也討論了「熱手謬誤」（The Hot Hand Fallacy）現象，本來是指籃球員的手感，當已連續投中好多球，球迷多預期下一球還會進，這現象用到投資市場，就是一九九九年網路泡沫前的那斯達克，以及二〇〇七年時的美國房地產泡沫。投資人或能由本片得到啟示！

CNBC新聞網報導，塞勒在股市操作的實證上，交出了亮眼成績單。其協助掌管的價值基金Undiscovered Managers Behavioral Value Fund，自二〇〇九年美股牛市啟動以來大漲百分之五百一十二，擊敗同期間標普500指數的百分之二百七十七和羅素2000指數的百分之三百四十。塞勒也是「富勒和塞勒資產管理公司」（Fuller & Thaler Asset Management）的共同創立者。

塞勒在受訪時表示，他運用行為經濟學的理論進行投資，例如：當某家公司的財務長控股突然暴增一倍，他就會認真研究該公司。二〇一六年受訪時，塞勒稱投資人所犯最大的錯誤是過度自信，他們認為自己比其他人精明，但大多數主動式基金經理人的績效，卻仍然跑輸大盤，他同時建議投資人最好不要持有自己所任職公司的股票。

不理性經濟行爲

塞勒在獲獎後被問到如何使用他一人獨享的九百萬瑞典克朗（約三千三百七十五萬臺幣），

說：「我會盡可能非理性地花光這筆錢。」幽默地道出他秉持的是「不理性」或「非理性」理論，傳統的經濟學假設人是理性的，會計算、有創造性，且會追求利益最大的，而以塞勒為首的行為經濟學派則質疑理性假說，在分析人的行為時加入了認知、社會地位、情緒、個性和情境等心理學因素，從而有助於解釋現實社會中的「排隊心理」、「名人效應」、「網紅效應」、迷戀小機率事件的彩票購買心理。

塞勒也發展出「心理會計」（mental accounting，或譯心理帳戶）理論，認為人們在心中設立了「房貸」、「度假」、「退休」等不同帳戶，不同來源的帳戶資金，不同的消費帳戶，也有不同的消費模式。由於有消費者心理帳戶的存在，個體在做決策時往往會違背一些簡單的經濟運算法則，從而做出許多非理性的消費行為。

塞勒又提出「損失意識」或「稟賦效應」的看法，用來解釋人們為何在擁有某種物品時，會比他們在未擁有前認為更有價值，也因此解釋了為何許多人買進股票後，堅持不賣的投資心理。

塞勒的「公平性」研究也影響深遠，研究顯示，在商品需求高的時期，消費者對「公平」的關切，可能阻止廠商提高價格，在商品成本增加時，消費者的顧慮卻可能無法阻止廠商漲價。塞勒與其同僚設計出一套「獨裁者賽局」（dictator game）實驗工具，用於多項研究中，藉以衡量全球不同人群的「公平」態度。

總之，就像諾貝爾獎評審所評述的，塞勒是「行為經濟學先驅」，他將心理學的現實假設融入經濟學的決策分析中，他的行為經濟學可歸納為三大方面：一是「有限理性」（limited rationality），即凡人做決策時往往不會考慮所有可能的選項和長遠後果，發展出一套「心理會計」來簡化財務決策，並以「損失意識」和「稟賦效應」來解釋人們為何在擁有某種東西時，會比他們在未擁有之前，更看重這個東西的價值。二是「社會偏好」（social preference），亦即人們做決定不會只顧自己，也會考慮是否公平和其他人的福祉。三是「缺乏自制力」（lack of self-control），即人們縱然知道某件事長遠對自己是好的，但因抵擋不了眼前誘惑，而沒做，塞勒運用一套「規畫者—執行者模型」（planner-doer model），來說明如何分析人的自我控制問題，該模型與當前心理學者和神經學者所用的架構類似，用來描述長期規畫和短期行為之間的內部矛盾。

塞勒的暢銷著作

塞勒著有多本暢銷書籍，他刻意為對「行為金融」外行的讀者寫了《準理性經濟學》（*Quasi-rational Economics*）和《贏家的詛咒》（*The Winner's Curse*）兩本通俗著作。二〇〇八年，塞勒和法律學者凱斯・桑思坦（Cass R. Sunstein）合寫《推出你的影響力：每個人都可以影響別人、改善決策，做人生的選擇設計師》（*Nudge: Improving Decisions About Health, Wealth, and Happiness*），討論公私機構如何幫助人們在日常生活中做較佳決策。運用行為經濟學觀念探討處理社會層級障礙，以生活中直白例子來解釋普遍存在的認知謬誤。「輕推」理論被用在政府決策上，可透過小誘因促使一般人做出特定決策，讓政治人物可尋找影響選民的方法，以及在政府預算赤字限制支出範圍時，如何影響社會，前美國總統歐巴馬和英國前首相卡麥隆都聘用團隊來研究是否行為經濟學可用以節省政府支出，塞勒也成為歐巴馬的智囊。二〇〇九年，塞勒曾來臺灣訪問演講，並為《推力》中文譯本打書。

二〇一五年，塞勒寫作了《錯誤行為：行為經濟學的形成》（*Misbehaving: The Making of*

Behavioral Economics）。該書記載行為經濟學的發展歷史，部分在回憶，有部分則在攻擊主宰學術的主流經濟學家——特別是對主宰二十世紀下半紀經濟理論的芝加哥大學的芝加哥學派，怪不得塞勒會被傳統經濟學派視為叛徒。

塞勒曾在一九八七年到一九九〇年於美國經濟學會出版的《經濟展望期刊》（*Journal of Economic Perspectives*）上寫專欄文章，其專欄名字就叫「不規則或反常」（Anomalies），專門寫違反傳統個體經濟理論的個人經濟行為實例，其文章結集在《贏家的詛咒》書中。塞勒得獎時是《紐約時報新聞服務》（*New York Times News Service*）專欄作家，為某些美國財政困境提供一系列經濟解方。

諾貝爾經濟學獎助長時髦學風再思

塞勒是行為經濟學先驅，他的主要研究方向是行為金融學，齊俊傑在《大紀元》二〇一七年十月十一日刊登的文章〈新諾獎經濟學家到底告訴我們什麼？〉直說，該門學問說白了就是挖掘其他人犯錯所帶來的投資機會。塞勒發明了心理帳戶，以有限理性理論來解釋人們如何通過在頭腦中建立單獨的帳戶來簡化金融交易決策，譬如當你撿到一百塊錢時的高興程度，肯定沒有丟失一百塊錢的失望程度高；假如這個月老闆多給你一百塊錢，下個月再扣回去一百塊錢，你通常比不加不扣之前更沮喪，相反先扣掉再加上，也有同樣心理反應。也就是說，當人在擁有某一商品時對同一商品的評估，要高於未擁有同一商品時的估價。你買了股票，你就會覺得它哪都好，你買了房子，你就會覺得房子肯定永遠會漲。這些都是大家行為上犯錯的機會，也是可以在投資上利用的點。

另外一種塞勒提出來可以利用的投資策略，就是比如母公司剝離業務獨立上市，子公司價格暴漲，但很少人會關注母公司，所以價格通常沒啥變化。實際上母公司往往持有大量子公司的股票，此時，市場就又犯錯了，聰明的投資者就會去買進母公司股票，並做空子公司高估的股票，把利潤鎖定下來。這也就是通過套利交易，去糾正大家因為非理性亢奮所造成的市場偏差。

我們經常聽到分析師鼓勵從事「低買高賣」波段操作，但這需要做對每一個波段，可是隨著操作次數的增加，你做對的可能性就愈來愈低。所以通常的結果是，大漲前你跑掉了，大跌前你卻加碼，要知道分析師的收入並非幫你賺錢得來的，而是在你的交易中抽取提成，所以你交易越多，不管你賺不賺錢，分析師都很賺錢。

塞勒以「人是非理性」來解析人的行為，應用層面極廣，尤其在投資方面更實用，他也身體力行親自操盤股市，也開辦資產管理公司，不但讓經濟學更有人性，也讓經濟學下凡到現實世界，確實有成就，也具實用性。但是，以「諾貝爾獎加身」是否合適卻很值得商榷，一來助長塞勒的投資理財業務，二來助長金融投資（機）行為，也就是助長投資理財風氣，三來原本已蓬勃發展的財務金融學門又獲得推波助瀾之力。

關於第二、三點質疑，當一九九〇年諾貝爾經濟學獎頒給三位財務金融學者時，我就公開提出過，當一九九七年諾獎再頒給兩位財務學者時，我又加上了第一點質疑，而二〇一三年又頒給財務金融學者時，又提出反思，並特別指出一九九八年當亞洲金融風暴熾熱時，一九九七年兩位得獎者合組的「長期資產管理公司」竟面臨倒閉危機而引發非議，並使諾貝爾經濟學獎蒙塵，同時指出二〇〇八年下半年全球淹沒於金融海嘯中，禍源就是衍生性金融，於是「回歸無趣的金融體系和緊守貨幣為交易媒介，只承認狹義貨幣，金融機構只擔任資金橋梁角色」是非常必要的。

短短四年之後諾貝爾經濟學獎又頒給行為金融學者，雖有像《大賣空》電影中掀開金融騙局的警示作用，但助長賭風的可能性或許更高。由一九九〇年開始，隔了七年、十六年、四年再頒諾獎給財務金融學者，間隔年限縮短，也或可顯示財務金融學愈來愈熾熱，對世人是福是禍，關鍵在於「人的道德」是向上提升抑往下沉淪，由「人非理性」的特質愈見凸顯，不得不讓人憂心啊！

一九七八年諾貝爾經濟學獎得主賽門就因「有限理性」理論獲獎，二十四年後卡尼曼和史密斯又以挑戰「理性與自利」獲獎，十五年後塞勒也堅持「人是非理性的」得獎，可見人的不理性已經壓過理性，愈來愈得到共識。不過，是要否定傳統經濟學的「理性自利」或利用「非理性」特質來在賭戲中得利，還是尋找人走向非理性的原因，再設法消除非理性而回歸理性，是很重要的。塞勒似乎是走第一條路，也得到諾獎肯定，恐怕這會引導人類再向下沉淪。

倒是受到塞勒影響的艾瑞利，在《誰說人是誠實的！》書中，由心理層面切入，設法喚醒人的善良，讓個人自動壓抑惡的一面，他以普林斯頓大學自一九八三年開始實施的榮譽制度為例，證明「宗教儀式」、「發誓」的方式較佳，而「榮譽制度」也可以引用。這樣的正面研究不是更值得鼓勵嗎？

2018

永續成長模型創立者
威廉・諾德豪斯和保羅・羅默

威廉・諾德豪斯

保羅・羅默

瑞典皇家科學院於十月八日揭曉二〇一八年諾貝爾經濟學獎得主，得獎者是兩位美國經濟學者。一位是當年七十七歲的耶魯大學環境經濟學教授威廉・諾德豪斯（William D. Nordhaus），另一位是六十三歲的紐約大學教授保羅・羅默（Paul M. Romer）。

諾貝爾評審委員會表示，兩位得獎人的最大貢獻是，設計出能夠解決最基本、也是目前最迫切問題的模型，這個根本問題就是全球經濟的永續成長以及人類福祉。評委會指出，他們不僅創造了分析模式、促進經濟成長，也對抗了氣候變遷，他們把總體經濟學擴大到全球規模，以解決世界最大難題，他們藉由建構出能解釋市場經濟與自然及知識互動的模式，大大拓展了經濟分析的範疇。委員會表示，儘管他們並未提供確切答案，但兩人的研究成果為人類邁開大步，對於如何能實現全球經濟永續成長的問題，提供了更接近解答的答案。

本屆兩位獲獎者相對前幾屆得主較為人知，也是早就被列在得獎獲選人的行列中，可說沒有意外。他倆的學術成就及貢獻究竟如何？得獎的意涵又是如何？我們就從他倆的生平談起。

諾德豪斯簡影

諾德豪斯在一九四一年五月三十一日出生於美國新墨西哥州的阿爾布開克（Albuquerque）的一個德裔猶太家庭，分別於一九六三年和一九七三年獲得耶魯大學的學士和碩士學位。他也在一九六七年獲得麻省理工學院（MIT）的博士學位，博士論文題目是〈內生技術變革理論〉（A Theory of Endogemous Technological Change），指導教授是一九八七年諾貝爾經濟學獎得主羅伯・梭羅（Robert Solow）。

從一九六七年開始，諾德豪斯就在耶魯大學的經濟學系和森林暨環境研究學院任教。

一九八六到一九八八年曾任教務長，一九九二到一九九三年擔任財務和行政副總裁。自一九七二年以來，諾德豪斯一直都是布魯金斯經濟活動小組成員。一九七七到一九七九年，諾德豪斯擔任卡特政府的經濟顧問。二〇一四到二〇一五年間，也曾擔任波士頓聯邦準備銀行董事會主席。

諾德豪斯的主要研究領域是環境經濟學，他著作和編輯了二十多本書，但較被知曉的卻是和已故的一九七〇年諾貝爾經濟學獎得主保羅・薩繆爾遜（Paul Samuelson, 1915-2009）合著，暢銷全球的《經濟學》（*Economics*）這本教科書。該書迄二〇一八年已出了十九版，被翻譯成至少十七種語言，而諾德豪斯是在一九八五年才參與合撰的。

專研全球暖化和氣候變遷

諾德豪斯主要的研究領域之一，是全球暖化與氣候變遷。其實，一九六七年當諾德豪斯還是MIT研究生時，就嘗試用獨占性競爭於研究發展（R & D）導入梭羅成長模型，但這部分沒有列入他的博士畢業論文中。他將它寫成《發明、成長與福利——科技變革的理論論述》（*Invention, Growth, and Weelth: A Theoritical Treatment of Technological Change*）這本書，並在一九六九年以短篇論文在《美國經濟評論》（*AER*）上發表。不論身為年輕人的他，對於這部分沒在博士論文中呈現有多失望，他從來沒有顯現出來。他到耶魯大學任教（並且曾經是該校大學部滑雪隊隊長），投入與環保、資源消耗，以及能源危機相關課題。在一九七〇年代初期開始研究環境問題，從那時起一直嘗試計算全球暖化的經濟成本，建構了綜合經濟和科技的電腦模型，並開發了「DICE（持久、整合、使命與努力）模型」及「RICE（氣候與經濟區域性整合）模型」，評估經濟、能源耗用與氣候變遷之間的交互作用。他嚴肅地主張，氣候變遷可能造成災難性的衝擊。

諾德豪斯在此一領域的著作甚豐，先後撰寫和編纂二十多本著作，最著名的是一九九四年出版的《管理全球公地：氣候變遷經濟學》（*Managing the Global Commons: The Economics of Climate Change*, 1994）。他與經濟學者鮑伊爾（Joseph Boyer）在二〇〇〇年合著《世界正在暖化：全球暖化經濟模型》（*Warming the World: Economic Models of Global*, 2000）；二〇一三年寫出《氣候賭局：暖化世界下的風險、不確定性與經濟學》（*The Climate Casino: Risk, Uncertainty and Economics for a Warming World*, 2013，二〇一九年在臺灣出版了中譯本）。

他在《回應氣候變遷經濟學》（*Reflection on the Economics of Climate Change*, 1993）書中指出，「人類透過多層次的干預行為，像擲骰子一樣跟自然環境賭運氣：對大氣注入溫室氣體，或破壞臭氧層的化學物質，並以砍伐森林的作法嚴重改變地貌，將多種生物的棲息地破壞殆盡，並累積大量足以毀滅人類的核子武器」。

根據他所開發的氣候變遷模型得出，生態系統對降雨、水流或氣溫等氣候變遷因素最為敏感；農業、森林、戶外娛樂及海邊活動等都在模型中。

諾德豪斯在二〇一六年十二月發表的研討論文中，採用最新的DICE模型，論證世人若不採取大規模的氣候變遷政策，下個世紀氣候可能迅速變遷；即使短期內就實施重大政策，也非常難以達成〈巴黎氣候協定〉中所訂的「全球共識」：「攝氏兩度目標」。由於碳價政策實施進度落後，未來碳價必須再提高。

臺灣環境與資源經濟的知名學者中央研究院研究員蕭代基，曾於一九九四年與諾德豪斯及另一位耶魯大學教授合作，在《美國經濟評論》（*AER*）發表論文，以嶄新的社會實驗方法，評估全球暖化對農業的衝擊，當時也引起熱烈迴響。

諾德豪斯是以經濟學分析氣候變遷問題的開創者，將環境汙染及天然資源稀少性納入總體經濟模型中，其研究對於社會發展、人類生存至關重要，或可使人類避免淪於經濟、環境「雙輸」的窘境。不過，他引用聯合國政府間氣候變化專門委員會（IPCC）發布的報告表示，「對於解決氣候變遷的問題希望渺茫，只能設法減緩。」

涉足「經濟福利指標」

諾德豪斯和耶魯大學經濟學教授托丙（James Tobin, 1918-2002，一九八一年諾貝爾經濟學獎得主）在一九七二年合寫了〈非要成長不可？〉（Is Growth Obsolete？），這篇文章提出經濟福利指標（MEW），目的是為了因應環保人士艾利希（Paul Ralph Ehrich，史丹福大學生物學教授，在生物地理學領域亦有卓越貢獻）提出的知識挑戰。

他們用三種方式調整 GNP（不是 GDP）：一是把所有支出分為消費、投資和中間財三類；二是納入休閒和家務工作的價值，也納入消費者在資本財上投資的好處；三是為他們所說的「都市化的不便性」進行修正。

他們的計算顯示，二次大戰後的歲月裡，美國的經濟福利指標成長速度略低於 GNP 成長率。不過，他們的結論是，GNP 這個指標夠好。他們說：「成長過時了嗎？我們不以為然。雖然 GNP 和其他國民所得累計數字不是福利的完美指標，但是在為這些統計最明顯的缺陷修正後，這些數字所傳達的長期進步大勢仍然不變。」這個結論沒有取信環保人士，有人繼續努力發展其他衡量福利的替代指標。

關於經濟福利指標和生活水準的測量，諾德豪斯花費了許多功夫去探索，他由照明成本下手，得出科技變革明顯是經濟成長的主要來源。不過，經濟成長是不是與政府的經濟政策有關？還是政府對經濟成長能做的事很有限？諾德豪斯做了實驗。

一九七四年，諾德豪斯剛剛獲得耶魯大學教授終身教職，由於石油輸出國家組織（OPEC）讓油價漲成四倍，諸多經濟學家都在思考能源問題。諾德豪斯在寫博士論文時，就曾考慮科技變革是對高油價的可預測反應之一。他想估算的不是原油本身的成本，而是使用原油的成本，也就是將原油提煉後所提供的種種用途——熱能、光線、旅遊、工作——所花費的成本，而且不只單從原油提煉出的物質，還包括在石油被發現以前運用於同樣用途，以及在石油出現以後種種替代品——電力、天然氣、核能。就完成的工作而言，不論使用的是哪一種燃料，他希望能估算「產出」，而不是各種「投入」。這代表燃料價格以及所有將之轉換成為能源所需要的任何設備——火爐、燈具、汽車。理論家稱之為「真正的」生活成本指數（cost-of-living index），這個指數估算財貨與勞務的成本，是他們為了自己的利益所計算的成本，而不是根據經驗法則（一種生產函數），從生產要素的價格與數量計算成本。

不過，要估算「產出」難如登天，特別是牽涉到變動中心科技時，例如：你要如何比較由汽車、火車或馬匹提供的運輸？你寫了一篇文章交給廠商印製，如何比較由印刷機或影印機印製的成本？由整桶原油所代表的能源更難詳細描述，因為現代使用原油的用途太多。經濟學家想到一種勞務特性的概念，亦即顧客在購買財貨時所尋求的效用。

諾德豪斯將事情簡化，專注於一種數十萬年以來沒有太多改變的消費財——在夜間照亮一個房間的成本。夜間照明是人類最古老的消費財之一，不論是在漆黑的山洞裡生火、十八世紀畫室的一盞蠟燭，或者是二十世紀末廚房溫暖的一只粉紅色燈泡，這種不普及的奢侈品維持了幾千年之久，慢慢地成為人們理所當然的權利。照明成本的最大優點在於很容易估算。當然，生產這種財貨的「投入」有很大的變化，因此將之轉變成為照明的效率也有極大差異。不過，「產出」的性質都維持不變——光線就是光線。

諾德豪斯閱讀照明的歷史與十九世紀實驗室的筆記，搜尋人類學家的作品，一直回溯到發現北京人的洞穴裡，包括人類所知道最早的取暖灰燼。諾德豪斯成為照明歷史的學者，在完成照明科技粗略歷史後，接著估計每種照明器具的效率，之後他編製了一套「照明成本指數」，將人類歷史縮短到四千年——從西元前二千年到西元後二千年——因為他有這段期間的名目工資和價格資料。他先將這份研究報告在一九九三年十二月帶到國民經濟研究局（NBER），次年四月於維吉尼亞州威廉斯堡的「收入與財富研究研討會」中發表，論文名稱是〈實質所得與實質工資的計算是否符合實際狀況？照明的歷史顯示並沒有〉（Do Real Income and Real Wage Meaure Reality? The History of Lighting Suggests Not）。

諾德豪斯製作了一張「照明的勞力價格：西元前一七五〇年至二〇〇〇年」圖表，顯示四千年間，絕大多數的時期都沒明顯變化，直到一八〇〇年，照明成本突然像從懸崖跌落，而後幾乎以直角的速率下降。這顯示在一八〇〇年左右，在晚間照亮一個房間的成本突然開始年復一年的下降，一八八〇年電力的出現是奇蹟，到二十世紀，持續性的改善被認為理所當然。從另一角度看，一般人變得更富裕。若實質工資以照明成本計算，就出現爆炸性成長。照明從消費者的主要消費品之一變成非常小成份，到一九四〇年，人們甚至預期電力可能很快地會免費供應。這正是經濟成長經驗的本質，也是「生活水準」（standard of living）的同義詞。諾德豪斯提出警告，官方的成長率估計與真實的成長相距甚遠，原因是新產品與物價指數相連的方式。除非物價指數很準確，否則難準確估出實質所得，但物價指數通常完全忽略最重要的科技革命，這也與他提出的NEW福利指標相呼應。

保羅・羅默簡影

羅默在一九五五年十一月六日出生於美國科羅拉多州丹佛市，父親羅伊・羅默（Roy Romer）是前科羅拉多州長（共三任十二年，直到不能再選，也曾想參選總統），他有四個兄弟和二個姐妹，兄弟中的克里斯（Chris Romer）是前科羅拉多州參議員。羅默在新罕布夏州私立菲利普斯埃克塞特高中二年級時正逢叛逆期，表現很差勁，高三那年只好到法國當交換學生，以避開高中的競爭，並跳過通常的面談與大學拜訪。在他申請的大學中，只有芝加哥大學接受他的申請。一九七三年夏季入學，在不受拘束的環境下，沒有任何探索會受限制。他計劃成為一位宇宙哲學家，但在一九七〇年中，卻轉向想成為企業律師，最終則轉向經濟學領域。

一九七七年羅默獲芝加哥大學數學學士，一九七八年得到芝大經濟學碩士，一九八三年再獲芝大經濟學博士，其間也曾就讀麻省理工學院（MIT）和加拿大皇后大學（Queen's University）的研究所。羅默的博士論文題目是〈具外部性、遞增報酬和無限成長的動態競爭均衡〉（Dynamic competitive equilibria with externalities, increasing returns and unbounded growth），指導教授是向克曼（Jose Scheinkman）和盧卡斯（R. E. Lucas Jr.，一九九五諾貝爾經濟學獎得主）。

羅默原本攻讀數學和物理，本想轉至法學院就讀，但大四時修了管制經濟學理論大師佩爾斯曼（Sam Peltzman）的經濟學課程，開啟對經濟學的熱愛。他曾說，若非當年修了佩爾斯曼的那堂課，他應該會走向完全不同的一條路，他說：「佩爾斯曼的經濟學展現了如何用簡單的需求曲線、無異曲線，來解釋人類世界的複雜概念，讓我深深著迷。」不過，羅默認為影響他最深的卻是創新理論的提出者熊彼得（Joseph Schumpeter, 1883-1950）和一九八七年諾貝爾經濟學獎得主羅伯・梭羅（Robert Solow），而這兩位名家都是成長理論的先驅者。

羅默專攻研究發展以促進技術進步，從而帶動經濟成長，曾在二〇一六年到二〇一八年擔任世界銀行首席經濟學家。羅默在一九七七年被《時代》雜誌選為美國最具影響力的二十五人之一，他曾在羅徹斯特大學、柏克萊加州大學、芝加哥大學及史丹福大學任教。在史丹福大學時，因教學需要開發線上教學的軟體，之後辭去教職在四十五歲那年創立Aplia這家公司，使經濟學的教學方法改變，而經濟理論也跟著改變，該公司成為羅默的家族企業。二〇〇五年羅默五十歲時再度重拾教鞭，十三年後在紐約大學任教時榮獲二〇一八年諾貝爾經濟學獎。

羅默在經濟學上最重要的貢獻在經濟成長領域。在他一九八三年發表的論文中建立的數學模型，闡明科技進步是人們有意行為所造成的結果；他之後又於一九八六及一九九〇年分別發表論文，開創「內生成長」理論。

羅默備受稱頌的名言是「浪費掉危機（的教訓）是件可怕的事」（A crisis is a terrible thing to waste），促使許多經濟學者及投資專家都從金融海嘯中尋求教訓。他最近的貢獻是致力於複製「特許城市」（charter cities），作為開發中國家的經濟成長引擎。他主張低度開發國家若能有更好的法規及體制，便能建立一條不同且更佳的成長軌道。

羅默認為，經濟學需要大量應用物理和數學，而這也是經濟學吸引他的原因之一。一九七七年羅默從芝加哥大學數學系畢業，繼續攻讀一年的經濟學碩士，之後轉到麻省理工學院、加拿大皇后大學就讀，羅默也從那時開始研究經濟成長理論。

當他抵達MIT時，幾乎完全沒受過正式的經濟學訓練，他和同學們大量交換意見，當時的學界每個人都嘗試想將理性預期納入總體經濟模型中。有一天晚上，一個竊賊潛入羅默的臥房，受到驚嚇的羅默逃出房間遇到住在另一邊的薇吉尼亞・藍慕兒（Virginia Langmuir）這位加拿大女孩，跟她借電話報警，兩人一見鍾情墜入情網而結婚。羅默還寫了一篇計量經濟學論文〈破門與闖入〉（brieaking and entering）。

在MIT待了二年後，由於羅默感興趣的議題在此地引不起共鳴，於是夫妻倆決定到加拿大皇后大學，在戴維森（Russell Davidson）的引介下，獲知馮・紐曼的成長模型——在討論新產品、新流程、各大學、私人實驗室、專利法、科學探索——所有這些東西，從過去到現在，似乎都是經濟成長的核心。羅默認為這個模型無疑提供一個具有吸引力的數學假定，但不能提供任何有意義的解釋。當時二十四歲的羅默，自信可以建立一個更好的經濟成長模型。基於直覺，他覺得新模型會比馮・紐曼的好，因為他的模型包括知識，新模型也會較梭羅的好，因為新的知識將從體系中有目的之決策所產生，那將會是現代化的模型——利用經濟學家於一九四〇年代發展的數學普遍性工具，特別是無限空間試算表來建立。羅默向芝加哥大學申請成為研究生，獲得許可，而妻子藍慕兒也在芝大醫學院獲得研究獎學金。

一九八二年他與妻子再度回到芝加哥大學就讀，繼續三年前的學業。並在隔年拿到博士學位。雖然羅默最後選擇回到母校芝加哥大學經濟系取得博士學位，但過去在麻省理工學院、皇后大學的求學經驗，也給了他許多的滋養，他在皇后大學時與學校老師有許多討論互動，讓他對經濟學的認識快速增長。

羅默最重要的貢獻在於經濟成長領域的研究。為什麼有些國家貧窮，有些國家富有？影響國家經濟成長的因素為何？是否有一套模型能解釋影響國家經濟成長的因素？這些都是經濟學家試圖解開的問題，從一九五〇年代至一九六〇年代，經濟學家開始深入研究經濟成長的動力究竟何在。一九五〇年代中期以後，經濟學家發現技術的進步可以增進勞動生產力，從而解決經濟成長停滯的困境，因此開始將技術納入經濟成長模型中。

然而，當時經濟學家把技術進步作為外生因素來解釋經濟成長，因此就得到了當要素收益出現遞減時，長期經濟成長就會停止的結論，也就是「新古典成長理論」。一九九〇年代初期，經濟學界形成了「內生成長」的討論。支持內生成長理論（endogenous growth theory）的學者認為，經濟長期成長率是由內生因素解釋的。換言之，勞動投入過程中包含著因正規教育、培訓、在職學習等等而形成的「人力資本」，在物質資本積累過程中包含著因研究與開發、發明、創新等活動而形成的「技術進步」，從而把技術進步等要素內生化，得到因技術進步的存在，要素收益會遞增而長期成長率是正的結論。

羅默獲獎的最主要論文是一九九〇年十月刊在著名的主流經濟學術期刊《政治經濟期刊》（*Journal of Political Economy*），篇名叫〈內生的科技變革〉（Endogenous Technological Change）。這篇文章是「經濟成長理論」的一個分水嶺，產生了一種革命性的變革。

現代經濟成長理論沿革

大致上，自從哈羅德—多瑪（Harrod－Domar）以「投資雙重性」為基礎，得出有名的「哈羅德—多瑪成長模型」之後，許多國家的經濟計畫即以該模型為藍本作推估，但因其具「剃刀邊緣」的不穩定特性，一旦離開均衡，即難回到充分就業的成長均衡。為了改進此種不穩定性，學者們乃分頭進行研究，其中，最成功者乃推梭羅（R. M. Solow，一九八七年諾貝爾經濟學獎得主）。他在一九五六年發表了〈對經濟成長理論的一項貢獻〉（A Contribution to the Theory of Economic Growth）這篇重要論文。他將生產函數型態由梁鐵夫（Wassily Leontief, 1906-1999，一九七三年諾貝爾經濟學獎得主）式的固定因素比例，改為資本、勞動之間可以任意替代的生產函數，以獲致充分就業的穩定均衡成長，從而「新古典生產函數」即廣為學界所引用。

梭羅的「新古典成長模型」有三個基本的假定：一為人口成長係外在因素決定的，經濟與人口變動之間沒有交互影響；二為生產函數呈現固定規模報酬；三為投資等於儲蓄，前者為資本存量的增加額，後者則為總產出的某一固定比例。就在這三個假定下，梭羅推導得出：某一經濟社會能夠達到，在某一資本勞動比例之下的長期靜止不動之每人所得，此時，社會呈現充分就業，所得增加率等於人口增加率，也等於資本增長率。

這個精緻的新古典成長模型，在實際應用時，常與實際現象不合。在每人所得有一個靜止不動的長期穩定均衡方面，與我們熟知的，許多國家有連續成長一百年以上的每人所得之事實不合；另一方面，新古典成長模型推論出，技術與偏好相同的國家，每人所得會逐漸接近；這與世界銀行一九八四年的研究和顧志耐（S. Kuznets, 1901-1985，一九七一諾貝爾經濟學獎得主，有「國民所得之父」尊稱）之研究都有違，事實上，貧富國家之間的成長差距是在拉大而非接近。

關於第一點缺失，梭羅加進「外生的」技術變動來解釋，他將技術進步視為「餘數」，因而得到有名的「技術進步梭羅會計估計法」。迄今，這種測量法仍廣為學者所用。但因此法需要用到難以得到公認的資本存量資料，而有其他測量法的出現。其中，已故的邢慕寰院士也曾自創一種不用資本的估計方法，但仍有爭論，有待進一步研究。

沉寂十年再抬頭的成長理論

由於新古典成長理論存有重大缺陷，到一九七〇迄一九八〇年代初期，就不獲經濟學家青睞。但是，就在一九八〇年代末期，情況卻有變化，數位當代頂尖的學者，不約而同地將它重提，並再改造成長理論。最值得注意者當推盧卡斯（R. E. Lucas Jr.，一九九五年諾貝爾經濟學獎得主）和貝克（G. S. Becker, 1930-2014，一九九二年諾貝爾經濟學獎得主）兩位教授。兩者都針對上述梭羅成長模型所無法解釋的「富國、窮國之間，無論在個人所得的絕對值或成長率上均有所差異」，試圖提出新的解釋方式。

前者希望藉由人力資本的加入找出一個模型——一個可以放在電腦裡跑的明顯動態體系——以機械化的運作架構來反映此等事實。後者則再引進馬爾薩斯（T. Malthus, 1766-1834）的經濟動態模型，將人口成長視為內生變數，結合梭羅的模型，重新再出發。迄一九八〇年代末，兩人皆各有可觀的進展。他們的初步研究成果，分別在一九八六年四月和一九八七年三月到臺灣訪問時，作過公開演講。

經濟成長理論在沉寂十多年之後，在一九八〇年代末重現曙光，而一九八七年梭羅這位現代成長理論先驅者的獲頒諾貝爾經濟學獎，正是成長理論又再重領學術風騷的證明。不過，此時真正的主角既非梭羅，也不是貝克或盧卡斯，而是羅默。

知識經濟學崛起

上文提過，羅默出身於芝加哥大學經濟研究所，也受過盧卡斯的薰陶指導，但他的理論與芝加哥學派卻有扞格，特別在「政府干預」這個關鍵點，這點也是所謂的「淡水學派」（主張政府不應干預）和「鹽水學派」（主張干預）最主要的差異。自一九三〇年代凱因斯理論興起，從此以後「政府精密調節經濟」就廣受歡迎並被認同，財政政策、貨幣政策、所得政策、產業政策等紛紛出籠。

「市場失靈」的理論是政府能堂而皇之進行干預之基礎，尤其是所謂的「Public Goods」（一般書本都稱為「公共財」，其實是錯誤的譯法，而英文名字也非常不妥，因為這種財貨具有「共享」和「不能排他」兩種特性，但「公共」或「Public」的意義卻是大家共有的物品，與「私有」相對應，這是「產權」的課題。而且不論是私有或是公有財，都可能有著共享和不能排他兩種特性。不過，大家不妨想一想，實際社會裡真的有同時擁有這兩種特色的物品嗎？即便是「國防」，也可能利用驅逐出境予以排除呢！因而嚴格來說只能找到「近似」具此兩種特質的財貨而已），更被認為應由政府免費提供，因其一旦製造出來，廣大的其他使用者就不必支付成本而享用，且不會減損他人的好處。

羅默的「內生技術」之理論基礎就是「知識具共享性」。對於人力和科技資源所發揮出的創意、創新，必須有政府在教育、訓練和科技政策上擔任「一定程度的積極管理」角色。於是原本似乎永遠也無法與央行總裁、財政部長，甚至貿易談判代表平起平坐的科學部門主管與教育部長，由於科技、訓練，以及教育政策將被全世界所有國家視為政府必要與合法的責任，其重要性與貨幣政策或財政政策不相上下，而要善加執行這些政策的難度甚至更高，所以這兩個部會首長的地位乃水漲船高，特別在知識經濟興起，電腦科技日新月異，網際網路無遠弗屆的二十一世紀，將更為明顯。

二〇一八年十一月二十一日，羅默獲獎後又在《華爾街雜誌》（*Wall Street Journal*）東方版上發表短評，再次強調「政府在支持科學和創新（science and innovation）上可以做得更多」。

稀少性和生產要素產生破天荒變革

在經濟理論上，「內生技術變革」所表達的是「報酬遞增」或「生產力向上」的情況，而壟斷（獨占）性競爭市場也取代完全競爭市場，於是「稀少性」這種經濟學一直以來的假設將被「富足性」取代，而過去二百多年來經濟分析的土地、資本、勞力三大基本投入要素也被「人、概念、東西」取而代之。為了明確表明此種變革，就必須以高深數理模式來呈現，經濟學數理化的境界乃更見提升。

我們知道，經濟學之所以在一九六八年被瑞典中央銀行出資列在每年頒發的「諾貝爾獎」行列，係因經濟學在社會科學中「數理化」程度最深，且可用計量方法來實證。這條數理化之路始自馬夏爾（A. Marshall, 1842-1924），迄薩繆爾遜（P. A. Samuelson，一九七〇年諾貝爾經濟學獎得主）才備妥工具而發揚光大，而他用新架構寫作之《經濟學》暢銷書更將此工具發揮得淋漓盡致，而經濟體系可用數理模式表明，政府可用政策「精密調節」（fine-tuning）經濟景氣，乃至提高經濟成長，而開發中國家和落後國家也可依樣畫葫蘆，或許貧富間差異得以縮小，貧窮得以消除，乃至世界大同可以達成！

羅默在那篇一九九〇年的論文中，建構了三個經濟部門：(1)生產最終產品的部門、(2)研發部門、(3)生產中間財的部門。羅默指出，要讓經濟體持續成長，就要合理安排在三個部門中投入的資源，包括資本、勞動力和人力資本等。

羅默建立的「內生經濟成長」模型，將知識完整納入經濟和技術體系內，使其作為經濟成長的內生變數。羅默提出了四要素成長理論，將新古典經濟學中的資本和勞動（非技術勞動），又加上了人力資本（以受教育的年限衡量）和新思想（用專利來衡量，強調創新）。

羅默的理論糾正了新古典經濟成長模型的侷限性，用內生的技術來解釋經濟的成長。一九九二年他在世界銀行的發展經濟學年會中，進一步將上述思想運用到開發中國家研究。他假設，投入更多的創意和知識，將直接影響到一國或地區經濟的長期增長。

羅默在一九九〇年證明了創新和技術進步可以推動經濟不斷成長，奠定了經濟學的「內生成長理論」之基礎。

羅默在一九九〇年發表的這篇劃時代論文被大衛・華許（David Warsh）這位記者兼經濟學家，在二〇〇六年寫成的《知識與國富論：一個探索經濟成長的故事》（*Knowledge and the Wealth of Nations: A Story of Economic Discovery*）這本書作為主角，講述成長理論和經濟學演化的故事。

返還亞當・史密斯的世界

該書不但精彩講述當代經濟學的演進，作者更點出了重要的意涵。不過，正如作者在該書最後一段所指出的「經濟學讓人興奮的盛況目前已達顛峰。不過最大的挑戰仍然橫亙面前，比國家財富更『深層』的秘密還有待發現，也就是亞當・史密斯稱之為道德情操的天賦——關於人性，也是我們宣稱的人道。」畢竟，羅默所帶動的新成長理論或知識經濟學，係基於高科技的帶動，由而創新的日新月異讓報酬似乎遞增，人類也好似愈來愈富足。

可是，不說全球「赤貧」還消除不了，連先進國家中都出現明顯M型社會，中產所得階層流向低層者眾，而地球暖化、恐怖行動連綿不絕且加劇，恐怕都是可怕的後遺症。

人啊！何不勇敢承認自身的渺小，有形的財貨之富足卻以摧毀無形的心靈作為代價，又讓地球資源快速耗竭。

那麼，不是如該書作者大衛・華許所說的，應該是到了喚回當代經濟學的始祖亞當・史密斯的「道德情操（感）」或「倫理道德」的人性或人道的時候了嗎？

2019

實驗法探究貧窮的學者
巴納吉、杜芙洛和克雷莫

巴納吉

杜芙洛

克雷莫

十月十四日，二〇一九年諾貝爾獎最後一個獎項——經濟學獎得主揭曉，由美、法三位學者合得，分別是美國麻省理工學院（MIT）教授印裔美籍的阿比吉特・巴納吉（Abhijit Banerjee）和法裔美籍的埃絲特・杜芙洛（Esther Duflo），以及哈佛大學教授美籍的麥可・克雷莫（Michael Kremer）。

以實驗性質方法研究貧窮者獲獎

瑞典皇家科學院表示，三位得獎者所執行的研究，大幅改善我們對抗全球貧窮的能力。在短短二十年內，他們所提出減緩全球貧窮的實驗性質方法，已重塑發展經濟學，如今已是一個蓬勃發展的研究領域。他們透過田野調查發展出辨別導致貧窮的原因，並且分析以政策干預所產生的成本效益，對於全球對抗貧窮的政策有著顯著影響。

這三位經濟學家展現出如何靠著將貧窮問題拆解成教育、醫療等範圍更小且更精確的問題，讓貧窮問題更容易解決。例如，他們研究「學習危機」，發現若無配合因材施教，提供教科書本身無助於學生在學校提升學習，這項研究結果促成「逾五百萬名印度兒童受惠於有效的校內補救教學計畫」。

在進一步介紹三位得獎者的學術和研究貢獻以及提出評介和感想之前，我們先來認識這三位獲獎者。

巴納吉側影

阿比吉特・巴納吉於一九六一年二月二十一日出生在印度加爾各答，雙親都是經濟學家。

南方點（South Point）高中畢業後，進入加爾各答大學就讀，於一九八一年得到經濟學學士，之後到賈瓦哈拉尼赫魯大學（Jawaharlal Nehru University）經濟學研究所攻讀，於一九八三年獲得碩士學位，爾後赴美國哈佛大學留學，在一九八八年取得經濟學博士學位，指導教授是二〇〇七年諾貝爾經濟學獎得主之一馬斯金（Eric S. Maskin），博士論文的題目是〈論資訊經濟學〉（Essays in Information Economics）。

巴納吉拿到博士後曾在哈佛大學和普林斯頓大學教書，獲得諾貝爾獎時則是麻省理工學院（MIT）經濟學的福特基金國際教授。他在二〇〇四年獲選為美國人文和科學院院士。

巴納吉的研究領域在發展經濟學，與杜芙洛、克雷莫等學者共同研究，他發展出「田野實驗」（field experiments）作為發現經濟學中因果關係的重要方法論。他在二〇一三年創設 Abdul Latif Jameel 貧窮行動研究所（J-PAL），投身於幫助民眾脫貧的工作。他對印度總統莫迪持批評態度，曾在印度大選時幫反對黨國大黨提出政見，其中之一是，為印度最窮的數千萬人提供基本收入。

巴納吉結了兩次婚，現任妻子是他在 MIT 指導的博士生，也就是本年度諾貝爾經濟學獎的另位得獎者杜芙洛。兩人在一九九七年一同前往印度，進行杜芙洛的計畫，於二〇一二年生下一子，而後在二〇一五年結婚，於是巴納吉成了杜芙洛「一生的恩師」。

杜芙洛剪影

埃絲特・杜芙洛在一九七二年十月二十五日出生於法國巴黎，父親是數學教授、母親則是小兒科醫生。大學就讀巴黎高等師範學校，她想研究自小就感興趣的歷史，大二時開始考慮從事國家事務或參與政治。一九九三年時，她花了十個月的時間待在莫斯科，她教法語並從事了解蘇聯中央建設大工廠的歷史，同時也擔任一位與蘇聯銀行有關係的法國經濟學家的研究助理，並且充當法國部長顧問、美國哈佛大學教授傑福瑞・薩克斯（Jeffrey Sachs）的研究助理。這個經歷讓杜芙洛體認到經濟學對世界有用，也促使她決心從事研究經濟學的學術生涯。

杜芙洛在一九九四年完成師範大學的歷史和經濟學的學士學位後，就進入社會高等學院（DEA）攻讀碩士，於一九九五年獲得學位，之後赴美國麻省理工學院就讀，於一九九九年完成博士學業，在巴納吉和安格瑞斯特（Joshua Angrist）兩位教授指導下，撰寫一九七〇年代印度學校擴張計畫的影響論文，並將此經驗應用到其他開發中國家，讓更多教育者獲得更高工資。獲得博士學位後，杜芙洛被聘為 MIT 的經濟學助理教授，並在二〇〇一年二十九歲時就升為副教授且是永久聘任（tennure），是 MIT 教授群最為年輕者。得諾貝爾獎時是 MIT Abdul Latif Jameel 減貧與發展經濟學教授，也是 Abdul Latif Jameel 貧困行動實驗室的聯合創始人兼聯合主任。

杜芙洛和巴納吉自一九九七年開始，在印度從事特別研究計畫。二〇〇三年，在非營利組織的支持下，從事一百二十所學校老師的怠工「實驗性」研究，鼓勵老師每天拍照記述他們和學生的互動情形，俾能夠減低缺課怠工。之後也做了多項實驗研究。

杜芙洛是 NBER 研究員，也是發展研究和經濟分析局（BREAD）委員，也是經濟和政策研究中心發展經濟學計畫的委員兼主管。

杜芙洛是二〇一五年創刊的《美國經濟期刊：應用經濟學》（*American Economic Journal: Applied Economics*）第一任主編，也是《經濟學和統計學評論》（*Review of Economics and*

Statistics）以及《發展經濟學期刊》（*Journal of Development Economics*）的共同主編。她也是國際成長中心（International Growth Centre）中人力資本研究計畫的成員。杜芙洛同時是法國 Libération 這家日報的專欄作家，每個月寫一篇專欄文章。她和巴納吉合寫了《艱難時期的良好經濟學》（*Good Economics for Hard Times*），在二〇一九年十一月出版，正好是兩人被宣布獲得諾貝爾獎時刻，想必一定會是暢銷書。

杜芙洛於二〇一五年和其博士論文指導教授巴納吉結婚，兩人育有一子。

克雷莫簡介

麥克・克雷莫在一九六四年十一月十二日出生於美國一個猶太家庭，父親是從奧地利－波蘭到美國的猶太移民的兒子，母親是英國文學教授，專門研究美國猶太人和大屠殺文學，其父母是從波蘭到美國的猶太移民。克雷莫大學和研究所都就讀於哈佛大學，一九八五年獲得社會學學士，一九九二年獲得經濟學博士學位，指導教授是好多次被提名諾貝爾經濟學獎且呼聲頗高，但一直落空的羅伯・巴羅（Robert Barro），或許因為他在淡水學派和鹽水學派間搖擺不定的關係。其指導學生克雷莫卻在二〇一九年獲獎，可謂青出於藍、更勝於藍吧！而克雷莫對杜芙洛有著顯著影響，兩人也同時獲得諾貝爾獎。

克雷莫獲得博士學位後，在一九九二至一九九三年間於 MIT 作博士後研究，一九九三年春季赴芝加哥大學擔任短暫客座助理教授，之後返回 MIT 擔任教授（1993-1999），之後又重回哈佛大學當教授。

克雷莫的研究領域在發展經濟學和健康經濟學，其研究重點置於慈善事業，致力幫助全球受苦者。他是美國文化與科學院院士，一九九七年麥克阿瑟獎學金得主，也獲得總統院系獎學金（Presidential Faculty Fellowship），並被世界經濟論壇（World Economic Forum）遴選為全球青年領袖。他在研究機構的「創新扶貧行動」中，致力於創造和評估對社會和國際發展問題的解決方案。

克雷莫是World Teach的創始者兼總裁，該組織將大學生和應屆畢業生作為「志願老師」，在全世界開發中國家的暑期和一年制課程中進行培訓。他也是精準農業促進發展組織（PAD）的共同創始人，該組織是一家非營利組織，利用手機為小規模農戶提供數據的農業諮詢服務。

克雷莫創建關於技能互補性的著名理論，稱為「克電莫的經濟發展O型圈理論」。二〇〇〇年，克雷莫和查爾斯・莫康（Charles Morcon）發表一份研究報告，建議各國政府經由儲備象牙來打擊獵盜大象。

走出黑板經濟學的入世得獎人

本年度諾貝爾經濟學獎最有特色的是，巴納吉和杜芙洛二位得獎者是夫妻檔，而丈夫是妻子的博士指導教授，並且杜芙洛是歷年來最年輕的諾貝爾經濟學獎得獎人（年僅四十六歲）。她不但是在宣布得獎前唯一被料中會得獎者，也是經濟學獎設立以來，第二位獲獎女性。前一位是二〇〇九年獲獎的歐斯壯（Elinor Ostrom, 1933-2012），得獎時已七十六歲高齡，得獎後三年去世。

正如巴納吉的母親在他獲獎時接受電視臺訪問所說的：「他一直試圖讓經濟學擺脫只在純理論部分，而是用理論來理解世界的本來面目、世界運作的方式、貧窮的樣貌，以及人們因應貧窮的做法。」不只巴納吉如此，其他兩位也都是同樣的做法，他們是入世、接地氣的經濟學家，三個人也共同作研究，尋求減緩全球貧窮的方法。

三位得獎人深入貧窮地區作田野調查，以實驗性質方式研究緩解貧窮，他們觸及的領域可簡括成四項。一是教育：他們的研究讓世人更加了解如何支持貧窮學童就學，以及具體而有成本效益分析的政府措施。二是健康：他們的研究說明了民眾對除蟲藥物分析的需求，會受到價格非常大的影響，政府應提供大量補貼，並從事防患未然的醫療保健投資。三是有限理性：他們的研究說明了政府的補貼需如何花在刀口上，以使發揮最大效益。四是微型貸款：他們針對印度貧窮家庭的微型貸款研究顯示，只會對現有小企業的既有投資造成小幅的正面效應。在十八與三十六個月內，都未能對消費和其他發展指標產生效果。

巴納吉和杜芙洛夫婦倆合撰《窮人的經濟學：如何終結貧窮？》（*Poor Economics: A Radical Rethinking of the Wall to Fight Global Poverty*）一書，曾獲比爾・蓋茲列入年度建議書，也獲選為二〇一一年《金融時報》商業類年度好書。克雷莫在一九九〇年代中期率領團隊在肯亞西部進行一系列田野實驗，研究免費教科書，為學童驅蟲、學校餐點與金錢獎勵等做法協助提高教育水準的可行性。他也協助發展「疫苗先進市場承諾計畫」，誘引私人投資於疫苗研究和開發中世界疫苗的分發。

巴納吉和杜芙洛接下克雷莫在肯亞的工作，證實僅強迫兒童花更多時間在學校，實際上無法協助打擊貧窮。二〇一三年，巴納吉和杜芙洛創設 Abdul Latif Jameel 貧窮行動實驗室，從事幫助民眾脫貧的工作。巴納吉、杜芙洛和克雷莫在二〇一一年聯名發表探討肯亞西部的肥料投資的研究結果，探討的是哪些政策能提高收成。

貧窮研究再掀熱潮

關於探討貧窮和減低、甚至消除貧窮研究而獲頒諾貝爾獎的學人，在二〇一九年之前已有兩位，一位是孟加拉的經濟學家穆罕默德・尤努斯（Muhammad Yunus），另一位是美國的經濟學家安格斯・迪頓（Angus Deaton）。前者在二〇〇六年獲頒諾貝爾和平獎，後者在二〇一五年獲頒經濟學獎。尤努斯和他創辦的葛拉敏銀行（俗稱窮人銀行）共同獲獎，他全心投入提供赤貧者金融服務（微型貸款）與社會工作，他給予窮人自助的力量，帶給窮人的不是食物，而是比食物更重要、更基本的保障，他使孟加拉和全世界上千萬人的生活獲得改善。尤努斯創辦的窮人銀行，提供開創性的金融服務，把極小額的錢借給窮人，尤其是婦女，讓他們做生意，帶領家庭脫離貧窮。

迪頓在消費、貧窮與福祉方面的分析有成果，並重新界定貧窮的定義，其研究對人類福祉更具有深遠的重要性，他在二〇一三年出版的《財富大逃亡》（*The Great Escape*）書中，論述健康與財富如何攜手並進，以及健康上的不平等反映出的財富不平等，需要市場和政府公權力共同合作來驅走貧困，當今仍有七億極貧窮人口，是數百年來不平衡發展所致，亟待解決。

落寞的薩克斯

本年三位得獎人親赴貧窮的第三世界從事實驗研究，而這種親身參與觀察研究並提出解決貧窮之道的方式，其實早有學者作了重要的貢獻，其中值得一提的是傑福瑞・薩克斯（Jeffrey Sachs）這位被稱為「經濟學界傳奇人物」的經濟學家。他在哈佛經濟系任教時，年僅二十八歲就獲得正教授長聘，堪稱學界奇蹟。

薩克斯是經濟發展學門的翹楚，博學多聞、踏遍世界各地幫助各國發展經濟，尤其對落後國家更是關心，那些國家都是沒水沒電、暴民事件頻傳、瘧疾普遍、政局不穩、衛生條件極差的地區。薩克斯腳踏實地，對各地的經濟發展難題，提供詳盡、仔細的可行建議，從每戶貸款、地區疫苗、學校與老師人數、農具缺少數量、耕作種籽需求、基金管理方式等，做詳細估算。

他從各國赤貧經濟地區得到的共通經驗是：「脫離貧窮往往需外力協助」，於是他為全球貧窮國家奔走，要求富國免去貧國所積欠債務，也要求富國對貧國多提供瘧疾、愛滋等重大疾病的援助，他與聯合國秘書長、U2主唱波諾、比爾蓋茲等人到處奔走遊說。二〇〇五年，薩克斯更寫出《終結貧窮——如何在我們有生之年做到》（*The End of Poverty: How We Can Make It Happen in our Lifetime?*）這本巨著，將貧窮和如何將之終結講清楚說明白，記述其走出學術象牙塔，將理論應用於實際人間的點點滴滴，充滿人道關懷。

薩克斯關懷弱者，不激情也不濫情、冷靜地審時度勢，很清楚貧窮者要脫貧，最重要的還在「貧窮者自助」，而富人只要將財富的「微小部分」拿出來幫助，就可在「自助、人助、互助」，甚至於「天助」下跳脫貧窮的陷阱。

薩克斯對貧窮的見解及解決之貢獻，應都不在上述諸位獲得諾貝爾獎者之下，實在不明白他為何一直沒獲青睞，何況，他對體制改革的「震盪療法」（Shock Therapy）聞名於世呢！

「實驗方法」可能解決貧窮嗎？

「貧窮」可說是自有人類以來就存在的課題，而經濟學的誕生可以說是在解決這個問題。一七七六年經濟學始祖亞當・史密斯（Adam Smith, 1723-1790）的經典巨著《原富》（*An*

Inquiry into the Nature and Causes of the Wealth of Nations）就是在探求人類財富的本質和如何增進財富，終極目標在「增進人類福祉」，當然是要消除貧窮。

史密斯發現「分工」、「市場機能這隻無形手」是達成目標的好方法，而要分工順暢，市場運作順利，「誠信或信用」是人類必備的「倫理道德」。可惜的是，走入數理化、機械化模式為主流的現代經濟學，竟然完全拋棄這個根本性課題，更糟糕的是，還把史密斯書中的「自利動機」加以強調，於是「人是自利的動物」成為經濟學教科書的基本前提假設。更不堪的發展是「自私自利」被認為理所當然，而「人不為己、天誅地滅」竟成為口頭禪，「損人利己」、「欺騙」、「權謀」等等行為也就見怪不怪，甚至司空見慣了。

所以，經濟學和經濟學專業者本在探索人類福祉的增進，但在忽視或丟棄最根本的「誠信、互助」本性之後，事倍功半的結果就出現了。直到如今，「經濟成長」、「富國、窮國差距為何不能縮小、反而拉大」仍是經濟學的探討主題，即使由於技術進步、科技發達，絕大部分地區不但免於馬爾薩斯（T. Malthus, 1766-1834）擔心的「貧窮陷阱」，而且愈來愈富，可是局部地區的「赤貧」和各地區內部的「貧富懸殊或所得分配不均拉大」現象卻普遍存在。

一九九〇年「內生技術變革」帶動的「新成長理論」或「知識經濟」，搭配電腦科技日新月異、網際網路無遠弗屆，交通和通訊四通八達，但「M型社會」、「中產階級消失」所傳達的貧富差距拉大現象卻鮮活存在，而非洲的赤貧及人民大量死亡也赤裸裸持續著。除了找回史密斯原本最重視，但被後繼經濟學者遺忘的「道德情操（感）」、利他心、和諧分工合作這種基本人性，讓市場機能充分發揮外，還有什麼良方能終結貧窮呢？

本年三位諾貝爾經濟學獎得主以實驗方法研究得出的濟貧措施真能有效解決嗎？有必要提

博雅文庫 017

諾貝爾經濟學家的故事

作　　者　吳惠林
發 行 人　楊榮川
總 經 理　楊士清
總 編 輯　楊秀麗
主　　編　侯家嵐
責任編輯　李貞錚
文字校對　劉天祥、陳俐君
內文插畫　蕭育幸
封面設計　姚孝慈
出 版 者　五南圖書出版股份有限公司
地　　址　106台北市大安區和平東路二段339號4樓
電　　話　(02)2705-5066
傳　　真　(02)2706-6100
劃撥帳號　01068953
戶　　名　五南圖書出版股份有限公司
網　　址　http://www.wunan.com.tw
電子郵件　wunan@wunan.com.tw
法律顧問　林勝安律師事務所　林勝安律師
出版日期　2010年 1 月初版一刷
　　　　　2013年 3 月二版一刷
　　　　　2017年10月三版一刷
　　　　　2020年 4 月四版一刷
定　　價　新臺幣600元

國家圖書館出版品預行編目資料

諾貝爾經濟學家的故事 / 吳惠林著. -- 四版. -- 臺北市：五南, 2020.04
面； 公分
ISBN 978-957-763-911-0（平裝）

1.經濟學家 2.諾貝爾獎 3.傳記

550.99　　109002518

醒大家注意的是，他們所謂的「實驗」不具可複製性，所以並非自然科學實驗室的實驗，而是他們個人的田野工作報告，屬於廣義的歷史研究。因此，奧國學派米塞斯（Ludwig v. Mises, 1881-1973）《經濟學的終極基礎：經濟學方法論》（*The Ultimate Foundation of Economic Science: An Essay on Method*）第五章第十一節對於「行為科學」的批評在此同樣適用。

問題中的「實驗」雖然不具可複製性，絕非自然科學的實驗，但和科學實驗有一共同點，亦即，都不問實驗對象的腦袋裝了什麼想法、是否改變，以及為何改變。就此而言，問題中的「實驗」比傳統的歷史研究方法更不可取。心平氣和的人都知道，腦袋空空，兩手便空空，而貧窮源自貧窮者的「心態」。這絕對非「實驗」所能處理的，由其得出的政策能否生效，也就值得存疑了。